林書揚文集㈣【勞動與團結】

勞動者，團結起來！

林書揚　著

人間出版社

簡短的說明

　　我生長在舊殖民地的台灣社會，經歷了太平洋戰爭、台灣光復、中國內戰，我的青、壯年時期的三十四年全部在政治監牢中度過。回到台灣社會後，我發現這是一個掛著「中華民國」名號的新殖民地。

　　在最近三十年中，看到台灣社會所發生的事件，有時候有機會加以評論；有時候掌握了台灣社會群體的時代意識，也會表達一些看法；對於台灣社會的有關改革與歷史變則，有時也不免作些解釋、闡述。現在把這些東西收集起來，作為個人文集出版，並非對自己文章的自誇。這些文章可視為台灣社會在跨世紀從舊殖民地到新殖民地轉變過程中的一點個人的記錄。我現在身體不好，只能簡單的說這一些。（林書揚口述，王武郎筆記。）

目錄

〔輯二〕新民主論壇

〔輯三〕國際評論

【輯一】

勞動觀點

創造人類文明的勞動
——勞動‧勞動異化‧精神勞動

（1986 年 6 月）

勞動

　　人類是地球上處在最高發展階段的自然物。這一界說，包括兩個要點：人類既具有原基型態的自然屬性，同時也具有發展型態的社會屬性。前者，表現為個人軀體的生衰病滅，後者則表現在群體的高度複雜的組合型態中。

　　人的個體為了維持生命，必須由外界的自然環境中獲取生存資料，唯因天賦的體能與周圍的自然壓力懸殊太大，必須以群體的複合力，始能在重重壓力下維持生存機會，如此一來，終使原始自然人的孤立性的採集勞動，變為以集體為主的漁獵等勞動，因此，勞動是人由自然人躍昇為社會人的關鍵。

　　人類勞動中所蘊含的進步性，便是人類社會的存在與進化的原理。概略地說，人運用軀體結構中的自然力，經過群聚補強而成為一社會勢力，改變周圍環境中的諸多自然要素，使其合乎人類本身的生存目標，從中獲取生活手段，而在勞動過程中，非但積累了對勞動環境、勞動對象的各種自然力的性質與型態的了解，同時也使本身的能力和潛在能力次第發揮，逐漸形成個我的自覺，並且也從集體經驗中體悟出群己關係的性質

和型態、發展一定的社會意識。

　　人類原始文明要素的萌芽，如語言結構、思維方式等，無不由勞動經驗中滋生。人類勞動，就客觀而言，是同屬自然系統中的物我之間的交流代謝過程；若由主觀來說，則為此種自然代謝過程中，人類自主性對於自然界的規約、統制、和媒介行為。人類的這種自主性，表現在其生產的迂迴過程，亦即，人類不似其他動物，概由直接勞動獲取生活資料，而是先生產出生產手段，也就是工具，再運用「工具勞動」而取得成果。經此一自主性的迂迴，人類才超出了自然法則下的體能限制，擴大行動能力的範圍，不但改造了自然，同時也改造了自己。因此，我們說勞動創造了人，也創造了歷史與文明。

　　對現實的勞動行為，若加以深一層的檢視，即可發現：一切勞動皆具有具體與抽象的兩面。具體勞動，乃指特定的動作方式，亦即，軀體與工具的運用方式。而抽象勞動，則指任何方式的身體與工具運行中的肌肉神經的生理能量的支出過程。前者按其特性而產出具一定形狀與性質的，亦即，具一定使用價值的成品。而後者，則因其共通性而定出各該成品中所含蓄的勞動量，也就是所有成品中的「價值」，此一價值一旦進入流通過程中，則變成可以互相比量的交換價值。這就是所謂的，勞動的雙重性質。

　　如一張桌子，其使用價值為能放置物品，能在桌面上用餐寫字。此一使用價值乃一特定「木工勞動」，亦即一種具體勞動之成果。而木工勞動顯然不同於電工勞動或縫工勞動，而不同的具體勞動各自獨立存在，不可互相調換，則其所創出的使用價值，也如桌子與帽子，兩者無法混用。至於抽象勞動，則不論木工、電工、縫工，同為勞肌肉耗神經的生理能力的發

揮。則一張桌子與一頂帽子，各自所耗的抽象勞動量可由這種
生理能的支出時間長度來定量，再取其社會平均值而定爲該項
成品的交換價值。而後在具有不同使用價值的不同成品之間進
行比量，使所有成品在社會總勞動中成爲同質的「部份」。

　　所謂「抽象勞動」並不是指「思辯性」的抽象觀念的思維
活動，而是商品生產過程中的客觀現象。具體勞動，是按實際
的需要，設定目的，進行合乎目的的特殊型態的勞動，被稱爲
「獨立於所有不同社會型態的、人的存在條件，永久的、自然
中的必然」，屬於自然範疇。而抽象勞動則「不分使用目的
的，腦力、神經、肌肉的」生理活動，其定量則屬於社會的、
歷史的範疇。

　　關於勞動與勞力的區別。勞動是勞力的機能，而勞力則爲
實行勞動的能力。凡生產任何使用價值時，生產者所運動的、
內在的肉體及精神諸能力的總和，是爲勞力。而勞力的消費即
爲勞動的支出。勞動，不論就其具體方面看，或其就其抽象方
面看，都是具有一定型態的身體活動，而勞力即爲使此活動型
態出現並持續的一般可測性的生理能。勞動商品化的可能性，
乃由生產此一生理能的生活必需品中所含有的價值的可測性而
來。資本家購買勞動力後「使其進行生產性消費，而在其消費
過程中增殖價值，超過其維持勞力所需的生活資料的價值，則
爲「剩餘價值」，此即資本家利潤的眞正泉源。

　　勞力是世上唯一具有「少入多出」創價效用的商品，資本
家以「入價」購買，獲取「出價」，進行的是不等價交換。因
此，出賣勞力者雖在法理上擁有自由契約權，但倘不出賣，無
法生活，一出賣，便要陷入於隸屬性關係。

　　關於勞動的種類，隨著生產力的進步，漸有多歧化的趨

向。根據勞動與勞動對象的關係觀察，可大別為「人對自然的加工」的一面，和「人對人的加工」的一面。前者是勞動的技術性過程，而後者即為勞動的組織性過程。對應著這兩種過程，有「技術性勞動」和「組織性勞動」的分別。操縱機械的勞動是前者，管理勞務的勞動是後者。

若以對勞動對象的直接性與間接性來區分，則有「直接勞動」和「普遍勞動」之分。前者直接作用於勞動對象，造出產品，而後者則為了獲取普遍性的生產知識而進行勞動，如科學性勞動（實驗）等。且有不直接改變對象，而只經由「傳送」「再現」對象的形狀或意義的「傳達勞動」和「藝術勞動」等。

其次，如以勞動的原來目的為物財的生產，則除了大多數項目的「生產性勞動」外，還有不生產物財的「不生產勞動」。如商業勞動、服務勞動、教育勞動等。這些不生產勞動只是不生產物財，卻產生了更佳的時空效用（商業勞動中的互通有無），解決了特定的生活需要（服務勞動），和改進人的行為方式（教育勞動）。雖然所產出的是「狀態」而不是「物品」，但其有用性則無可置疑。

至於那些既不生產也不有用，反而帶來破壞性的犯罪行為，無論其如何的勞心勞力，都不足以稱為「勞動」。

以上所列各種勞動，還可以二分為肉體勞動與精神勞動，關於後者，另節舉論。

勞動異化

勞動既為自然與社會兩階段的發展連結點，則其同時具有自然屬性與社會屬性，是自明的事實。勞動的成果，是被固定

在勞動對象中間的，被物化的勞動。它是勞動者的心血結晶，也是他的生命的一部份，是他的生命潛能的現實化。這種勞動的「外化」，本是勞動的基本的自然屬性，可視為生命的自然增幅現象，也是人的價值的發展環節之一，但要完成這發展的全歷程，就必須繼之以外化勞動的復歸。否則，在勞動外化之後不再復歸的情況下，則上述的生命自然增幅運動，無異橫遭腰斬，至此，外化一變而為異化，異化帶來的已非發展的契機，而是對於這一生命發展契機的摧殘。這種勞動外化歧誤為異化的過程，並非勞動的自然性質，而是發生在勞動的社會屬性中的特定的扭曲作用之下。換句話說，勞動的外化是自然屬性，而異化乃社會屬性所使然。

所謂的「異化」，是異物化、對立化、強制化的意思。也就是，經對象化而外化的勞動生產物，已不再是自我的血肉相連的化身，而已變為自我的對抗體，被創造物變成創造者所不能有、所不願有的東西。它不再復歸於創造者，反而強制創造者隸屬於它。這種勞動者與勞動成果之間關係的突變，具體而言，來自社會關係，亦即，來自生產關係中的所有權制度。

勞動者因為已把自己勞力出賣於生產的組織者，則在「物權私有」的制度規定下，他的勞力支出方式和勞動生產物的所有權，皆歸勞力的購買者所有。這就是勞動異化現象的第一層面。

其次，是勞動過程中生產活動內部的異化現象。因為生產物不再歸生產者所有，而生產行為本身，亦在勞動購買者意志的控制之下，則生產行為已不再是具有自我目的、自我發展的自由創造活動，而是非自願地被強制的自我否定活動。他在勞動中的感受，不再是來自自我肯定的順暢幸福，而是被疏離的

抑鬱煩悶。在勞動中，他的肉體與精神已經不再發展，反而只有頹廢萎頓。本應在勞動中具體顯現的正常人格，至此消失殆盡，代之而來的是在勞動之外的病態人格。甚而在勞動中自以為離開了自我，只有在不勞動時才覺得回復了自我。這是勞動過程中的異化的第二層面。

由以上兩層異化現象，必然導致人做為「類」的存在之本質性的異化。所謂人是「類的存在」，意指人原是群體共同本質的具體顯現，此一共同本質，亦即類性，在於人與自然之間的交流關係，和人與人之間的交流關係。

人既為自然物之一，則其生命來自自然，也歸於自然。生命活動的型態，就是生命周圍「非有機自然」的進入生命圈，不但成為肉體內容的一部份，也成為精神內容的一部份，同時又把生命自我對象化在周圍的「非有機自然」之中。如此的物我交流，其實是自然與自然之間的自由交流，也是地球上成事造物的必然型態。至於人與人之間的交流，更見「類性」同氣相求的至真至善境界，我之所創補充了你的生命，你之所產完足了我的生存，你我互為相對生命的一部份，從而是全體生命的一部份，更同時融合為世界活動的契機。這中間是生命的喜悅，本質的滿足，和自覺意識的發揚。

然而，自勞動中奪走了自然的主體性和聯繫性後，勞動變成了被切斷交流的碎片，非主動的強制性聯繫，只產生了疏離意識，代替了本然的整體感。原為類性本質行為的勞動，變成了畸型的生活手段，終致人在從事本質行為（勞動）時成為畸型的存在。以上是勞動異化的第三個層面。

總之，在以上三層的異化現象下，現代人對勞動的痛苦意識，約有下列數端：

一、無力感。

當勞動者發覺自己被管理有如一件物體，毫無自由意志地任憑壓榨時，會有一種痛切的無力感。此一無力感不僅產生在勞動組織的服從系統中，同時也發生在機械生產系統的非人性技術過程中。無力感必然導致被動性，終致喪失自主思考下的意志決定作用，自行放棄自我主張的意慾。

二、冷漠感。

當勞動者發覺自己製造的產品或提供的服務，自己無法提出所有權的要求，而唯一能從其中得到的，僅為一份菲薄的工資時，對本身生產行為的應有主體性，及對勞動成果的個人責任心皆告失落，變為冷漠而不關心。並因巨大的企業組織體的決策和運作過程，對勞動者而言為遙不可及的彼岸構築，他們痛感自身對一己的命運已非決定的主體，而只是被決定的客體，「漠不關心」便成為他們自卑與自傷的庇護所。

三、侏儒化。

勞動者不擁有自己的勞動生活條件的自主管理權，只能服從企業當局和工會上層所決定的勞動條件，一切行為舉動皆在嚴密規格的支配之下，毫無自由裁量的餘地。勞動時的身體移動、位置選擇，皆不得自由隨意，甚至連調整疲勞、避免緊張的動作都不被許可。則他除了對個人工資所得的高低，及個人身邊職場環境的改善外，對人群與社會的種種，提不起任何意慾和熱情，只變成接受既有條件的，有氣無力的勞動機器。

以上這些異化勞動下的痛苦意識，在企業組織的巨型化、分業生產、系統控制的現代產業社會中，有日益深刻化的趨勢。針對「勞動異化」的這個時代疾病，生產的組織者們或提出黃金般的「未來論」，盡力描繪技術革命後的分配豐裕的新

境界；或藉助「行為科學」，研究如何經過「增強動機」的方法醫治勞動人的「心理龜裂」，使其發揮積極旺盛的生產意慾；或主張經由教育、宣傳，灌注生產大眾「新人生觀」，肯定「生活的價值」，從而回復「順從的參與感」；或強調漸增的主「休閒」時間，將適時療治勞動中的痛苦意識和疏離心理，帶給勞動者足以彌補勞動痛苦的「文化娛樂」。

但這些「對策」，都不敢觸及根本的病因——勞動的社會屬性之機能性扭曲作用。也就是，在資本獨占體系的截斷下，不得回歸的外化勞動的變質，由異化而形成社會壓制的過程。其實，在同一個社會之內，即使是教育、文化、休閒的活動領域中，也都存在著顯著的異化現象，如教育的功利主義和形式主義，休閒活動的庸俗化、官能化，文化生活中的世紀末感覺等。由此可見勞動異化之為現代資本主義不可避免的歷史性格。

至於有人將勞動異化問題的技術層面突出，認為不論生產關係如何，現代大工業生產系統皆不免形成勞動異化過程。實則異化與否，關鍵在於外化勞動是否有回歸的保證，若基本上有此一保證，則縱使因一時的社會窒礙而產生了局部性異化現象，也可經由適當糾正措施而獲得解決，而並非如資本主義生產關係中勞動異化之為結構性問題，為內在的不可解決的根本性矛盾。

精神勞動

勞動本是一種有意識的行為，世上沒有純粹用頭腦，或純粹用肌肉的勞動。凡是勞力，必定是大腦連肌肉的一整段生理機能系統。因此，勞力是精神能力和肉體能力的統一協作，而

勞力消費過程的勞動，也是精神勞動和肉體勞動的協調運作。雖然勞動同時含有精神要素和肉體要素，其比重也有所不同，或以精神要素為主，肉體要素為從；或以肉體為主，精神為副。一般而言，凡是成型物體，且不需複雜精巧設計者，產出過程多以肉體勞動為主；而不成形的非物體，或用料簡單，效用特殊的產品，則以精神勞動為主。

在古代，精神勞動與肉體勞動本未分開，直到奴隸制社會初期，才有所謂「勞心者治人，勞力者治於人」的現象。直到中世紀封建時代，精神勞動多為統治階級及其附庸階層的特權，而肉體勞動則為被統治階級的生業。隨著近代資本主義的進展，產生了更多的分業分工，前此專屬於統治階級的精神勞動，因其繁複化而逐漸下放為部分中產階級所承襲，且日愈專門，遂在社會上形成了各種專職者。如把現代的精神勞動加以區分，則有屬於生產勞動的「技術性勞動」（工程師的勞動）、組織性勞動（工頭組長等的指揮勞動）。也有雖非直接的生產勞動，但生產「生產潛能」的科學勞動。另外還有非生產卻有社會效用的勞動種類，如教育勞動、醫護勞動、法律勞動、藝術勞動、事務勞動、其他文化勞動等。

在資本主義商品社會中，技術性與組織性兩種精神勞動，本為資本家生產組織中的重要環節，直接服務於商品生產，間接支持資本獲利，其酬勞常數倍於一般肌肉勞動者，因而在立場上和同一生產組織中的肉體勞動者尖銳對立。但這兩種精神勞動，亦如其餘不同種類的精神勞動，也是資本家的剝削對象。

資本家根據追求利潤的本能，利用精神勞動的價值不易測定的特點，以其雄厚購買力進行不公平交易，使精神勞動領域

中，也出現種種特殊面貌的異化問題。

　　與生產具有密切關係的科學勞動方面，以高薪受雇於企業研究機構的精英份子，其研究悉皆在資本主義效用觀念的支配下，在資本主義經營理論的一定形式和規約下，為一定的市場，一定的顧客，一定的生產目標而奉獻其智慧。其精神勞動，因異化而壓抑人性，把人類化約為動物或機器的同質性存在。如二次大戰期間的德國科學家，研究如何以高效率屠殺六百萬猶太人；戰後美國科學家，為了確知新武器的效能，研究如何測定其「殺傷力」；為了維持市場的經常需要，日本的金屬工業研究所不准研究員研究增強材料的耐久性，反而叫他們研究如何在耐久性上「設限」，使其成品耐用年限「適當地」縮短，以便其生產部門訂單不絕。

　　至於在日益嚴重的公害污染問題上，各國企業的研究者莫不被要求以經營體的成本立場為考慮的首位，為企業利益而把公害合理化為經濟成長過程的「必要之惡」。如此的科學勞動，已遠離了人性本質的生命與愛的創作，其創造是為了更大的破壞，更徹底的扭曲。現代科學思維帶來的精神痛苦，竟致一位評論家說：「科學家們在實驗室裏面是天才，離開實驗室便成了瘋人」。因他們在實驗室外面所看到的，不外是著衣說話的動物，縱橫穿梭的運動物體，他們深覺在巨大的社會關係網中，已經失落了追求真理，發展人性自由的科學原義。

　　至於其他種類的精神勞動，也因服務目標的偏差和勞動過程的畸型化（如醫護勞動中，公立醫院與私人診所，教育勞動中，明星學校與無名學校之間的工作品質的差別），悉可證明由勞動異化所引起的人性喪失，日益波及於精神勞動領域。而異化後的「片斷性格」，由於自衛本能，每多執著於「所有權

人格」的膨脹。一般精神勞動者因在資本權威面前失去了勞動自主性，只好求「創意權」「著作權」「專利權」等精神財產的保護立法，幾乎使現代社會成為「所有權人社會」。這一趨勢，雖然伴隨於精神、物質兩層領域中的壟斷現象而出現，卻逐漸加深了封閉性的個人意識，因而導致無可舒解的社會鬱積。

人的精神能力在生產與再生產歷程中的堅韌性與發展性，究竟仍能在實踐所累積的痛苦中萌生解決矛盾的未來契機。此一特性，無疑是人性的最大保障。資本主義生產關係下的異化現象，竟是催生此一未來契機的當前關鍵之一。觀乎現代精神勞動的本質型態，其隱含揚棄資本主義價值法則、剩餘價值法則的前提條件，已屬明顯。此一趨勢尤以科學勞動最為突出：

1. 由科學勞動而獲致之新發現，如方法、知識等，在效用存在期間，不虞磨損消失、不怕物理性障礙。
2. 科學新發現一般而論，可在地球上任何地方適用，因此而含有揚棄資本主義發展不平衡的法則的可能性。
3. 當以新發現的科學方法用於生產過程時，往往產出超過研究成本的巨大成果，且方法可以經由傳授學習，變為一無償生產財。

當然，資本家也深知科學勞動成果的重要性和不易控制性，為了利潤競爭而不得不將巨大的人力財力傾注於科學勞動領域，使其在社會上的比重日益增大，卻無形中已植下了未來否定本身階級利益的種子。在此兩難的情況下，乃多方研考精神生產的軟體控制，如嚴密的技術獨佔、教育、文化、商業交流中的防範設計等。此所以有人指自然科學為「生產的潛勢力」，指科學勞動為「普遍性勞動」，蓋「方法的普遍性」終

能導致「財富的普遍性」之故。

　　至於其他種類的精神勞動，雖不似科學勞動含有對現社會的直接矛盾因子，卻也多能在其精神作業中反映出社會缺陷。尤其藝術勞動與其他文化勞動從事者，須具敏銳的時代感覺與深刻的社會分析及再現能力，在資本壟斷下的異化現象中，多數是歷經階級立場的蛻變者。此乃現時各國社會中所謂的「文化左翼」的歷史背景。

　　在資本的活動過程中，不得不增大精神勞動比重，同時也以此途徑創造了精神勞動者和肉體勞動者的結合條件。精神勞動者為知識工作者，其知識能力在運動中無疑地對肉體勞動者有補強作用，在資本主義社會中，肉體勞動者處身在社會剝削的中心位置，而精神勞動者卻更接近社會的控制中心。其在歷史推演中的影響力，是無可否認的。最後，歷史性地分離了肉體勞動和精神勞動，在技術的（資訊工業、自動化系統的發展）和社會的（高級生產關係的出現）雙層因素推動下，將再度歷史性地結合，展開一嶄新的勞動時代，飛躍地進入人性的自由高揚的新世紀。

勞動者們團結起來
——工會・工會運動簡史・勞動政黨

（1986 年 5 月）

工會

　　爲了維持生命，人類必須獲得適宜的生存環境，消費足量的生存資料。而爲了獲取這些生存上的必需條件與手段，便得自行運用自然所給予的身心能力，向自然界爭取，建立一個有效的生命維護系統。這種維持生命的必要活動，並不是個體的單獨行爲，而是一種社會性的群體活動。因此，說這一集體的生產再生產系統爲社會的母胎、歷史的根源，亦不爲過。若再具體地深入分析，這種生產過程，也就是創造維生必需的使用價值的過程，其中包括有三種不同的契機。

　　第一、是人的有目的的意識行爲，也就是勞動。

　　第二、是勞動時所使用的工具。

　　第三、是勞動行爲的對象物。

　　換句話說，生產就是這三種要素的結合流程。

　　三種要素——勞動主體的人、人所使用的工具以及勞動所加諸的對象——的結合，並非無規律的偶然聚合。三者之間存在著質量規定上的可能性範圍，如超過這一範圍，縱然有三者的結合，也不可能實現爲一有效的生產過程。舉例，人的肌力

腦力是否容許他使用此一工具，工具的機能與耐用性是否適合於某一原材料（對象），如果三者所具有的條件互不契合，就不可能出現生產活動。我們只要想像一位木工（勞動主體），手扶一部織機（生產用具），面對著一堆大理石（勞動對象）的尷尬情景，便能瞭然生產要素之間的、屬於技術或自然性的結合條件的意義了。

是不是只要自然的、技術的結合條件被滿足了，便能實際進行生產呢？也不盡然。一如所述，生產行為既是社會性集體行為，有關生產要素的結合條件，除了自然的、技術的這一層面之外，同時還要具有來自社會方面的關係規定。亦即，三要素各有各的社會「位置」、社會「歸屬」：三要素的結合，不僅是「物」的結合，同時也是「人」的結合，還要在人的結合上符合社會範疇中的「可行性」。即使一個農夫，手執鋤頭，站在田地裏，這種標準式的、自然的、技術的三結合，也不一定能進入實際生產行為，因為如果農夫手中拿的是偷來的鋤頭，站在別人的田地裏，這一場要素結合，雖合乎自然，卻反乎社會規範，是不被許可的結合。

由此可見，生產要素的有效結合，必須是各要素的合法持有者，即「所有人」之間的社會結合。這種生產過程中的人的關係，亦即生產要素所有人之間的一定關係，也就是所謂的「生產關係」。

生產關係使相關的人與人之間，以一定的義務與權利互相結合。亦即，使人所有的生產要素得以在法律保證之下結合，進行實際的生產。隨著現實生產力的發展，生產關係在每個歷史階段便表現為不同型態，歷史上至今為止的演變事實，顯現出兩大不同型態：一種是勞動三要素的所有人格沒有分裂，也

就是勞力的所有者和其餘生產手段（工具和勞動對象）的所有者爲同一社會人格。另一種是三要素各歸不同人格所有。在前一種生產關係下，生產要素的自然結合和社會結合之間不發生矛盾。而在後一種生產關係下，要素間的結合雖也以物的結合可能性爲前提，卻要以人的結合可能性爲實現要件。

生產關係中的結合是權利與義務的結合，也就是勞力的所有人與生產手段的所有人之間，彼此以某種權利與義務爲規約，共同構造出一個生產組織。在資本主義生產關係下的規定是：勞力的所有人以自己的勞力爲商品售與生產手段的所有人，他有權利收受出賣勞力的代價——工資，也有義務接受勞力購買者，同時也是生產手段的所有者——資本家的生產命令，遵照其命令在其所擁有的生產手段上支出一定的勞力。而生產手段的所有者（也是勞力的購買者、資本家）則有義務支付勞力出售者一定的代價，同時也有權利指揮他所購買的勞力從事生產活動，並獲得生產成品的所有權。

勞力出賣者與購買者雙方之間的權利義務關係，在形式上雖然是自由契約的結果，然其性質和份量均並不對等，也不符合生產要素本然的性質，蓋三要素中，勞力一項才是創造價值的關鍵性契機，生產用具和勞動對象是進行生產的條件卻不是原動力和維持力。在未與勞動結合以前的生產手段只是潛在要素，和勞動結合後始由潛在要素變爲現實要素。在資本主義商品社會中，勞動更是唯一的價值增殖因素，因而也是資本家利潤的唯一來源。

然而在勞動關係上處身如此關鍵地位的勞動者，在社會的所有人格的結合方式上，卻只能屈居於從屬性地位，原因在於：

1. 在資本主義所有制度下，勞力是勞動者唯一能出售用以換取生活資料的所有物。為了每天的生活，他有不得不按日出售勞力的迫切性。
2. 勞力做為商品，沒有可貯藏性。
3. 因為上述的迫切性和不可貯藏性，使同為勞力出售者之間，身不由己地產生競爭，益使勞力價格下降。

而與此相反，資本家則：

1. 常擁有超過生活必需以上的財力，沒有求取生活資料的迫切性。
2. 所擁有的財富多有可貯藏性。
3. 資本家——勞力購買者的數目，絕對少於勞力出售者。

其他如勞動者對市場知識的缺乏和對政治法律行為的陌生等因素，愈使其無法具備一般商品出售者所擁有的議價能力。

基於以上嚴酷的事實，遂逼使勞工們痛苦地自覺到，勞工如只以分散孤立的個人契約出售勞力，絕無法保障最低限度的經濟報酬和人格待遇。於是遂有爭取結社權、組織出售勞力者的團體，以集體力量向雇主爭取公正的雇用條件，進而改善勞工一般生活條件和社會地位的「工會運動」的產生。

工會組織的基本功能是：

1. 吸收個別勞工於組織之中，藉以提高團體力量。
2. 共同決定雇用條件的適當標準，向雇主進行集體交涉。
3. 若得雇主同意，會員一律以同等單條件就工，若遭雇主拒絕，會員一律拒絕就工，或以罷工、怠工等為手段貫徹主張。

總之，在資本主義商品社會中，在勞力市場上出售勞力的勞動者，因為得不到國家社會的公義保護，不得已而企求以集

體自衛來維護個人的生存權利，這就是近代「工會運動」的意
義。

工會運動簡史

　　工會是為了維護和伸張勞動大衆的日常利益而成立的基本
而初步的機關。

　　因為是工資勞動者的團體，所以它的誕生幾乎與資本主義
經濟體制的建立同一時期。近代工會的起源，約在 18 世紀初，
產業革命的初期，而其急速的發展，則在近代工廠組織的普遍
化時期。為了改善和維持雇傭條件，在當時的客觀情勢下，剛
開始時有兩個運動方向：其一、壓迫工廠主，改進勞動者的待
遇。其二、則是阻止資方雇用不熟練勞工，藉以防止本身就工
條件的下降。

　　在產業革命發軔國的英國，於 1824 年開始承認工人組織。
在此之前，勞工的團體活動，被引用《團結禁止法》而遭鎮
壓，活動分子一律以共謀罪、叛亂罪被處置。此乃因當時英國
的立法基礎建立於所謂的「營業自由原則」，視勞工的團體活
動為破壞營業自由的罪行。但是在當時苛酷的勞動條件下掙扎
的勞工們，經過不斷的流血奮鬥的結果，至 1824 年，英國議
會始召開調查會，調查研究之後，才承認了勞工的團結權，但
也只是承認勞工的團體交涉行為為合法，卻尚未接受常設工會
之存在。且在翌年，經資本家策動，政府再度採行更嚴厲的鎮
壓措施，但在勞工們合法非法交互運用的戰術下，臨時性的交
涉團體變為非法常設機構者日多，要遲至 1871 年始正式承認
常設組織（名為「議會對策委員會」）及其置產權。

　　這一段工會發展史，固然是勞工們前仆後繼，血淚斑斑的

奮鬥成果，但與英國經濟景氣的相對好轉也不無關聯，更重要的是：隨著產業革命的進展，在新的生產設備下，產生了職類的現代化。從來以個人技能為主的勞動，逐漸轉向依賴生產設備之客觀效率的齊一性，個別的勞動條件漸漸讓位於職別的一般性規格。至此，雇主也以每一職類的統一工資標準為合理的投資方式，而統一地、集體地對待勞工，也就成了產業界的自然趨勢。這是生產力在質料技術基礎上的進步，影響了原有生產關係下所衍生的，次級的雇傭關係的一個顯例。

　　至 19 世紀末的工會，主要還都是以職業別工會的形式存在，但接著發生了所謂「第二次產業革命」，出現了眾多的半熟練勞工、補助勞工、以及雜事工等，使從來以熟練工為主的閉鎖性橫斷組織的技能別工會（craft union）逐漸轉向具有更大包容力的產業別工會（industrial union）。這是因資本家活動方式已由初期產業革命時的職業資本家擴張為更大型的產業資本家，與之相對應的勞工運動也自然提高了它的包容範圍，否則無從對抗。於是，工會運動遂出現了新機運、新精神、新參與的廣大半熟練工，非以「個人技能」為本身在工會中的地位憑據，而是隨著產業組織的大型化而反映出新的「階級自覺」。認為依靠技能確保社會地位的舊工會機制，已遭受新的技術社會的潮流所沖毀，勞工們不應再以其「技能地位」而眷戀產業組織中的一席之地，應以整個經濟體制中不可或缺的勞力奉獻者的地位重組團體。

　　此一覺醒包括兩項要點：

1. 從前之工會，乃反資本主義運動的最初步的、自然成長的型態，只是運動的出發點。
2. 隨著運動的進展，工會漸由「確保現存經濟秩序下的最

佳勞工利益」的目標，進而要求「變革現存經濟秩序，
廢止工資勞動制度」。

在此一新趨勢下，工會運動逐漸具有政治鬥爭的性質，新
工會也就成為先進勞動者和一般勞工大眾之間的紐帶組織。亦
即，工會必須一方面關切勞工階級的經濟利益，同時也必須逐
步發展為以改變經濟秩序為目標的團體。在經濟鬥爭的這一層
面上，它是一個大眾性組織，但在參加反體制運動時，則是一
個堅強的先進勞動者團體。

隨著上述工會的本質與機能的發展，在其組織、運作、運
動方向各方面，也經歷了一定的轉變。在組織上是由技能別工
會進入產業別工會；在運作方面是由官僚主義到民主集中制；
在運動方向上，則由職業工會主義到革命工會主義。

職業別工會近來雖已不多見，但其成員多屬高薪的熟練工
人，比較注重經濟上的共同救濟，對政治性鬥爭則因較保守而
傾向於自我保護。產業別工會目前已成為工會運動的中心，章
程上認同所有半熟練工，主張所有勞工一律平等，男女工平等
的工資政策，不注重工會的共同救濟活動，而重視社會保險政
策，在政治活動方面較積極，其幹部的政治素養較高。

由職業別工會到產業別工會的發展，同時也帶動了由地方
性工會到全國性工會的擴張過程，中間大致經歷了八個級別。

1. 技能別工會。

2. 複合型技能別工會。

3. 技能別工會聯會。

4. 地方工會。

5. 準產業別工會。

6. 產業別工會。

7. 產業別工會全國聯合。

8. 產業別工會國際聯合。

此一發展過程，正反映著資本活動由職業資本到產業資本到合同產業資本到金融獨佔資本的演變過程，和與之相對應的勞工階級意識的成熟化。

至於由官僚式工會組織到民主集中式組織的發展，乃因勞工大眾自覺力量的提高，克服了舊時工會領導的僵化形式主義和事務主義。另外，由職業性工會主義到革命性工會主義的、運動意識型態的發展，帶動了新運動理論，其變化可歸納為四種：

1. 職業工會主義。

2. 友愛工會主義。

3. 戰鬥工會主義。

4. 革命工會主義。

這一連串發展也是資本主義社會的階級矛盾激化的反映，如革命工會主義主張勞資勢不兩立，為了摧毀現存經濟體制，在現存政治體制下的所有活動都無意義，惟有通過徹底的全國總罷工的激烈手段，逼使資本主義結構全面崩潰，而代之以勞工階級為主導的社會組織。

最後，除了「職業別」、「產業別」兩種工會外，二次大戰後出現了第三種組織型態，即「一般工會」（General union）。通常以交通運輸工程及其他戶外勞工為中心，多屬未被納入前兩種工會者，其中也有技術革新後新出現的大量不熟練工人的參與。今後隨著產業構造在技術革新下的變化，這些新種類的勞工在工會運動中所起的作用將更形重要。

總之，隨著反資本主義運動的尖銳化，工會逐漸由經濟鬥

爭轉向政治鬥爭，當此一趨勢達到一定程度時，自必需要有本身的政治鬥爭機關，否則承擔不了具體的時代需要和實際任務，因此，由工會而勞動政黨，便成為本世紀勞工運動的共同歸趨。

勞動政黨

「政治是經濟的集中表現」。這句話的意思是：經濟現象中的人際關係和物權關係，歸結為政治領域中的總括性強制規範，亦即：政治以強制力維持某一特定的經濟行為模式，也禁止此一特定模式以外的行為。

政治力的最高形式是國家政權，而國家是產自一定的經濟過程的非經濟組織，卻以規約經濟過程為其首要機能。則凡經濟領域中的階級構造，反映為政治領域中的政黨制度，以國家政權為標的，企圖透過政權的全部或一部分力量導引影響經濟的全體或部分動向，勿寧說是十分自然的事情。歷史上罕見的具有強韌活動力的近代資產階級，便是以經濟的實力階級跨進政治領域而建立了支配體制，再以政治手段直接、間接維護其經濟利益。

因此，勞動者的自我解放運動，先由爭取經濟利益的工會運動開始，後來逐漸轉向求取政治權力的政黨運動，並非純主觀的幻想，而是上述客觀的社會結構所導致的必然結果。比方說，雇主的提高工資，若因經濟理由所促成，則不外兩種途徑：其一是主動的作為——雇主或因景氣的好轉，認為工資提高可能帶來勞工工作情緒和效率的提高；其二是被動的作為——在工人的爭議困擾下，衡量各種利害因素後，不得已而接受提高工資的要求。這兩種決定都屬於經濟理由，沒有政治因

素的介入，然而，徵之現實經驗，第一種情況只有理論上的可能，事實上絕不存在。第二種情況也必須相關因素的聚合，始能實現，其間勞資雙方往來折衝，往往僵持不下，曠日廢時，且最後大抵引來政治力的介入，強行壓下勞方要求。

由此可知在勞資關係上，企圖經由經濟手段解決經濟問題，尤其像工資這種屬於雙方基本利害的問題，由弱勢的勞工向強勢的資方提出要求，幾乎是毫無成功的機會可言。這是所有工會運動共同的痛苦經驗，也以此而導致勞工們的徹底醒覺，認為不在政治戰場上建立一個戰鬥單位，只依賴經濟性的規約內團體活動，實在無法貫徹應有的權利主張，於是便由經濟性的「會」逐步發展為政治性的「黨」。

以上是勞工運動之由「工會」到「政黨」的一大躍進的由來。於此我們不難了解，工會與勞動政黨之間的關係，是一車之兩輪，一軍之兩翼，其間是政治與經濟的辯證關係。企求經濟解放的勞動大眾，唯有建立政黨機關，始能在對抗資方的政治權力戰中，有一攻防陣地。

歷史上最早出現勞動政黨的國家是德國。

德國因其資本主義體制的發展晚於英、法，為了與先進國競爭，其資本積累、資本活動，自始便不得不依賴國家權力的直接扶助。因而其勞動政黨運動，反而走在英國之前。德國勞工大眾所面對的資方，多屬於國家育護下的企業體制，而非如英國資本家之在國家間接庇護下的自發體制。因此，勞工必須自始便以政府與資本家的聯合勢力為抗爭對象。德國最早的全國範圍的勞工大會，舉行於 1848 年革命後的 8 月，在一連的鎮壓政策下，在 1869 年初成立了「社會民主勞動黨」，1875年終於出現了聯合各個勞動黨派的「德國社會勞動黨」。其

時，英國的工會運動者尚受庇於自由黨而成爲黨中的左翼，英國勞動者本身獨立的政黨組織，一直要到 1906 年始見出現。

此外，在法、義等歐陸的資本主義國家的勞動者，也都從 19 世紀末葉至本世紀初，陸續建立了規模不一的勞動政黨。在此期間，1864 年的「國際勞動者協會」，亦即俗稱之「第一國際」，1888 年開始於倫敦之「國際勞工大會」，翌年巴黎之「國際社會主義勞工同盟」，亦即俗稱之「第二國際」等，使先進、中進資本主義國家的無產政黨運動，得以在國際連繫的新局面下有所發展。

因爲經濟、政治情況的歧異，雖然各國的勞動政黨皆以現存經濟秩序的廢棄爲同一目標，但在手段、策略及理論各方面的差異究屬難免，即在一國之內的勞動政黨運動，亦出現衆多分歧。尤其是 1914 年的第一次世界大戰，1917 年的俄國大革命，及第三國際的創立等，一連串新情勢的出現，更使這些分歧愈趨尖銳，各國勞動政黨遂分裂爲「社會民主主義政黨」與「共產黨」兩大類別。

不過，在此一時段上，所有的勞動政黨都由對現體制的批判，向前躍進一步，轉而要求政權的參與甚或掌握，這可說是資本主義危機時代的必然演變。由於戰後獨佔資本政權的支配策略的兩面性——一方面安撫那些態度和緩的勞動政黨，圖使其蛻變，以致無力化；一方面以強硬態度對付戰鬥性較強的某些勞動政黨，欲使其分崩瓦解。在面對現政權這種支配策略的兩手，在各國勞動政黨中，自然有了不同的反應行爲，大凡甘受安撫的勞動政黨，皆意圖參與政權；而毅然承受重大壓力者，則堅持否定虛僞的議會民主，傾向於逕行奪取政權。

直至二次大戰前，世界勞動政黨大概有如下類別：

一、以指導理念區分有：

　　1.共產黨（共產主義）

　　2.社會黨（社會民主主義）。

　　3.勞動黨（工會主義的社會民主主義）。

二、以組織原理區分則有：

　　1. 前衛政黨（由承認一定指導原理的職業革命分子所組成，「共產黨」、「社會民主黨」皆屬之）。

　　2. 大衆政黨（或稱「人民陣線黨」，以當面政治利害爲進退依據的大衆主義結合）。

三、以存在的法律性分別，則有合法與非法政黨。

　　其次，有關第三世界，亦即本世紀後進國家中的勞工運動，如中國、印度等地的工運特質，在前述的德國工運的情況中已有某種啓示。蓋中、印等後進地區，其近代勞資兩階級之興起，乃外來資本帝國主義的外延作用的結果。質言之，落後地區勞工運動當面的對象，既非英國式自然生長的本地資產階級，亦非僅如德國式的國家權力培育下的政、經複合體，而是外來的帝國主義企業，及其背後的帝國主義列強政府。因而，僅以經濟手段求取勞工利益之保障，顯然不可能，其歷史的階段任務，必須自始就投入於反帝政治鬥爭中。此所以中國五四運動中的初次政治大罷工，1922 年 5 月廣州的第一次全國勞動大會，1925 年 5 月，中華全國總工會的成立；印度 1919 年全國大罷工，1920 年 10 月的全印工會會議的成立等，莫不以反對外來帝國主義、反對國內買辦勢力與封建殘餘，要求國家自主、獨立的高度政治要求爲內容。至於兩國工運史中，一連的光輝和血淚事蹟，其對國家獨立、民族解放大業的貢獻，更毋庸贅言。

　　以第三世界脆弱的社會體質和對外關係的艱困局面而言，若發育不良的本地資產階級，因其先天不足，後天失調的歷史條件，而無力擔負起抵擋外來侵奪、求取民族獨立的時代使命時，則與其同時誕生的該國勞工大眾，以其提供社會基本生存的機能和相應的自覺，是有充分的潛在精力來接替這一歷史任務的。

　　自二次大戰結束至今的四十年以來，原有資本主義的演變法則、社會主義的優越原理，1930 年代勞工運動中的意識型態論爭等等，似乎都已面臨了新的考驗。然而在理論與實踐的無可避免的曲折過程中，數世紀以來經已檢證的事實──勞動生產的無可懷疑的根源性和不可輕侮的尊嚴性，仍將是不受撼動的真理，相信我們將有幸在跨越世紀的未來工運中，目睹這一真理的更高層次的發揚！

　　四年後的 1990 年 5 月 1 日，將是「國際勞動節」一百周年紀念，不知全世界的工運鬥士們，屆時如何把先行者們長達一世紀的艱辛志業，任重道遠地繼續貫徹下去。

由群眾運動到組黨
——群眾・群眾的階級歸屬・政黨組織

（1986 年 3 月）

群眾

　　群眾一詞，雖然在一般社會生活中已廣被應用，至於它的界說，則還有多義而曖昧的地方，尤其在後進地區，並不如在先進資本主義國家的社會型態論中的模型概念那樣，具有嚴密的內涵規定。如按一般常識性用法的內涵加以歸納，可分為廣義和狹義的兩種群眾。

　　廣義的群眾，是泛指一定組織體外的臨時性集合體。這個集合體，不論其構成份子的會聚是出於有心或無意，只要在同一時空單位中，形成一具有共同行為指向的團體自覺，卻不具有組織體的內在定式化關係時，便出現為一群眾現象。例如：一個公共機關是為一組織體，而在同一時間內蝟集於其周圍，擬向其辦理某種事務的人群，與該機關相對而言，便成為群眾。即使私營企業、如一家百貨公司亦為一組織體，而每天營業時間內進出於該家公司的顧客們，也是相對於該百貨公司的群眾。

　　隨著現代社會生活的物質條件（硬體如各類商品、交通手段、傳播工具、集合場所和設施等，軟體如大眾資訊等）的發

達，特別是所謂「消費社會」出現之後，上舉的廣義性群衆，可以說是隨時隨地遽聚遽散。又因社會生活型態的日趨多元化，舉凡起居飲食、衣著住行，莫不細則化、流行化，幾乎使一個昇平中的常態社會，除了組織體與組織行爲外，便是群衆與群衆行爲。以往農業社會的悠閒自在的個人行爲，甚至少數血親享受天倫之樂的家庭活動，都有受其排擠、吞沒之勢。在此意義上，這種群衆現象也反映著資本主義生產規模的巨大化、流通過程的快速化與普及化，消費方式一面趨於規格化一面又趨於繁複化，再加上這些經濟生活的新趨向所帶來的社會人口結構的改變——中下層勤勞者所佔比例的增大等等因素，必然導致這種廣義的「群衆」成爲社會每一部門中的主要動態要素，也成爲與其相對應的所有組織體的主要作業對象和研考對象。

這一類屬於一般性日常生活範圍內的群衆現象，因其目的與行爲方式比較簡單，可視爲以下擬予探究的「狹義群衆」的基礎性條件。

所謂的狹義群衆，指的是在政治科學範圍內的群衆。也就是政治性的，或說帶有政治意義的群衆。

根據上述對於「群衆」的一般性界說，政治性群衆，乃指相對於政治性組織（包括已握有強制支配權力的政權機構及尚不具有支配權力但具有政治目的與活動的政黨）的集合體，這樣的集合體在主觀上已有某種程度的政治認知，也表現爲政治態度，但客觀上卻只被賦予有限的「形式公權」而已，並不擁有實質的參與權。所以只是一群在組織體外受支配（相對於政治機構而言）、聽控訴（相對於政黨組織而言）的社會各階層的混合體。

政治性群眾，因有如下幾項特徵，而與一般性群眾有別：

1. 政治性群眾，乃社會的經濟與政治水平達到一定程度後，由庶民階層中自然形成者。其自覺性自比一般性群眾為高。一般性群眾的自覺目標多為單項個別的日常需要問題，而政治性群眾所關心者已屬於一定範圍的社會集體性問題。

2. 一般性群眾只是同一時空中的臨時性集合體，在短暫的時間裡與侷限的場地上頻繁地聚合散開。而政治性群眾乃為一超越時空共聚條件的恆存性團體，甚至不待個體的實際會合仍能發揮作用。如透過言論的表達與意思的連絡而在個別分散的生活情境中，持續地表現為一定的社會意見層。

3. 一般性群眾的分子身分不定，流動性大。但在政治性群眾方面，構成分子比較固定。雖也有群眾分子上昇為組織分子，或組織分子下降為群眾分子的情形，只是這種政治意義上的身分轉換不是隨時隨地皆能實現，而必須經過一定的制度化程序。

因為政治性群眾有上述固定的社會屬性，和較高的知識水平，政權組織往往視其為政策推行的配合者、助動者，甚至視為政權存續的必要支柱；而未執政的政黨組織則以其為主要的支持力量或宣傳號召的主要對象。總之，不論朝野政治組織，咸認政治群眾是政治組織的預備章，每每透過其「群運」部門的活動，經常在政治群眾中爭取外圍、同路者，進而吸收為組織的新血輪。

政治群眾雖粗具政治認識，略懷政治關心，實際上還多停留在直覺和感性階段。因為他們一般都受過現存體制的教育灌

輸與文化、政治宣傳，一旦形成觀念之後，在生活態度與思考方式上即不易擺脫其影響，即令在現實生活的對照下發覺「統治者理論」的虛僞，卻也未必能清晰地把握其中眞相，在繁忙的衣食奔波中無暇深究問題，自然只能停留在淺層的感覺而達不到深層的思考，對於時局、社會的感性反應往往侷限於「個人愛憎」的模式中——對爲政者的「個人惡」每有強烈的意見，卻未能超越爲對「制度惡」的冷靜剖析。

「政治性」群眾雖已能體會出社會的「病狀」，卻尚無能指出「病根」之所在。這種對政治事物的「群眾性認知」的界限，正是一些現存政治組織常加利用的因素，所謂「煽動政治」（Demagoguery）的奧秘即在於此，因爲認識的感性因素往往蘊藏著盲目而巨大的運動能量！然則，政治群眾的這一認識瓶頸，有無可能予以突破，使能擺脫煽動政治的陰影，從而獲取眞正自主性的政治生活？

群眾的階級歸屬

政治是人際關係的強迫性規範與統合的方法與過程，它植根於經濟，卻能提供經濟活動以穩固的外圍秩序，保障基本社會關係中的生產關係及以次的各種經濟關係得以不受干擾及破壞。

政治性群眾既屬於被支配階級的混合體，他們的初步政治感覺，大都來自經濟生活中的拘束性、抑制性經驗。也有一部分來自於當前社會現實矛盾在意識型態領域中的反映。不論上述的「群眾性政治認知」的形成過程在個別群眾分子之間有何差別，這種感性認識的侷限性，除了來自於前面所舉的一些主觀因素外，政治事物本身的複雜性也是原因之一。

　　社會存在與社會意識之間，並非單純的物理式的反映與被反映關係。社會人在其思想意識中反映社會現實，是要經過反映者個人的具體實踐，在實踐過程中同時遂行他的反映過程。因此，由粗而密、由淺而深、由暗而明，即使只是相對性的進步，也須要經過一定的歷程，還得隨時知行對照、糾正錯誤、清除偶然因素的干擾，使認知內容逐漸接近眞實，所以說，實踐是認識的發生根據和檢驗手段。

　　群衆的政治認識當然也是他們生活實踐中的產物，因而群衆的生活實踐的界限也就是群衆政治意識的界限。群衆的生活實踐，一般說來，範圍大都不出個人所從事的職業性活動，而家庭與社會活動中的個別際遇，也大致屬於相同的文化模式，除非特殊機遇，一般人的直接經驗都甚爲平庸。加以在既存社會的意識型態領域中，統治階級的掩飾性理論常能輕易地混淆本已十分複雜的政治現象，使群衆更難瞭解其中的眞相，舉凡政令制度的層層衍生，政策言論的洋洋大觀，在在都使直接經驗有限的群衆分子，即使想以間接經驗如理論、知識等補充本身的經驗之不足，亦不易突破重重迷陣而深入合理言辭背後的非理性，或合法制度背後的暴力性本質。在此情況之下，一個政治性群衆分子雖能「感覺」出自己的群衆地位與組織體之間的矛盾對立，卻無法確切把握彼此所處的眞正位置，因而也就無法理解這種對立的眞正意義。如果群衆的「覺悟」程度僅止於受支配的屈辱感，再由此萌生粗糙的反叛性意見與敵對態度，則群衆將永遠是煽動政治下的犧牲品。那麼，如何才能擺脫這種現代政治的咒術束縛呢？

　　根據前述的實踐認識論，群衆應自行導正及深化自己的生活實踐，從而獲取一些關鍵性的認知要件。首先，應對自己生

活於其中的社會的靜態性結構和動態性機能有所把握，也就是說，對現實社會的結構學與動力學要有所理解，才能確切領悟到本身所處的位置，與未來應有的走向。當一位心態主觀、視野模糊的群眾分子，透過直接與間接經驗清晰地照見自己客觀的階級位置時，才算邁出了政治自覺的第一步。因為生產關係是一切社會關係的基本關係，生產關係中的人的結合方式，才是其餘社會結合方式的最終決定者。一位群眾分子從眾多的、次級的、衍生的、混淆性的繁複關係中，透視到最根本的階級關係中的自我，也就是一個群眾分子尋覓到了自己的階級歸屬，便可以由這個原點上，來環視全社會的結構與機制了。

　　群眾的認識即使已達到能做理論上的階級分析，仍然只是一個正確的起步而已，因為發現自己所從屬的階級，只是社會結構學上的認識，如能同時也理解到蘊含在結構原理中的發展原理，也就是窺探出階級關係在社會進步中的作用力，再具體一點說，就是領悟到自己所屬的階級在整個社會發展過程中是屬於積極因素還是消極因素，從而對原來的「階級自我」重加審察及評估其「歷史價值」，再從而決定「個別之我」對「階級之我」的取捨去就，這就是由社會觀、歷史觀落實到個人人生觀的精神歷程，這在個人歷史上是個十分重要的關鍵。

　　人類的精神意識並非完全無條件地受環境所決定，除了被動反映客體之外，還有其積極能動的一面，雖說社會存在決定社會意識，但卻把社會意識決定成「具有一定的相對性反決定作用」的東西，因而機械的唯階級論不能說明歷史的實際，階級位置固然決定階級意識，但個人的實踐中卻不乏種種機緣，促使一個人的意識達到一定的展視高度，從而使他建立個人執信的價值系統，再據此而揚棄自己無選擇性的原屬階級，達成

新的自由選擇的階級認同。唯有達到這個境界，一位群眾分子才算真正找到了自己的階級歸屬，尋回了失落在支配階級的精神控制網中的「歷史之我」──真正自覺了的社會人格。

由以上的分析可以清楚地得出這樣的結論：只有正確的階級觀點，才能使前此直覺式的模糊認識，提昇為深刻的理性思考，使前此的感性對抗，導正為社會內在矛盾的本質顯現，並致力於社會客觀規律的正確掌握。

一國社會的政治群眾，常有一定的階層分布，這是經濟生活中的階級分化實況在政治層面上的反映，其他的決定性因素還包括政治的傳統及現狀，意識型態領域中諸勢力的競爭等等的複雜影響。至於個別群眾分子的直覺與進步，則有賴於組織體（無論其為執政與否）的計畫性教育和徵召運動的有效推行，凡此種種，皆標幟著一國社會的政治生活的水平。

政黨組織

政黨的根本性質，乃經濟領域中的階級在政治領域中的奪權團體。

因此，就理論上說，政黨組織的成員應該都是自覺的階級分子，而不應只是認識層次甚低的單純的群眾分子，但在實際上，或因一國社會的階級分化情形複雜，階級分際呈現交錯難明狀態，或因組織中的領導階層出於統戰考慮而諱言其真正的階級立場，刻意標榜超階級的「全民立場」，這些因素都會一時模糊某些個別黨員的階級自覺。然而，即使個別的黨員因認識程度之不同而階級立場的覺醒程度有所差異，以整體而論，政黨的根本機能仍為階級的政治作戰團體，其目的乃在謀求階級之最高利益並妥加保衛，其手段，乃以覺醒的階級分子的志

願組織爲行動主體，在形式上通過國民同意而取得政權。在政治運作方面，政黨核心成員多爲專業化的群衆教育的組織者以及政治策略的設計者和推動者，因而政黨組成活動已形成了現代國家生活中的一個特殊部門。

　　現代社會的物質與精神生活的型態，漸有多樣化、細別化的趨向，致使各階級的基本性與衍生性利害問題，也隨之呈現出錯綜複雜的樣相，對於牽連較廣的問題，究竟如何評估其最終利弊，往往不易做出全面而完整的判斷。因而在政黨與政黨之間（若係單一政黨，則在其內部派系之間），經常爲了何種「政策」能爲其所代表的階級提供最佳服務而發生爭執，因此，政黨在表面上看來似乎在爲國民提供多項「政策選擇」，且在多選擇的主張中亦常見自右（較保守）至左（較急進）的不同性質者，這種表面上的政策選擇的多樣化也常使一般國民忽略此一政黨基本的階級性格，誤信其欺罔的「全民性」，實際上，這些多樣化的政策自有它一定的幅度，總不致逸出其階級利益的基本立場。

　　有關單一政黨與複數政黨制，也是備受討論的問題。政黨對國民的指導機能強化到一定程度時，便會出現一黨制。西歐學者往往將所有一黨制概括爲集體主義者，實則並不盡合乎國際。蓋所謂的集體主義，乃片面強調「個人爲全體」的政治哲學，是與「全體爲個人」的個人主義相對立的概念，實則兩者皆爲具體的歷史經驗在個人主觀的反映中被極端化者。歷史的進步方向，應指向兩者的揚棄統一：個人爲全體，全體亦爲個人，亦即，所謂的「我爲人人，人人爲我。」始可稱爲合理完善的群己關係。只是這不屬於純觀念問題，而必須先由社會物質基礎的結構上發生變化，由「一方的利益植基於另一方的犧

性」的片面性關係，進入到「互利相成共立」的相互性關係。當然這種理想境界非一蹴可幾，必須在社會演進的客觀規律下，主觀能動的努力尋覓途徑。

在歷史的推演過程中，執政黨為克服內外障礙而一時著重於社會機能與潛力的集中統合亦為常有之事，只要此一政黨所代表者為歷史發展中的積極因素，且其組織體的精力乃由下而上地來自於廣大的勤勞階級，則顯然不在一般所謂的「集體主義」的種類之中，若此一政黨所代表的階級，其存在意義已轉成歷史的負面因素時，即使以二大黨或多數黨為國家之政制，形似開放，實際則如前述，其多樣化政策僅及於表面皮相，基本的階級立場總必堅持到底。只要是肯定現存生產關係，即使是二大黨或多數黨，其右傾者絕不致右到意圖恢復舊封建關係，左傾者亦絕不會左到否定生產財的個人所有制，而在此一有限的幅度中，自有統治集團的政治藝術之表演天地——在不危及現存體制的基本安全與利益的前提下，儘量調和階級矛盾，改良政策缺失，減少施政阻力，提高獲利能力，強化支配體制等，凡此種種，悉可自由提出交付「公議」，且皆出諸「國家民族」名義，一般國民若直覺而感性地予以接受，認為凡以「國家民族」「民主自由」為綱領語言者，必心存大公，而直言「階級」者皆不顧大體，則已受其愚弄而不自知，至此，我們亦可看出現代政黨制度帶給群眾的正、反兩面的教育作用。

社會成員在他的政治生活中，由群眾分子而階級自覺分子而政黨分子，乃一正常的實踐進展和思想成熟的過程。當然，沒有理由期望所有的社會成員都能走上此一軌轍，但一個社會的政治進步的確有賴於這樣的個人進步性殆無疑義。若一國社

會的政黨分子，多數沒有經歷這種進步過程，只以群衆分子的
認識與心態遽成爲政黨黨員，不但意味著政黨素質的幼稚，也
預示著該政黨的消衰命運。由熱情的群衆直接結合成熱情的政
黨，事實上是不可能的，政黨是由理智的階級自覺分子志願結
合而成，只有經過關鍵性的階級覺悟歷程，才有社會發展的方
向概念，也才會有目標與手段連成一體的策略觀點。

　　政黨旣爲一志願團體，其結合在本質上是道德性的，而即
使是一志願團體，旣爲團體，必須建立制度化的命令與服從關
係。一個志願獻身於自身信仰的理想目標者，如何自處於此一
不帶法律強制效力的命令與服從系統，的確是一項至爲嚴肅的
道德問題。關鍵似乎在於他在精神的成長過程中，曾經如何處
理過最後的階級認同問題。如非確已獲致一種基於新的階級自
覺的使命感，欲視組織服從爲道德的自我揚棄，殊有困難。如
個人的知性求眞原則和組織的行動原則，在一個知識分子成員
的精神生活中時而釀成內心的激烈掙扎，亦勿寧說是歷史本身
的缺憾。然而，一位眞正獻身於理想的知識分子，處身於自由
王國的前史階段時，猶不可過早地丟棄人類從知識的黎明期便
已帶來的那一份對於眞理的熱切追求之心，並深刻地理解到歷
史之必然帶著缺憾而前進，換言之，沒有缺憾，便沒有世界；
沒有缺憾，便沒有歷史，而即使是一個求眞心切的知識分子黨
員，也斷沒有因缺憾而訣別世界，背向歷史的道理。

勞資關係

（1987 年 5 月）

　　企業組織中，勞工和資本家或經營者之間的支配與被支配關係，稱爲勞資關係。

　　勞資關係基本上是階級關係。是在資本主義社會中，生產手段的所有者和勞力出售者之間的對立和抗爭所形成的社會關係。不過勞資關係並非階級關係的全部。而是基於階級關係的原理，所發生的勞動者集團和資本家經營者之間的日常實務關係。其具體目的，在於順利實現勞力之生產性交易，以便現實地組織起一個生產過程。

　　有關勞資關係的構造和機能，可根據資本家經營者對待工會的集體交涉行爲時，所持的態度及所採行的方針，而區別爲下述四種型態：(1)戰鬥型；(2)武裝和平型；(3)協議型；(4)合作型。（皮哥士‧買約士說）

　　上面四種型態中，以第二種「武裝和平型」（此語中之武裝乃指心理上因素，而非實際的武器裝備）最屬常見，也最能反映其階級關係的本質。

　　所謂的武裝和平型，乃指在維繫生產結構的共同需要（和平）下，雙方仍各爲己方利益而有攻有守（武裝）的互動型態。也是矛盾的暫時統一型態。

在工會方面，不再停止於工資和勞動條件的維持或改善，而有計劃地透過團體交涉，向生產、財務、人事等所謂的經營權領域浸透；而資方則爲了強化剩餘價值的剝削，順利進行剩餘勞動，必須以工會日常活動的無力化爲前提條件。

雙方如此的攻防行爲的互相滲透，便是「武裝和平型」的勞資關係的本質。

至於第一種「戰鬥型」，乃指勞資關係初期以爆發性爭議爲開端的階段。但在資本主義先進國家裏，多已隨著工會組織的成熟而移行至武裝和平型關係。但站在資方立場當然不能以此爲足，必須設法引導其繼續往協議型，合作型方向產生質變。

第二次世界大戰後，隨著獨佔資本主義的高度發展，出現了形式多樣的協議型、合作型勞資關係。

雖然形式不一，其目的則一，乃意圖在保留決定權於資方或經營者手中的前提下，使個別的工會會員的勞工或整個工會參加經營，藉此掩飾基本的階級關係。

這種措施可以說是資方指向勞工階級的迂迴攻勢之一環。其中較常見者爲經由從業人員，持股制度（employee stock ownership），或勞動股制度（labour stock system）參與資本構成，或經由紅利分配制度（profit-sharing system）參加利潤分配、合稱爲勞動者經營參與制。

此外由勞動者的代表或由工會直接參加經營會議的「從業員代表制度」「經營協議會制度」「委員派遣制度」等，也是上述的協議型、合作型勞資關係的制度化表現。

這些制度，有的固然是資方攻勢的具體結果，但有的卻是勞方的經營權滲透的一種手段，或勞動防衛權的一種手段，不

易僅由表面現象予以定性。如 1920 年代出現在美國的「勞資協力制度」（union management cooperation），乃是工會鑑於資方所採行的工會弱化政策有日益擴大的趨勢，而發動的以恢復工會組織的防衛和集體交涉機能為目的的運動之成果。此外，1920 年德國的所謂「威瑪體制」（以社會民主主義理念為根據的威瑪憲法下的德國戰後共和體制）下的經營協議會法，是以勞工階級的優位思想為背景所產生者。

到了二次大戰後，資本家經營者一致要求以協議型、合作型勞資關係為全盤性勞資關係的穩定方式。因此，以美國為主導的生產提高運動，主張必須以工會的合作為前提，始能推行該項運動。而德國也以「共同決定法」（鋼鐵、石油兩部門）、「經營組織法」（其他一般企業）等立法措施，意圖實現勞資關係的強制性穩定。

其次，由經營面看勞資關係，可以區分出(1)勞動關係。(2)從業員關係。(3)公共關係三種。

勞資關係是以工會為直接對象，處理團體交涉、合同、斡旋、調解、仲裁、服務等。

從業員關係主要以人事管理為業務範圍，如雇用、分發、訓練、工資、勞動條件、福利、加薪、昇級、解雇等事項，和個別勞工發生直接關係。

公共關係中應處理的問題包括和一般消費者、股票持有者、出資者、從業員（包括未來的從業員）等利益集團之間的業務事項。

勞動關係是原來狹義的勞資關係，而從業員關係因為也是工會的交涉對象，也被包括在勞資關係裏面。至於公共關係則被視為廣義的勞資關係。是從企業的社會性、社會責任下的經

營觀點出發而建立的新勞資關係。

本來的勞資關係,是工會和個別的團體的資本家,經營者之間的業務關係。但由此出發,逐漸發展為資本主義體制的思想爭議。

資方對勞動者和工會的思想攻勢,以所謂資本主義變貌論為重點的新意識型態為武器,以所謂「人際關係」(human relations)(1924 年~1932 年之間,由一群美國產業社會學專家研究出來的,勞務人事管理的新觀念和新方法,從業人員的新結合方式等。被稱為對本世紀初的泰勒主義和福特系統的超越)為勞動事務管理的主要手段,要求以協議型、合作型勞資關係為新社會倫理,則協議型合作型勞資關係,已變成當代資本主義的戰略需求。在法律體系方面,也反映此一需求,企圖對勞動者所擁有基本權利──團結權、團體行動權等,施行近代式的限制。美國在 1947 年,以「塔虎特・哈特勒法」[1]修改「華格納法」[2]即為顯例之一。

近來歐美日本等資本先進國家,多以各種「公益」觀念為理由,對勞動者的基本權利加以多層限制,使原來自發建立的勞資關係逐漸瓦解。

勞動者在資方掌握的國家或地方自治體的強制權力下,已逐漸陷入實質上的無權狀態,其團結權、團體交涉權、爭議權等,也在非經濟的限制下逐漸條文化、空洞化。

鑑於以上種種情況,各工業先進國的工會運動,為了重新建立勞工自主的勞資關係,企圖將協議型、合作型勞資關係,挽回為前述的武裝和平型勞資關係,唯全般形勢似仍未見顯著轉機。

1　主要以限制工人罷工權為目的。規定罷工者須設定六十天預告期間。總統認為與國家緊急事態有關時可下令停止罷工八十天。禁止共產黨員就任工會幹部。強制工會幹部做反共宣誓。禁止受到解雇通知的罷工人員參加工會選舉等。

2　羅斯福新政主要一環的「全國務動關係法」。1935 年頒布。通過勞工團結權、集體交涉權、罷工權的保障，使勞資雙方交涉力平等化。禁止不當勞動行為。

獨佔

（1987 年 6 月）

　　所謂獨佔，是特定的資本，在生產與市場方面的排他性支配的狀態。

　　資本主義本以自由競爭爲其運動原理。競爭中的各個企業體，爲了壓倒競爭對手，莫不努力爭取較大規模的生產優勢。因而在競爭過程中，常利用機會，或併吞弱小，或進行企業間的縱橫連合，其目的不外操縱生產與市場的更大部份。如此一來，資本主義本來的自由競爭，通過不間斷的優存劣汰的併吞與聯合過程，必然走向它的反面，產生其反對物——獨佔。

　　獨佔是現代資本主義的最大特徵，由「量」方面來測定其支配強度，則爲獨佔度（degree of monopoly）。

　　獨佔度可表示某一企業體在產業中的獨佔地位，亦可表示某一內部企業集團在經濟整體中的獨佔地位。表示前者時，亦可用獨佔力（monopoly power）一詞。

　　獨佔度的測定有兩種方式。一種著眼於直接生產的情況，測定其雇用量、生產量、資產額等方面的支配程度。另一種則由市場構造與利潤率等獨佔機能方面去做間接性的測定。前者的指標亦可稱爲支配集中度（degree of concentration）。在後者，通常是測定銷售額中主要費用（工資費用及原料費）所佔

的比例，比例大則獨佔度低，比例小則表示獨佔度高。這種比例，若由反面觀之，則不外自銷售額中扣除主要費用的剩餘，也就是共通費用（折舊、董事薪給、利息、地租等）加利潤。亦即毛利潤在銷售額中所佔的比例。

近代經濟學家認為，由毛利扣除大致固定的（不以生產量變化而即時變化）共通費用後的純利潤，若該部門續有外來資本的自由投入，將趨於消失，而相反地若毛利潤部份在銷售額中所佔比例大，將表示此處有某一阻止其他企業參加的獨佔狀態之存在。有關獨佔度的定義，近年來已由共通費用加利潤和銷售額的對比的公式，變為更簡單的，銷售額和主要費用的對比。

至於獨佔性企業結合的型態，有各種不同的分類法。其中較具有代表性者，如：

1. 參加企業喪失其獨立性者，a：合同、吸收、統合。b：托辣斯。
2. 獨立性受限制者，a：借貸關係。b：控股公司。c：利益集團。
3. 獨立企業間的協定，a：君子協定。b：同業團體。c：共同計算（pool 制、價格、利潤、市場分割、共銷機關、專利等）。d：卡特爾。
4. konzern 企業聯合。

如由機能方面看獨佔，可根據獨佔度來分類市場。有兩種分類法。

1. 以構成商品市場的買賣雙方的數的關係來加以分類。其結果如表 1。

表中之「多數」，指個人交易量在全體交易量中所佔比例微不足道，其變化對全體不產生影響的情況。

表 1 以買賣雙方人數來分類

賣方＼買方	1 人	2 人	少數	多數
1 人	雙方獨佔 bilateral monopoly			買方獨佔 monopsony
2 人		雙方獨佔 bilateral duopoly		買方複佔 duopsony
少數			雙方寡佔 bilateral oligopoly	買方寡佔 oligopsony
多數	賣方獨佔 monopoly	賣方複佔 duopoly	賣方寡佔 oligopoly	完全競爭 perfect competition

2. 以交易對象的產品性質和供應者之間的關係來分類，如表 2。

表 2 以賣方人數及產品性質來分類

賣者＼生產物性質	不許有類似產品存品	有相當程度的產品差別	產品完全同質
1 人	賣方獨佔		
少數		具賣方寡佔性的獨佔競爭 monopolistic competition with oligopoly	賣方寡佔
多數		獨佔性競爭 monopolistic competition	純粹競爭 pure competition

表中的「產品差別」指同一產業的生產物非完全同質，在專利、商標、設計、品質、販賣方法等方面有差異，買方能加以辨別，可以選擇，商品之間沒有完全的替代性。如此情況下雖屬同一產業之產品，而價格有別，亦即，就某一特性商品而言，賣方站在類似賣方獨佔的立場。只是此一類似的獨佔尚無法完全排除他者的競爭。

站在這種不完全獨佔地位的企業，圖以產品差別來強化其獨佔立場時，其所投入的競爭，便稱為獨佔性競爭。

獨佔價格

通過資本的獨佔性結合，操縱市場，因而得以把商品價格提高到超過生產價格時，稱為獨佔價格。

獨佔價格的形成，是藉上述各種獨佔手段來阻止產業各部門間的資本與勞動的自由移動。隨著不同程度的阻力，獨佔體能夠以不同的超平均利潤率，銷售其商品。因此，在獨佔部門，一般勞動生產性的上界率高，而商品的價值乃至生產費則相對下降，然而因獨佔體的支配力（衍生自經濟力的，政治的，社會的）影響力，而使商品售價經常維持上騰趨勢。

獨佔價格結構

有關獨佔支配下的物價構造，有三點須加留意：

1. 某一部門獨佔價格的形成和獨佔性高利潤的實現，使不得不購買其商品的非獨佔部門，以生產價格以下的售價，出售自己的產品，同時也逼使勞動者和一般消費者，因購用其超價值的產品，而使其實質收入水準下降。尤有進者，獨佔部門將迫使非獨佔部門，以降低該部門工資水準來補償利潤的削減。

2. 獨佔價格非單一價格，而隨著各種因素的變換，產生所謂的獨佔價格的分化現象。如購買部門的需要強度、內外不同商場的競爭情況等，都需要獨佔體的策略性的因應。例如煤炭獨佔體對鋼鐵獨佔體和鐵路獨佔體的售價，化學肥料在國內、國外市場上的售價等，都會出現差距。然而其基本的「獨佔利潤極大化」的價格原理是一貫的，因此每每罔顧國民經濟的整體利益，嚴重扭曲社會資源，而走向阻礙社會正常發展的反面地位。

3. 當某一部門出現了獨佔價格後，該部門中一時殘留的非獨佔企業，因本身生產條件和勞動生產性處於劣勢，致使商品費用價格較高、品質較差，無法均霑獨佔價格的好處，而只能以平均利潤率或以下的價格出售商品，難以實現有效的資本積累。

獨佔與價值法則的關係

至於有關獨佔價格與價值法則之間的關係，雖說獨佔價格被定在生產價格以上，但其游離的幅度仍屬有限。因獨佔只是自由競爭的否定，卻並不排除競爭本身，只是改變了競爭的形式而已。且也重新引發出更激烈的獨佔體之間的競爭。因此，有兩點必須認清：

1. 獨佔價格的提高，必刺激外部資本的參與企圖，出現有力競爭者，這是利潤率均等化法則，雖難免帶有一定偏差，卻仍然發生作用。即使最強勢的獨佔價格，也不易在新參與資本的衝擊下，經常維持平均利潤率以上的高位。

2. 獨佔價格的成立，是以非獨佔部門的利潤的削減為條件，因而導致非獨佔部門的投資減少甚至資本抽出。同樣，獨

佔價格也以勞工和一般消費者的所得削減爲條件，則這些情況皆必導致社會總需求的減少。

以上兩點，便是限制獨佔價格遠離價值法則的因素。若再加以深究，則這兩種限制條件，皆反映出獨佔體的末日反動性質。

獨佔資本主義

（1987 年 8 月）

　　資本主義經濟原有特徵的自由競爭，促成了生產與資本的集積和擴張，此一傾向通過信用制度和股份公司組織的普及而加速化。積蓄和集中達到了一定階段後，大部分社會生產手段與生產物，便被置於獨佔體支配之下。這種基於生產的集積與集中的獨佔階段的出現，是 19 世紀末至 20 世紀初的，世界資本主義發展史中的一般性法則。

產業獨佔與金融獨佔結合

　　近代獨佔體，先由煤炭、鋼鐵等重工業部門開始，逐漸波及於化學、電氣、汽車等當時的新興產業，終於形成了資本主義經濟中的核心，資本主義於是由競爭資本主義轉入獨佔資本主義階段。

　　但資本主義的獨佔，不僅止於產業獨佔。隨著集積與集中規模的膨脹，固定資本的巨型化，產業資本家所需的資本必須以其絕大部分依靠銀行信用和股份（公司債）的發行，使銀行與產業間的關係愈趨緊密。且在此過程中，亦見銀行業本身的集積與集中的急速進行，遂在銀行界中也出現少數獨佔性大銀行。

　　這些獨佔性大銀行，排除與自己有融資關係的各企業間的競爭，一方面積極策劃企業的進一步的集中和獨佔化，一方面對其經營也寄予積極關心。於此，在巨型銀行與巨型產業之間，透過董事交換制、股份相互持有等方式，強化了內部人事的結合，兩者逐融合而形成為一擁有巨大獨佔力的金融資本。於是，資本主義獨佔，可以說在金融資本中，取得了最具體最現實的存在。

　　金融資本通過參與制度和人事結合，掌握到幾乎擴及資本主義經濟全領域的支配權，樹立強有力的金融寡頭支配體制，且也滲透至政治領域，而推出所謂的金權政治。

獨佔與競爭的交互進行

　　掌握大部分社會生產手段和原料資源的巨大獨佔體的出現，意味著生產社會化的急速進展，其本身可視為未來移行到生產全面社會化的過渡現象。但其佔有方式則仍然停留在私有性質。內在於資本主義的生產的社會化趨向，和佔有的私有性質之間的基本矛盾，由於獨佔體成立所帶來的生產社會化的巨大進展，而進一步激烈化。至此，資本主義競爭不但不受揚棄，甚至顯出更為深刻的存亡鬥爭的面貌。

　　此一獨佔時代的競爭，出現於獨佔體與非獨佔體之間，以及獨佔體相互之間，甚至即使在獨佔體內部，也會出現。如一時性的策略性減價競爭（為了瓦解競爭對手）、販賣網或原料的爭奪戰、互相破壞對方的信用基礎等，皆不惜出以組織性暴力手段。

　　於是在獨佔體制支配下，資本主義原有的生產無政府性和混沌性益趨激烈。以工業部門為中心的、生產性獨佔的進展，

也使工業和農業之間的不平衡更形突出。在工業部門內部，則獨佔化最高的重工業部門對其他部門（如輕工業部門）的差距也日益擴大。混沌性的激化更使恐慌的嚴重性加深。獨佔體的獨佔價格，對包括非獨佔資本家在內的國民大眾課負著沉重壓力，尤其勤勞階層的工資所得經年累月為其所剝奪，因而獨佔資本與勤勞大眾之間的對立日趨尖銳，每每激發出組織性的反獨佔運動。

資本輸出與帝國主義戰爭

除了產業的獨佔利潤外，金融資本還通過設立公司、發行有價證券、承購公債等獨佔性金融業務，收取巨大利潤，使積聚在獨佔金融資本家手中的資本量急速增加。但是，如前述獨佔部門與非獨佔部門、工業與農業之間的嚴重失衡、勤勞大眾的絕對、相對的貧困化等多項矛盾的深化，使能保證高利潤的投資方向不易穩定。且對既有獨佔部門的、大規模的新投資或增資、將減低該部門當前所享受的高利潤，違反獨佔目的。至此出現獨佔體抑制生產擴大和技術進步的限制策略。結果是，在先進資本主義國家，已然成形了龐大的過剩資本。為了免使過剩資本的利潤率下降，對外唯有向殖民地及後進地區輸出資本來緩和內部緊張，進而求取新的利潤來源。

這種資本輸出，不只是尋求有利的直接投資市場，同時也企求確保販賣市場和原料資源及其他有關權益。為此，在政治上積極推動殖民地或勢力範圍的擴張戰略，於是獨佔體之間的國際鬥爭隨即出現。鑒於過去的歷史，企求市場支配權的強烈動機，首先導致了國際卡特爾的形成，藉以實現世界市場的分割支配。但國際性獨佔體之間的市場分割，必然繼而發展為政

治控制圈的爭奪，這就是帝國主義戰爭的根源所在。

由競爭到獨佔而國家獨佔的資本主義全程

在對內方面，獨佔資本唯有以全體國民的負擔來維持其資本活動的範圍和規模。

利用國家權力，如透過補助金制度，或特別減免稅措施，或策動政府支出的擴大，以便趁機增大其獨佔利潤。但這種依靠國家財經政策的獲利方式，必然促動獨佔體之間的政治競爭，而財經手段的競相利用，終致經濟要素間的原有自動調節機能趨於痲痺。其結果是，以國家政策創造需要並刺激利潤，變成了獨佔體的恆常性營運方式。至此，獨佔資本主義可說進而變爲國家獨佔資本主義。原來的，私有基礎上的資本運動法則（利潤動機和競爭原理）逐漸畸型化。處在獨佔體支配層外的絕大多數的國民大衆，實質上已喪失了資本主義初期階段的有限的個人主權。

獨佔資本一旦與國家權力結合，形成了財閥與政閥的複合體，則表示此一資本主義已達爛熟階段，基本上再無返回原先階段的可能性。

總之，在資本主義成長過程的一定階段上，生產手段私有制的形成外殼，漸難容納脈動在其中的生產和勞動的社會化趨勢時，由獨佔資本主義變爲國家獨佔資本主義，並在一定條件下，再進而成爲資本帝國主義，實屬無可避免。

此一資本主義發展軌跡的全程走向，早在多數個體自由競爭中出現少數獨佔時，即預示了一切。

有關反壟斷同盟的幾點意見

（1986 年 10 月）

　　一、對台灣資本主義的發展及階級分化過程的分析立場雖大致正確，惟對現實的政治情勢及有關內外因素的判斷似有偏失。主因在於不曾正面把握「中國八〇年代的整體動態走向及中國統一運動對台灣社會的決定性影響」。

　　二、在今日台灣，若故意忽略「中國統一的歷史性課題在台灣現實情勢中的客觀作用」，把統一問題懸空，只管埋頭在台灣社會的階級分析並進而定出運動的目標與性格，乃屬於孤立意識的單幹主義，似無現實性可言。

　　三、同盟的最大錯誤乃把祖國只看成外在關連因素之一，而看不出「它和台灣社會內部的有機的互動關係」，例如就其所言的「三合」構造而論，統一政策的作業帶給執政黨、民主進步黨、美國政府三方面的未來變數，是否僅以壟斷體制的學理公式便可涵蓋，是否僅憑「作用不大」「不過一道和談主菜」的預測而可以不予計及。設使未來某一可能性變成了現實性，同盟的運動方向有否自行迴旋的餘地，例如：同盟對和談、三通的態度應如何，視其為「對壟斷體制的延命策」而反對否。又台灣內部動態尤其政經方面的客觀趨勢和主觀取向在大陸政策方面所帶動的對應調適，其累積量亦已相當可觀，乃

屬不爭之事實。其次把「以社會主義為內容的中國新民主主義」的韌帶作用過分低估，亦其另一錯失。台灣的工農大眾，如經過有力的啟發教育，對祖國社會的民族與階級的雙重認同，自屬必然結果。（現況中已有部分覺醒）

四、克服壟斷體制的唯一正途，唯有待「以社會主義為主導原理，以歷史現實主義的策略設計下的國家統一的實現」。否則僅以「非壟斷的所有社會勢力」的聯合力量，只可暴露並攻擊壟斷體制的病象於一時，而不克解決壟斷體制的病根於永遠。且所謂「反壟斷人民陣線」的構成有其脆弱性。質言之，中小企業和工人群眾之間的階級矛盾的實況相當深刻，比例上相當大，在群眾感情上殊難以「次要」的評價可予以疏解。

五、民進黨的成立與其說和民間壟斷資本有關，實不如說是非壟斷的本土資本對國民黨新壟斷體制的先抗拒後奪權的自主運動，雖其分離主義體質因而帶有一定程度的先天性（雖並非不可克服），然因本土非壟斷資本與官僚壟斷資本之間的雙重關係（亦即既受壓榨亦受扶助），使非特權的本土資產階級，始終無法充分動員起來從事全面反抗，此乃形成本土資產階級自主運動的限界點。至於有關美國政策對此地民主化運動的促成作用，不過反映美國在台灣情勢的未來發展，尤其海峽兩岸的互動過程中，極需較能顧及美國利益的現地政治力量，而美國對新（政）黨的態度與政策，必被置於中美戰略關係原則的規定之下。此亦為蘊含變數之所由來。

六、此後兩黨之間的分裂主義和分離主義的戰爭必更尖銳化，而「非壟斷社會勢力」中的新黨外運動，實應超越於分裂主義與分離主義（非超越統與獨、左與右），而反映「國家統一」趨勢的迫切性，以工農聯盟為中核的人民愛國統一戰線必

須及時出現。質言之，今日台灣的具歷史正當性的運動，必須統左合一。統而不左，不過舊式資產階級民族主義的時代錯誤症，不值一提。然左而不統，或只是消極模糊的統，其「左」的革命性亦將落空，殊無疑義。

七、如以反壟斷同盟運動為人民愛心統一戰線之準備期，值得支持。然兩期運動如何銜接，事實上有其困難。且後者的播苗工作，確實有其緊要性，實不必將所有雞蛋放進一籃。如兩種運動根本異趣，更不必說。然即便如此，愚意仍然不加反對，仍然樂觀其成，因其有部分積極意義之故，淺見僅供參考，唐突處還請包涵。

〔附錄〕
關於反壟斷同盟及其要旨

（1986 年 10 月）

朋友們：

自從民主進步黨宣佈組織以來，台灣未來的形勢已告明朗化，這是島內外統治階級組成的統一戰線，他們對於台灣前途的處置方式已昭然若揭。

通觀整個組黨過程始末，最見突出的是，許信良首先發難，到頭來卻被摔開了，這透露了許多訊息。撮要言之，今年年初索拉茲從菲律賓凱旋歸來，即詢此間台美人：台灣的阿奎娜在哪裡？暗示性十足，乃有許信良從革命黨幡然變成民主人，高唱回台組黨云云，台美人的熱情盛極一時，惟望美國議員支持他，陪他回台，但老 K 把許某的共匪言論送給國務院，這一來，連議員也退避三舍，徒然成為美方的 Bargain Chip，促成美、K 及黨外主流早在初夏即取得協議，共同目的在維護一個安定的政局，消除一切不穩的因素，這是美國的老招式－－栽培溫和的中間勢力，做為保守政權的備胎，免致兩極化；對老 K 而言，把亂蹦亂跳的反對力量制度化，納入軌道管理，實際上是比目前有利，當然，它解除黨禁看似讓步，其實從老 K 的國家機器在七十年代上半有一質變的演化來看，勿寧說是一種可預期的趨勢，合理的發展，此中涉及台灣社會勢力的對

比運動，茲不贅言[1]；至於黨外頭頭，取得名份是其夢寐，能夠實現自可大義滅親，三原則優過許信良。如此這般，三方合力，民主進步黨哇哇墜地，「蔣獨」體制於焉確立。

這是台灣政局自韓戰以來最大的一次轉關[2]。

[3] 質言之，影響未來台灣前途的兩大力量將是對蔣獨體制的贊同與反抗，勢將超越了歷來統、獨或左、右的分界線[4]。從既得利益者看，是安定 V.S.作亂；從非既得利益者看，則是壓迫 V.S.反壓迫。

套黃順興的話，三合已成。然則他們合成是沖著誰來呢？一曰許信良，二曰中共，三曰台灣進步勢力。一言以蔽之，凡不利於維持現狀的力量概為三合的打擊對象，是敵是友於此分判，人家「三合會」這樣看，我們要這樣看，我們也要讓許信良、中共這樣看到。

無疑地，眼下最是狼狽不堪的人，厥惟許信良。首先，在技術上他回不去，一來登機不可能，因無回台加簽，再來即使登得了機，也將被拒於海關之前，因他有美國政治庇護，原機遣回。美國有義務收容他，抑有甚者，在政治意義上，他更慘了。設使回得去，現在最感威脅的只怕是新黨的新貴們，而許某一貫寄倚良深的街頭暴民欣逢組黨解嚴，也怕不是時機，更歸根究底說，他在台班底太過薄弱了，無論是地方的桃園幫，抑或京城的《前進》雜誌社都已落單，連三合圍剿都要招架不住，實在不可能為他起哄什麼。所以，許信良萬一回台得成，除當落水狗以外，別無他擇，可是繼續留美呢？前途也無亮，現在新黨的海外支黨部都拿不到，往後，這塊招牌還可能授予他人，那就更尷尬了。而根本上，台灣組黨解嚴之後，海外群眾的歷史性效用就告一段落了，蓋此後台灣的議題必趨於瑣屑

化，必須輕聲細語來辯論，非復以往可以大喇喇地叱喝，台美人無所施其技矣！除非是敢向蔣獨體制挑戰，然這種人諒必不多，一句話，海外沒搞頭了，如此，許信良進退失據，如何是好？須知，這非一人之事，其人在現實上固然已成孤家寡人之勢，在政治上則不然，不管他願不願，是自封或人家加冕的，他已篤定做為小資產階級激進派的象徵，僅此一點，值得我們注意其動向，甚至過問其動向[5]。

再說中共，究其實，「三合會」最大的排他性（exclusiveness）端在此，而非許信良。中共對台政策是大家長年以來所悲憤交加的，如今，碰壁連連，再經黃順興順勢一推，頗有改弦易張的跡象，倘中共能看見新黨組成之義涵，則改變會更快，當然，改變的幅度是可預料的，即在和談的主菜上另摻一味罷了。

然則，分析了各方的交互關係，指明兩軍對壘的大勢之後，我們又如何對待呢？老實說，對待是談不上的，假如島內外的進步勢力散漫零亂一如今昔，那麼，三合之內欲求自保都已不可能，遑論三合之外有所縱橫捭闔。

台灣進步份子團結起來！

在這個總形勢下，我們的集合與協作變成一件迫人無比的任務，這個任務不僅是汲汲於尋求互抱取暖；不僅是斤斤計較黨外的人品習氣；不僅是苦苦糾纏中共罪責，乃要清楚看見兩軍對壘的大趨勢，我們的團結要求著一個更高闊的眼界，更急邃有力的步驟，更具發展性的佈署，如其不然，落敗之人還要敗得更慘不忍睹了，明知必敗、慘敗，我們又所為何來呢！？我們真的非有一套與從前絕然不同的想法與做法不可。

以下謹揭櫫「反壟斷聯盟」要旨。

　　台獨左派是許系人馬外，在台最具激化傾向的一群，但較許系人馬有發展性，蓋有綱有領，不作即興式猖亂，他們的盲點是台灣人意識無限上綱，從而把「民族」與階級並舉，在這種雙重準星下，「異民族」的官僚壟斷資本自是最突顯的對象，而台籍的壟斷資本也在瞄射之列，因他們免不了官商勾結，容易斥為台奸，這也就符合其批判的口徑了，可是一碰到同一「民族」的中小企業主，立顯心慈手軟，莫所適從了，於是有「民族民主革命」之說，光有 popular front 而無階級，甚至有言應由資產階級領導，充分反映小資產階級激進派蓄意利用無產階級為其前驅，為其火牛陣的心態。今天，我們處在更逼人的新壟斷體制之形成期，確實須要進行某種程度的階級聯合，在這方面，與台獨左派的做法是有重疊處，這是由同屬「三合」、「三化」之淪落人的客觀利害所決定，然而彼此在心態上乃大相逕庭，在訴求對象的優先主從次序上正好相反，這又是不可不明辨的。

　　補記：民進黨交雜穩健而激烈的雙重性畢見於近日來的事件上。一方面不顧國民黨之再三警告，仍然準時召開其成立大會，值得玩味的是，會場設在環亞飯店，且會至半夜三更，然環亞的副總乃沈大川（沈昌煥之子），是則其中之奧妙不言而喻了，警告不過是虛聲恫嚇，嚇不了新黨領袖們。另一方面，台美人搭機回台扣門，領袖們也得跟隨群眾去接機，即使心中大不以為然，但若不故做姿態，選票就要丟掉了。要之，民進黨是夾在國民黨默契與黨外群眾兩壁之間討生活，所以同一人身上，時時也會表現溫和與激烈的雙重性，但隨著時日之推移，考驗之頻至，每一個人終要在溫和與激烈之間擇一而行，而溫和派是要佔上風的，此因新黨的生存空間首由老 K（與老

美）給予的，而非黨外群眾攻堅的結果，客觀上，民進黨註定要做爲三合會的 Junior Partner，這不必去指點人事，窺伺內幕即可知悉。

反壟斷聯盟要旨

一、針對性：

政治上：撻伐國民黨壟斷權力，並揭露美帝存在之事實，同時還提防新黨爲少數人壟斷的可能。

經濟上：指向國際壟斷資本，官僚壟斷資本與私人壟斷資本（即著重批判市場化的苦果，而非其過程）。

二、從對立面界定盟友：

聯盟乃團結新壟斷體制以外的一切社會勢力，主要是工農大眾與中小企業主，組成一條人民陣線（Popular Front）。這種界定一反過去種種正面性的提法，因聯盟中的兩大組成份子是存在著若干矛盾，但相對於壟斷勢力而言，乃是次要的、從屬的，我們誠實地承認這些內部矛盾，將之置於政策層次上來解決。易言之，在綱領層次上，「反壟斷」優於「民主」，因「民主」一旦延伸於社會，經濟上即形扞格不入。同理，「自決」也不能落實爲社會、經濟的內容，若然，自己陣營就要分崩離析了，類此隱含自相矛盾的綱領是沒有指導性的，強欲揭出，不過是自欺欺人於一時罷了，殊不足取。

根本說來，反對運動最好採取對立面來界定盟友，過去「反專制」、「反獨裁」的提法是比較適當的，但不敷今日之需，因爲政治上已從一黨專政演爲三合會的代議制度，經濟上

從特權特惠演爲壟斷資本的市場機制，在在顯示統治階級的治術是趨於多管道、精緻化，非復以往使用赤裸裸的超經濟手段，故「反壟斷」較能曲盡「反專制」、「反獨裁」所不能及的意涵。

可以說，反壟斷聯盟是近於以往「黨外」的提法，企圖在新形勢之下，集結爲──「新黨外」。

抑有甚者，由於反壟斷聯盟針對蔣獨體制，可望超越統、獨之別，並且聯合了中小企業主與工農大衆，又可望超越左、右之爭。

三、盟友之間矛盾的解決

中小企業主與工農大衆的矛盾主要表現爲三個方面：(1)在生產領域，有著剝削關係；(2)在流通領域，有消費問題；(3)在生活領域，有公害問題。

但是在當前聯盟下，應揭露壟斷資本加劇這些矛盾的事實，突出正本清源之道，在於國家採取反托辣斯法，實行合理再分配政策，並用財、金手段扶助中小企業，以免惡化盟友的矛盾。

另外，盟友之間的一個可能歧異而非矛盾是對於公營企業開放民營的態度不同。在這方面，應採實事求是的原則，就每一公營企業對於兩盟友的利弊得失確實衡量，從而表達贊成與反對。

四、工農大衆藉聯盟而壯大

此種聯盟關係，形跡上似與過去「混黨外」無甚不同，然實有大大不同者，因爲這必須從認識上清楚看見，這是有我亦

有他的結合，緊鍥不捨搞工運是聯盟的基石之一，並且工運藉聯盟之反政、經壟斷而得以較順利發展，最後，工運的日益壯大乃鞏固聯盟的保障。

紀念「二二八」的基調

以反壟斷爲主旨：

「二二八」起於老Ｋ政治壟斷──掠奪，亦終於其政治逐行其土地改革，以迄於加工外銷，從而隻手塑造了台灣的社會結構，形成全面性的壟斷，國家竟然不受社會的制約爲世所罕見，時至今日，這個壟斷所卵育下的資產階級已告長成，欲在經濟上透過三化（國際化、自由化、制度化），政治上透過民主化（組黨、解嚴），並外挾美帝，來參加這個壟斷，我們懲前毖後，尤須警覺新壟斷──蔣獨體制的確立，這是當前紀念二二八的現實意義。

（從這個觀點看，對於歷來看待二二八，專注於省籍矛盾，從而以台灣化爲未來展望與主張的言論，才能有所超越、包容與克服，請看「台灣人」就要去參加壟斷體制了！）

爲台灣左派立碑：

(1)「二二八」是大陸上階級矛盾激化（國、共決戰前夕）集中到台灣的表現。台灣是當時中國政府下數一數二的富饒地區，遂不免於橫遭掠奪的厄運，而貪官與良民、本省與外省、祖國與新附的種種矛盾，不過是小小焉者，是在這種大背景、大矛盾下併發出來。

(2)台灣人的反抗運動很迅速就被左派所掌握，無論是中山堂的鴿派或埔里山上的鷹派，左派都站在浪頭上。

(3)二二八失敗，是大陸上階級矛盾總爆發以前在海邊一隅

的短路、走火，所以老 K 才能調兵遣將予以撲滅。

　　(4)而失敗的苦果也是最主要由左派承受，豈不見，1949 年以後，士紳還長出來，且大大地被摑長出來，爲之一空的，不是士紳，是左派。

1　國民黨的民主化，即「俯順民情」的傾向，自七十年代末期即已開始，但其權力結構之質變則在七十年代初發生。相形之下，國民黨在此以前是一不受民情牽制，浮懸在社會各階級之上的自主體（Autonomous），這是人間少有之事，蓋古往今來，國家再怎樣獨裁專制，其來源是稅，而稅是不能渴澤而漁的，否則老百姓就要「與汝偕亡」了，所以國家之統治力與社會的總資源總有一個比例關係，橫行無道畢竟有個限度，可是老 K 在五十年代卻可爲所欲爲，查究起來，就是美援補他的財政赤字，使他不妨害社會再生產，而又強大無比，並且還強大到培養其社會基礎，蓋美國軍、經援助物資通過他的手，分沾給關係人士，在保護政策下，他塑造了第一代的企業，同時也用威嚇力量除去地主階級，扶立了小農階級，到了六十年代改行加工外銷策略，這也不是直接受社會階級所迫，乃他迎合內外資本積累的要求，又採取了一次「主動」，佈署好投資環境，造就了中小企業，這樣，社會上的小農、大財團與中小企業都是由它卵育出來的，國家與階級顛倒生，恰與各國經驗相反，到了七十年代，資產階級的力量已發展到一定程度，開始反映到國家，具體說來，蔣經國主政所提拔的青年才俊，其中的知識份子與卸任縣市長都是社會的新生力量，隨著市場機能在國內外的運轉加速、擴大，國家就日益與社會勢力結合，美麗島事件是結合不洽的事端，但1980 年就把增額中央民意代表的名額增加了許多，由此，可見其發展的趨勢。此次允許組黨、解嚴實乃同一軌道的進展，不應意外，然就其吸納社會勢力的國家性質而言，勿寧是一項進取，稍後就會看見，這將破解黨外以往的攻勢，勝利仍會歸於他。問題是，這套純度較高的資本主義政體能否罩住台灣的下層人民呢？這才是有待分曉的。

2　台灣的政局宜以韓戰爲斷代，非 1949 年，蓋 1949 年至韓戰是國民黨一路潰敗的過站，如同海南島、緬北一樣，他逃台並不保證據台，直至韓戰才告底定。所以，時下所謂外來政權論，我們的批評是：一、外人能來，但不能留，能留，當初是賴美帝留。二、既留若沒社會基礎，總是留不久的，這個留人的社會基礎，很多「本地人」是脫離不了關係的。要之，若有外來政權，則是大陸人、美國人與一部分「本地人」相投合，這種成份在今天解除黨禁一事上益見分明，外來云云，只怕失去批評的準頭了。

3　這個政治上的一大變局如果改從經濟看，尤顯得真實。當前「三化」

　　——國際化、自由化、制度化，高唱入雲，從蔣經國本人到俞國華到中研院五院士到王永慶，眾口一詞，目的都在於市場化，如國際化就是拆除關稅壁壘，讓國際壟斷資本向本國資本挑戰，首當其衝的，就是以內銷消費為主的企業，特別是聯合獨占的大企業，自由化就是公營事業開放民營，實質卻是國家壟斷資本將轉為私人壟斷資本，制度化就是經濟立法，以確保市場機能，凡此都是借市場機能來汰換產業，使之更能適合國際分工的新要求，其結果將是靠特權特惠的壟斷資本在自由競爭下瓦解，中小企業也會被犧牲，造成更集中的新壟斷資本。簡言之，「三化」就是壟斷資本的重新組成，這是由於舊壟斷資本寄生成性，不肯工業升級（如大汽車廠即遭這層既得利益者杯葛），所以出此計策，由於阻力甚大，故叫聲也特響，是實現「工業升級」的釜底抽薪新戰術，關係命脈重大。而這一經濟自由化和政治自由化是相呼應，並相輔相成的。台灣政局之演變於此又可窺見消息。

4　如果說，1950 年 8 月造成蔣獨的事實，那麼 1986 秋天則標誌著蔣獨之體制化。面對著這麼一個事實，各種不同立場的人都必須做出抉擇來，以獨立為最高綱領的人，要是滿足於這種革新保台路線，那是會有如魚得水之感，否則，堅持人民當家做主要反對這種資產階級聯合專政的體制；主張統一的人，必看到這套體制使得國民黨短期內更加巍然不動了，不管中共是和是戰。至於左、右之分，現因小資產階級與工農大眾同被摒棄於體制之外，斷然二分將是不利於彼此的。

5　我們關注許信良動向，勿寧說是我們關注台灣的小資產階級。這個階級是值得我們重視的，儘管在新的資本積累方式下，中小企業難逃破產的厄運，但他們仍會長期存在，不過是轉入地下，成為非正式（Informal Sector）部門，做為正式部門（包括壟斷企業）的補充，甚或是柱石，因為台灣地窄人稠，擴廠很不容易，像豐田式的衛星工廠體系是十分有利的。再者，家庭傳統的人際關係中，勞動力的使用可伸縮、可鬆緊，更可分割零用，這些生產要素的靈活調度與離合是台灣經濟的特色，未來即使進行大資本的營運，可預料到這些有利的條件仍不會輕易丟棄，易言之，中小企業是日暮途窮了，但仍有存在的空間，不過是從自營自銷淪為依附大企業的衛星，甚至從地上淪為地下，多層分包制將更為盛行，小資產階級將長期存在，充滿了抑鬱與憤怒，在政治上必將尋求其代表人，而不管誰，只要是激烈政客都會成為幽魂附體的對象，就是在這一點上，我們重視許信良之流，也就是同一理由，我們認為與所謂的「台獨左派」有合作的基礎，他們標榜左，卻處處袒處同屬「台灣民族」的中小企業主，究其實，他們是自發性的小資產激進派。

揭穿二・二八慘劇
的歷史真相

（1990 年 3 月）

　　公元 1947 年，民國 36 年 2 月 27 日下午七時半，台北街頭上數聲槍響，爆發出一場激烈的官民衝突。不數日之間，騷動擴及全島，各地人民武力紛紛出現，擁向各處政府機關強制接收，遇有抵抗時，兩邊交戰，互有死傷。

　　至 3 月 9 日，國府援軍自大陸渡海登陸。慘烈無情的槍火橫掃街巷田野。復歸祖國甫及年餘的台灣人民，竟然在祖國軍隊的槍口下死傷狼籍、血泊滿地。數日之間，死傷、失踪人口超過一萬。

　　這件驚動南京國民政府、轟動全球傳播媒體的世紀大悲劇，就是世稱的台灣「二・二八事變」。

官逼民反、骨肉相殘

　　「二・二八」深重的悲劇性遠超過半個世紀殖民地時代任何一次流血慘禍，成爲四十多年來民族的最大隱痛與夢魘。

　　爲了台灣社會未來的安全和進步，對於像二・二八事變這樣具有重大嚴肅意義的歷史事件，勞動黨認爲針對執政黨的虛僞說辭和部份在野人士的錯誤認定，有提出駁正意見的必要。

　　首先，我們必須指出，台灣人民在日本帝國主義統治下歷

盡二等國民的痛苦生活長達五十年。在日帝高壓政策下，政治的壓制、經濟的剝削以及種種差別待遇，曾經使無數台胞奮起反抗，因而有長達二十年的武裝鬥爭，又有持續十五年的社會運動時期。不論武鬥、文鬥，都是艱苦異常，可說犧牲慘重。

　　同一時期，中國大陸上的反帝反封建的人民鬥爭，也正在如火如荼地展開。台胞不但在文化傳統和歷史紐帶上視中國為精神祖國，在實際運動中也保持聯繫和配合。至中日戰爭開始，接著太平洋戰爭爆發，台胞在戰時體制下所受的壓制和剝削倍增。加上物資匱乏，調役頻繁，使各階層人民，包括本土工商業者、知識份子、工農群眾等，無不渴望日帝早日戰敗，終止侵略戰爭，使台灣重新回歸祖國，結束痛苦的殖民地生活。

　　在這種普遍的渴望心理下，終於迎接了日帝宣佈投降的歷史性日子。當時全台同胞的歡欣鼓舞的情景，可說筆舌難予形容。

　　但回歸祖國的喜悅和期待，卻不久便被無情的現實所沖失。南京國府派來的接收人員和進駐部隊，竟以貪婪搜刮、違法亂紀的作風自行破壞形象，使台胞熱烈的期待心理變成了憤怒和失望。戰時生活中的匱乏現象不僅未見改善，反而物價飛漲、民眾生活更陷入困苦不堪的境地。

　　本來在台胞的主觀願望中，結束戰爭回歸祖國意味著在殖民地時代所缺少的政治權利的重新獲得，和經濟生活的改善。然而，國府人員的接收態度一如勝利者君臨被征服地。所有日治時代收奪在日人手裡的主要工礦林業資源設施，一概以「敵產」「日產」名義盡為接收集團的囊中物。國府黨政軍系統變成了日帝半世紀以來所掠奪的龐大積累的繼承者，而受過長期

剝削的台灣人民卻痛失了期待多年的翻身機會。

本土資產階級在大陸財團的特權壓力下，其資本活動的空間比日治時代並無改進，而城市工人的失業率節節高昇，除了因爲大批復員軍人回台，衆多國防產業因戰爭結束而停產之外，國府當局政策和措施不當，更是雪上加霜，資產階級的資金閒置，都因幣值急貶而受損；工人和薪水階層的知識份子深受物價高漲的痛苦，對「祖國」深有受愚弄的感覺。一般大衆在生存線上掙扎，視接收人員爲繼日人而來的新剝削者。光復未及二年，台胞的心情由期待變爲失望，態度由歡迎變爲憎恨。而在這種普遍的民怨心理背景下，終於發生了不幸的二‧二八流血慘劇。

但二‧二八事變固然爲一大悲劇，卻因衝突的雙方，也就是官與民，特權官僚資產階級與本地各階級群衆之間，除了政治的、經濟的衝突和矛盾外，同時還帶有大陸外省人和台灣本省人的地緣衝突的表象，使本質上屬於階級矛盾的事變，特別突出現象上的地緣矛盾的色彩。在大衆的感性認知上容易發生意義上的混淆。

這種本質與現象的倒置，也就是以大陸外省人與台灣本省人的矛盾現象來掩蓋特權階級制度的本質的二‧二八事變解釋方式，很不幸地，對急欲掩蓋制度的不合理性的統治者，和同樣不願意突現本身的資產階級地位的部份反體制運動者來說，勿寧說是較有利的解釋方式。於是在「二‧二八」之後的國民黨與反國民黨的對抗情勢的發展過程中，國民黨的「台人偏見論」、「台民地方意識論」和反國民黨運動人士的「異民族論」、「台灣民族自救論」，總是被刻意渲染著。在地緣要素掩蓋著階級制度的理論架構下，敵對雙方竟然共同掩飾此一歷

史不幸事件的眞相，而愚弄了最大比例的台灣勞動大眾。

基於以上的理由，勞動黨謹站在台灣勞動人民的立場，以萬分誠摯的心情，針對四十三年前的不幸流血事件，提出以下主張和呼籲：

一、二‧二八事變時，以「勝利者」的姿態搜刮、掠奪台灣的國民黨，是一個以大地主與官僚資產階級結合形成的半封建、半軍事集團，抗戰勝利後，這個集團所到之處，把光復失土的「接收」變成「劫收」，到處引發「官逼民反」的緊張形勢。做爲壓迫與反壓迫的「二‧二八」歷史事件，是這個特權集團在中國大陸對廣大人民剝削、壓迫的延長，本質上是一個階級社會中階級利益的衝突事件，它的發生是有歷史的必然性，絕非偶然。

二、台灣淪陷爲日本帝國主義的殖民地，長期與大陸隔絕，再加上國民黨的「劫收」行爲突顯了它的外來性質。但「外來」既非事變之原因，亦非民眾反感、反抗的原因，從剛剛光復時台胞對國軍的熱烈歡迎可反證。「二‧二八」如有所謂省籍矛盾，乃是統治階級的殘酷壓迫導致民眾情緒的擴大，因此我們要對國民黨當局呼籲，解鈴還要繫鈴人，唯有天下爲公，用人唯才，走民主道路，才可能眞正化解省籍矛盾！

三、有壓迫，就有反抗。二‧二八事變是一種帶有偶發性質的歷史必然，並沒有任何事前的全盤計畫，也沒有人爲的主觀設計。雖說各地抗爭中有部份左翼人士直接參與，也是左翼理念者站在人民立場反抗壓迫集團的正常反應。所謂「共謀陰謀說」，其實是國民黨統治集團逃避歷史責任、嫁禍於人的遁詞罷了！至於部份人士強調地方分離意識在事變中的意義，根本是「事後」的牽強附會，遠非「事實」！

　　四、由於台灣人民的被害經驗，直到今天，二・二八的創痛仍然是部份台胞拒絕民族認同、反對統一的情緒所在。要化解此一心理障礙，首先國民黨政府必須針對事變的責任歸屬做出明確自責的重大政策，對受害者平反並加以賠償。在民主化的道路上，國民黨政權更必須拋棄它的暴力體質和落後結構，尋求新的民意基礎，來融解大部分台胞心理中糾葛已久的反感和不信任感！

　　五、二・二八事變中，保衛生產線和運輸線的是工人，在火線上浴血戰鬥的，多數也是勞動人民和認同勞動大眾利益的知識份子，他們不分省籍，不是在二・二八中英勇犧牲，也在後來延續至 1950 年代的白色恐怖時期全都遭到鎮壓，因而喪失生命或長期喪失自由。這種毀滅性的鎮壓是導致廣大的台灣勞動階級遭受四十年的凌虐和剝削而不得翻身的歷史性因素。勞動黨呼籲廣大的勞動人民：要認清這段歷史的真實意義，把「被顛倒的歷史顛倒過來」，重新接續台灣勞動人民反對壓迫、追求民主的英勇傳統，如此我們才有可能創造當家做主的社會和歷史！

百年奮戰・永誌不忘
──五一國際勞動節百年紀念

（1990 年 5 月 1 日）

　　1886 年 5 月 1 日，以芝加哥爲中心的美國勞動者爭取八小時工作制的鬥爭達到了高潮，資本家統治者終於對罷工示威的勞工群眾發動了殘酷的流血鎮壓，驚動了當時以歐美資本主義各國爲中心的國際社會。到了 1889 年，在第二國際的成立大會上，通過決議以每年 5 月 1 日爲全世界勞動者的共鬥日。自 1890 年以降，該日成爲勞動者表現國際團結和聯合意志的世界性節日。爾後，在資本主義國家或殖民地、半殖民地社會中，爲紀念這場勞動大眾的大血案，年年都舉行盛大的示威活動。而今年的 5 月 1 日，正是這個意義深長的節日的一百週年。

百年未變的階級關係

　　一百年來的歷史變遷，如果只看社會上層結構的政治動態的各種記錄，誠然說得上波瀾萬丈，琳瑯滿目。一世紀以來的人文進步的確非常快速，社會各方面新舊交替的規模和範圍也日益增大。但如把眼光移向所有社會現象的基礎部分，也就是把認識深入到社會的底層結構，我們將發現，一切社會關係的母體──經濟關係，一切經濟關係的核心的生產關係，它的原有性質竟然毫無變革。一百年來儘管發生過幾十次、幾百次的

大小國際戰爭和國內戰爭，世界的政治地圖頻頻改色，各種文化事物也隨著日新月異，但社會基本關係中的特質卻仍然保持下來。而不幸，這種在演變中維持不變的生產關係，是繼續把人們分割成有產者和無產者，並由此再區別為政治的有權者和無權者的極不合理的關係。

雖然百年前的勞工的要求，在百年後的今天已有部分的實現，但在意義上來說都相對地小，也相對地不重要。而另一方面，今天資本家的權力與百年前相比，即使在文字上有所約束，但同樣是枝葉末節方面的改變而已。實際上今天資本主義獨佔階段的企業主的權利之大，較之一百年前的資本家幾乎不可同日而語。因此，百年來不論世界的變遷如何，不論國體政體制度習慣如何地變，有產者剝削無產者，有權者支配無權者的基本關係不會改變。而取得有產者資格的憑據在於生產財之有無，取得政治有權者資格的前提在於經濟地位之有無，這種階級標準的規定不會改變。而在勞工大眾這方面，承擔著生產社會所需的生活資料的重大責任，卻只能分配到生產成果的極小部分，這種極不公正的地位，也未曾改變。這就是為甚麼一百年前的勞動者團體訂出五一勞動節，而一百年後的勞動者仍然要堅持五一勞動節的鬥爭精神的理由。

資本主義苟延殘喘

綜觀一百年來的資本主義演變史，已經從自由競爭的發展階段走進了帝國主義獨佔資本的病態階段。其為害人類，破壞自然生態環境的惡質化趨勢愈來愈明顯。但他們卻以其龐大的剝削累積百般掙扎企圖延長其壽命。二次大戰後的幾項技術革命使其能暫時維持生產力的成長，對第三世界落後地區的無情

掠奪則令其得以繼續控制原料和市場。而在這樣的有利條件下，資本主義先進國家在其本國得以維持大眾消費的經濟水平和形式民主的政治制度，而暫時緩和內部階級矛盾的激烈化。另一方面，在帝國主義階段，大部分落後地區社會都淪落為殖民地半殖民地。而階級矛盾的焦點逐漸從先進國家內部移向落後地區。但這種落後地區的資本主義化本非自主發展的結果，而是從外部強行移植進來的變型、弱質的資本主義。原有的封建型或部落型的經濟基礎尚未被完全同質化。在這樣的新舊混合的多重矛盾關係下，落後地區的支配階級比較弱質，權力組織比較粗糙，而被支配階級則必須承擔更多更複雜的壓榨。結果是，在資本主義體系中比較脆弱的政權在被支配階級的猛烈反抗運動的衝擊下首先瓦解，世界上出現了以俄羅斯為首的社會主義國家。這在歷史上的確是劃時代的大事。也是後進地區在新舊雙重剝削關係下受苦受難的工農人民大眾獲得了初步解放的光榮事蹟。

社會主義從未過時

但這種發生在後進地區的社會主義，只是在特有的歷史條件下的社會主義，而不是社會主義的唯一典型。以科學社會主義的觀點來說，社會主義本來是承接資本主義的，更高一級的經濟結構體。是當資本主義發展到最高峰，因本身內部矛盾的激化而陷入危機時，揚棄和代替資本主義的一種嶄新構造。因為它承接了高度發展的資本主義，所以能繼承資本主義的豐富遺產。以此遺產為基礎，進一步實現各生產財的社會化，和各盡其能各取所值的公正的分配原則，是可以通過民主、和平、理性的途徑順理成章地達成的。但如前述，高度發展的資本主

義因為有幾波的技術革命和第三世界的供養，暫時還未走到極限。所以豐裕的社會主義至今還未成為歷史中的現實。另一方面，出現在後進地區的社會主義，則因為被資本主義所包圍，其生存條件非常險惡。只有以強力的領導中心透過計劃經濟和一黨專政來集中統制所有的資源做重點式的運用，期能達成(1)自衛體系的建立。(2)工業化基本建設的實施。(3)全體國民的基本生存權的保障等三大任務。由於生產力基礎本已落後，沒有資本主義的進步遺產，反而還存留著舊階段的障礙因素，所以三大任務的達成唯有犧牲個人消費水平，和不斷的強制性政治動員。所謂的史達林主義，是在這樣的歷史條件下過度集中化、狹窄化以至於部分異化的官僚體系。年來發生在東歐的所謂的「社會主義大退潮」，其實便是針對多年來的史達林主義體制的一次大反彈。在動亂中有部分異議分子受到資本主義社會的大眾消費和形式民主所迷惑，不知那些都不是資本主義的進步性的表現，而只是資本主義掠奪第三世界的成果。更不知在剝削和掠奪上面的繁榮表象的不穩定性。因此東歐的風潮殊非資本主義的勝利表現，而只是後進地區社會主義實驗的一次挫折。至於所謂的「社會主義過時論」，更是對社會主義的無知。

台灣勞動階級的奮鬥方向

而一百年來台灣所經歷的是如何的境遇呢？第一屆五一勞動節上場的 1890 年，台灣還在清朝版圖內。由於數位熱心於「洋務」的主政者的推動，島上才開始有近代產業和交通的雛型建設，但還談不上近代勞動階級的出現。到了 1894 年中日甲午戰爭中清廷戰敗，台灣淪為日本殖民地後，才走上資本帝

國主義殖民地的移植型資本主義同質化過程。在日本資本主義的剝削和掠奪體制下，新出現的台灣現代勞工階級，和同樣在兩層壓迫下的農民階級，聯合承擔起極其艱苦的民族與階級的鬥爭任務。在五十年的日本統治期間，台灣工農階級的奮鬥事蹟，在 1920 年代到 30 年代世界殖民地反帝鬥爭史中，曾經留下了輝煌的一頁。直到 1931 年九一八事變後，日本全面進入戰時體制，台灣的反帝運動遭到徹底的鎮壓而一時瓦解。然而日本帝國主義也經過了一場太平洋戰爭，而終告失敗。於 1945 年投降，退出了台灣。可是復歸祖國後的台灣，所遭到的是官僚特權資產階級和新買辦階級的政權。在長達四十餘年的國民黨控制下，台灣又一次淪為戰後版的新殖民地社會。它的特質是：形式上的獨立，實質上的附庸，依賴外資甘受剝削，結構畸型，階段落後等。在這樣的病態社會中，執政黨犧牲工農追求經濟成長，運用恐怖政策支撐政權穩定，勞動階級的負荷之重，痛苦之深，可想而知。號稱全民政黨的執政黨國民黨和在野的民進黨，雖也各自提出「工農政策」，但其目的不過是安撫性的調整應付，對基本的階級剝削關係和政治支配關係則毫無更改的意圖。兩黨雖也相爭激烈，但本質上只爭上層政治權力的重新分配，殊無關於人剝削人的生產關係，更無助於勤勞大眾日益窮困化的問題解決。而隨著近日來的政局變化，如選舉戰中的兩黨動態，如所謂的「國是會議」的既爭又合；如「國會改造」紛爭中的合縱連橫；如經濟政策勞工政策的大同小異；更突出的是，對「國家統一」議題的共同逃避等……在在都暴露出朝野兩黨的階級同質性和深層的利害共通性。於是，勞動階級及所有的勤勞大眾，不得不警覺，現時台灣社會階級構造的嚴峻性。處在社會底層的勞工階級，唯有自身奮起

團結所有受壓迫受欺矇的勤勞大眾共同戰鬥，否則朝野兩黨分宰的局面一旦形成，台灣勞工運動將難有發展的前途。

民主改革與國家統一

最後，台灣還面對著一項歷史帶來的特殊課題，即所謂的統獨問題。對勞工階級及所有勤勞大眾具有非常重大的關係。蓋今天臺海兩岸的對抗態勢，本來是國共內戰和美國的反共世界戰略布置下的結果。為了維持對抗體制，執政黨竟在「反共最高國策」的藉口下，以白色恐怖、軍事戒嚴建立了極為嚴密的政治、經濟、思想生活的控制系統，使一切專制壟斷都得到了正當化理由。其間，勞工組織完全御用化，全無自主的勞工運動可言。社會主義一辭變成了高度敏感的禁忌。日據時代台灣工農反帝鬥爭的歷史遭到刻意的掩沒。竟致台灣勞工對五一勞動節完全陌生，四十年來經濟上毫無權益可言，政治上毫無自由可言，社會上毫無尊嚴可言。只被認為生產線上的馴服的勞動機器。至兩年前戒嚴令的解除，實不過執政黨應付壓力的自我調整。他們自信在其主政和美日等強勢資本的影響下，台灣的資本主義已經普遍深化、執政黨所控制的政治經濟資源足以使其不必再依靠戒嚴也能撐穩政權基礎。解嚴後始有勞工組織和運動的初步成形。但因為基礎薄弱，主客觀條件相當不足，至今仍未達成開創階段的初步目標。全島六百餘萬勞工的自主性工會組織率還非常低，企業界的中小經營體仍佔多數，而其員工幾乎無法納入正常的工會組織中。全島七千多個工會中，和資方訂有團體契約者不過二百餘。由整體經濟結構中的內在矛盾所導致的多項問題，再加上台灣特有的非經濟因素，使投資環境日益艱困，資本流出，企業出走，而政界企業界中

卻仍然有人把目前的困境歸罪於勞工運動的「困擾」。其實，台灣勞工經長年的戒嚴令和反共教育的威嚇，對本身應有權利敢於力爭者仍不多見。他們的工資條件、工作環境、福利規定等，與他們努力創造出來的國民所得的水平相比，還是相當偏低。而另一方面兩千多億元的國防預算，一百億元的人造衛星計劃，都在「戡亂時期」兩岸對抗的大前提下成爲理所當然的國家開銷。至此我們不得不認定，執政黨雖口中倡言國家統一，實際上仍然以分裂的現狀爲有利。兩岸對抗已變成了執政黨拒絕進行眞正的民主改革的一項託辭。也變成了繼續壓制包括工農階級在內一切勤勞大衆弱勢團體民主團體的藉口。因此，筆者認爲，兩岸間解除對抗增加交流是時下的急務，而未來民族的再整合、國家的再統一，才是最後解除台灣當前的政治困局，和帶動經濟復甦的主要途徑。

所有的受壓迫者團結起來

以上，值此五一勞動節的一百週年來臨，謹以萬分熱誠呼籲全島同胞，在勞動創造一切的眞理啓導下，大家對經濟結構與政治局勢、社會風氣之間的密切相關關係多加注意，並共同重視勞工運動是一切社會運動的基礎部分的道理。因爲資本主義的壓迫體制具有全社會的涵蓋性，所以除了工農勞動階級以外，凡受現體制壓迫的所有勤勞大衆，包括一切精神勞動、知識工作者，一切受雇或自營而不剝削他人的經營者，所有受害於各種社會缺陷的弱勢團體等，都應該努力提攜和團結。鑑於台灣即將進入關鍵性的轉折期，誠望所有承擔社會的生存與發展責任的同胞們，共同來祝福這個代表人類對公正、進步、幸福的永久願望的，世界五一勞動節！

勞動黨的反戰口號
還是對的！

——答兩篇質疑文章

（1991 年元月）

　　自從勞動黨及其他幾個團體在 AIT 前面發動兩次抗議波斯灣戰爭的活動後，台灣的報刊也開始有了反響。其中，1 月 23 日《聯合報》一篇署名景行的〈誰在那邊反戰〉，和《中時晚報》1 月 24 日錢永祥氏的〈台灣的反戰聲音〉，雖然筆調不同，重點有異，但犯的是大致相同的誤解，顯有澄清的必要。

　　首先，景行反問因何不反當年的「反攻」口號？不反大陸的「不排除以武力解放台灣」？不反伊拉克入侵科威特？我們的答覆如下：景行先生想必是台灣當局不再喊反攻大陸的口號以後才來台或才成長的人物。不然怎會不知軍事戒嚴令下，反對反攻大陸是要殺頭的！不知而問，是無知；明知而故問，表示無聊。

　　關於大陸的不放棄武力政策，不能解成「武力解放台灣」。「反攻解救同胞」和「武力解放台灣」同是歷史上某一特定條件下兩岸對抗性口號，現已變成了檔案中的「史料」。如今重提，有何意義呢？再說所謂「不放棄武力」的前提是防範外力干犯，怎能和美國的強盜扮警察的行徑相提並論？景行此外還肯定「美國如解決波斯灣的政治危機，恢復全世界的經濟秩序，既符合國際道義，也滿足台灣利益」。其實，這樣的

說辭正證明美國霸權已經主導了部份台灣知識人的思維了。「波斯灣的政治危機」正是美國等西方勢力種下的惡因。「全世界的經濟秩序」正是美國霸權下各國家各民族的折伏狀態。而說到「符合台灣利益」其「符合利益」者，只是少數在外力庇護下的特權分子。

至於說為何不反對伊拉克入侵科威特，我們在聲明中確實也「反」過。只是阿拉伯的地圖的確是西方侵略罪惡的結果，這種侵略還在繼續狀態中，我們反對伊拉克強行合併的做法，但並不將其視同一般的侵略行為。否則將把一件大是大非問題給看扁。因此我們認為阿拉伯世界的問題理應透過阿拉伯人自己解決。西方不但在道德上沒有資格擔當警察，實際上只有使事態更形惡化而已。

再說我們並非凡是反戰論者，正是現在戰火燒得正烈，戰爭的惡果快要波及到台灣民眾的生活了，我們才提出呼籲，如此而已。

至於錢氏那篇文章，既提疑問，又自設解答，不論問與答都顯得模糊，讀後只覺一片茫然。其實，強國人民中一向被當做工具的多數人反戰，無異也是對統治者暴政的應戰，而被侵略國人民的應戰何嘗不是為反戰而戰呢？強國國內有統治者被統治者之間的戰爭，弱國境內有侵略者被侵略者之間的戰爭，兩者形態有別，卻都是反戰，也都是應戰。不論強國弱國、被壓迫的人民都有反戰應戰的客觀需要，那是權利，也是義務。所謂的「美國自由派的反戰論述」，即使因為國情觀念、社會背景的差異而不盡相一致，那也無妨。只要他們反對當局和獨佔性媒體的戰爭政策和論調，我們都願意一起喊反戰。這和我們有沒有「超乎美國世界觀」的「台灣觀點」一事無關。兩者

之間，整體而言，應不是超越與否的關係。只要彼此言之有物，則美國事物與台灣事物之間本有共同法則，也有特殊規律，除了認識與表達方面容有水平高低之分外，不必在意誰超越了誰。

說到「人道主義的和平旗幟」，人道主義的目標尚未實現，因爲向來的一些方法不管用。但方法不管用不意味著目標的無意義。「複誦列寧在將近八十年前提出的公式」錢氏好像以爲那代表著不爭氣或迂腐。但如果他指的是列寧的帝國主義論，那實在離譜了。因爲全世界被壓迫人民，包括正遭受戰火洗禮的中東人民不分阿拉伯、猶太，他們的痛苦正證明著列寧的話是實在的。八十年後的世界依然沒有脫出帝國主義的掠奪世紀。

最後，對於兩位作者，我們有意澄清兩點。

第一：我們的反戰是和反帝、和平聯結在一起的。對於反侵略的自衛戰爭，我們永遠支持。

第二：在一個新殖民地畸型社會結構下的底層生活中，日常嚴酷的處境不容我們在運動中存有「幻想」成份，也不容有主觀投影式的情勢評估。

因此，對錢氏最後的一句「這些在台灣的現實處境裡是無法產生太大意義的」，我們不敢苟同。意義是包括客觀潛在的關連性和可能性，應不單指眼前的現象範圍。即使當前運動的音量小、形勢弱，只要直指眞實，意義之大還是超越它的。

以上做爲反響的再反響。

勞動黨在當前階段的任務
——寫在二屆黨代表大會之前

（1991 年 3 月）

　　勞動黨自 1989 年 3 月 29 日召開成立大會，建立了黨內規制後到今天，業已經歷了兩年。在這期間，台灣社會的基本型態固然依舊未變，但在政治情勢和財經實況、一般的社會心理和民意傾向等方面的確發生了相當幅度的變化，經常引發世人的廣泛議論。

　　際此第二屆黨代表大會召開在即，本人擬將有關的問題分為三部分——勞動黨的本質和歷史傳承；社會結構的再定位；和由此兩項演繹而來的，勞動黨當前的任務問題等，提出淺見數端，希望一般黨員同志及關心台灣勞動大眾的自覺運動的社會人士多方賜教。

勞動黨的本質規定和歷史傳承

　　勞動黨是代表勞動階級及其他所有從事於社會有用性工作，不論體力勞動或智力服務的勤勞人民的政黨。其運動，依科學社會主義的理念規定出終極的解放目標和階段性的變革目標。所謂的終極目標，不外社會結構中的基礎部分，也就是社會生存所需的物質手段和條件的產出部分的改造。而所謂的階段性目標，意指在局勢的推演中所形成的，一定時空背景下，

必須加以變革的問題。而不論是最後的改造或一階段的變革，都必須由高度自覺的勞動者以及在階級立場上完成了自我揚棄的知識分子緊密地結合在一起推行。前者被馬克思喻為革命的心臟，後者則被稱為革命的大腦。心臟與大腦，這是多妙的比喻！台灣社會有沒有過這樣的心臟與大腦，為了歷史的進步而鬥力鬥智的人民中的勇者？

有的，距今七十年，時值日本帝國的殖民地統治時期。當年的台灣人民，在萬分痛苦的代價下接受著資本主義的強制等質化作用。殘酷的民族壓迫和階級剝削，逼使台灣的工農覺醒分子和知識青年，奮而以社會主義思想自行武裝，開始組織發動殖民地反帝鬥爭。自 1920 年代到 1930 年代，熾烈的群眾組織戰、運動戰，稱為台灣左翼運動第一期。農民、工人、學生及文化各條戰線上，成員四萬餘，在全球反帝運動史中有它的戰績記錄。嗣後日本進入戰時體制，台灣左翼竟遭毀滅性彈壓，運動中斷了整整一個年代。

1945 年日本投降，台灣復歸中國，但左翼運動的復出與接續困難萬端。國際的美蘇對立、國內的國共內戰，而半殖民地半封建的社會體質基礎不穩、手段暴戾的政權，註定了台灣左翼運動黑暗的第二期。短暫的教育和組織運動招致五○年代白色恐怖的大鎮壓，犧牲之慘烈比之第一期不知幾倍。

長達四十年的軍事戒嚴，最大的任務是：讓左翼窒息而死永遠不得復活。同一時期台灣的企業在工農階級的犧牲下快速成長，卻也準備著資本主義深化後更形嚴重的階級矛盾的火種。

1987 年國民黨在內外情勢的逼迫下解除戒嚴令。雖在國家安全法的規制下，直接的軀體暴力逐漸由制度暴力所取代，台

灣左翼有了第三期的微弱曙光。且資本主義的商業規律也限制著現代左翼的運動條件。做爲台灣唯一的左翼政黨——勞動黨，艱苦地撐起了歷史傳承的重擔。兩年來不曾間斷的奮鬥，雖無輝煌的戰績，但也即將廓清第三期的首要任務——統左一體，指向民族與階級雙重解放的大方向。

社會構造的再定位

然而，第三期的台灣左翼因何以統左一體爲運動路線？

首先，那是決定於台灣社會結構的基本性格，亦即，新殖民地的主體喪失症。與此對照，對岸走上主體性現代化道路的社會主義中國。蓋執政的國民黨政權，自從 1949 年由大陸全面潰敗退守台灣後，適逢韓戰爆發，趁著美國建立反共戰略基地網的時機，自棄民族主體性投身爲美國戰略佈置中的一顆棋子，而換來了被保護權。從此台灣正式淪爲新殖民地境遇，其特性有如下述：(1)形式主權。(2)實質附庸。(3)經濟依賴外資。(4)代價爲接受剝奪。(5)政經結構畸型化。(6)文化的整體落後性。

新殖民地的基本性格，建立在後進型依賴性的資本主義經濟基礎上，使台灣的工農生產大眾，必須遭受雙重剝削。其一來自本地的階級制度，另一來自域外美日等帝國主義的政經操控。與外國勢力之間的連結關係，不但形成了政權的生存保障，同時也是朝野資產階級政黨隱秘的同質性基礎。也使台灣的勞動人民四十年來的努力成果，絕大部分被吸走，人民的巨大奉獻只供養內外獨佔資本的環流和積累。

如此，廣大的生產大眾爲底層，支撐著金字塔型的權力結構。而最頂層即爲特權官僚資產階級，中層屬於中產階級，與

頂層之間也有一定的矛盾。但其爭權運動的主要目標，只在於政治權力的重新分配，卻把底層的剝削關係視爲本身階級的存立要件而竭力維護。其政治口號不論是自決或者獨立，皆無法重獲在國民黨手中喪失了的民族主體性。沒有主體性的社會結構體就沒有發展的前途，而存在於基礎結構的剝削關係，將使所有的勞動人民依舊忍受被壓榨的地位，不論在分裂的台灣，或者在獨立的台灣。

勞動黨在當前階段中的任務問題

根據前述，台灣社會的勤勞大衆，無法把本身的政治的、經濟的階段性目標寄託在號稱「全民政黨」的國民黨或民進黨等既成政黨的手上。但有關民主改革範疇內的多項主張和目標，諸如修訂憲法、改造國會、廢除一切戒嚴時期的有關法令、重訂一切有關的勞動立法等，勞動黨同樣注重。只是對朝野兩黨的資產階級民主觀念的虛假性、現行法令下底層階級的經濟權利的空洞性等每每有所批評並常提警語。事實上朝野兩黨雖然在政治權力的結構和運作上有所爭執，但一來對經濟的剝削性制度，二來對美日等外國資本先進國家的附從關係，兩黨基本上是共同肯定的。因而，朝野兩黨對台灣人民的長程的發展前途。不能不說是站在反進步的立場。

至此，惟有承擔最重要的社會生產責任，在人口結構中也佔最大比例的勞工階級及其他勤勞人民，才能眞正代表社會的整體利益。基於這一點，勞動黨必須把民族立場和階級立場妥加統一，堅定不渝地爲統左路線而奮鬥。在中國民族的再整合過程中，把現已喪失了的台灣人民的主體性回復，也就是擺脫域外帝國主義的束縛、重獲自主發展的根本條件。一方面也把

階級解放的終極目標融會於未來中國社會主義的完成過程中。爲達成這個目標，勞動黨現已針對未來的兩岸統一藍圖——一個以台灣人民的主體立場和利益福祉爲前提的特別自治區法進行著深入的研究，期能於短期間提出一份具體草案廣邀社會大衆共同討議，尋求同胞間的廣泛的共識。

　　勞動黨相信唯有如此，曾經有過光榮的奮鬥歷史的台灣左翼運動，才能經由第一期的反抗日本殖民地統治；第二期的追求新民主主義的變革目標；到第三期的國家統一，兩岸人民共同追求社會主義的理想境界；在歷史必然的推演中貫徹長達一世紀的左翼運動倫理，最後完成人民前衛的歷史性使命。

關於勞動黨黨綱修訂的報告

（1991 年 3 月 29 日）

　　自從我黨建黨以來，兩年之間，台灣社會發生了空前的鉅大變化。爲了因應這些變化，必須調整我黨原黨綱對於社會的看法，並修訂我黨運動與發展的指導戰略。因此，這次黨綱的修訂，在內容上有如下兩個重點：

確立我黨的歷史傳承

　　我黨的成立，除了深具時代意義之外，更有其長遠的歷史根源，是台灣人民左翼運動的一個延續性的存在。台灣人民左翼運動的第一期，是 1920 年代日據下的反帝鬥爭；第二期，是 1950 年代國民黨統治下的人民民主運動；左翼運動的香火不絕如縷，一脈相傳至今，而有我黨的肇造。如此的歷史傳承，顯示了我黨肩負的台灣人民左翼運動第三期人民民主與反帝相結合的重大歷史任務。

明確的國家統一主張

　　基於社會主義的理念與思想指導，以及對於資本帝國主義的洞察，我黨認爲在新殖民主義時代，不可能存在一島社會主義的現實。因此，台灣勞動人民要尋求解放，爭取當家作主的

權利，除了通過國家統一之外，別無他途，也只有在一個強大
的社會主義中國之內，台灣的勤勞大眾才能免於資產階級與帝
國主義的雙重剝奪與壓迫。我黨認爲，國家統一是台灣勞動人
民獲得階級與民族雙重解放的具體保證。爲了台灣勤勞大眾的
利益，我黨無畏地提出國家統一的政治要求，並明確地寫入黨
綱之中。

除了以上兩點突出的內容之外，在形式上，也將原黨綱條
目式的政策主張，提升爲概括式的政治主張。我們企圖通過新
黨綱所提出的十三項基本主張，達到黨綱應有的原則性和靈活
性的對立統一。

實踐是檢驗一切的標準，希望我黨同志在新黨綱的指導
下，通過全力以赴的實踐，取得全面的勝利！

向民族與階級雙重解放的
道路前進
——勞動黨第二屆全代會宣言
（1991 年 3 月 29 日）

　　勞動黨建黨至今，已經屆滿兩年。在這兩年之中，不論是在台灣內部，或在全中國，乃至全世界，都發生了具有深刻意義的鉅大變化。

　　在台灣內部，四十年來經濟、政治的發展，已由量的累積逐漸向質的突變移行、接近，界臨質變點的緊張狀態，表現為社會的各種亂象。勞動黨認為台灣社會的混亂，有以下三個根源：

　　首先是經濟的根源。

　　台灣雖然靠著戒嚴體制完成了資本的原始積累，但在犧牲農業、成全工業之後，並未將勞力密集產業搾出的剩餘價值，在政策引導下化為社會生產力，從而提升產業層次，完成經濟轉型。勞動人民的血汗積累化為超高額的外匯存底，固然保證了末代政權的流亡經費，卻也造成了地下經濟活動猖獗，投資、就業意願低落，賭博、色情風氣盛行。人心惶惑浮動中，滋生了層出不窮的社會問題。

　　其次是政治的根源。

　　新興資產階級為了擴大資本的活動空間，也為了參與分割從勞動階級剝奪來的利潤時，有更大的發言權，必須爭取與其

87

經濟力量對等的政治權力。然而，代表壟斷資產階級利益的國民黨支配體制，在面對這種爭權奪利的挑戰時，當然不會輕易讓步。在朝野資產階級無法「共治」的情況下，政治鬥爭的激烈與脫序日甚一日，台灣的政局也就愈來愈亂了！

最後是帝國主義的根源。

新殖民主義的經濟操控，除了以貿易往來與資本流動遂行經濟掠奪之外，更透過各種政治手段確保這種經濟掠奪。在中國的現實上，一個分裂的、乃至分離的、得以編入資本主義體系的台灣，才符合帝國主義的利益，而台灣資產階級各種獨台或台獨的主張，其實都是爭取帝國主義在台代理權的「企劃案」。這些企劃案的宣傳、推銷，也在社會上掀起陣陣風波。

勞動黨認為：近利短視、貪得無厭、甘於自喪民族主體性、爭相投靠帝國主義的資產階級，是台灣社會的亂源之源，也是阻礙台灣社會進步發展的主要因素。

要消除台灣的亂象，獲得社會的進步與發展，唯有依靠勞動人民的力量，積極爭取國家統一。而台灣的勞動階級，也只有在完整的社會主義中國之內，才有最終當家作主的可能。因此，勞動黨堅決主張基於社會主義的國家統一，唯有如此，台灣的勞動人民才能獲得民族與階級的雙重解放。

在壓迫中受苦，在亂局中迷惘的台灣勞動階級，團結起來，共同為早日實現民族與階級的雙重解放而奮鬥！

勞動黨與選舉

（1992 年 2 月）

前言

1991 年 12 月的第二屆國代選舉，結果大致不出選舉前多
數人所預料。有關選情的前後經過本文不擬多談。筆者只有意
透過台灣選舉史上第一個正式投入選戰的左翼政黨的挫敗，廓
清台灣社會的幾個特性、政治生態、有關的選舉文化現象等，
做為進一步探索台灣社會的現實體質的一項依據。下面分為數
點加以說明。

台灣人民左翼簡史

首先，簡述一段台灣左翼的沿革。

台灣民間社會在政治運動方面的現代化，始自殖民地時代
的 1920 年代。彼時日本利用第一次世界大戰期間對歐陸的軍
需和民用資材的供應機會急速地積累了巨型資本，其資本主義
快速成熟，因而在政治分野上也出現了議會政黨制度的發展情
勢。而在殖民地台灣，在總督政治嚴屬控制下仍然產生了本土
社會中上層階級所主導的政團活動。但因為殖民地人民不擁有
參政權，無法成立為正式的政黨，存續期間也非常短促。但自

1920 年代後期到 1930 年代之間，隨著全球性的反帝運動浪潮，台灣政治運動的主導地位逐漸轉向所謂的台灣左翼。包括成員達四萬的台灣農民組合，餘如赤色總工會、文化協會、台灣共產黨等。這些團體遂在全體運動人口中佔有絕大多數的位置。但台灣史上的第一期左翼運動，團體雖不少，在殖民地政制下始終無法成為合法政黨，更遑論選舉經驗了。

到了 1930 年代，日本進入軍國主義時期。民間的一切體制外的政治活動逐漸被壓縮，左派活動受到的彈壓更嚴重。構成殖民地反日帝運動的最大勢力的幾個左翼團體遂以 1936 年赤色救援會的全島大檢舉為最後一章而告結束。爾後一直到 1945 年日本在第二次世界大戰中潰敗投降之前，台灣島上的民間政治運動成了絕響。

日本投降後，台灣歸還中國。南京國府派來政務機構——東南行政長官公署和駐軍。殖民地時代被投獄的，或亡命在島外的左翼運動鬥士紛紛回到社會。但僅年餘時間爆發了二二八事變，接著大陸上的國共內戰逐漸擴大，政治情勢異常緊張。台灣的第一期運動人士在新的政治環境下始終無法把過去的組織人脈重新聯串起來，成立一個正式的政黨。但面對著一個半殖民地半封建的祖國，殖民地時代的鬥士們清楚地認識到海峽兩邊同屬於資本帝國主義的受災區，在大戰後的世界新權力體系下仍然無法獲取自主發展的機會。於是在反帝的民族民主鬥爭的客觀需要的基礎上接受了涵蓋兩地的新民主主義變革論。而當國民黨政權撤離大陸據守台灣後，台灣左翼的新民主主義運動理所當然地變成了當局鎮壓的首要對象。於是出現了 1950 年代短暫期間台灣左翼所推展的第二期活動遭到了有甚於日帝殖民地時代的殘酷摧殘。

　　隨後長達三十八年的軍事戒嚴令統治，在兩大生產階級
——農民與工人嚴重犧牲的基礎上積累了官僚資產階級的龐大
資財。同時也培育了本土中產階級一定的資本勢力。到了 1970
年代，資本主義在台灣的深化逐漸與國民黨原本的半封建體質
的政經結構產生了矛盾。這種結構性矛盾逼使國民黨不得不進
行有限度的自我調適，從傳統的、以超制度暴力爲憑藉的權威
性政黨逐漸轉化爲現代化的功能性政黨。1987 年宣佈解除戒嚴
令。在一系列的後續措施中有一項黨禁的解除，終於使台灣人
民包括工農勤勞大眾重新面對一個相當有限的，但也得來不易
的民間政治活動的空間。1987 年工黨的成立，可視爲初步嘗試
性的勞工組織化的結果。而 1989 年勞動黨的成立，正式以社
會主義列入黨綱，揭開了台灣人民左翼運動的第三期。

勞動黨對選舉的省思

　　一個政黨被稱爲左翼，不外表示這個政黨持有改造社會基
本結構的終極目標。堅持終極目標是左翼政黨的理想性和道德
性的保障。而爲了走向最終目標孜孜不倦地努力完成一定的時
空規定下的階段性目標，是左翼政黨的現實靈活性的表現。階
段目標與終極目標的貫聯和統一，因而是一個左翼政黨的一切
策略原則的立足點。既然不以現有體制的維繫爲目的，而是以
最終的揚棄爲目的，則一個左翼政黨如何看待現有體制中的普
選制度，從來就是各國各時代最常見的爭論問題之一。而勞動
黨在成黨之始，便已經預見到，台灣的合法政黨必須視選舉爲
無法迴避的競技場。雖然處在稚弱的創始階段，除了以黨內結
構的健全化爲重點工作之外，對台灣社會特性的經常性的研究
和分析，也認爲是包括選舉在內的一切運動策略的基礎和前提

而予以重視。下面就是幾個認識重點。

　　一、台灣社會在歷史現階段的特性,首先在於它的相當普遍化深化的資本主義。台灣的城鄉資本主義較之 1950 年代已經不可同日而語。執政的國民黨原有的半封建性體質,不論在經濟基礎上亦或政治結構上,都有逐漸褪化的趨勢,而呈現出更多的後進型資本主義的特色。如果把這樣的趨勢集約在社會構造上面看,那裡出現的是資本主義一般規律下的階級分化的定型現象——除了官僚資本集團外,已經達到相當的政治成熟度的民間資本勢力,和在人口比例上已經佔取了最大多數位置,懷有生活條件、工作條件上的不滿情緒卻在輿論陣地中毫無聲音的勞工階級群眾。雖然客觀存在的資本主義矛盾在六百萬勞動人口的生活意識中還沒有普遍充分地被反映出來,但在對立階級的部分成員之間顯然已經形成了恆常性的緊張關係。近數年來頻發的自主性工運和勞資爭議事件的實例明顯地指出這一點。

　　二、有關台灣資本主義的特質,必須進一步指出它的後進性。在帝國主義的全球性支配結構中,後進型資本主義很難建立在一種完整的主體性上面。在先進經濟的強勢的收奪網絡中,後進地區既然難以自主地進行現代化所必經的資本累積,則只有循著資本主義世界圈的運動規律淪為本世紀特例典型的新殖民地境遇。使其現代化過程帶上被動的畸型性格。這一點,即使是被指為戰後工業化成功典型,所謂亞洲NIES「四條小龍」也不例外。自主的國民經濟無法建立,凡發展策略,運作系統等都在境外主宰力量的強大影響下委身於一個邊陲化的歷變過程。經濟關係中的依從性靠政治的附庸關係來維持,社會生活的其他領域甚至文化意識方面也無可避免地遭受到先進

國家的強勢文化的衝擊而失落了民族的自我。在這樣的真實情況下，台灣資本主義的操控者實在毫無自傲的理由。而就人民大眾的立場而言，忽略了這種時代特質，所有的主觀努力都將失去合乎現實的正當目標。

三、台灣的政治現實還背負著沿襲歷史因素的特殊課題。是一般所稱的統獨問題。這是歷史所造成，必須由當代的全體人民共同承擔解決的課題。國民黨的原始的外來性和半封建專制性以不合理的政權結構強行維持統治地位數十年，造成了民間的根深蒂固的抗拒心態。在經濟上已經長成卻在政治上受到排斥的本土中產階級存心奪權，在建黨建國的目標上日有進展。國民黨則為了延長統治地位而不願放棄一個中國的牌照和緩進統一論，但在政策的實施方面仍然意圖使分裂的現狀長期固定化。

而另一方面大陸的現代化走勢相當堅韌。在物質和精神的建設過程中，國家的主體性和民族整合原則的堅持，非但是國民心理的自然要求，同時也被認為是最後達成重建目標所不可缺的戰略保障。因此在「中國式社會主義」建設途上的十二億中國人，必然無法把台灣割捨在國家重建的歷史過程之外。雖然兩岸近一個世紀的分隔造成了社會屬性的部分異趨化，最大的一點是政經結構的分途經驗，但在更廣大的世界經濟領域中，兩岸都是先進資本主義的跨國壓力的承受地區。我們有足夠的理由指出，佔全球人口百分之八十以上的受壓迫地區爭取自主化的大趨勢將是未來世紀的歷史焦點。兩岸社會結構的局部的異質性問題在這種大環境中應該是在政策層次上可以求取解決的問題。而不是決定兩岸的政治分合的唯一因素。

四、從台灣的發展前途著眼，一個具有新殖民地性格的後

進資本主義的演變軌跡，毫無疑問是下墜而絕不是上昇。所謂的「台灣奇蹟」，是在一定的時空條件下的，資本主義的組織生產，銷售生產物的局部有效性的表現。做為特定階段中的，小區域的發展方式，是不能只顧抽取部分表象而加以絕對化的。否則那只是一種政治宣傳，是在新殖民地社會中具有外國強權的工具性格的既得利益者的愚民口號而已。事實上直到現在，傳統的特權獨佔者和新興的資本勢力，還一致抵制著兩岸的政治統合。但佔人口中多數的勤勞大眾，他們的利益才真正具有代表性。在統獨爭議中堅持統一大原則的勤勞者的立場，應是超越單純的民族情感或文化傳統的精神因素的。那是涵蓋著訣別於新殖民地困境，期待民族的階級內鬥的揚棄，發揮經濟的良性互補實現公正社會的未來發展等，是更符合社會共利，民族大利的階級覺醒和民族認同的雙重結果。

選戰中的觀察和檢討

至於有關本屆選舉的特色，也就是在政治意義上的競爭焦點，世人都一致指出是以憲政問題，亦即修、制憲爭議為主題的統獨對決。但媒體上這樣的用辭其實不甚得當。因為民進黨固然明目張膽地以獨立建國為訴求，執政黨卻並沒有以針對性的統一為號召。它只不過以避動亂求穩定的一般中產階級及小市民階層的心理傾向為經營對象，提出不統不獨的獨台理論對抗急激的台獨主張，如此而已。「反急獨緩統一」是執政黨面對朝野矛盾和兩岸矛盾的最高方針。也是既得利益階級的苟延策略的基本觀念。民進黨方面則從最激進的台建到部分美麗島系的所謂的低綱領台獨，都受到「洋獨」在美國經營的一些成果──部分學、政界人士的「親台獨」的談話鼓勵。再加上年

來蘇聯東歐的「脫社會主義」風潮的影響，使其在「台獨可為」的自我催眠下造成了一時的聲勢。

對執政的國民黨和在野的民進黨兩黨的基本主張、黨性作風等，在一般世人的認識中已經有了明晰的定性。而至今公認的兩黨支持率大概是三比一左右。每次選舉過後都有一定數值的公佈。因為拒選者中可能有相當部分的政治不感症者，所以第三空間的開拓理應往朝野兩黨的票源中去尋找。也就是，在兩黨的支持票中去挖出「兩害能取其輕」的投票者。這才是第三空間的真正可能的填補者。新的訴求必須能夠滿足那些「雖不滿國民黨，但更不放心民進黨」和「雖不滿民進黨，但更恨國民黨」的兩黨部分支持者，才有可能轉變他們的投票態度。如何才能對兩黨票源中的消極票和拒選者中的「理念上的反兩黨者」加以整合，這就是政治上的第三勢力的營造過程的實際內容。

台灣的賄選由來已久不始自今天。但本屆的國代選舉因為修、制憲之爭，未來欲通過提案者必須佔有四分之三多數席位，而欲抵制者必須佔有超四分之一的少數席位。因而朝野兩黨者以此比例為底線不擇手段收集選票。執政黨除了龐大的競選資金外還有當政系統的組織運作的配合，其買票作業早已經「次制度化」，細密化，效率化。而民進黨雖然在組織體制方面遠遠比不上國民黨，但仍能個別運用雄厚的選舉基金在重點選區與國民黨相抗衡。

而唯有羅美文無意也無能投入這種反映著資本主義商業規律的「選錢」遊戲中。其失敗是可以預見的。不過由這次的失敗，使人重新體會出兩點：

其一、賄選不過是資產階級，不論是特權官僚資產階級還

95

是非特權資產階級，其階級本質溢出了正常的社會規範的金錢暴力行為。當制度範圍內的操控手段不足以穩定大局或重大階級利益時，這種赤裸裸的金權行為的暴發現象是必然而至的。即使真正實現了「沒有賄選的乾淨選舉」，那也不過表示制度效用充足，不必訴之於制度外的非法補助手段。

其二、賄選還是兩造行為。有買方也有賣方。買方固然代表了有錢階級的無可救藥的墮落性反動性，而賣方的行為卻也反映著群眾的無奈的落後性。當統治者的反動性得以經由被統治者的落後性予以背書助其活力化的時候，這將是歷史中最為黑暗的一頁。如何喚醒群眾把個人小利的視點移向未來整體的共利觀，可能是唯一的根本對策。

令群眾警惕的兩黨同質性

在本屆選戰中我們發現另一種發人深思的現象。朝野兩黨的許多行為模式表現出奇異的同類性。如在激烈的爭辯中時而互相指責對方是「中共同路人」；或互相勸戒應以「反共為重」；爭相強調己方是「台灣兩千萬人民利益的最真摯的保護者」；爭相表白自己是反極權的民主主權者等等不一而足。在政見上立異，在手段上卻同樣的金權運作，以千百元新台幣的代價污辱選民人格。

中華民國與台灣共和國，不僅在社會內部結構上是同一張藍圖，在「政風」上也大致雷同。只是隨著名號的改變而舞台換幕，一批人上去一批人下台，雙方期待著的是同一批易於操控的觀眾。修憲制憲，總統直選或間接選，喊穩定叫改革，反台獨反統一，這種表層的對立，追根究底是因為台灣社會的生產關係中由於歷史因素並存著兩個資產階級。一個擁有政治特

權一個不擁有。雙方爭政權不礙於經濟結構體中的同質性。當爭鬥的場合是政治範疇時，有權的國民黨 V.S.無權的民進黨鬥得潑辣精彩；當爭議的場合移向經濟的基本關係如勞資關係雇傭關係時，國民黨保護資方，而民進黨何嘗不支持資方。曾有一位民進黨的勞工黨員因熱心於工會事務而遭日系資方解雇而打起官司，資方的辯護律師赫然是一位民進黨大老。兩黨在國會的鬥力鬥智，一邊的執政黨籍委員背後有財團，然而另一造的民進黨籍委員，就完全沒有這一類關係嗎？

　　總之，兩黨的階級同質性，必然地導致競爭中的同類型的行為模式。儘管爭論點極多，但真正對台灣的未來具有重大影響的幾個大問題上，如對大陸的抵制原則，對美國的依賴原則等，是兩黨心照不宣的共同立場。像對《兩岸人民關係法》的推施，節外生枝地抵制兩岸交流，故意貶低兩岸經濟的互補作用，引美國勢力為抗拒大陸的最大奧援的心態，永遠期待著中美關係的變化以便達成分離目標的用心，對美國全球性霸權行為的無批判甚至稱讚態度等等。近日來有些評論家對朝野兩大黨的未來走向提出「國民黨台灣化，美麗島系國民黨化，新潮流系美麗島化」的預測。在一定範圍內不算失真。把上述的兩黨同質性放在認識的基礎上，我們察覺到在隱隱之中兩個資產階級正在尋找著各別利益的匯聚點。從另一個角度來看，在施行著社會主義的民族母胎的整合壓力下，台灣的特權資產階級和非特權資產階級正走向必然的重編過程。在經濟和政治的具體面上，兩黨成員或自覺或不自覺地共同營造著新型的共利體系；如階級功能性的政黨制度和所謂國際化自由化的台灣資本主義。勞動黨主席羅美文在他的政見發表會一再強調「真正的民主制衡作用不能期待於目前的朝野兩黨」，其涵義在這裡。

結論

　　勞動黨面對的是資本主義價值觀籠罩下的一般社會心理。包括中產階級的敵視，小市民階層的不信任，甚至勞工群眾的懷疑和戒心。總的來說，是對社會主義和社會主義中國的無理解和誤信統治階級的反共宣傳，直接產生了對統左綱領的排拒反應。如何突破這方面的困難及障礙，提昇和擴大群眾的時代視野，是勞動黨急加需要細心規劃的工作。

　　其次，參選人沒有當選，算是失敗。但通過這一場選戰，勞動黨檢驗出來的台灣社會的種種特性，還是相當實在的。如果說失敗是檢驗的代價，相信全黨成員都會認為值得。

　　最後，一個左翼政黨永遠不能失去戰鬥求存的原則立場。黨的生存和發展只有在不停戰鬥中求得保障。換句話，在未達成終極目標以前，黨不論在任何不利的狀態中甚至嚴重挫敗中，都必須維持再戰之能。把全黨意志凝結在這一點認織上，勞動黨將再起再戰。

為了反對和防止新白色恐怖 而鬥爭到底！

──勞動黨關於台灣五〇年代白色恐怖 政治案件的基本立場

（1993 年 6 月）

今年 5 月底，建築工人曾梅蘭在台北六張犁找到他的胞兄徐慶蘭的墓。徐慶蘭是農村的農業工人，生前是花生油坊的工資勞動者。1951 年左右，他在故鄉苗栗和中共在苗栗銅鑼的地下組織發生連繫。次年，特務人員逮捕他的時候乘隙逃亡，1952 年被捕，不久槍決，屍身沒有發回。四十年後，曾梅蘭苦苦尋找的墓石才被發現。

不料以徐慶蘭的墓為起點，一口氣發現了命運與徐慶蘭相同的兩百多個墳墓。1950 年到 1953 年，國民黨當局以「匪諜」罪名，槍殺了四千名左右，長期監禁了八千人左右（這還是保守估計）。這就是著名的「白色恐怖」，指的是以「共產黨人」的罪名，大量秘密逮捕、拷問、槍決和投獄，造成長期風聲鶴唳，人人自危，互相懷疑，互相陷害自保的恐怖氣氛。

由於國民黨的長期反共宣傳，有人也許會說，既然涉嫌共產黨，被殺也沒辦法了。這是因為在國民黨宣傳下，很多人相信共產黨人是該抓該殺、死有餘辜的惡棍。

那麼我們就看看徐慶蘭是什麼樣的青年。他是佃農的兒子。由於家貧，學歷只有日據時代小學（公學校）的程度。他為人孝順父母，友愛兄弟。田裡的活，他幹得又好又快，村子

裡出了名。農地改革前，地主把給他的田收回去，徐慶蘭到花生油坊當工人養家。他正直、勤勞，沒有任何不良嗜好，是一個品質很好的農村青年。

六張犁公墓的那兩百多個墓石下，埋葬著不少像徐慶蘭那樣正直、有理想的青年。他們有醫生，有高等知識份子、老師、新聞記者，也有許多農民和工人。

這些人到底為了什麼而走在一起，前仆後繼，死而後已？

19 世紀中後，西方帝國主義將侵略的利爪伸向東方，伸向中國。我們台灣的淡水、基隆、台南和高雄四港，就是恥辱的「天津條約」下，和大陸許多港口一道被西方武力強迫開港。從此外國資本、商品和政治壓迫、經濟掠奪洶湧而至，中國淪為悲慘的半殖民地、半封建社會。而台灣則在甲午戰後淪為日帝完全的殖民地。

為了解救中國於危亡，許多仁人志士都在問：中國該怎麼辦？中國該往何處去？

這時，中國的工人階級認為，當時的中國，是由官僚資產階級（利用政治和國家權力，透過辦銀行、辦商業、利用財政權力等手段收奪自肥的資產階級）、買辦資產階級（為外國資產階級掠奪中國而分潤利益）和地主階級所統治，這是帝國主義下中國危亡的根本原因。因此，中國的勞動者認為，中國的工人和農民，首先要聯結成堅固的同盟，並且以這個同盟為中心，進一步擴大團結愛國的反帝國主義的民族資本家、知識份子和市民，共同推翻代表上述官僚資本家、買辦資本家和地主階級的國民黨統治，建設一個由中國工人和農民階級所領導的新的民主自由的國家。

從 1920 年代初，無數的中國工人、農民、知識份子……

為了這個理想，投向了革命。1946 年以後，越來越多像徐慶蘭那樣的熱血、正直的台灣青年也投向大時代的洪流。

就是這樣的理想、這樣的運動、這樣的人，長期被誣蔑為該殺該死的「匪」類。不因為什麼，只因為世界上不問中外的剝削者、掠奪者和既得利益者，對於工人和農民要求廢除人壓迫人、人吃人的傳統制度，建立由工人和農民和廣大勤勞人民當家的公平正義的社會這樣一個運動，充滿了刻骨的仇恨！因此，從 20 世紀初開始，無以計數的、為了工人和農民的真正的解放，為了打倒帝國主義和封建主義，為了民族的自由與國家獨立，為了世界的和平、正義與進步而鬥爭的勞動者、農民、窮人、知識份子和各種社會運動家，在歐洲，在東方，在遼闊的第三世界，都不斷地遭到地主、貴族、軍閥、資產階級和帝國主義的警察、偵探、軍隊和法院百般偵察，祕密逮捕，殘酷拷打、問吊、投獄和槍殺……，並且對他們進行廣泛的誣蔑，說共產主義是危險的思想，充滿了殘酷錯誤和陰謀。共產黨人是國家、教會、自由社會凶惡的敵人，卻往往戴著蠱惑人心的假面，因此必須加以趕盡殺絕。

然而，從 20 世紀初，一個反對世界資本主義的體系，也就是一個反對世界資產階級對世界工人無產者的剝削體系的運動，亦即世界各被壓迫民族、被壓迫人民和被壓迫階級自求解放的運動，也就是國際社會主義——共產主義運動，不斷地在血泊中發展，堅苦卓絕，前仆後繼。到第二次世界大戰結束，大量殖民地半殖民地取得了獨立，對世界大資產階級和帝國主義者、殖民主義者造成巨大損失。然而，他們不但不甘於損失，而且變得更加反動和凶殘，在戰後世界範圍內，逐步強化對工人運動者，對民族解放運動者，對進步的知識份子、工

農、教授、文化人進行全面的撲殺運動。而美國尤其在舊帝國主義英、德、法、義、日本各國在二次大戰中崩潰的戰後，「挺身而出」，成爲鎭壓各國各民族工農運動的劊子手。到了1950年6月25日，韓戰爆發，世界範圍內的資本主義和社會主義的對立，左右對抗，帝國主義和民族解放的對決，達到了高潮。在全球範圍內形成了資本主義和社會主義、剝削者和被剝削者的兩大陣營在軍事、政治、思想各領域的廣泛對抗結構。這就是世界冷戰結構。

1949年10月，經過二十多年的國共鬥爭，中國工人的新國家宣告成立。代表舊時官僚資本家、買辦資本家、地主階級和大資本家的國民黨流亡到台灣來，風雨飄搖，眞是窮途末路，朝不保夕。

但1950年6月，韓戰一聲砲響，美國爲首的世界資本主義國家立刻宣布軍事干涉朝鮮半島的內戰。台灣海峽立刻被第七艦隊封鎖，美國宣布了支持、援助和鞏固國民黨在台灣的統治，悍然干涉中國內政，把台灣變成美帝國主義反對新的中國工人國家的軍事基地。

而恰恰就在美國全面援助、鞏固國民黨政權的條件下，在美國完全默許之下，國民黨不惜大量冤殺，不惜大量製造冤假錯案，展開了株連廣泛的政治肅清，進行廣泛的秘密偵捕、酷刑拷打、投獄和刑求。六張犁公墓兩百個小小的墓石上，都刻有執行槍決的日期。其中絕大多數都在韓戰爆發的1950年6月25日之後。換言之，國民黨這次凶殘的屠殺，完全是在美國軍事、政治、外交上毫不猶豫的支持下，肆無忌憚地進行的。

但如果我們把眼光放得更開闊些，我們會發現世界「冷戰秩序」的形成，正是韓戰前後數年的白色恐怖所譜寫完成的。

1947年，在土耳其和希臘，美國佔領軍和當地反動派殺害大量的「共產黨人」、民族主義者和進步工人與學生。1948年，美國麥克阿瑟將軍和韓國總統李承晚聯手在濟州島集體屠殺了七萬農民，以鎮壓左派農民的蜂起。在美國，反動參議員麥卡西（錫）在韓戰後發動了清共恐怖，使成千上萬的工會領袖、教授、文藝工作者、文化人、科學家被調查，被迫離開工作崗位，言論、發表、思想等自由因「反共」名義遭到嚴重摧殘，逼得不少優秀的藝術家、知識份子流亡歐洲。在日本，韓戰後美國佔領當局與日本舊戰爭派合作，從政府、高等教育、工會、文化傳播機關……大量清除被視為共產黨人、社會主義者、工會運動家、農民運動家、進步知識人、導演、作家和教授、科學家。在南非，一直到今天，反對種族隔離，主張黑人平等的社會、政治、經濟權力者，大量以「共產黨人」的「罪名」被拷打致死、失蹤、判刑、殺害。在印尼，1960年的一次反共肅清，殺害了三十萬人。在馬來西亞、在菲律賓、在中南美、在阿爾及爾、在非洲……成千上萬無從計數的人們，戴上「共產黨」的帽子被追捕、刑殺，至今不絕。因此台灣五〇年代殘酷的白色肅清，還應該放在這樣一個世界史的框架上去認識，才能明瞭其中更深層的意義：世界上勤勞的人，貧困的人和在不公平制度下受苦的人，在自求解放的鬥爭之中，都面對著同樣艱難的命運。

那麼，台灣的勞動者應該怎麼理解台灣五〇年代的白色恐怖歷史，至此，也可以思過其半了。

一、包括台灣的白色恐怖在內，世界白色恐怖的性質，是資本家、地主、殖民主義者和新舊帝國主義者為了鎮壓工人、農人和窮人起來反對人壓迫人、人剝削人、大國壓迫小國……

而進行的暴行。無數工人、農民和進步的知識份子，爲了工農勞動階級的解放和自由而英勇戰鬥，最後付出最寶貴的生命。他們是工人階級最忠心、最勇敢、最優秀的兒女。

二、美帝國主義一貫善於以「自由」、「民主」、「人權」來裝扮自己。但全世界殘酷撲滅工農勞動者的暴力統治，無不在美國以經濟、軍事、政治、外交所支持的反共、法西斯、軍人專制政權的特工軍警所執行。台灣工人階級一定要從六張犁公墓事件中認清美帝國主義的眞面貌。

三、台灣白色恐怖，對工人階級而言，起到這樣的作用：

1. 白色恐怖的暴力所造成的威嚇作用，鞏固和確立了國民黨政權。這個政權，是過去騎在中國工人、農民、民族資本家、愛國知識份子頭上肆意壓迫，勾結外來勢力，荼毒中國的舊政權的延長。

2. 在美國強有力的支持下，在白色恐怖造成的威迫下，國民黨在台灣建立了高度獨裁的政權，以「反共」、「國家安全」的名義，進行周密的特務警察統治。這首先就以「保密防諜」的名義，剝奪台灣工人一切團結權、爭議權和協商權。發動勞資爭議，組織獨立工會的人，立刻會遭到老板、政府、特務指爲「共產黨」，輕者約談，重者拘捕偵訊，工人階級毫無權力可言，在戒嚴體制下，幾十年來只能任外資、官資、私人資本任意壓迫與剝削。

3. 因此，1950 年後，台灣無法組成獨立自主的工會。國民黨、特務、工人叛徒、資方走狗全面掌控「閹雞工會」，不但對工人無益，反而成爲資方和政府幫凶，加害工人的權利，數十年來，工人工作權沒有保障，生活水平跟不上，社會政治地位低下，成爲資本壓迫下的工資奴隸。這一切的根本原因，是

台灣利用白色恐怖，把工人運動、工人為促進自己的權益、改善自己的生活的一切的活動和運動、組織，都打成「共產黨」，對工人階級進行嚴密打壓，來保證資本和企業的絕對利益。

4. 1980 年代中後，戒嚴「解除」。台灣資產階級為了繼續壓迫台灣勞動階級，目前朝野兩黨都在炮製新的白色恐怖，宣布台灣潛伏六萬個「匪諜」，要制定「間諜法」，企圖利用過去的反共恐怖製造輿論，在必要時重新展開反共白色恐怖，用它來繼續鎮壓、打擊台灣工人進一步為自己的生活、權益以改善所做的鬥爭，企圖使台灣工人在反共恐怖下永遠做資產階級和資本馴服的奴隸。

5. 回顧台灣的現代和當代歷史，工農階級運動興旺，工農勞動階級的社會、政治和歷史地位就高；反之，則淪為沉默、悲慘、無助、被人漠視的存在。1920 年代，在文化協會、農民組合、台灣共產黨、民眾黨、台灣工友協會的領導下，台灣工農勞動者意氣風發，創造過光榮的歷史。光復後，台灣工人階級在數量上空前增大，但因為白色恐怖的戒嚴政治，受到最全面的分化、壓服、愚弄、任人宰割。因此，我們要認識到：

「白色恐怖」，追根究底，是壓服、摧殘和消滅工農勞動階級運動的暴力政治，對此，我們要有獨立清醒的認識，對統治階級為「白色恐怖」所炮製的一切對工農運動的歪曲、詆毀加以批判，堅決反對舊的和新的白色恐怖。

台灣工人階級是美蔣白色恐怖結構長期、直接的受害者，是台灣工人階級任人榨取、壓迫的沉重枷鎖。揭發白色恐怖的歷史，批判白色恐怖的輿論，是台灣工人運動重要的思想內容之一。

　　台灣工農勞動者，在具體的六張犁事件問題上，基本擁護
「台灣地區政治受難人互助會」和「五〇年代白色恐怖政治案
件處理委員會」的以下方針和立場：

　　㈠以「廢除國家安全法」爲終極目標。

　　㈡有關單位應及早開放並公佈過去的政治案件處理檔案。
　　　附帶死刑者下葬地點。

　　㈢對冤案、假案、錯案應予賠償。

　　㈣對法外迫害（如對刑滿者，不起訴者任意拘留、監禁）
　　　應予補償。

　　㈤應即停止對前受刑人及其家屬的特別管制和歧視性待
　　　遇。

　　㈥應暫停六張犁公墓的遷移計劃，並撥地建塔安靈。

　　勞動黨將堅定不移地，爲了反對和防止朝野當局正在陰謀
炮製的新白色恐怖鬥爭到底。

勞動黨關於
未來三大選舉的情析

（1994 年）

　　1970 年代台灣資本主義的急速發展和成熟，使社會的基礎結構和政治上層之間產生了日益嚴重的歷史性矛盾。台灣政局的三大矛盾，都是這種結構性矛盾的結果。它導致了國民黨的被迫的自我改造；而有了主流、非主流的黨內矛盾。它表現為新興資產階級的經濟力量的增長和政治權利的爭取，而有朝野矛盾。更表現為台灣資本主義對大陸社會主義的抗拒立場，而有當前兩岸矛盾的基調定位。

　　國民黨的自我改造，以本土化、多元化為主要內容。在性質上是由一個威權型高度集權型的政黨，自行調整為一個以議會代議制為運作中心的功能政黨。而這一份改造責任，落在一位非實力派的台灣人技術官僚出身的李登輝肩上。李氏雖然欠缺一位黨首所應具備的條件，但相對的也較少受到國民黨傳統「黨義」的限制。逐漸漸編制成一應的政策設計班和基本幹部隊伍。自 1990 年以來其領導地位也漸形穩固。

　　李氏就職後所面對的正是上述三種矛盾的總匯聚。它發現三大矛盾——黨內矛盾、朝野矛盾、兩岸矛盾之間具有密不可分的交互影響、互相轉變的關係。換言之，它無法把三種矛盾中的任何一種單獨地抽出、單獨地解決。而任何一項矛盾的激化，

都會影響到其他兩種矛盾的現實情況而使政局增加其複雜性。

李氏對三大矛盾總形勢的戰略立場，歸結為一句話：「實行國民黨的本土化，接受最大多數人民的新授權」，而不再以國民黨傳統的「歷史身份」為權力基礎。以此人民的「新授權」來壓倒黨內反主流派，壓倒民進黨的台灣建國論，也拿來抵抗來自對岸的壓力。換句話說，本土化了的「新店」國民黨擁有更多的民意背景來主張其正當性，並獲得更高的來自群眾的實質助力。

李氏對三種矛盾亦需要定出對應策略上的比重。他了解黨內矛盾的最壞結果是黨的正式分裂，甚至亡黨。朝野矛盾的最壞結果是喪失政權，朝野易位。然而，兩岸矛盾的最壞結果，是兵戎相見，流血慘劇。因此論其嚴重性，實以兩岸關係的全面破裂為最。身為最高政治領導人，李氏必須首先研考一切可能性，訂出一種能涵蓋兩種互相衝突的目的的大陸政策：㈠避免交戰危機；㈡維持實質上的分離狀態。

1991 年 3 月 14 日，行政院院會所通過的《國家統一綱領》，正是李氏以上述的戰略立場所訂造的，是一種「矛盾未見統一」的成品。他以「沒有時間表」的遠程統一目標的揭示，防止大陸「行使武力」，以發揮一種免戰牌的效果。然後在「三階段進程」規定中，發揮兩岸交流的緩進甚至抑制作用。換言之，李氏《國統綱領》，只是「名統實獨」的政策工具，目標和進展之間相互矛盾，充其量是機會主義的立場，但卻為多數既恐懼統一、又怕獨立會帶來戰禍的民眾接受。因此，李氏大陸政策儘管頻遭統獨兩方面的人士攻擊，卻也不愁沒有相當的群眾基礎。

最近以來，李氏所表現的「獨台台獨化」的作法，其實是

主流派在朝野矛盾中的深刻危機感的結果。本來主流派以爲吸收在野黨的民主改革要求，便能鞏固其執政地位。但因在野黨策略上的應付相當成功──一方面繼續經營建國運動，一方面大事揭發國民黨的貪污腐敗。以「公投」、「參加聯合國」等迎合中產階級的政治自主意願，再以社會福利、公共政策合理化來取悅社會大眾生活感受中的需要。結果是，民進黨的民意基礎有所擴大，使執政黨危機感日深。於是李氏以獨台立場的突顯，企圖一方面鞏固其群眾基礎，另一方面吸引部份台獨群眾。其作法是：㈠以最大限的本土化來取得最大量的民意支持；㈡以「中華民國」的實質上的獨立，來減低台灣共和國建國運動的必要性，但這種作法仍然含有助長建國運動的作用。

李登輝政權的基礎與蔣家政權相比，顯然具有很大的變革差異。除了軍／警／特的控制系統、國家和黨的政治、經濟資源的獨佔外，更有民意經營的重視和甚大比例的投入。這使得李氏政權取得了相當重大的形式民主的合理性。換句話說，台灣社會在李登輝主流派的本土化政策下，已經出現了一定規模的民意社會。所謂的民意社會，是指政治權力的取得必須經過民意在一定法令規章下的授權過程。所謂資產階級議會民主代議制度的架構，便是民意選擇的具體結果。

但，資本主義社會的民意，基本上還是類似資本主義商業行爲的產品。由經濟上握有實力的階級，運用「投入與回收」的經營技巧，營造出有利於投入者的民意，然後通過自行架設的民意機關，取得選票授權，進入公權力機構。在民意代表的名義下，參與中央或地方政治。這便是經濟的既得利益階級，利用手中金錢財力將經濟力量轉化爲政治力量的一般模式。

政治上有權勢者，再透過資本和人脈經營民意。其方式，

不外先行建立製造民意所必須的工具——也就是大眾媒體。一旦掌握了任何形式的大眾傳播媒體，便可有計畫地進行各種宣傳教育，製造出權威性的民意內涵，指導民眾如何看問題，如何想問題。最後，如何投票授權給某一特定團體、個人，或表示支持甚麼，反對甚麼。如此被塑造的民意，便是代表資產階級利益的政治團體經常從事的大眾教育的成果。也就是各政黨有效參政的途徑。

在國民黨、民進黨兩黨數年來刻意經營下，已經各自擁有一定規模的民意基礎。依最近一次的選舉結果來看，約在47%：40%之間，可說兩者票數相當接近。在此情況下，我們不得不戒心，突發性的台獨危機非不可能。獨台對台獨的底線——中華民國國號，一個中國原則等，或有可能在一時性因素的相激作用下被突破，而立刻帶來極大的撼動。

自 1994 年～1998 年期間，正是台灣政局大幅度變化的關鍵時期。1994 年年底省長、直轄市市長選舉；1995 年年底立法院改選；1996 年三月「總統」直選；1997 年香港復歸祖國；1998 年立法院改選。自這幾種極為重大的選舉中，不論兩黨獲勝者為誰，台灣政局三大矛盾中最為嚴重的兩岸問題，似乎難有打破僵局的機會。相反地，台獨運動的繼續成長將可預料。

然而，在 1997 年香港復歸前後，新的港台關係應如何規範一事，將逐漸成為時局的中心問題。因為港、台、大陸之間的經濟關係已經密切到足以搖撼台灣經濟的命脈，但台灣方面如企望有一更有利、順暢的新港台關係，則必須以更好、更健全的兩岸關係為前提，則 1996 年「總統」選舉將以兩岸關係為最重大的焦點問題。因為新港台關係的規範工作，將自大陸主導方針之故。至此，朝野兩黨將暴露出其僵硬、虛偽敵對性

質的兩黨大陸政策的致命弱點。

　　至於台灣一地的經濟基本狀況，將是「舊問題嚴重化、新問題層出不窮」的苦境。對大陸市場的依賴度愈深，產業結構的提昇愈困難。資本報酬率不再有成長。台灣經濟命脈所在的國際貿易將愈來愈受到先進國家保護政策和落後地區急起直追的影響。景氣的低迷帶來更多的勞資爭議，而勞資兩階級的對抗將逐漸反映到政治層面。

　　到了本世紀最後半年代，兩岸問題和勞資問題，將超越其餘矛盾而顯出其決定性意義。前者為台灣現階段的主要矛盾，而後者也將更清晰地顯示出其基本矛盾的實質內涵。至此，本黨統左兩大綱領的時代意義，亦將更形突出。

為 1994 年高雄
「五一、五反」大遊行呼籲

（1994 年 5 月 1 日）

全台灣勞力勞心的兄弟姐妹們！

今天是 1994 年的五一國際勞動節。

讓我們肩並肩手攜手，昂首挺胸走在南台灣的工業重鎮－高雄的街道吧！

讓我們高喊今年的戰鬥口號：

反剝削！反壓迫！反腐敗！

反歧視！反恐怖！

讓我們的聲音直入雲霄，響遍全島；使那些靠剝削享受人生的；依賴壓迫手段維持地位的；利用腐敗手法謀取私利的；守著頑固的歧視作法獨佔機會的；憑恐怖暴力來誅滅異己的；一切的不公不義暴露在天日之下，接受人民大眾的審判！

在前代的勞動者用無數的生命和血淚代價贏來的神聖日子裡，讓我們提出控訴和誓示如下：

一、我們控訴一切剝削人的法令規章

台灣整年有百萬勞動者在以剝削為常規的惡法劣制下，獻出勞力創造千萬億財富，卻只被容許收回僅足糊口勉維生活的菲薄代價。勞力的賤賣不啻生命的割售，卻一生的工資難買一間容身的小屋；而富者則華屋豪宅櫛連，房款動輒上億。所謂

「國民收入」的數字平均的遊戲,即使幾千幾萬美元,有何實質意義?傲視全球的數百億美元外匯存底,其實是幾世代工人們的無償勞動的積累,卻任令貧者愈貧,每年數十萬貧寒工農子弟被摒除在高等學府之外,成為進一步排除勞動家庭獲取真正參政權的無情關卡!

二、我們指控一切政治壓迫手段,一方面阻擋最大多數的人民大眾行使其正當權利,而另一方面保護少數特權階層穩享優厚地位。

凡憲法所規定的種種權利,都是人民大眾的畫餅。如言論自由只剩獨白自由,擇業自由也只有失業自由才是真。在資產階級專政的社會裡,形式的權利唯有資產分子的經濟條件才能實現。軍/警/法/特的國家強制機器掌握在特權階層手裡,執法的公正那能期待。非法與合法,概以統治者的利益為依歸,則經濟上受剝削的弱者勞工,也就註定為政治上任人宰制的被統治者。

三、我們舉發一切公權機構的貪瀆腐敗已經成為舉世的風習,幾乎到有權必貪,有選必賄的地步。

高官大吏、各級民代,競相違法營私,如新近爆發的軍購案、捷運案、賄選案等大醜聞,贓款賄款億萬,令人驚心。貪污瀆職的行徑幾已變成制度,不經此管道一事莫辦。勞動人民日夜辛勞,其僅有的一點法令保障在金錢至上的次制度下不受官僚民代所重視,以致名存實亡。公共建設必暗附回扣計劃,民代選舉不買票而當選者幾希。公權盡由貪瀆集團盤據,人民大眾每成為巧取豪奪的犧牲品。

四、我們反對一切以歧視作法維護不平等的陋習。

在內含階級矛盾的基本結構上,優勢階級的自私和獨善心

態每每拒絕競爭領域中的公平原則。總以凌駕弱者爲天經地義，恬然地以自然界的優存劣汰爲歷史進化的唯一法則。如性別歧視以兩性生理條件的不同來定位社會上的主從關係；種族歧視則堅持現代化不足的偏見限制原住民族群的工作權；對外勞更無視勞動人權無國界，同工、同酬、同權的國際規約，儘量在壓榨蹂躪，從而壓低本地的工資水平。

五、我們揭露白色恐怖的本質和現象，堅信其爲階級壓迫的最高形式。

國家暴力的發動權掌握在資產階級手中，當政情中出現議會制難予解除的危機因素時，必然以踰越法制的直接暴力加以摧毀，以恐怖效應做爲政權存續的唯一基礎。五○年代的台灣被處死者四千，軍法定罪者超過一萬。而工農階級是最大的受害者，被迫放棄法定的自衛權。使得高剝削政策下有了飛躍的資本累積。有階級對抗便有白色恐怖的潛藏危機。今天的台灣，違法的暴力打壓仍然隨處可見，特別是針對勞工的自衛行爲。

總結以上，台灣社會的病象不是偶發的。而是社會基礎結構中的階級矛盾的必然衍生物。勞動大眾所承受的壓力尤爲沉重，最需要高度的團結才能形成自我防衛和社會改造的歷史性力量。

最後，讓我們的戰鬥行列再度高喊：
反剝削，全體工人反對公營事業私有化！
抗議勞保費用的不當攤派，反對全民「賤」保！
要求縮短工時，周休二日，提昇勞動條件！
反壓迫，廢除一切惡法，工人主導勞動立法！
要求成立勞動法庭！

　　反腐敗，嚴懲貪瀆賄選！打倒金權統治！

　　反歧視，反對種族性別等不當歧視！保障外籍、女性、原住民、殘障等弱勢工人工作待遇、權利一律平等！

　　反恐怖，反對階級壓迫的最高形式——白色恐怖！抗議情治單位對工運的破壞打壓。

1995 年五・一感言

（1995 年 5 月 1 日）

　　一年的歲月，載著台灣數百萬勞工日夜辛勞的汗水，和受屈受困的鬱積，終究也走進了歷史的過去；我們又來迎接 1995 年的五・一了。在台灣，這個被稱爲世界勞工之日的五・一，從來也不是工人們歡樂的日子。在一種先天不足，後天失調的資本主義結構下；在一種富者愈富，愈富愈不仁；貧者愈貧，愈貧愈喪志的社會中，身上壓著最苛重的責任，卻只能領受最低酬勞的勞工大眾，即使在爲他們的光耀和榮譽而訂的日子裡，仍然只能做些年來工運坎坷路的回顧，和依然低迷的來日展望，這已經是弱者勞工多年來的生活常態了。我們站在勞工服務團體的立場，也只好用最誠實、最懇切的心情來爲全島勞苦功高的、各業生產以及服務線上的勞工朋友獻出祝福和期盼的若干話。

　　這一年來，台灣勞資之間最大的爭議，恐怕是有關勞保和全民健保的反覆折騰吧。從勞保保費的分擔比例問題，到健保新規定中對勞工的、暗藏行政剝削的眞相；我們曾經在各種機會——包括街頭遊行、機關喊話、立法院抗議，甚至車隊衝向行政院總統府的控訴活動中一再表述過。然而換來的是當局的告發、法庭審判、徒刑和重罰款等，顯然政府對工運的一貫的

打壓政策毫無鬆動的跡象。三黨立委在千萬勞工的抗議聲中竟然護送新訂的惡法過關，嚴重地加大了勞工的負荷，目的在於維護資本家的高利潤，藉以維繫島內企業的投資報酬率。至此朝野三黨黨性中的階級同質性乃暴露無遺，令人十分慨歎。

有些工運界人士因而覺得勞工階級沒有代表在立法院，等於說現時的台灣勞工不擁有實際的參政權。蓋在資本主義形式民主的架構下，法令規章出自代表「民意」的立法機關之手。而那些在立法殿堂上「為民造法」的民代，代表的是社會中那一部分的人民的利益，頗值得懷疑。且在「民主」體制中，條文規定的人民權利必須握有一定的經濟實力才能發揮實際的效果。最突顯的事實莫如選舉。現時的選舉已經淪為惡質化的金錢遊戲，不論大選小選，鮮有不玩鈔票換選票的勾當的。勞工大眾正因為不具有必需的經濟條件，變成了只有選舉權不具有被選權的跛腳公民，二等公民了。更嚴重的是，金錢交易的陋習和「民意」攻勢的影響下，勞工們手中的一票也多數流向擁有十足的選舉資金和媒體背景的黨派中人士。全島的勞工大眾空有八百萬最大族群之名而毫無凝結一體之實。徒讓佔總人口中不過百分之零點幾的有錢有勢者任意操縱各項立法工作，拿國家公帑來做階級私利，黨派私刑，甚至個人利益的實現工具。例如去年以來的健保風波，演變成目前難予收拾的亂局，若把一些技術層次的問題抽離，剩下的還不是赤裸裸的資本家本位立場。

在這樣的狀況下，部分工運人士對勞工在金權選舉中的完全失格深感無奈之餘，企圖對握有政治資源，一向大力投入選戰遊戲的幾個大黨提出要求，希望他們對弱勢勞工伸出援手，把幾位工運人士列入各黨不分區立委的候補名單中。這樣的構

想，我們覺得雖然用心良苦，但也不得不現實地預斷可能性極小。因為具有推出不分區候補的實力的政黨，都屬於現社會中優位族群，資產階級的代表黨，原則上是不可能接受具有對抗性立場的工運人士的。除非在策略的考量上需要少數幾個點綴性的「勞工立委」，來製造「著眼全民同情弱者」的假面具。再說，求助於階級對抗的一方，對原本就覺悟不高鬥志不昂的今天的一般勞工群眾，恐怕更加速其心理防線的崩潰，滑向勞資諧和的思想陷阱。

勞動黨和工黨，在過去的幾次選戰中，曾經都以勞工代表的名義直接投入過。雖然戰績不佳，屢次受到沉重的挫傷，但畢竟那也在預料之中。明知困難重重，但在體制內改革的階段上，所需要的正是這一份耐性，要面對的，正是這種勞工選民不知投給勞工代表的意義何在的，尷尬的幼齡期現象。

今年的五‧一，台北、台中、高雄，各地都出現了百萬勞工湧上街頭的空前盛況。雖然尚不足以逼出當權者的退讓，但的確有比往年更多的勞工從生活中感受到一個無理的制度無義的社會，而他們正是制度惡、社會惡的受害者。區區數千元的保險負擔也許有部分勞工承受得起，但重要的是，他們開始在考慮，如此的制度從那裡來，得利的是誰，不當受害的是誰。如前述，這還是稚弱期的勞工階級的世界認識、歷史認識的第一課。我們看到的，雖然還是十分的微弱，但畢竟那是一線曙光！勞動者的五‧一，總是值得慶賀的！

回應一位熱心讀者的
質疑和呼籲

（1995 年 6 月 4 日）

黃河宗先生：

收到您的投書，我們覺得非常高興，也非常興奮。我們高興在這工運寂寞路上竟然能聽到您鏗鏘有力的聲音，使我們從疲憊中一時驚醒過來。我們興奮，是因爲您在投書中指說的一切，正是我們多少年來一直爲之控訴、爲之呼喚的當代世相。我們由您的聲音獲得了無上的鼓舞，怎能不叫我們興奮呢。

您舉發勞動報酬的低微，勞工生活沒有保障，勞工人格的尊嚴無從談起；您更明智地揭發所謂的台灣人的悲哀其實只是無錢無勢出賣勞力餬口的勞工大衆的悲哀。這是針對統治者一向慣用的「台灣人」全稱的虛僞性，所做最勇敢最尖銳的指控，令人聽來十分快意。您也提到種種的社會病象和道德淪喪，都根源於資本主義制度的不合理性。特別指出「私有制」下少數富者愈富，多數貧者愈貧的實相和「主權在民」一句話之間形成了多諷刺的現實對照。您對孫中山民生主義中的節制私人資本與土地漲價歸公表示共鳴，事實上那也是一種改良主義，我們雖然對其實效性有所保留，但仍然對您的用心表示敬意。

其次，您也略述參加工運後的一些體驗和感慨，我們也都

深有同感。像您對意識型態的保留態度，我們都能理解。您說「階級問題還在與金權勢力做艱苦鬥爭的使命尚未完成之前，意識型態是否有必要凸顯與計較？」對這一點質疑我們願意指出：如「打倒金權」之類的目標，其實是屬於眞正的階級鬥爭的範圍，而當前工運團體到立法院去抗爭，都還不能算是眞正的階級鬥爭。因爲指向改變社會根本結構的階級鬥爭必定是以思想鬥爭爲構成因素的政治鬥爭。台灣工運的實踐水平還停留在體制內爭取改善的經濟性爭議，我們雖然每在運動中提出屬於階級鬥爭的口號，說開了不過是一種自我勉勵而已。當然經濟性爭議也有其教育勞工大衆，學習如何團結的意義，是一般工運必經的起步階段，不能不重視。而說到意識型態，如果被用來掩飾現實，僵化思想，逃避行動，甚至做爲黨同伐異的手段工具，那是有不如沒有。但眞正的意識型態是社會整體經驗的整理結果，是集體理性的系統敘述，包括目的論和方法論，其行動指南作用還是不必置疑的。只要我們能活學活用，且牢記實踐是檢驗眞理的唯一手段這一句話。您在工運中遇見的一些作風問題，像有人堅定有餘欠缺包容性，易受偏見影響等絕對不是無的放矢。這表示我們的運動水平和團體素質還有待提昇。您那一句「勞工階級的認同應視爲工運的倫理」是至理名言，我們極爲同感。您期待政治人物多尊重工權，多和工運人士相提攜，您的用意是現實問題的循序解決，工運的正常成長，我們也都贊成。只是現實上有多少政界人士，肯眞正站在勞工立場，無私地提供協助呢。

您對台灣工運當前的分歧情況痛心疾首，我們也感慨萬分。原已弱勢的工運團體因何合少分多，消耗了多少有限的資源，您指出因爲有個中國問題。我們承認您指說的工運三分天

下的窘境，也同意其間的關鍵之一是中國問題的立場有異。針對這一點我們無意隱藏立場。我們是主張一個中國，兩岸的敵對狀態應早日和平解決的。因為我們相信，兩岸統一符合歷史事實，符合政治安全的原則，也符合經濟發展的原則，這是全體人民的共同利益。此外就勞動人民來說，統一能使勞工取得比眼前更大的權利保障，使台灣資本主義走上自我揚棄的歷史方向。更要緊的一點是，統獨問題的發展是客觀必然的歷史趨勢，不以我們的主觀態度為依歸。我們不能迴避問題，只能探討問題來時如何面對。

以上是我們的平常所信，但我們並沒有強要別人同意的作法。我們只認為此一問題非常嚴肅，只希望各種不同觀點之間能維持一個互相容忍表達意見權利的原則。我們也十分重視不同立場的工運團體之間的共同奮鬥，也十分自戒運動中的本位主義作風。

最後，我們決定用以上回應的話來做本期《勞動評論》的社論，一方面是對您的誠懇熱忱表示敬意，另一方面也因為您在投書中的確反映了不少屬於根本性的問題。當然一篇短文不足以解決所有的疑惑，我們衷心希望有進一步交換討論的機會。

祝安好！

勞動黨關於
1996 台海情勢分析

（1996 年 5 月 19 日）

　　自從 1995 年 6 月李登輝訪美後，兩岸情勢急速惡化。引來了一連數波的台海大演習，軍事緊張升高。1996 年 3 月間，台灣在兩岸對抗嚴峻化的情況下進行了所謂的「總統直選」，對岸的陸海空演習則暫時停息。社會大眾在感受上雖然鬆了一口氣，但有識者莫不認為兩岸矛盾的嚴重性和迫切性依舊存在。

　　大陸飛彈演習的政治效應，可分為正負兩面。

　　正面效果是：

　　⑴及時遏阻了急獨運動的危險趨勢；

　　⑵對李氏獨台路線也提出了警告；

　　⑶對外國帝國主義的反華陰謀更有明確的示警意義。

　　但亦有附帶的負面效果，如：

　　⑴使急獨退而變成緩獨，使民進黨的緩獨和李登輝的形式緩統走上了策略上的合流。

　　⑵使部份民眾在媒體操縱下產生了：對大陸的反感；對美國介入的依賴心理；對李登輝錯誤的肯定心理。

　　⑶在國際上也引起了部份國家對「中國威脅論」的議論。

　　雖然有此負面性，因近年來最大危機是 1990 年後的急獨

盲動傾向，爲了避免走向不幸的爆發點，這一次的武力示警實屬不得已。

至於在經濟方面的效應有：

(1)外資撤退。本地資本逃避，外匯存款流失。

(2)金融結構脆弱性的暴露。各地頻發局部性金融危機事件。

(3)生產急速萎縮，失業率、經濟成長率反比例升降。

(4)產業外移，勞資爭議頻發。

(5)生產力下降，商品競爭力下降等等。

依政府經濟主管機構的報告，除了結構性的景氣下降外，兩岸關係的高度緊張實爲一大因素。

社會生活方面的效應有：

(1)移民潮；

(2)治安惡化；

(3)金權、黑權、特權乘社會人心的動搖大肆活動；

(4)公權力衰退。道德約束力衰退。官僚系統（包括選舉制度）的腐敗加速。生活品質普遍降低。

處在如此潛在危機重重的情況下，李氏當局仍懷有如下的錯誤的戰略評估：

(1)再大的演習還是演習，不是武力保台的前兆。

(2)美國最終將爲保護台灣而積極介入。

(3)對岸軍事壓力只能引發一時性、局部性的經濟騷動，只需動用三千億的應急基金解決，不至於引發重大的政治危機。

(4)軍事壓力長期化將使對岸面對國際輿論的指責。

在上述的戰略評估下，李登輝主流派採取了針對政局中三大矛盾的對策：

(1)對國民黨內部矛盾：挾李氏選戰中的勝利餘威，從政經領域中進一步清理反主流派的剩餘勢力。

(2)在朝野矛盾方面，延伸李氏個人權威到在野黨，收買與打壓並用，促成台獨獨台化，走向由其主導的「聯合拒共保台」的局面。

(3)在兩岸矛盾方面：為了降低社會不安，打開政治僵局，挽救台灣經濟敗象，暫時避免進一步刺激對岸，提出局部、有限、形式意義大於實質意義的「緩和兩岸緊張」的某種建議或措施。繼續以《國統綱領》為免戰牌，可望加以部份修正，堅持「務實外交」、「重返聯合國」的實際政策。以「新的人民授權」為背景，對內、對外塑造「台灣利益的最大維護者」、「中國民主的最佳推動者」的形象，經營其國際聲望，充實其獨台政策的本錢。宣示反對台獨，但避開一個中國；排除一中一台，但堅持實質的兩個中國。

民進黨受其台獨黨綱之累而遭受到台海演習的巨大壓力，以致：

(1)「總統選舉」中遭到嚴重挫敗，流失的選票近兩百萬，佔該黨基本票近半。

(2)彭、謝與民進黨中央之間產生了嚴重爭議：彭氏擅自建立「建國會」，選後的分歧因「大和解」政策而繼續惡化。

(3)終於出現了「新世代台獨綱領」，引發嚴重的黨內鬥爭。

新世代台獨其實是台獨的獨台化，台獨目標的手段化，急獨緩獨化，基本教義務實化。如果此一新姿態取得路線爭議中的勝利，可能使民進黨的票在未來的地方選舉中回升。

基本教義派固守台灣獨立的「神聖目標」和準備接受李登

輝招降的部份高級幹部之間發生了嚴重的分裂。台獨綱領尚不可能廢棄，但在策略上可能出現彈性化、務實化的大轉彎，整體的民間影響力可能下降。19 日，亦即李氏就任式的前一天，由建國會主辦「台灣要建國」、「台灣人不是中國人」的大遊行。參與群眾約五千人，不如預期中熱烈。

　　大陸的對台政策仍然維持和平統一、一國兩制的大方針。但其策略階段可能拉長。在中美和兩岸關係上顯然已經有了不同情況下的具體政策的準備，而 1997 年香港復歸將為策略階段的中點。在此之前，以新港台關係為策略環節，繼續維持台海軍事壓力，但也積極推動經貿、文化交流。而過了 1997 年中點後，可望以香港經濟的引誘，香港政治的示範，跨過 98 年的立院改選而逐漸改造台灣的民意結構。且在這一過程中，全程貫徹隨時執行武力保台的充分準備。繼續提高國力戰力。營造統一的國際要件——以中美關係為主軸。

　　總之，由於台灣資本主義的反動性和美國帝國的陰謀干擾，兩岸的和平統一勢必以非和平手段的再三的、適時的示警為要件。毋寧說是無法避免。

　　經過年來的局勢變化，統獨矛盾之為主要矛盾，勞資對立之為基本矛盾的社會客觀趨勢益見明顯。

　　勞動黨以國家統一為主要矛盾的解決方法，以社會主義為基本矛盾的解決方向，一手抓統運，一手抓工運，即使因具體形勢的變化而在策略重點上有所調整，戰術方面有所轉變，黨的實踐內容應是不變的。透過工運壯大、擴大黨的影響力，進而強化黨對統運的推動力。亦即，在基本矛盾的抗爭過程中培養主要矛盾的解決條件。具體地說，通過勞工運動中組織力和戰鬥力的提高，使勞工階級成為解決統獨矛盾的有力隊伍，取

得勞工在統運中的發言地位。勞工群眾在統獨爭議的解決過程中，如能取得有力地位，則在次一階段的社會新情勢中，亦即在統一後的一國兩制下，也必能發揮更大的影響作用。彼時勞工政治地位的提昇，將使整個社會的演變方向更能接近社會主義的理想目標。

上述的情勢變化中，黨所遭受到的壓力將是多方面的。雖然一年來兩次投入選戰，在萬端困難中取得了一定的成果，包括：

(1)群眾對黨的理解有所提高；

(2)對黨的主要訴求也有所同情，因而在獲票率方面也有所增長。如黨在兩次選戰（立委、國代）中，針對台灣社會的主要矛盾──統獨爭議，在極大的政治壓力和部份群眾所懷有的牢固的反共心結環繞下，所提出的主口號──兩岸大和解，對選民大眾的啟發教育，應該是正面而積極的。但黨對社會的實際影響力仍然微小。黨在群眾工作上雖然獲得了鍛鍊的機會，但在內部卻因為持續的環境壓力、工作壓力而積累了不少問題。這一點必須在短時日間正面對待，妥加改善。

勞動黨關於台灣「總統選舉」四個月後的情勢分析

（1996 年 10 月 5 日）

　　1996 年 5 月 20 日李登輝就任「首屆全民直選總統」後到現在，台灣的政情大致如下：

李連領導功能遭到大眾質疑

　　特別是投票支持他的群眾的失望和反彈相當大。根據報界人士私下透露，李氏的支持率與票選「總統」當時比較，降低許多。有人說「恐怕不及 50%」。幾點理由是：

　　⑴兩岸情勢未見改善。在某種角度上看，甚至更見惡化。他在就職典禮上講的話等於騙了憂心兩岸問題的人民，同時又一次刺激了對岸，使其更加不信任、更加憤怒。

　　⑵港台關係毫無頭緒。隨著 1997 年逼近，業界和一般大眾的急迫感和危機感日漸升高。

　　⑶內政腐敗日益嚴重。金權和暴力幾乎淹沒了有限的民主化果實。官僚腐敗和黑金跋扈互為因果，不辦不行，力辦則動搖國民黨根基。根據調查局方面發表，全島民代八百多名中具有前科者三百多名。又有風聞，國民黨中常會中也有黑道背景者。任何一項公共工程無一能逃出黑道圍標。

　　⑷經濟衰退勞資兩受害。島內投資環境日益惡化，資金流

出，金融風暴，房地產跌至谷底，消費銳減。大企業極思突破困境而不滿李政權兩岸政策之僵化，組團赴大陸尋找機會卻遭到李氏的嚴重打壓。中小企業在不景氣中滅頂的漸多。年來關廠約有一萬五千件，失業工人卅萬人。全島失業率超過 3.1%，是十年來的最高峰。至 7 月間，終於出現體制內外合流的「台灣勞工反金權聯盟」運動頻頻造勢，預料將出現四大系統勞工團體的大示威（國民黨總工會系統、勞工陣線系統（台獨）、工委會系統（不統不獨）、勞動黨系統（統派））。

(5)社會不安犯罪率急增。近日來法務部雖然著手「掃黑」，但似乎有選擇性（真正巨頭未敢動，只動到「二當家」級。且對大選中支持李登輝的黑道大人物網開一面）。即使如此，國民黨的「選務部門」已經大起恐惶。黨務系統認為對明年底的地方選舉添加了不可測的不利因素。

在如上的情況下李政權仍然堅持頑強的分離獨台路線，繼續玩「務實外交」參加聯合國運動。只不過維持「硬不可硬到破壞非戰狀態，軟不可軟到喪失分治立場」，時而在經貿交流方面作些末節性的規制放寬，如投資項目規定稍予放寬，文化交流方面稍事放鬆，卻在媒體方面加強封鎖，直航方面有時放放空氣，卻總要保留一些難點等等。其用意，一方面讓民眾覺得「政府還是有點善意，但為了維護台灣的利益與安全，不得不慎重」，一方面也意圖逼對岸早日重開兩會談判之門，以便大玩「合理的拖延」、「協商制度下的抵制」。但 1997 年香港復歸祖國一事，實際上會壓垮李政權的一切拖延抵制的小動作。因此李氏等人十分心急，心急而無計可施之餘，乃有胡志強的脫線發言（說 1997 年後台灣也有準備全面撤出香港）和張京育如無頭蒼蠅到處亂闖。這些都反映出李政權在「兩會解

凍無期，香港九七無計」之下的焦慮心態。而李登輝對高清愿
訪問團的氣急敗壞，對台灣資本家集團一反常態的指責，都可
做如是觀。大陸方面「政治接觸從嚴，經濟交流從寬」的政
策，的確已使台灣當局陷入「事急無策」的被動困局，增加台
灣社會的政經矛盾，從而打擊李連的領導地位。

民進黨的苦悶十分深刻

　　承擔了省長和「總統」大選連續兩次的大挫折，終於導致
了建國黨分立的致命性大傷。台獨運動的大勢顯然已走過 1992-
1994 年的高峰期，面臨了必須「調整、迂迴」甚至換軌的關鍵
時刻。於是出現了「虛化」和「激化」的兩極端。前者以所謂
「跨廿一世紀新台獨」為代表，而後者則以建國黨建黨為代
表。前者在具體路線上走向台獨獨台化，亦即兩種資產階級以
其終究的階級利益同質性而在權力鬥爭上局部休戰，試著尋找
聯合反共保台的途徑，而後者則是小資產階級的狂熱主觀下反
共反華雙重心結的結果。依民進黨向來的支持率三成強及其成
分結構──偏重民主改革和偏重台灣獨立的比率 2：1 來估算，
大概建國黨能分走一成左右（亦即百萬票左右），而民進黨應
能回守二百萬左右的票。但選舉中兩黨不可能和平分票，而只
能互鬥爭票，則最後落得兩敗俱傷也不無可能。

　　不過，另一種可能是，民進黨務實化策略收效，由李政權
支持票中挖走部份本土意識較重的票源。如此，則國民黨不一
定可以一味樂觀到底。因為明年底是地方選舉，對國家認同等
高層次問題還可以避開或隱藏，也有可能只出現一場混戰。不
一定看得出民心對重大問題的歸趨。

　　總之，民進黨的苦惱來自台獨綱領。當前階段似乎只能虛

化而不能拋棄，因爲除了台獨理念的一定的糾合作用外，它的
政策表似乎還處在草率粗糙、貧乏的階段。包括人和物，它的
政策資源遠比不上國民黨。這些都是它無法立即拋開台獨十字
架的理由。至於建國黨，當其面對群眾時表現得理念純度最
高，其實還是有它的算盤。它認爲一成票是基本票，還有可能
擴張一點（增加情緒票）。民進黨、建國黨都很在意 1997，怕
「九七」後台獨票還會降。建國黨有意靠一種高純度的精神主
義來阻擋「九七」後的台獨衰勢。

新黨是國民黨本土化的副產品

　　它不代表任何新事物，只代表舊事物的新裝修。反共反台
獨是蔣家主政時代的國民黨政權的生存原則。在今天，也是新
黨的生存原則。只是舊目標在新的情勢環境下要有新的手段方
法。舊國民黨時代是威權體制下的人治的反共反台獨，而在新
黨時代則主張議會體制下的法治的反共反台獨。因此在本質上
是一種新保守主義。另外，由舊到新，也不是一般的手段老朽
化而自我革新，而是因政權體質改變過程中產生的權力結構的
變化，所帶動出來的外省族群的危機感，對昔日優越地位的眷
戀意識等爲動因的。雖然如此，近半個世紀的兩代蔣家政權，
在其統治效果方面還是有一定的正面因素的存在，像對秩序的
合理肯定的心理習慣等變成了新黨新保守主義的表面行爲準
則，使其形象在亂象漸多的台灣政治風氣中帶了一種清新的感
覺。同時，新保守主義的另一面便是新現實主義。可以用來反
思傳統保守主義的缺陷而改進。但重要的一點是，不論新保
守、新現實，不論在局部表象上有多少「新」，本質上仍然反
動反時代的範疇是毫無疑問的。

　　雖然現時段裡新黨掌握了國民黨的部份政治資源，成為一股現成的政治勢力，但未來的發展性實在非常侷限。如在兩岸問題上它的基本立場和李登輝獨台路線沒有區別，是堅持中華民國主權論，也是台灣主權論。而在兩岸問題的實際政策方面，顯然反共重於反台獨，以反台獨作為其反共的免責符。再以反共做為反統一的免責符。它幾次強調，共產黨才是新黨、民進黨的共同敵人，說中共若武力保台，新黨將和民進黨並肩向中共戰鬥。說釣魚台是中華民國的領土絕不可讓中共介入。說中共要釣魚台是因為要對台灣用兵。說中華民國確保釣魚台可以建立反擊大陸的飛彈基地。在釣魚台問題上還藉機宣傳日本的海空武力勝過大陸。如此的反中共、反統一，如果只因為它是反台獨而一切該容忍、該肯定，那就不是統戰，而是被統戰了。當然，如果新黨的反台獨能消除或弱化台獨，那也還有道理。問題是，新黨的反台獨有沒有產生弱化台獨的作用呢？（幾場反台獨遊行就算弱化了台獨了嗎？）還是以其反共、反統一而不斷鼓勵台獨、獨台，甚至製造獨台、台獨呢？本來就具有台灣意識的群眾，認為要落實反共、反統一只有台灣獨立，本來就有台獨思想的人會更自信台獨有理。台灣的民意結構在台獨、獨台壟斷下本來就不容易扭轉反共、反統一的社會心理傾向，新黨卻以鼓動反共來正當化不統一，那不是提供台獨生存空間、甚至擴張空間嗎？它究竟是反對台獨呢？還是利用另外一種方法在製造台獨呢？

　　在這樣的情況下，對新黨的反共、反（不）統一提出正面質疑甚至批判是正當前。否則反共不統一的論調永遠支配著台灣民意，永遠有台獨的溫床！只是做此批判時，還是要注意有理、有利、有節的原則。在特定目下還是要維持聯合活動。但

一定要注意不要助長其反共不統一的聲勢。

統戰中的主體性非常重要。否則統戰不成變尾巴了。主體性便是判斷下面兩個重點的客觀立場。(1)統戰所得是否大於所失？(2)產生副作用應該忍受，但產生了反效果，必須放棄。以上應該是思考新黨問題時不可不注意者。

釣魚台問題的根是很深的

根據日本方面的進步團體或學者專家們的分析，整個日本政局近年來也是新保守主義力量的大整合、大回潮。這種訊息表現在所謂日美安保條約的「新解釋」和憲法第九條非武條款的不斷的新解釋中。簡單地說，日本的獨佔資本集團已經把長年累積的經濟力量成功地組織成政治力量，甚至也已經建立成鉅大的軍事力量了。由經濟大國而政治大國而軍事大國，是日本大資產階級的階級意志，而如何以統治階級的意志鍛造成國民意識，正是日本領導階層的緊要課題。新保守勢力的整合意味著獨佔資本擴張主義的國民意識化、手段積極化。諸如：保守政黨的大併合，對外政策的強勢化，內部人民反對運動的打壓，日美軍事同盟的加強等。終於企圖向中國玩起它的兩手策略，一手經濟一手政治（軍事化的政治爭議）。一方面利用低利（或無息）貸款縛住中國的手，一方面造成既成事實，逼中國忍受或試探中國的反應。據日本學者說，另外還有一項特別用意。因近年來沖繩縣民的反美軍基地運動愈演愈烈，有發展成反美日安保鬥爭的可能，在這時候製造出一種釣魚台爭議事件，可以轉移沖繩縣民的注意，說得上一石數鳥。

有關台灣的保釣運動，有下面數種立場，各有異同。

	事件起因	主權歸屬	如何對應	大陸關係
國民黨	日本侵佔	中華民國	(1)和平外交談判 (2)先解決漁權	不能叫大陸介入
民進黨	日本侵佔	台灣共和國	在台灣未獨立前叫日本管理	不能叫大陸介入
新　黨	日本侵佔	中華民國	與國民黨同加主權談判	不能叫大陸介入
勞動黨	日本侵佔	中華人民共和國	兩岸共同解決	積極互相配合

我們認為中國方面應可以採取下面幾種措施：

(1)必要時在大陸也發動充分控制下的民間保釣運動。次數不必多，但規模大一點。

(2)由民間外交團體如中日友好協會發表告日本國民書。指出軍國主義復活危機。

(3)鼓勵海外華人保釣運動。光明堂皇，不必顧忌。

(4)在聯合國安理會提出控訴日本侵略。

(5)準備有限軍事措施。必要時展示一番。

(6)在國內發動「認識日本運動」。

(7)必要時做經濟反制。

以上幾點都屬於針對日本民意和國際輿論的措施。目的在於防止日本統治階層的擴張主義被國民意識化。一旦統治者的野心成功地塑造出一時代的日本國民意識，那日本的對外政策恐怕會更加強硬，甚至蓄意和中國「對著幹」了。日本最大政黨已經不顧中國的警告把釣魚台主權和官式參拜靖國神社寫進它們的競選綱領，大有「製造民意抗中」的架勢。也有「不惜以最大黨的政治生命為賭注營造出一種強硬的新對華方針」這

樣的含意。直到數年前，這在日本是難以想像的。

有關七月後出現的「台灣勞工反金權聯盟」運動，
其意義之重大是不容懷疑的。

　　這是台灣資本主義不可避免的內在矛盾的一次激化，不論聯盟活動的一時浮沉如何，屬於台灣社會基本矛盾的勞資對抗可能在跨世紀階段中走向一個新高峰期。而逐漸高潮化的基本矛盾（勞資對抗的現實狀況）和同樣逐漸激化、深刻化的主要矛盾（兩岸對抗統獨爭議問題）之間現有如何的互動關係，應有如何的辯證轉換關係，這些都是統左路線的戰略策略問題的核心。

　　質言之，如何在基本矛盾的鬥爭運動中壯大，鍛鍊統左工運的基本隊伍，使其逐漸在主要矛盾統獨爭議中有效介入並爭取影響地位，這是勞動黨現階段所努力的目標。勞動黨在上述勞工反金權聯盟中，是遵守下面的幾點工作方針的：

　　⑴儘量提供資源搞好聯盟工作。

　　⑵顧全局，協助解決聯盟成員間的本位主義摩擦。

　　⑶儘量深化成員間的關係做恆常化聯盟架構的準備。

　　⑷加強黨對勞資問題的多方面掌握和對策，提昇未來的主導條件。

　　⑸善加運用黨所特有的有利條件——國際工運連帶，一方面增加黨在島內工運中的發言力和影響力，再一方面使國際工運界對台灣社會主要矛盾——統獨爭議有正確認識，取得更多更有力的國際支持和配合。

1996 年末情勢分析報告

——呈勞動黨第四屆黨員代表大會

（1996 年 12 月 22 日）

前言

從 1994 年到 1996 兩年之間，台灣社會的政經情勢有了很大的變化。對這種變化的本質和趨向作一番客觀而深入的剖析和研究，作為黨在未來的運動路線或組織方式上應有的調整和改進的依據是一件十分重要的事情。本黨經由上屆中央委員會議決在第四屆黨員代表大會上提出一份政情分析報告，其用意在此。下面將分成數段，把兩年來政經情勢演變的軌跡及其內含的特性，向參會的代表同志提出報告，希望全黨同志能共同用心面對一些新情勢新問題。值此 20 世紀行將結束，新世紀將要到來的關鍵年代，在科學社會主義的社會觀和歷史觀的理念指導下達成全黨一致的認識和實踐立場，這一點便是本報告所應達成的任務。

兩岸統獨矛盾已經成為台灣社會現階段的主要矛盾

兩年來的情勢演變，整體而論，已經把兩岸統獨矛盾推向台灣社會的主要矛盾的地位了。前此 1990 年李登輝就任舊制第八屆總統職位以來逐漸形成的，政治領域的三種矛盾——(1)

執政的國民黨內部起因於本土化政策的內部矛盾；(2)民進黨在1989年解嚴後在首屆立法院全面改選中因席位驟增而帶動出來的朝野矛盾；(3)以及同年北京政府成立國務院對台工作機構（1月18日）加強以和平統一、一國兩制為基本方針的統一政策，而此岸則相對出現國民黨政府的「務實外交」的政策宣示（6月3日），和民進黨的「台灣主權獨立」的決議案（1990年10月7日），因而驟然上昇的、以統獨爭議為基軸的兩岸矛盾。兩年來這三種矛盾除了各自展現出相當激烈的演變外，還不斷地互相牽動互相影響，共同形成整體政情的變動要因。

在此期間，執政黨的內部矛盾經過主流、反主流的一番纏鬥後終見新黨的分立；朝野矛盾在幾場重大選戰中逐漸發展出資產階級形式民主體制下的朝野資源分配圖，同時也顯示出基於階級同質性的、政策爭論中的趨向化傾向；而最具關鍵意義者，莫如兩岸關係的具體情況因獨台／台獨的行動激化和聯合拒統態勢的日漸突顯，特別是李登輝訪美的獨台戰略一時得逞，終於引發大陸武力保台的決心和力量的展示——一連數波的台海導彈演習。至此，兩岸矛盾的嚴重性和急迫性一時間驟昇，幾乎逼臨到和戰的恐怖邊緣。

在此情勢下，原屬政情三矛盾之一的兩岸統獨矛盾，以其涵蓋面之廣，震撼力之大，甚至國際關係上的衝擊作用，已然突顯為台灣社會現階段的主要矛盾，而其餘兩項矛盾則相對地降為副次性矛盾。直言之，兩岸矛盾的實際內容和具體動態已經強力浸透到泛國民黨的內部矛盾和以民進黨為主要一邊的朝野矛盾，而產生了極大的影響，甚至決定性作用。

舉例來說，國民黨、民進黨、新黨三黨之間的鬥爭關係原來代表著泛國民黨的內部矛盾和朝野矛盾，但在兩岸問題的巨

大衝擊下，兩岸政策的立場方面逐漸趨向大同小異，甚至暗中默契。像對一國兩制的聯合抵制；對台海軍事演習的一致反對；對務實外交參加聯合國運動的共同推展；對「台灣主權獨立論」的同聲強調等等。（參照近日所開的『國家開發委員會』會議）甚至出現了所謂「政黨大聯合」的呼聲和建議。

以上種種現象不外表示，三黨共持的兩岸政策立場只在於防衛台灣資本主義的政經體制和資產階級代理人的主控地位。三黨之間固然也有形式上的國家認同的分歧和對所謂法統名義的認定不同，但抗拒統一維繫分離的立場是一致的。

至於兩岸矛盾之所以昇高為主要矛盾，除了台灣資本主義成熟過程中的反共意識型態的自然反應外，大陸政經實力在近數年來的急遽上昇帶給此岸的衝擊甚至危機感，促使台灣當局積極利用美日資本主義強權對一個崛起中的社會主義大國的警覺心和潛在敵意，企圖脫離人民共和國所代表的中國主權的法理規範而處心積慮經營由本土化到非中國化的戰略路線。以致竟然無視於中國眼前最大的國家目標在於推動完整的現代化，而現代化的前提是堅持民族的主體性這一事實。

就中國而言，前世紀以來遭受到的歷史屈辱和傷痛如果無力予以擺脫，則表示國家民族的殘缺性仍未克服，真正的現代化將渺不可及。這種國家意志實非單純的歷史情緒的產物，而是在現實的國際權力關係下任何一個國家都認為是維繫生存追求發展的第一要件。更何況以中國當前的綜合國力條件，只要過程客觀合理，顧及兩岸的社會體制和政經結構的差異所造成的現實距離而妥善設計兩岸共利的統一政策，將分離的現狀耐心地推往整合的大方向，應該是歷史進程中的可行範圍內的事情。

　　台灣當局應該瞭解，國家統一的目標已經和十二億人民熱切的現代化願望緊密地結合在一起，兩岸統一的最終歸趨已經不是資本主義意識型態和短視的利益觀點操控下的台灣主政集團所能長期阻擋者。

　　然而令人遺憾的是，李政權儘管面臨著諸如：(1)兩岸情勢難見改善；(2)新台港關係毫無頭緒；(3)內政腐敗愈見嚴重；(4)經濟衰退勞資兩受害；(5)社會不安犯罪率急增等困境，致使李連領導功能遭到民眾嚴重質疑的情況下，仍然堅持著一貫的「硬不可硬到破壞非戰狀態，軟不可軟到喪失分治立場」的兩岸政策立場，刻意忽視兩岸經濟交流的互補互利的成果和展望，繼續玩弄所謂務實外交、參加聯合國的獨台戰略，卻一味要求兩岸兩會協商機制的重開，企圖再次取得「協商制度下的抵制策略」的立足點。因其「積極抵制，消極應付」的做法未改，導致了作法自縛的惡果，李政權至今仍處在「兩會解凍無期、香港九七無計」的苦境中。不過鑑於李政權「本土化‧民主化」的迷思仍擁有相當部分懷有歷史情結的民眾的盲目追從，再加上台獨路線的傳統支持群眾——其核心部分現已走向建國黨的成立，可預期兩岸情勢仍會繼續一段時間的僵持、頓挫、爭執，甚至激化的反覆過程。這個過程潛藏著各種危機，同時也隱含著各種轉機。正是兩岸統獨矛盾成為台灣社會主要矛盾的徵象。以上是本報告情勢分析的第一部份。

勞資關係惡化具備社會基本矛盾的對抗條件

　　台灣經濟的有限現代化發足於日據時代中晚期的殖民地資本主義。在二次大戰後適值美蘇對抗的冷戰結構成型，台灣乃被編入美國主控下圍堵戰略佈置圖中的一個角色。因為 1950 年

代美援的示範性挹注和台灣本身一定規模的基礎條件，以及利用內戰體制下的軍事戒嚴手段，針對工農兩大生產階級進行高度剝削並壓制一切階級對抗，三種因素結合之下，有起自 1970 年代至 1980 年代的高度經濟成長。但成長的代價極其昂貴，除了政治上的附庸地位外，在經濟體質上被定性爲：依賴外資忍受剝削、結構畸型、階段落後的所謂戰後型新殖民地性格。其資本環流、擴大再生產的總過程，必有關鍵性的數個環節以不平等關係依從於域外的強權經濟，始能完成。而針對此類外在壓力，國民黨政權總以強力統制政策——所謂的「開發獨裁」手段，將對外負荷轉嫁於工農兩階級，維持低工資低糧價基礎上的資本積聚。

自 1970 年代起，台灣資本主義的發達促使受雇人口，特別是服務業、製造業、營造業方面的勞工逐年增加（第一級產業則有所萎縮），至 1990 年代後半期，依據勞工保險機構的非正式推算，大約在六、七百萬之間，幾佔總人口的三分之一。因爲是社會人口中最大部份，也就成爲社會最大的選票源，向來是資產階級政客籠絡和爭取的對象。雖有工會組織，因爲長達 38 年（1949-1987）的戒嚴令，組織率僅及 49%，且自主性低，訂有團體協約的工會僅 3%，大都只能從事經濟性抗爭。

台灣經濟的另一特徵是中小企業佔企業總數中的 97%，約 77 萬家。如以其中 35 萬家爲第二級產業（製造、營造業），平均從業人員（勞工）假定爲 15 人，則中小型工廠或工程工人便有 500 萬人。這些中小企業勞工少有工會組織，被棄置在勞工法令的保護範圍之外。

若以勞工總數八百萬來算，勞工中受到法令保障者不過兩

百萬。大都屬於國公營、外資、民間財團企業。現階段的工會總數約 3500-4000 家，會員數約 350 萬。其中絕大多數是執政黨系統。因待遇比較優厚，能享受法令保障和福利照顧，部分工會幹部在意識型態上已經小資產階級化，積極肯定執政黨，抱有反共心態，也有惑於民進黨的民主改革主張而傾向台獨者。

再多的勞工待遇低、專業條件不高、時而處在半失業狀態，有不少在基本工資線上浮沉。他們的反抗心較強，但欠缺政治性批判力，往往成為主張激烈的台獨基本教義派爭取的對象。台獨民粹主義化的基本隊伍中有這一部份的低薪工人。

其次，在九年義務教育制度下，勞工中不乏中上等學歷者。也有勞工意識的自覺高、有自發性的社會改革意識者，部份成為自主工會運動的推動者。但因長年的反共教育造成的偏見，及對大陸的歷史和現況、對中國共產黨領導下的經建‧經改、對兩岸問題的本質與重要性認識不清，有的認為台灣企業轉投資大陸是經濟蕭條化空洞化的原因，對大陸的經建表示質疑。

只有極少數進步勞工能接受統左路線為現階段台灣勞工階級的唯一具有正當性的路線。但其影響力仍屬微小。

自 1980 年代，台灣的經濟一來在輸出依賴度過高的情況下遇到慢性化的全球景氣不振；先進國家加強保護而落後地區卻急起直追；二來因內部產業結構終無能從多國籍企業的「域外生產基地」的收奪機制中提留充分的資本和技術的累積。在成長上逐漸減速。再加上台灣特有的非經濟因素——如兩岸政治局面的緊張和島內政治情勢的混亂，兩年來外資撤離、本地資本出走、生產萎縮、遷廠、關廠、停產等情況續出，勞資爭

議案件也跟著急增（一年大約兩千件），失業率急昇，年來增加兩倍突破 3%（今年 8 月統計）。這些都充分表現出資本主義基本矛盾的表象化和激化趨勢。

　　然而在如此嚴峻的情勢下，朝野兩大黨各自代表官僚資產階級和新興本土資產階級的利益，其勞工政策實質上大同小異。在有關的立法作業中兩黨基本上是站在資本家利益的立場。只是在野黨有時多喊產業民主的口號而已。據估計，大約五分之四的勞工已經對執政黨離心。在多年的高剝削率下積累下來的不滿情緒漸見明顯。1990 年代起，自主工會運動雖然進程緩慢，但面對著接連而來的勞資雙方在勞工立法方面的攻防戰，勞工的權利意識還是有所成長。迄今，除了執政黨御用工會系統外，體制外工會運動的影響範圍雖然仍未突破 5%，但因為資方一直以勞工法令的修改和扭曲做為「經營難」的解決方策，兩年來在諸如全民健保問題、勞資實質稅負問題，勞基法適用範圍問題等，爭議頻繁，呈現出經常性的緊張。

　　不過，就在工運形勢有所提昇的同時，我們也發現有兩種運動中的偏差和錯誤想法，必須加以批判，否則恐將誤導台灣工運的未來走向。

　　其一是偏重階級調和，強調在技術進步下應可以尋找出新的階級利益平衡點。亦即以促進所謂的勞資新關係為運動目標。這種主張在基本架構上接受資本主義的剝削體系，只在分配方面要求調整，以防階級對抗走上爆發點。這種理論強調社會政經方面的「新趨勢」和生產技術方面的新因素，看似嶄新，其實不過是歷史上常見的調和論和階級鬥爭庸俗化論。嚴格地說，是勞工階級的自我矮化論。

　　其二，是比較典型的工會主義「工團主義」，主要論點是

唯經濟鬥爭論，對勞工階級所負的歷史性角色缺乏認識，不具有一貫的社會觀和歷史觀，勞工階級在其認識中只是汲汲於分配的經濟人，和資本主義分配體系中的被動的防守者，而其「抗爭」手段也不過低層次的政策批判和利益目標。對勞工階級的政治認識和歷史認識毫無教育提昇的能力。

上述兩種偏差觀念，同時在統獨爭議方面也產生錯誤的國家認同和國家觀念，致使陷入小格局的主觀主義。有的竟以台灣建國爲工運目標，有的認爲工人除了本身利益外無須「介入」統獨之爭。前者以偏狹的本土意識優先於歷史的時代分析，忽略了大陸與台灣同屬二十世紀帝國主義的受災區的事實。後者誤以爲八百萬勞工可以由時代主要矛盾的涵蓋下抽身而出，放棄歷史性的抉擇權，把問題讓給資產階級去解決。

雖然工運中產生了上述兩種分歧觀念，但在資本家透過國家權力頻施法令改惡以圖維持和強化剝削率於不墜的現況下，台灣社會的基本矛盾的現實抗爭條件也逐漸由潛在而顯在化了。這一點，表現在本年 8 月出現的包括體制內外特別是體制外三大工運系統在內的勞工反金權聯盟的成立，可視爲一件重大的信息。該聯盟原始團體成員有六，本黨也屬其中之一。四個月來多次推動街頭活動抗議示威，爲了幾項工運中的懸案議題，其衝擊目標包括立法院、行政院、勞委會、財政部、健保局，甚至總統府。雖然朝野政治勢力操控下的媒體屢加封殺，但其活動仍然引發了一定的社會反響。這次的聯盟作業因參加單位間的一些齟齬，尚未進入全面的協作體系，但工運團體大範圍連帶的雛型已經出現，不論一時間的運動消長如何，本黨將一本存異求同顧全大局的立場積極投入，朝向目標前進。

結語

本報告針對台灣社會現階段所面臨的兩項大問題——屬主要矛盾的兩岸統獨矛盾和屬基本矛盾的勞資對抗現況——提出了概略性分析。最後引一段本黨綱領中的表述以為結語：

> 現階段的台灣，統獨爭議已經成為主要矛盾，而勞資對立則屬於基本矛盾。勞動黨認為國家統一是主要矛盾的解決途徑，而社會主義理想是基本矛盾的解決方向。通過黨在運動中團結面的擴大和組織力的提高，使勞工階級成為解決主要矛盾的有力階級，取得應有的發言地位，並成為統一後高度自治體制健全發展的主要影響力量。

誠然，工運和統運的辯證統一非僅理論問題，具體現實方面應予解決或排除的障礙甚多。有賴於全黨一致的堅定意志和有效實踐，始能達成這項歷史性的階段目標，也是當前工運的戰略目標——台灣勞工統一愛國連線的成立和推動。

勞動黨關於
1997 年初形勢分析

（1997 年 2 月）

有關國發會

㈠由來

李登輝在 1992 年就任舊制第八任「總統」職位後開過一次「國是會議」。目的在於尋找新興的民進黨的某種（對國民黨本土化的）支持，並擺平反主流派的反李情結。但結果兩邊都落空。不過形成了「強勢總統在體制外運作」的模式。去年的「直選總統」期間，再度提出類似的諾言，但民進黨反建議把名稱改爲「國家發展會議」，意在暗示「新國家新發展」的台獨取向。該黨不止一次強調過去該黨之所以反對參加國是會議，是因爲「國是會議」有「偷渡國統會議的嫌疑」，「李登輝如果眞心尋找更廣大的台灣民意支持，應該走出虛幻的中華民國法統的陰影，眞正從一個新國家的立場發足」云。李登輝終於接受改換名稱的要求。

㈡李登輝的策略

李登輝的目標是多重的。

1. 通過體制外政黨協商會議，形成由本土化國民黨所主導的獨台聯合戰線。也就是，三黨聯合保台拒統要在「兩個中國」的最低安全線上推動。

2. 以上三黨聯合的共識爲背景向大陸打民意牌。誇示直選總統的統合力。

3. 利用協商過程與民進黨進行交易乘機擴張民選總統的權力。解決執政黨在立法院的風險、不安全性。

(三)三大議題的討論和結果

第一議題是憲政改革與政黨政治。爭論最多但所達成的結果、影響甚大，幾乎是毀憲。

1. 總統權力擴大；

2. 凍結省級選舉，近乎廢省。

第二議題是經濟發展。在失業工人連日的衝擊下，資本家利益優先的原則還是貫徹了。爭議最少。有失業保險的小應付，卻有五年內民營化的大手筆。

第三議題是兩岸關係。達成了基本共識：

1. 兩岸是對等的政治實體；

2. 台灣不屬於中華人民共和國；

3. 台灣是主權國家；

4. 反對一國兩制；

5. 兩岸關係是準國際關係。

這是獨台（兩個中國），和台獨（中一台）的暫時的平衡點，意在反對包括台灣在內的一個中國。

㈣兩黨為什麼要廢省

在民進黨方面，認為廢台灣省是廢「一個中國」中的台灣「省」。更靠近一個新獨立的國家了。

而在李登輝方面，除了交易的代價（總統的擴權）外，還有下面幾點理由：

1. 一個中央和一個省，90%的票源重疊，總統和省長的政治性位階不易分級。

2. 省掌握很大的政治、經濟資源。

3. 中生代接班人的佔位暗爭明鬥，容易引發再一次的主流派內部分裂。

㈤宋辭職的風波

一時間帶來了爆發性的內部統制危機。省府系統人員直系約七萬，連旁系二十數萬。省有財產極龐大。有人、有錢、有勢（宋有勤政美譽，受到不當的待遇，民間同情心大）。但台灣的政場文化，這些都未必能持久，會散。李登輝採用由上而下、由下而上的兩手企圖迫宋就範。即使終能解決宋，後遺症必大傷元氣。

勞資問題的新形勢

台灣的勞資對抗已經具備社會基本矛盾的鬥爭條件。理由如下：

㈠自 1980 年代後半，台灣經濟的成長減速，利潤率降，競爭力也降。投資環境愈差、外資開始退，兩岸關係不穩，時而緊張，本地資本也流出。轉投資、關廠頻發，失業率急增。

到了去年中期，已超過 3%，約三十萬，且還繼續增加中。勞委會的報告似乎偏低，TVBS 電視台自行調查結果，失業人數超過政府發表的五倍之多，達一百五十萬，也就是 14%。

㈡資本家除了出走外，還意圖「改善」投資環境，近年來在勞工法令的修改方面用心，想盡可能降低勞動成本。且在法定義務方面多方違法逃避責任，因而引發多項爭議，刺激了勞工的自衛意識，於是勞資關係開始緊張、工潮漸多。

㈢台灣勞工總數雖近八百萬，但 97%的企業是中小型。這方面的勞工近五百萬，沒有或少有工會組織，無法真正享受僅有的一點法令保障。到目前，承受失業痛苦的主要是這一部分。因而向來的勞工抗爭事件，件數多而人數不太多，且時間上也不集中，過程零亂，意志步伐都分散，容易被各個擊破，大多孤軍奮鬥一段時間後無奈地被收編為產業預備軍。至於近兩百萬的公營或財團的大型企業勞工則比較有保障，待遇比較優厚，甚少發生工潮事件。

㈣但近一年來情況有所改變。不景氣、經營難的衝擊開始波及到這部分大型企業。於是「合理化」的精簡人事政策，甚至「民營化」的大棒開始襲向這兩百萬比較有組織、比較有規模，且比較有認識水平的「體制內勞工」。去年底的「台灣反金權聯盟」的出現是一個訊號。那是體制內外，且素有分歧立場的工運團體的空前的結合。雖然因為習慣性的本位主義妨害了真正有效的結合，但還是要重視其意義。

㈤近數個月來情況更有進一步發展。導火線是惡性關廠逼使工人組織自救活動，開始有南北關廠失業工人的串連活動，這是空前的。成立了「關廠失業工人連線」，目標是「維護資本家利益的國發會」。與此同時，向來不太關心中小企業勞工

境遇的大企業工人群，也因為國發會通過的限期民營化政策，而開始感受到「火燒到腳下」。他們的反應比較有組織，先在高雄舉行國營四大單位的工會聯誼會，會中誓言反對財團化為實的民營化，破天荒地向關廠失業工人組織伸向關懷之手，提供一點財務協助，且公開聲明：「今天是他們失業，明天是我們失業！」。台灣勞工的共同命運第一次由體制內大工會公然指出。於是出現了報導說：「台灣勞工聯盟宣告成立，會員數十萬」。雖然實際上還沒到那階段，但消息即使是誤報，意義還是重大的。八百萬台灣勞工向來有兩百萬比較生活好的，不關心六百萬生活苦的。而這六百萬又是零散的、互不相與的。所以台灣工運一直不成氣候。現在這零散的六百萬開始有串連統合的趨勢，而不關心、獨善其身的兩百萬也開始認為要關心，要一起為共同命運奮鬥了。這就是台灣勞工情勢的新的趨向，非常重要。鑑於台灣參加世貿組織的時機越來越逼近，而參加後的初期衝擊必帶來更嚴重的失業問題，跨世紀的新工潮似乎難予避免。

㈥有一點更值得注意的是，這幾個月來出現的、積極投入、迎接這種劃時代性的工運新情勢的團體，如：台灣衛組、台灣左派連線、台灣社會主義總路線、求生存反失業聯盟、社會立法運動聯盟等等，一律都是台獨系統。為什麼台獨中出現這麼多的工運團體，背後因素如下：

1. 台獨中本來有左派台獨，他們自認為社會主義，又表示不認為中國是社會主義國家（認為中共已經變質）。但台獨的主流派還是右獨（以資產階級議會民主的實現為目標的台獨）。右獨才是民進黨主流，左派台獨一直受限制。

2. 左獨認為右獨有資產階級動搖性，民進黨越來越傾向以

執政當官為目標，逐漸放棄了台獨理想。右獨實現不了獨，當1997年香港回歸中國後，右獨恐怕衰退得更快。因為右獨影響下的群眾逐漸會失去對獨立的強烈動機。

3. 左獨認為台灣的資本主義必然有階級對抗，如工人失業等問題。工人失業是死活存亡問題，只要能掌握工人的反失業運動，便能替台獨運動尋回強烈的運動動機。因此他們認為只要把台灣的階級鬥爭連結上獨立的目標，他們便能主導台灣的社會運動。右獨獨不了，左獨才獨得了，這是他們的信念。

㈦在統派運動中具有左派綱領（有社會主義理想和立場，不是主張眼前就實現社會主義）者只有勞動黨。勞動黨黨綱規定：統獨矛盾是主要矛盾，勞資對抗是基本矛盾，兩邊都要抓緊。只要台灣是一個資本主義制度，基本矛盾的勞資對抗就會持續，還會發展。不是我們不管它，它就不會產生。如果資本主義必然產生的勞資對抗，只有台獨的投入，而沒有統派的參與，結果會怎麼？台灣社會最大人口的台灣勞工只受到台獨的理念宣傳，八百萬勞工贊成「台灣工人要出頭天，只有建立自己的國家」，那兩岸統一的大業怎麼辦？連台灣的勞工都不認同統一，怎麼辦？

㈧統一運動中的勞工政策，不是要製造階級鬥爭，而是在自然產生的階級對抗局勢中要有正確的對策立場，以免使勞工運動淪為台獨運動的一環，終究有害於台灣勞工的利益。我們應該讓台灣勞工瞭解：

1. 中國還是最重視勞動人民的，還是相信社會主義的，並沒有私底下認同資本主義。

2. 一國兩制只是不以政治的強行建立台灣社會主義（那是違反社會歷史規律的，不可能的），實現社會主義的條件尚未

出現以前，暫時維持當前制度，不是永久保護台灣資本主義。

3. 對台資轉投資大陸後引發的台灣勞工權利受損甚至生活面臨危機的問題，大陸方面也很關心，有意儘量提供協助解決。

今年 7 月 1 日香港復歸中國。整個兩岸情勢將有一番大幅度、深度的變化可能。本黨要有一定的思想準備和行動準備。

勞動黨關於
市民運動和修憲動態的簡評

（1997 年 4 月）

　　國民黨和民進黨爲了共同抵制大陸統一政策日漸增強的壓力，而走上派系聯合的趨勢近來益形明顯。其具體徵象表現在以國發會日前所達成的兩黨共識爲基礎的，在修憲國代會各自提出的預定計畫表中。雖然兩黨之間仍然存在著不少爭議未決，但在未曾公開的兩岸關係問題上卻秘密共認「暫不宣佈獨立」是現階段的最低安全線，而同意站在此一「安全線」上維持聯合拒統的實質立場。

　　這種立場又受到美日兩國跨世紀反中戰略的鼓勵而可能延續一段時間。美日兩國反中立場的最近表現，一爲美國衆議院長對中國的保台立場的露骨談話；另外是日本首相對美日安保條約適用範圍的擴大解釋。以及近日來在釣魚台問題上所採行的強硬措施。獨台和台獨都由這些國際因素得到很大的助力。台獨基本教義派不絕如縷，理由在此。

　　在如此的局面下，大陸對台的「政經分離」（政治從嚴、經濟從寬）的交流政策，在效果上仍然有其限界。台灣當局雖然也因上述的政策受到一定的困擾，但基本上還能吸取相當額度的順差，且不必在政治上付出太大的代價。只不過其僵硬的兩岸政策無法擺脫兩項隱憂。一爲大陸是否無限期容忍台灣的

長期拒統；另一為島內企業界是否長期忍受當局「戒急用忍」的抑制政策。

民進黨當前的競爭策略如下：

在兩岸關係方面，必要時推出許信良的「大膽西進」，著重表示其西進論比執政黨的僵硬立場更能符合大陸經建需求，也將更受企業界歡迎。

在內政方面，該黨亦認為由於執政黨長年累積的腐敗和失政已經反讓民進黨掌握到擊垮國民黨的大好機會。桃園縣長補選中的大勝和近來每次民調的結果，都令民進黨加強自信。

至於統獨爭議方面，該黨中央認為暫時可用「未來式」「公民自決」等予已淡化，亦即採「陳水扁模式」。

年底的地方（縣市）選舉，國民黨將面臨前所未有的大危機。直接的原因，來自李氏政權的三項自戕式措施。其一是掃黑。平心而論，掃黑有其不得不出此的因素。執政黨的地方勢力實在太過腐敗，如不加以肅清一番，其惡果將愈形嚴重。李氏當時以為執政黨挾省長和總統兩次大選中的勝利和積累下來的資源，對基層和地方勢力先加以肅清，然後再予以重建應無問題。然而接著李氏犯了同意廢省的錯誤。因為省在台灣四級政權（中央、省、縣市、鄉鎮）中資源最雄厚。省有財產值超過國有財產值，省級公務人員佔四級人員中的一半。如此的一大勢力因中央的廢（凍）省決議一時成為中央的對立體，則地方勢力的重建頓時失去了憑藉。最後一項失措是鄉鎮選舉的廢除。鄉鎮長改由縣長指派，無異把國民黨地方基層的剩餘勢力推向民進黨憲政勢力範圍內，使國民黨喪盡地方重建的工作場所、工作對象和工作機會。

李氏之所以同意廢省，乃視其為總統擴權的代價，且廢省

後可收其資源集中於中央，並附帶可壓抑宋氏不致坐大到越過連戰。總統擴權一項確是李政權修憲的最高目標。李政權不顧代價堅持該項目標，不僅僅是李氏個人的權力慾，而的確也反映著統治階層對未來政情變化的嚴峻性的預估。換言之，未來台灣的亂局恐難避免，因而急需建立一種新威權體制，這一點民進黨中央具有同樣的危懼心理，故有條件接受。

民進黨的主目標在於廢省，乃視其爲脫中國化的一項重大象徵，認爲與大陸現制迴異的自主性行政區劃，在台獨戰略上被認爲由中華民國到台灣共和國的過渡型態。至於廢省的現實效應對該黨更重要。因該黨的整體人材庫和群衆基礎在中央級，省級、鄉鎮級方面仍比執政黨弱，唯有在縣首長一級稍勝，如能一舉而廢掉上面省和下面的鄉鎮基層選舉，且依新制收編地方基層加強縣政勢力，則該黨早年所發豪語「地方包圍中央」或有一定的現實性。在所謂「到執政之路」上可說邁出了一大步。

總之，國民黨、民進黨兩黨聯合修憲，是旣聯合，又鬥爭，但聯合面大於鬥爭面，是獨台與台獨戰略協作的起步。如下表：

政　黨	主目標	爲達成主目標可接受的交換條件（副目標）
國民黨	總統擴權	廢（凍）省附帶停辦五種選舉
民進黨	廢省停辦五種選舉	總統擴權

兩黨主、副目標所包括項目相同，主副目標交叉而非針鋒相對。彼此間的矛盾屬於差異性矛盾而非對抗性矛盾。雖然兩個黨中央各自背著尖銳的內部統制危機，且各自底線之間有距離，但仍有協商空間。只是國民黨有急修、緩修（祥和會）、

不修的暗潮洶湧,民進黨有A版、B版、整合C版之明爭。再加上宋系反廢省的反制、基層反停辦選舉的聲浪、學界的雙反評論戰爭等,各種論難雜陳,黨派動作氣氛詭譎,顯然它已引發出民間的焦躁感和不滿,社會緊張在擴散中。

整體觀之,李政權所面對的危機是空前的:

(1)兩岸僵持未解;

(2)經濟衰退未見起色;

(3)治安惡化民間怨嗟;

(4)台港新關係無著落,「七‧一」逼近;

(5)內部分歧日趨嚴重;

(6)民心黨心大幅度動搖。

在此危局中,年底選舉可以說是決定國民黨政權興亡的前哨戰。如勝,還可以通過地方行政系統的優勢來重建基層,在兩黨聯合中掌握實質上的主導地位。若敗,將一路衰退下去,直到下屆總統選舉。眼前關鍵,能否順利凍省而肥中央、宋歸隊。及時重建地方基層,由上下(中央和鄉鎮)挾殺民進黨的縣市勢力。

至於民進黨方面,必然最大限利用執政黨的危機,努力於:

(1)儘快克服內部爭權爭路線鬥爭;

(2)在兩岸問題上用暫退守獨台線(不妨見機提大膽西進論);

(3)選戰中集中攻擊執政黨地方行政上的錯失。

值得注意者,現時民進黨主政下的人口已超過國民黨主政下的人口。年底選戰中民進黨若再勝,將對兩岸關係帶來衝擊。且將進一步影響美、日對華政策。國際上將出現一種論調視其為台灣民心趨向脫華、離華的又一次證明。

　　然而，在今年情勢的推移中，香港七‧一回歸的歷史性影響作用勿容置疑。因為兩岸問題的本質屬於兩種體制間的矛盾。台灣在七‧一後的統獨爭議必然加劇。香港回歸帶來的政治、經濟，乃至社會心態方面的衝擊，亦有可能促成兩黨聯合抵制的昇高、甚至達成更緊密的政黨聯合。但另一方面大陸經濟的巨大吸力也將不可免地在台灣經濟中造成與政治反方向的流程，且與勞資爭議的頻率增加及範圍擴大等趨勢交雜互動，增大政情動盪的局面，而成為修憲成敗、選戰勝負、政團重編和消長的主要背景。

　　在台灣，1997 年上半年的大事是市民反內閣街頭運動和修憲國代會騷動。

　　對於市民運動，我們認為那是中產階級對行政改良的要求，而不是社會結構下的弱者對制度暴力的控訴。前者尚抱有對現行基本結構的肯定，只對官僚作風的腐敗和無能表示憤怒。當然，反對行政官僚的腐敗也是促使大眾具備制度批判、社會批判觀點的開端。我們參與這類性質的市民運動，意義在此。簡言之，在運動中幫助群眾由反對官僚作風到反對制度不正；由糾彈當權者作為到宣揚合理化結構；這才是我們的參與目標。

　　至於修憲問題，我們認為：

　　⑴我們不承認任何內容形態的台灣憲法的正當性；

　　⑵因此我們不可能成為任何憲改的提案者或贊同者；

　　⑶我們只有意在憲改運動或騷動中適當介入，在群眾中進行資產階級憲法的一般性理論批判，和現階段兩岸關係架構下的台灣「憲改」負面意義的分析，藉以提高群眾的政治認識水平、防止政客們的愚弄和利用。

勞動黨關於
統獨爭議的看法和展望

（1997 年 10 月）

台灣政情的矛盾內涵

在台灣，有關統一和獨立的人民內部的爭議，從蔣氏父子的高壓體制終結後的 1980 年代起，驟然間高漲起來了。現在，把台灣政治局勢的一般內容，簡單地報告如下。

首先，是長年以來一直在執政地位上的國民黨的內在矛盾。常常誇稱具有一世紀長的歷史的國民黨，從主流與非主流之間的對立更進一步產生「新同盟會」、「新黨」的深一層分裂。大眾媒體還是把這些勢力稱做泛國民黨，不過其內部鬥爭是相當熾烈的。其次，第二種矛盾是執政和在野之間的矛盾。第三種矛盾則爲海峽兩岸之間的矛盾

今日台灣的政治問題，幾乎都是從上述的三種矛盾衍生出來的。並且互相錯綜交織，呈現出非常複雜的面貌。不過這三種矛盾，具有一個共同項，那是二十年來的台灣資本主義的成長的事實。台灣的開發獨裁，是利用美國準殖民地的位置，承擔著建設反共模範區的任務，在 1970 年代有了很大的成長。到了 80 年代的後半，國民所得超過了六千美元，被列入世界高所得地區，資本輸入轉爲資本輸出。這個現象表示著，在社

會階級結構上出現了新的本地資產階級。換句話說,在台灣社會中有兩種資產階級同時併存著。

一種是擁有政治特權的官僚資產階級,而另一種是還沒有掌握到實質上的完整的參政權利的本土新興資產階級。其間97%是中小企業。他們贊同應該爭取和他們的經濟貢獻相對應的政治權力,而這種爭權運動的極端化部分,便形成了台灣建國運動。台灣資本主義的成長,改變了社會經濟結構的基礎,與上層的政治構造──至今還是以官僚特權資產階級爲核心,發生了衝突,於是反映這種結構衝突的現實,執政的國民黨也不得不著手黨的自我調適。由半軍事性的、父權的、威權型的,所謂的革命民主政黨調適爲資產階級民主的議會制、政黨制爲內容的機能型政黨,否則便難以合理地繼續執政下去。而在一個長期執政的政黨來說,這種體質上的自我調整勢必意味著一定程度的內部權力關係的改變,必定導致一部分結構成員喪失權力位置。於此,產生了抵制黨的體質變化的非(反)主流派,且更進一步誘發黨內矛盾的表面化,這就是台灣政局中的第一種矛盾。

其次是變成了台灣資本主義的新的承擔者的,代表著非特權本土資產階級的政治利益的民進黨,和長期以來執政的國民黨之間,必然形成的朝野矛盾。民進黨針對國民黨初期所具有的兩大弱點──政權人事結構上的大陸偏重和運營體系的高壓性和反民主性,夙以政治的本土化(其極端型態便是台灣建國論)和民主化做爲街頭運動和議會鬥爭的指導理念。這就形成了第二種的政局矛盾。

最後還有一個兩岸矛盾,它的基調當然是台灣資本主義對大陸社會主義的,說得上是階級本能的拒絕反應。

　　以上三種矛盾的互相糾葛互動影響的過程，便是台灣政治的主要現實內容。但是，這三種矛盾中，論其嚴重性和迫切性。我們不得不說第三種的兩岸矛盾超過了其他兩種矛盾。這也不難理解，如果兩岸關係極度惡化，終於昇高到爆發點，那兩岸之間必定發生戰爭。兩岸矛盾是在堅持一個中國，把國家統一定為歷史性目標的大陸，和主張主權分割的正當性，意圖把分離的現狀加以固定化、永久化的台灣當局，以及企圖以「人民意願」的名義實現台灣獨立的民進黨之間，在台灣社會內部的運動和意識型態領域中展開出來的所謂的統獨爭議的情況。這是 1980 年代後半起到 90 年代的事情。

　　以下，從運動和理念的角度，來介紹統獨問題的實相。

台獨運動的諸相

　　前面已經指出，台灣獨立運動在客觀本質上是台灣本土資產階級的政治自主運動、奪權運動。資產階級的階級意志，才是運動的基本動機和最大促進力。下面，為了全面理解台灣獨立運動，再提出幾個重點。

　　1. 台獨的社會心理背景：

　　總的來說，是資本主義價值觀超越了歷史傳承的規範意識。「商人重利輕別離」，這是台灣財界的某位人物的名言。說得詳細一點，個人的功利主義立場，優先於民族感情和國家意識。如保護私財的本能，自然發生的本土排外意識，對共產主義的恐懼心理（長達半個世紀的國民黨反共教宣的積累效果）等。

　　2. 形成台獨的歷史條件：

　　國民黨政權初來時期的異地性摩擦，高壓暴政踐躪了台灣

人民的祖國感情；其反共宣傳教育也在台灣人民的心中植下了反共同時反華的種子。1970 年代台灣經濟的飛躍性發展，新興資產階級的自覺和自信。國際間特別是美、日兩帝的制華政策，如美國的片面的「台灣關係法」、「對台外交五原則」、「日美安保條約」等的有意的助長等。美日兩國在表面上雖不反對一個中國、台灣是中國的一部份的提法，但對台灣的主權歸屬則經常用曖昧的言辭予以表述，如中美建交後仍時而直說美國不認為中國主權及於台灣；自認為有權干預台海情勢；日本且把台灣海峽及島上情勢的變化視為事關其國家安全，將其納入美日安保體系的涵蓋範圍內。

　　3. 台獨運動的成長過程：

　　1986 年民進黨成立。1987 年解除戒嚴令，解除政治結社的禁令；主政者由蔣經國變為李登輝。民進黨通過 4‧17 決議（台灣的主權不屬於中國，而是獨立的。以住民的同意權來決定台灣的未來地位。）民進黨在首屆立法院全面改選中有所成長，從此開始留意獨立理論的建構，宣揚市民革命的觀點，諸如：議會代表制、政黨制、本土化、自由化、多元化、國際化、台灣新民族論、建國法案等等。開始大力掌握大眾傳播媒體，努力組織群眾，經營民意。1991 年舊立委全部退職，1992 年第二屆立法院選舉中民進黨大勝；得票率約 35%。此一時期，民進黨黨員總數四萬，街頭動員力約十萬。黨勢成長的決定因素是大眾媒體和國際助力。1993 年起台獨運動急速上昇，終致出現被呼為「急獨」的急進、激動傾向。所謂的「台灣共和國」憲法，國旗等也都相繼出現了。名列「黑名單」，多年來無法回來的海外台獨運動人士相繼獲准回台，大都參加了民進黨。

4. 國民黨主流派的「獨立台灣論」的推波助瀾：

以李登輝爲中心的國民黨主流派把國民黨體質改善的方向定在黨的本土化，只保留中華民國的國號和《國家統一綱領》做爲防止兩岸矛盾激化的手段。但其本土化政策漸漸地帶上了離心傾向，本土化顯然將要越過非中國化的一線了。執政者的態度從一個中國走向兩個中國，形成一中一台（實質）的發展趨勢，對台灣獨立運動帶來的直接、間接的助力是無法否定的。

5. 台灣政局的光譜：

有如下述：急統（主張及早統一）、緩統（統一沒有時間表）、維持現狀（未來再說）、緩獨（台灣的主權獨立是既成事實，不必急於形式上的變革），最後是急獨（主張立刻宣佈獨立）。所謂的「兩頭尖，中間大」，急統、急獨都屬少數，在統計上現狀維持派常常最多，緩獨也比急獨多得多。急獨雖小但其成員都是狂熱的反華派，被稱爲台獨基本敎義派。這個團體的運動能量相當大，像破壞中華民國國父的肖像或蔣介石的銅像，在「總統府」前面的廣場舉辦台灣共和國的「公民訓練班」活動，包圍李登輝要他改變國號等等。這種急獨的盲動傾向或許有一天搞出突發性的政治危機，社會上不少人正抱著這樣的危懼，至 1994 年大陸當局發出了一份批判台獨呼籲兩岸統一的政策白皮書。接著 1995 年春，江澤民再發表談話提出八點要目呼籲和平統一、一國兩制。以上前後兩次含有警告意義的政策宣示，對急獨的氣焰一時間發生了阻扼的效果。

緩統與緩獨的策略性合流

來自大陸對岸的壓力，一時間的確把急獨逼退了。但他們

退到緩獨的一線後，基於國民黨和民進黨的階級同質性，重新佈置了三條共同戰線。

其一是所謂的務實外交（金錢外交），向無邦交國家出擊。

其二是重新參加聯合國。

其三是公民投票的制度架構的研究。

朝野兩黨的共同目標，在於合法化當前的兩岸分離狀態且把「台灣問題」加以國際化。至今兩黨在其餘具體政策方面的雷同尚有：

1. 加強國防；

2. 對外以維持對美、日的政經防衛關係為主；

3. 儘可能配合美國的世界戰略；

4. 尋途徑加入亞太地區安全體系；

5. 以主權獨立國的地位參加任何雙邊條約或國際公約；

6. 在兩岸接觸方面，暫以形式上的「不明獨，不急獨」守住「最低安全線」，但以「安全第一」、「台灣優先」的藉口堅持「拒統保台」；

7. 在內政方面兩黨的最高共同立場，是提供一切手段穩定並發展台灣資本主義經濟。

最近的兩項大動作，是李登輝 1995 年的訪美和 1997 年訪中南美。而大陸為此提出了嚴重的警告，進行了一系列的導彈演習。台灣當局為了應付壓力而對帶有緩獨意義的一些政策措施稍加自制，北京方面雖然發表過嚴厲的李登輝批判，但還是強調兩岸關係仍未離開和平統一的原則階段。

台灣獨立的不可能性和歷史反動性

　　台灣的國民黨政權，曾經藉著軍事戒嚴令而維持了長期的專制政治，爲此，台灣被壓迫人民的獨立運動，有時候被視爲一種解放運動。而在另一方面，台灣民間的統一運動，因爲兩岸的政府都以統一爲公開的目標（台灣政府只在形式上），所以也往往被誤解爲一種權力主義運動。加上台獨運動者有計劃的宣傳，這種誤解似乎近年來愈形擴大之中。因爲外國人不太瞭解台灣的實況，有時候甚至受到西方反華政策的影響，而出現刻意扭曲眞相的情形。不過就現實而言，台獨運動是一種不具實現可能性的運動。其理由如下：

　　1. 政治現實上的、大陸中國的、巨大的反分離主義力量。這種力量除了組織化的國家力量外，還包括文化的、心理的強韌的凝結力。

　　2. 大陸近年來的經濟改革，開放了一定幅度的資本主義市場空間，其對台灣經濟所發生的吸引作用，削減了台獨運動的動員力。

　　3. 台灣的階級社會，必然產生結構性的內部問題：特別是，嚴酷的勞資階級對立，使所謂的「生命共同體」的空疏性、虛僞性愈來愈暴露。

　　4. 雖然已經不是多數，但台灣社會中出於民族主義的反台獨反分離的意識及活動，還是存在著。

　　另外，有關台灣獨立運動的歷史反動性，可以指出下面的幾點。

　　1. 台灣本土新興的資產階級在政治方面曾經也是局部性受壓迫者，但在勞資矛盾關係中同時也是受保護者，其對美日兩

帝國主義的依賴度素來很高，做爲戰後型新殖民地社會的經濟既得利益階級，它的反動性的確超過其革命性。舉個例，當伊拉克戰爭發生時，民進黨立即發表如下的聲明：「我黨完全支持美國的立場。由美國所推動的戰爭，我黨認爲是正義的戰爭」。台獨論者視大陸爲唯一的外敵，認爲爲了達到台灣獨立的目的，唯有取得美日兩國的支持。公開主張台灣過去的殖民地境遇是現代化的過程，台人應該感謝日本云云。

2. 民進黨做爲一個反對黨，一方面在國內政策方面高喊民主改革，但在諸如勞資爭議，勞動立法等問題上面，還是維持著替資本家利益服務的立場。民進黨的主要支持層是中小企業，爲了選票嘴上說支持勞工，但在衆多個案上面還是站在經營者的立場。爲此最近常常受到一些勞工團體的指責，甚至有些工運領導者脫離了該黨。民進黨的上層幹部多數是高所得者，他們的立場當然會顯出偏頗不公。

3. 運動型態的法西斯化愈來愈突顯。台獨派的計程車司機把表示反對意見的乘客趕下車，「我是台灣人，不是中國人」的遊行，行列中不少人高唱日本軍歌，戴著日本舊軍帽，動不動高喊「中國民族是劣等民族，台灣民族是優秀民族」，表現出強烈的「種族偏見」。台獨理論家對歷史任意曲解和改纂。時而在立法院提議「對統派分子應該以『通敵罪』告發」，催促「間諜法」早日通過，甚至引來國民黨籍的法務部長一句嘲弄——「難道要當局再搞一次白色恐怖嗎？」民進黨一方面猛烈攻擊國民黨的種種失政，一方面對國民黨的反共法西斯卻似乎有意全盤接受。

以上，對台獨團體的幾點反動性格簡略地說明了幾點。本人認爲這種性格的主要根據在於台獨運動的社會基礎。台灣既

然是一個新殖民地型態的階級社會，它的新興資產階級是處在境外（主要是美日兩國）經濟強權的附庸地位，因而這個不具有自主性格的台灣資產階級的政權爭奪運動，在本質規定上必然難於免除反動性質。至於文化意識上的本土主義、台灣主義，及被理想化了的西方自由民主的觀念等，不過是運動的統一戰線而已。和台灣的社會現實一對照，其空疏性是很顯明的。

總之一句話，當前的台獨運動，一方面依賴、從屬於外國帝國主義，一方面向社會主義祖國叫囂「分離獨立」，它的眞意究竟是如何的呢？這樣的「獨立」能解決多少台灣的現實問題呢？經濟上的剝削者同時是政治上的統治者，這種壓制結構將被保存下來，而另方面只強化對美日兩國的依從關係，這樣的台灣獨立建國，那裡有一點進步性呢？這幾點正是我們超越民族主義反對台獨的根本理由。

為甚麼應該統一

下面再談談我們主張統一的理由。我們的運動路線，被稱爲「統左路線」。那是指國家統一和社會主義的兩大綱領。因爲社會主義含有一定內容的歷史觀，所以有關民族的復合、國家的統一，也不僅僅是民族感情或國家意識的問題。我們不會把統一視爲絕對善，分裂視爲絕對惡。在歷史上的任何一個階段都會出現一個既成民族或國家的分合現象。那麼，統合和分裂的合理性，正當性的基準應該放在那裡呢？

本人以爲，任何型態的社會，都有它的一定的組織原理和發展原理。也許換成「組合方式」和「發展方式」，比較容易理解。這兩方面的要素在很好的統一狀態下的社會，就是一個

理想的社會。也就是說，那是「具有發展性的結合體」，同時也是「強固的凝聚帶來的發展性」的社會。而如果這兩種組織原理和發展原理不在牢固的統一之下，則社會的結合會自然鬆懈下來，社會的進步發展，也必定停頓下來。在統合和分裂的歷史時期，上述兩種現象的妥當性的基準為何，是歷史認識的根本問題。雖然說是兩種原理，因為是動態因素，一時期的妥當性不見得能永續下去。這就是歷史上的結構變化導致分裂與統合的反覆的由來。

中國人在眾所周知的三國演義的歷史小說中，開卷以「天下合久必分，分久必合」這句話來表現這一類的推移現象。我們所信奉的歷史觀，是以基礎與上層的結構論和矛盾因素的展開和揚棄的動力論，來說明社會變遷和歷史的進展，因而不單純是一定階段的時間長度的問題。總之，分合現象的合理性有其評價基礎，我們不會像台獨基本教義派高唱「獨立是絕對的精神價值」那樣，把統一的理念加以絕對化、觀念化。就中國民族的近代史而言，首先有 1911 年的辛亥革命。那一次革命雖然具備有一應的新的結合原理和發展原理的嘗試，但因為舊傳統的殘餘勢力和帝國主義的妨害干涉，很快便瓦解了。經過了近半世紀的苦鬥，於 1949 年終於實現了新民主主義的建國目標。繼而走過社會主義改造的曲折道路，逐漸地掌握了新的發展方向。

這一段歷史，也是老弱化了的中國民族的復活運動，經過了各項過程的努力，而把帝國主義災害地區最迫切的三大問題──國家自衛、基本建設、人民生存權的基本保障，大致地加以解決了，但不幸的是，總難免內部試行上的錯誤及其附帶性缺憾，再加上帝國主義的執拗的妨害，受盡了嚴酷的挑戰。在

這中間，還留下了一個國家統一尚未完成的大課題。

歷史現階段的台灣問題是如何造成的呢？那是，在前世紀末經過一場帝國主義侵略戰爭而被強奪了的台灣，在第二次世界大戰後以勝利國的失地回復權收回了，但因為美國帝國主義的干預面至今仍然處於分離狀態，而成為中國人民革命的未完部分。台灣問題的存留，因此，可以說是民族屈辱的烙印，尚有一處殘留下來。如何擺脫歷史存留下來的帝國主義的羈絆，融入於艱辛而壯絕的，新中國的再造和發展運動之中，這就是我們所指向的，祖國再統一的意義所在。當然，現實的困難是多層的。兩岸社會構造的不同，和來自政治經濟各方面的制度和運作上的多年分途的實質差異，這些都不是單項政治力的直接干預可以解決的問題。因此而有了和平統一、一國兩制的方針。在 20 世紀末尾的時段，祖國統一的運動將更加地被強化，將因其符合歷史事實，政治安全和經濟發展的原則而有達成目標的一天。

勞動黨非常盼望八百萬勞動群眾早日覺醒於統一運動中的解放運動的本質。對於台灣的勞動者來說，統一運動是民族民主運動的一個階段。而它的實現，將進一步連接上中國社會主義的實現過程，進而走向階級解放的歷史性階段。在未來一國兩制下的台灣資產階級，雖然還可以保有它的存續階段，甚至一定的發展空間，但已經不再是政治的優位階級了。相信不久將步入一個由握有一定政治權力的勞工階級所主導的資本主義的揚棄時代。在當前，雖然這些還是近乎夢想的主觀願望，但相信還不失為反映了客觀趨勢的主觀願望。

勞動黨關於
自然災變與政黨的看法

（1999 年 10 月）

　　921 大地震是台灣百年來所遭受最為嚴重的突發性自然災害，災變發生後，社會各界紛紛投入救災工作，勞動黨、勞動人權協會亦將本身有限的人力物力投入中部災區，除進行災民的救災服務工作之外，也進行相關的災民、特別是原住民災區的社會調查工作，以及災民的權益爭取工作上。這個過程中，我們發現，自然災害不僅損害了人們的家園，更將社會結構的不公平，官商勾結的黑暗面暴露出來。真正受苦、受害最深的往往是多數的一般受雇者、小市民。目前，災民他們極待從政策面、法律面……等各方面落實救災、重建的工作，以幫助災民們能重新自立生活。

　　但是我們也注意到，多數的救災工作往往只能達到一時對災民的撫慰作用，而對災民所受到的來自制度性社會結構不平、官商勾結的諸困難問題並無法有效的解決。事實上，災區重建的問題，暴露了在資本主義私有制體制之下，社會缺乏集體保障制度的矛盾。

　　下述「自然災變與政黨」一文是勞動黨、勞動人權協會對此問題的看法，也是我們工作人員據以投入災區服務工作的基本認識。

　　一、自然災變，指突發性、非常態的巨大自然力現象，直接帶給人類社會的非常態的巨大破壞。在人類的生活經驗中，如地震、洪水、颱風、豪雪、雷雨、火山爆發、森林大火、旱災等等。人類被迫以其相對幼弱的生產力和組織力來抗拒自救，艱苦異常。一部人類史可以說無災不成史。

　　二、政黨是人類社會結構中的一種衍生物。是社會上層政治結構中，承擔一定功能的組織體。在階級社會的構造裡，它為了一定的階級的政治利益而行動。特別是，在政權制度政策等方面積極地組織階級力量，進行掌握主導權的鬥爭。

　　三、一個政黨遇到嚴重的自然災變時應該有如何的應對立場呢？首先，要積極投入救災活動！但要有如下的幾點基本認識：

1. 救災通常有四個階段：

　　a. 生存問題階段：亦即，人身脫險爭取存活的階段。

　　b. 生活問題階段：亦即，解決衣食住行醫療等短期基本需要的階段。

　　c. 生計問題階段：亦即，解決就業索賠重建家庭等階段。

　　d. 生態問題階段：亦即，社會整體重建計畫中的環境企畫階段。

2. 一個政黨的救災活動，在 a.階段應該基於生命無價，普遍的人類愛的立場，全面、無差別地投入。所有的罹難人都是急救活動的對象。但在 b.、c.、d.階段上，服務的對象自然就有針對性了。

3. 因為在階級社會中，成員的社會地位不相同，對災變的承受條件，也就不一樣了。政治、經濟上的有權者、強者，對自然災變的承受力當然大於社會上的弱勢者。像勞工群

衆、原住民、小市民等，平常受剝削、被壓迫，遇災變時當然不具有任何主體性的承擔能力。這些弱勢族群，正是我們的救災服務的主要對象。特別在 b.、c.、d. 階段上，我們必須爲他們的正當權益積極奮鬥。否則，他們很有可能在剝削體制下在重建過程中再度受到壓榨。

四、以政黨運動立場而言，從自然災變的救濟到社會結構的改造，路途並不遙遠。我們必須在災區服務的過程中，同時進行有關：1. 社會分析的觀點、2. 制度批判的方法、3. 自覺自救的意志的群衆教育。要遵守群運五步驟的原則：服務、瞭解、教育、組織、發動的各條守則。唯有如此，政黨的救災運動，才能眞正聯繫上社會的改造運動，才不至於落進無原則的政府幫手的地位，而令受災人民失望。

工時鬥爭的意義

（2000 年 5 月）

「法定工時鬥爭」最能展顯出資本主義生產關係的內在矛盾，也最能暴露出資本家的剝削機制──價值創造過程中的「合法剝奪」的真相。

因為社會總生產中的總工時，不僅和總分配直接有關，進而和總消費有關，更和收奪者資本家的再投資比率有關。因此，在景氣循環中，圍繞在工時問題周邊的各種經濟性或政治性的爭議必然相當繁雜。有時候甚至引發規模不等的工潮政爭，並不罕見。

一個工運團體當其與資本家，及為資本家籌謀護航的政府機關進行各種鬥爭時，除了力爭主動，鬥智鬥力外，對有關鬥爭主題的一些原則性觀念，也要適時理清，妥加把握。否則難免產生一時間的認識混淆和運動步驟上的混亂。

一般而言，資本主義體制下的法定工時鬥爭中，勞方應該堅守下面幾點認識。

一、這是屬於資本主義社會結構的「基本性矛盾」之一。但是否做為該社會在任何時空背景下的「主要矛盾」，需要按照社會整體的總形勢來加以考察。

二、在資本主義生產方式下，擁有生產手段的資本家，和

出賣勞力的勞工之間，對於工資與工時的具體規定，總是往相反方向拉鋸——資本家往低工資長工時方向，勞工則往昇工資縮工時方向。但這不是單純的、物理的作用反作用現象。而是兩個對抗性階級之間，事關歷史發展規律的角力現象。資本家的貪婪將導致社會生產力的枯萎，但勞工的自衛，反而具有維護勞動生產性的客觀意義，及保持擴大再生產的基本前提的意義。

　　三、在經濟嚴重衰退的時期，經常會出現勞資協調論、共生體論等階級休戰的聲音。其實，在市場機制下資本家的「費用結構」愈來愈複雜。除了成本要素中的一些基本項目，像工資、原材料費、機械折舊，能源費、販賣費、利息、稅負等外，還有研發費用、市場化費用、技術報酬、供需變化、經營管理等，都會直接影響到資本家的利潤收入。而這些有關因素中，的確有多種項目不在資本家能逕自決定的範圍內。只有屬於勞動條件的工資、工時等，原來就在資本家的階級優勢下所訂。這部分可透過政治領域的立法操控，把一切不利因素全數轉嫁在勞工身上，以提高剝削度來彌補所有的利空因素。這是資本家常用的策略。特別在不景氣時期，雇主更可以利用一般消費大眾的不安心理，提出共體時艱的論調。因此勞工必須平時留意，對有關經濟大環境的重點理解和個別企業的經營實況，都要經過工會勞教有所掌握。這樣才不致於受資本家的偽善歪論所混淆，堅持鬥爭主題的合理性的信心。

　　四、法定工時鬥爭雖然是現行資本主義體制的內在矛盾的表面化，但還不是一切社會衝突中最重大的關鍵要素。一項工時規定對勞工的現實生活有多方的影響，固然不言可喻，且對經濟總形勢的決定性作用，也不難理解。但即便如此，如果在

特定的時空背景下，出現一種外在因素，甚至非經濟或超經濟因素所引發的另一類問題或情況，當它的嚴重性、迫切性和涵蓋範圍超過了恆常性、結構性的基本矛盾時，顯然該項問題已經形成了一時的社會主要矛盾而凌駕於基本矛盾之上。生產關係中的階級衝突——這是基本矛盾，此時必須為了涵蓋面更廣大的一時性的主要矛盾，讓出它的運動場域。舉例說，像戰爭或持續性全面性的自然災害等，一旦來襲，則全面的抗戰或抗災將頓時變成全社會的首要共同任務。那些經濟生活中的內部衝突，也只得暫時擱置，除非一種基本矛盾彼時已經提升到主要矛盾的位置。

五、台灣的工會向有「三低」特性——組織率低、凝結力低、運動目標低。面對著形勢複雜的當前工時鬥爭，不僅要抗拒政府和資方的政治性、經濟性壓力，同時還要承擔來自部份群眾、市民、小經營者出於本位立場的指責。在這樣的運動條件下要期待所謂原則的堅定性、方法的靈活性，委實相當困難。要把呈現在眼前的多種問題，從執政與在野之間的政策對抗、官商複合體與工運聯盟在宣傳造勢上的交手，從會議室內的爭理到街頭上的爭勢，其中衍生的實際問題有多少，不難想像。而針對著每一個問題，按其性質作出輕重先後的判斷且取得多數的共識，更需要一種戰略性的衡量視野。這樣才能避免在同中有異、異中有同的微妙關係上建立起來的工時大聯盟發生離心分裂，才能在艱困的共同戰線上維繫著有效的攻防進退。

六、最後，目前台灣的勞資雙方共同面對的，其實不止於是一種慣有的景氣危機，也不止於是一種習見的政情危機。而是政治的異常脫軌和經濟的衰退慌亂互相轉化、互相激盪，說

得上是形態怪異的總危機。以全球經濟的嚴峻衰退爲大背景，台灣 NIES 體制的先天弱質，兩岸關係中的自閉和自戕立場等，台灣的社會沉淪恐怕還未到谷底。而層層困境中的勞資對立，此時激射出一場法定工時鬥爭，自有其迴避不了的客觀因素。

在這樣的巨輻動盪中，勞工們雖然也積極應戰了，但受限於基礎條件的薄弱，即使上千上萬飆上街頭，甚至趁著朝野黨爭，守住了兩週八十四小時制，仍然未能佔到策略的制高點。面對著政企聯合的後續反制，此刻工運聯盟如何強化實質的組織紐帶，應該是不容置疑的急務。總之，羅馬非一日之成，只要滿街的勞動者經過工廠外的火熱推擠和吶喊，而領會出使他們的勞動「異化」的社會體系確然存在，從而奮發鬥志、加強團結，那種意義絕對是無可抹消的。不論一時間的戰果大小如何！

勞動黨反對美國霸權侵犯中國主權，蓄意製造台海危機的抗議聲明

（2001 年 5 月）

　　美國布希政權是美國壟斷資本集團在跨世紀階段中遇到嚴重的衰退恐慌時期被賦與挽救危機的任務而登台的極端保守的反動政府團隊，就任伊始便決定走回資本帝國主義的原始型態——軍事制壓、經濟掠奪的老路，圖以重新建立牢固的單極超霸的支配地位。為此，它以橫暴高壓的威嚇政策施威全球，特別對亞洲後進地域的各種人民自救國家自強的運動，屢次以嚴厲的打擊手段加以摧毀。它漠視聯合國憲章，違反國際條約的「實力行為」，已經在全世界追求和平安全的各地區造成了沉重的災禍。在東亞，它悍然以改革開放的中國為其假想敵，百般阻撓其正常發展機會。例如，四月初，它的空軍在準戰爭行為的違法偵察活動中釀成了雙方軍機相衝事故，導致中方機毀人亡的慘禍。

　　多年來，它以一部違背國際法原則的「台灣關係法」粗暴干涉海峽兩岸中國人的和平統一事業。最嚴重的是，歷年提供龐大的戰爭機器給島內的分離勢力，蓄意造成兩岸的軍事緊張，甚至武力衝突。藉以困住中國正常發展，維持本身的主宰地位。

　　台灣的陳水扁政府執政將屆周年，際此，我們一方面揭發

美國軍售政策的危險本質，一方面也嚴厲指責陳水扁政府不顧經濟大衰退，失業率節節上昇，人民普遍困厄不堪的實況，竟以 2700 億巨款購進美製殺人機器，而任憑數百萬失業家屬在生活絕境中哀嚎。

本黨認爲危機之深重幾已到了無以復加的地步。於此呼籲受困憂懼的同胞們一起發出人民的抗議呼聲，希能喚回當政者的及時檢討。定於 5 月 16 日上午 10 點赴美國在台協會表達人民的急迫的訴求，懇請有心的同胞於當日共同參加抗議活動。

2700 億軍購保不了台灣安全　數百萬失業家屬爲生活沉淪哀嚎！

反對美國軍售台灣！增加兩岸武鬥危機！　反對美國戰爭販子！中國人打中國人！

反對美軍武力偵察！蓄意侵犯中國主權！　反對美國反動政客！破壞中美正常關係！

反對美軍十萬壓境！打壓恐嚇亞洲人民！　亞洲人民團結起來！一起抵抗美國侵略！

勞動黨為什麼要辦 「東亞學生反帝和平營」？

（2001 年 8 月 26 日）

馬克思說過：「我們都還生活在人類史中的前史階段。我們還沒進入到真正的人類史。而人類前史中的最後裁決要素，很遺憾，還是暴力！」當他講這幾句話的時候，我們相信他的心情是沉痛的。但是他還緊緊地握住手中的牌，那是，他對社會和歷史的科學理論。他正堅忍地走向自由與必然渾然合一的，人類正史的天地中。

當普魯東用數十條罪狀詛咒「國家」，呼喚著無政府主義的大風潮時，恩格斯也說過：「讓國家像一朵花，經過一段盛開的絢爛和芬香，然後靜靜地謝落地上。」

兩位先知兼有科學的冷徹和道德的情懷、對現實的洞察和對理想的執著，百年之後還深深地撼動著我們的心。

在歷史的長流中，的確出現過人虐待人的階級社會。古代奴隸的哀嚎，中世紀農民的悲泣，到現代「工奴」的怒號，人剝削人的達爾文主義的「種內競爭」幾時能終止！

列寧在他的鬥爭哲學中，常帶領我們的思路到「看清敵人」的高地。他指出，資本家會變成侵略者；國內剝削是境外征服的先行階段。因此斷言，帝國主義是資本主義的最高，也是最後階段。

　　帝國主義跨過了兩個世紀，建構出史上空前的軍武系統，其威力足以毀滅地球數百次！而以此為後盾，帝國主義者正在推動資本全球化；也就是，以生產為名，以開發為名的剝削和掠奪機制的全球化。在那巨大壓力下，勞動者的自衛權將被掃盡，消費者的自主選擇權將蕩然無存。但全球化勢力還擁有文化霸權、思想強制的工具和手法，發揮混亂視聽、遮蓋真相的作用。

　　我們認為，資本全球化運動背後的、蓋天佈地的軍武態勢，不過是帝國主義最末段的威光現象，是人類前史的最後一頁，是花謝花落前一刻的絢爛和芬芳。

　　學生在一個現代的階級社會中，還不是一個階級。但是，是正在接受社會有用性訓練的、生產性的消費團體。是某一個基本階級的後備隊伍。他們的年齡條件、知識條件、生活形式都可能使他們自覺到一種社會責任，甚至一種歷史使命感。於是我們認為，應該可以和學生朋友們一起來揭開我們正面對著的一些迷思。讓社會上多一點的人及時清醒，共同來面對如此嚴苛的時代課題！

　　這就是我們幾個團體發起本研習營的理由。

島內統運的幾點檢討

——勞動黨第六屆全黨黨員代表大會專題報告

(2002 年 3 月 28 日)

　　有關海峽兩岸之間,二次大戰後持續了半個世紀的民族內部對抗的歷史性造因和演變經過,相信兩岸同胞在史實的認識上已經沒有太大的分歧。儘管在新民主主義革命運動期間,對國家、民族的革新大方向或人民自救運動的性質等問題上,國共雙方向有對抗性堅持,但在美、蘇兩極對抗的冷戰體系中,隔海對峙的態勢定著化到 1970 年代後,時間終於催化了兩邊政策的遞變。大陸一方的「解放台灣」和台灣一方的「反攻大陸」,在積年的冷戰恐怖均衡下日益空文化後,首先於 1979 年,由中國全國人代常委會名義發表《告台灣同胞書》;而台灣方面則遲至 1991 年由李登輝政權宣佈「動員勘亂時期」和「臨時條款」的結束。從此,兩岸關係由內戰延續線上的軍事對峙,轉入政略競爭的新階段。

　　以此大環境的改變為契機,台灣島內的民間促統運動,從 1980 年代後期開始形成。時值兩蔣政權告終,台灣社會在各種指標上顯露出將要走進資本主義政經結構體的自我調適期。而在兩岸問題方面,也逐漸脫離數十年來國民黨主政下的反共最高價值論的制約,出現方向內容不一的新論旨。諸如:超越國、共內鬥思惟的民族大義論;思想反共、行動不反共產黨的

政治實用主義；非中、脫中的台灣新民族論；以當前的分離狀態爲起點的台灣獨立建國論……等，不一而足。

筆者身爲島內民間促統團體的一成員，親歷十餘年來運動消長的實際過程，深感台灣資本主義基本體制對社會意識的決定作用，也是當前社會上反中拒統立場的深層根源之一。此外，兩岸問題在法理上雖屬一國內政性質，卻在美國霸權的刻意運作下變貌，早已被納入「世紀國際問題群」的表列中。誠然，美霸的中國政策一日不改，《台灣關係法》是台灣獨立運動的最大「外部條件」。但任何外在條件都要通過內部結構的「門」才能產生作用，因此有關台灣內部統獨意識型態的形成及現況如何，形成了必須加以理解的一個關鍵點。換句話說，當前台灣的時代意識中的拒統趨獨傾向，其社會性內因是什麼，這一份理解對促統運動的具體推進是不可缺落的。這就是本文試作探討的理由。

按社會一時代的主流意識型態，是多數成員的生活體驗和生活認識的集約反映。像台灣這種經歷過經濟起飛，已具備上「新興工業地區」條件的社會，多數中產以上的成員在意識裡肯定的，還是經濟生活中的私有價值，和政治生活中的民主價值。這一點，即使是升斗小民，恐也不例外。處在社會樞紐地位的有權者階級，他們的生活守則更是從消極的守財保權，到積極的增產擴權的現實功利觀。這便是「社會存在決定社會意識」的實踐反映論的例證。不論從消極的防衛本能或從積極的企圖心出發，總是把國家公器或制度規範加以工具化，牢固地掌握在自己的手中，而把廣大人民的利益擱置在一邊。這就是任何一個歷史階段的統治階層的私利的保守本性。

然而與此社會上層站在對立面的，是以勞工爲主的勤勞大

衆的受害意識（例如：他們自認爲是台灣當局的扶資抑勞政策，和大陸的對台招商政策的雙重犧牲者。）或改革意願（例如：他們嚮往眞正的罷工自由）。雖然當前台灣勞工階級的意識落後性和組織落後性是不容否認的事實，但還是在緩慢地進步中、覺醒中。這是因爲現實生活的苛刻性使他們驚覺到群衆生活和一定的政治問題之間的關聯性（例如：今年 5 月 16 日，有部分工運團體示威抗議台北的 AIT，口號中有：「2700 億軍購保不了台灣安全，數百萬失業家屬爲生活沉淪哀嚎！」）。

就兩岸促統政策的基本方針──「和平統一‧一國兩制」而言，以此口號呼籲的對象，包括以守財保權爲重的有權上層和對現狀懷有敵意的廣大下層。上層階級的接受動機，多數是經濟打算，亦即，追求高利潤而轉投資，或者爲了迴避戰爭。但絕大多數的下層人口卻缺少積極響應的動機──因爲一國兩制下的兩岸統一，在他們看來，似乎無關於社會弊病的改造。島內促統運動推進了一個年代，之所以頓挫多進展小，正是因爲社會上層者的機會主義總是患得患失多有顧忌，懼戰心理又有美國的《台灣關係法》得以緩解。而下層大衆則在長達半世紀的國民教育的反共教條影響下，多數保持著恐共心態，對統一議題一貫冷漠。

相對而言，因爲當權半個世紀的國民黨的高壓專制和黑金政治，已經積成了普遍的民怨，使黨外時期以來的台獨運動對台灣社會上下階層得以發出改善結構改良制度的宣傳口號。一種「台獨則改革」的期許心理，在一定範圍內確能動員到相當多的知識青年層。使得台獨運動的總成員中，有社會各方面的改革運動團體，特別是青年隊伍的參與相當積極。

與之相對，統派運動中幾乎只有單項的民族理念性目標，

對資本主義的多元文化薰陶下的青年層吸引力不大。

　　此外，美國對華方針的剛柔兩手的敵對性策略是世人皆知的。特別在世紀之交，美國經濟的衰退相當嚴重。其所推行的資本全球化必須由政治的實力主義加以配合。於是出現了惡質的右翼政權。甚至不惜把世界（特別在亞洲）再度推入新冷戰的緊張局面下，且以興革中的中國爲假想敵。我們預料得到，美國霸權蓄意挑釁中國主權的邊緣行爲，今後或將層出不窮。而中方的自衛反制，時而顯得十分艱難。這些都形成了台灣分裂主義的強固的後盾。

　　以上所提，不外島內促統運動所遇到的三種阻力。

　　其一，是資本主義功利價值觀（包括私有價值、民主價值）對歷史傳承意識及民族的共同體意識的淡化作用。

　　其二，是政經利害恆常衝突的社會上下階層對兩岸問題的評估態度的分歧。特別是，勞工大眾在兩岸互動中漸有被邊緣化的趨勢。

　　其三，超強獨霸的美國，基於反共反華的戰略構想，不改強行介入兩岸問題的既成政策，形成了分裂勢力的最大奧援。

　　不過，綜觀全局，雖有上述的利空因素，大局所定大勢所趨，還是有一個最大的推力正在營運中。即是二十年來大陸所推動的改革開放的巨大的成果，它所發揮出來的無比的說服力量。在島內統獨爭議中，最大的情勢教育，應來自大陸上有目共睹的現代化成就。唯有如此，才能針對有目標，有步驟，有執政權，有群眾基礎，有外力支援的分離主義運動，發揮政治的對抗力量和經濟的吸引力量。

　　島內統運能不能拉開更大面向的戰線，是一個急需解決的策略爭議。島內有所謂統左路線的團體，以「左」來代表勞工

的權益自衛運動及其他反壓迫爭公平的各類社會改革運動，而以兩岸統一、一國兩制的實現，爲擺脫多項人民困境的共同的突破口。亦即，在強權主宰的世界秩序中，唯有國家的實質有效的政治統一，才是社會改造的必要前提。唯有強調這一點，才能在廣大社會下層人口及一般知青階層心目中強化統一運動的正當性甚至道德性意涵。

最後，不論美國政府的阻撓政策抑或台灣當權派的頑冥立場，都需要以政權的組織力量爲憑恃。而在現代資本主義的上層結構體——所謂的民主政體的法制下，一種政策要存立，需以民意的認同或授權爲基盤。只要促統運動在社會大衆的現實生活中適切地凝結成有關兩岸關係的合理觀點，且以獨派當權後的種種反動本質的暴露爲戒，逐步改造當前民意構造中的反理性部分，包括特定的歷史情結，或惰性心理障礙……等，逐漸形成社會多數的共同認識和共同願望，則兩岸統一之最後實現，將是歷史推演的唯一歸趨了！

全球化下的國際勞動力移動概說

（2002 年 7 月）

前言

　　有關國際勞動力移動的現代特性，迄今約有兩種問題領域的研究可資探討。其一是針對「外勞」諸問題的具體分析，第二是有關國際勞動力移動的要因之各種學說。

　　一、所謂的「外國人勞動者」問題的研究，至今尚未出現具有確定性法則的一般性理論。而只是以局部性現實爲基礎的局部性理論分析階段（所謂中範圍理論）。

　　下面爲了達到「何謂外國人勞動問題」的全面性把握，首先介紹構成該問題的幾個「問題群」。多數研究者的共識是，有三種不同內涵的問題群構成所謂的「外勞問題」。

　　㈠有關「法令、國家與移民」的問題群。

　　此一問題領域是針對一國政府處理外國人、外籍勞動者和移民的主要政策或法令如何，在實際情況下發生了如何的功能，扮演了何種角色，這樣的探索和研判。這裡首先受到注意的是，國家相對地位，亦即，傳統觀念中的管轄權出現多少自我限制，有關出入境管理政策有何彈性或有多少柔性規定等。另外還有針對「出生地主義」和「血統主義」的兩種制度的評

價問題。例如：日本被視爲「非移民國家」和「血統主義國民國家」其對未來歷史階段的正負面影響也正受到深入的分析研究。

（二）有關「國際勞動力移動」的問題群。

本問題群，是通過國民經濟、勞力市場、勞力移出與移民、外國人勞動者等副主題，指向「國際勞動力移動」的主題，這種研究方式的結果。如：首先針對勞動力的接受國和輸出國兩個國家的國民經濟的概況分析，特別其中的勞力市場的深入剖析，被認爲是前置作業。當然，僅僅著眼於兩個國家之間的分析研究，無法掌握國際勞動力移動的普遍性法則。因爲輸入國的產業結構和勞力市場構造，有其歷史性地域性的特別因素，一種「通論」有時難予概括，更不用說一種「法則」了。至於現階段的多數輸出國，幾乎都屬於前殖民地區域，於二戰後才取得獨立地位的開發中國家。其經濟主權經常在受侵害狀態。對這一點如果研究者不加以特別注意，往往不容易掌握到有關方面的眞相。

（三）「社會變貌和文化衝擊」的問題群。

在這個問題範圍中，有關外國人勞動者的流入，及部分勞工定住下來後，在輸入國所產生的社會、文化各種問題，是研究的主題。對於居住下來的外國勞動者，當地社會如何接受他們爲社會的構成者，期間關於文化的社會關係問題的探索和分析，是不可少的。形成問題的諸因素，大概是對外國人、外國文化的國家政策和一般國民心理、教育、婚姻、語言等方面的制度或規範等。此外，如對交流方式的訓練，居住區的區隔、住民自治等，也都是重要的課題。

以上三種問題群，是進行本問題的綜合性檢討時不能缺落

的。也是追究現代國際勞動力移動現象的特性時所必要的分析
對象。

　　二、有關國際勞動力移動要因的幾種學說。

　　勞動力爲什麼會越過國境移動，這是長期被探究的問題。
一直到現在，各種學說並存，尚未達到一致性很高的基本理
論。下面略提當前研究階段下的幾種提法，並試加些許檢討。

　　㈠日本平成四年（1992 年）出版《海外勞動白皮書》
　　　（勞動大臣官房國際勞動課編）

　　該書將下述四點列爲移動要因：

⑴各國勞力供需的不均衡以及人口構造的差距。

⑵各國之間工資水平的差距。

⑶促成規範勞力國際移動的制度的存在。

⑷其他如：(a)語言、宗教、習慣等文化要素的共同構成近
　似性。(b)空間距離、移動成本。(c)資訊往來及其內容。
　(d)政治、社會、經濟方面的穩定度。(e)輸出國的低水平
　待遇。(f)外國人就業情形（特別在知識工作方面）。

　　㈡ 1993 年《世界人口白皮書》
　　　（聯合國人口基金事務局編）

　　該書指出九點作爲勞動力移動的背景動態：

⑴世界人口增加率自 1975 年以降年平均 1.7%，出生率卻
　爲 3.5%，傾向於減少。

⑵ 1995 年世界人口 55.7 億，到 2050 年預估增至 100 億。

⑶開發中國家在全球增加人口中的比例越來越高，1950 年
　77%、1990 年 93%、2000 年 95%，其中非洲與南亞佔
　53%。

⑷ 1993 年亞洲人口 33 億人，2025 年將達 49 億（等於 1986

年全球總人口）。

(5)已開發國家的增加率零以下（或維持不變或減少）。

但世界最貧國的增加率是 162% (50-90)；開發中國家是 140%。

(6)已開發國家（先進國家）的高年齡化越來越突顯，2025 年，65 歲以上人口將佔 19%。在中國、印度、泰國等地，也將出現高年齡化。

(7)人口集中都市。90 年代末，十大都市中的八個在開發中國家，各自擁有的 1500 萬以上人口。

(8)世界上外國居留者、難民一直增加，多數滯留在開發中國家。

(9)其中幾個開發中國家，幾乎依賴居住國者的匯款，1989 年匯款額 660 億美元，僅次於國際貿易中的石油收入。

㈢世界銀行 1992 年報告指出五點移動要因：

(1)開發中國家的人口增加。

(2)南北及東西的經濟差距。

(3)有關先進國家生活實況的資訊漸多。

(4)遠距需移動費用降低。

(5)與母國之間的通信技術逐漸發達。

以上三類是國內或國際機關的報告。來自研究者的評論和見解則如下：

㈣森田理論：

森田教授一方面留意歷史條件、地理因素、國家間的特定關係等因素的作用，但也指出「僅把兩國之間（勞力輸出與輸入國）的有關要素抽離出來處理，只根據兩者之間的所得差距或工資差距來說明勞動力的移動現象，這種方式無法對現代國

際勞動力移動的整體結構加以客觀把握」。他提出了如下的三
點：

(1)從「邊陲」到「中心」的國際勞動力移動的基盤，（或
背景）正是各國內部早已出現的由農村到都市的人口移
動。而這種內部移動並不是各國純內部因素所導致的結
果。而是第三世界被西進資本主義世界經濟體系的逐漸
深化的過程中，農村的「生存維持經濟」日趨解體，農
民與土地的分離加速發展的結果。

(2)要更多地著眼國際性階梯式勞動力移動的結構。

(3)第三世界的另一種勞動力移動，是由「非工資勞動」到
「工資勞動」的移動。應特別留意二戰後數十年期間以
全球範圍所進行的婦女勞力被編入工資勞動的實況。

　　森田理論指出國際勞動力移動的結構性要因，最後提出如
下的結論：

　　「國際勞動力移動」，一方面在輸入國不斷再生產「外國
人勞動者」、「移民勞動者」的新階層，且重構勞動編制，另
一方面在輸出國的第三世界中，不論從宏觀立場或從個人家計
的微觀立場來說，都是依賴勞動力輸出的經濟構造的不斷強
化，和區域性生存維持機能的不斷的弱化，繼續不斷地造出低
工資勞力的世界性預備軍云云。

　　㈤平野理論：

　　平野教授對「人的國際移動」，從世界經濟的構造、國家
政策的介入和文化層面的關係等三種角度來加以考察。

　　首先以經濟學家觀點：推出要因和吸入要因（push and
pull），新國際勞動分業（NIDL），產業預備軍的外在化等提
出說明，然後介紹：地球規模化，加速現象，多樣化現象，女

性化現象的特徵，指出當前階段的複雜化總趨勢。

其次，有關國家干預的方式，則留意「人權與主權」的關係問題，指出傳統國民國家的變貌。亦即，著眼於國民主權對人權保障的不周延問題。

第三，有關來自文化要素的影響，指出當前階段的國家，通過人的國際移動帶給文化層面的變化，逐漸傾向於文化多元主義的情勢。

以上介紹了五種團體及個人對國際勞動力移動要因的見解。在研究的現實點上，我們至少可以概括地說，爲了達到有關外國人勞動者問題或國際勞動力移動的科學認識，必須同時著眼於國家政策法令的層面，國內、國際勞動市場的經濟層面，輸入與輸出國雙方的社會及文化層面等實況，其中任何一項的客觀分析都是不可缺落的。

另外，上述三項團體報告中，雖然也包括具有一定合理性的分析，但對輸入國解決外國人勞動者問題，及輸出國保持經濟自立或文化認同的必要性、重要性方面，也提供了一些錯誤的見解。針對這一點，森田教授指出：

「向來的見解或俗說中，有人認爲外國人勞動者的流入，是基於輸出國的貧困、低工資、就業機會的缺少等事宜。所以只要增加對開發中國家的ODA（政府開發援助）或直接投資，提高現地的僱用機會，便可達到減少外勞的流入。但這種說法具有基本性的偏頗，我們應該進行更全面深入的結構分析……」。（以上取材於大阪經法大學出版叢書NO.1）

三、總之，我們認爲，在資本全球化的大背景下，也就是，資本強權國家的經濟及超經濟手段的超國界擴張及運作下，勞動力的國際移動固然以經濟因素爲主，但，之所以出現

上千萬勞動力為了生活不得不離別祖國遠遷他國，這種「經濟因」何嘗不是另一種「政治因」的結果呢。資本全球化在本質上不是積累與集中的資本運動的全球化，而是極度巨型化了的資本手段掌握在極少數獨佔財團的手裡。就如同前幾世紀歐陸的農民在產業革命的大浪潮下失去了土地被驅離農村一般，跨世紀的資本全球化將加速推動一波接一波的邊陲區域勞動力的國際移動，主要作為全球化的尖兵——跨國企業的世界性生產支配中的一個環節。

雖然，以生產要素的最佳組合或規模效率為目標的境外調動或移動是自然而必然的。但鑒於獨佔資本階段的，資本自我增殖的機制已經游離出社會（不論是大社會或小社會）共同體的原始的，本源的共同需要，亦即，生產的目的不再是為了滿足需要，而是為了超額利潤，則要素移動中的成本——包括「活」的生產要素勞動力，一切都在「量化」中遭到抹消。如此則，20~21 世紀之間即使出現了飛躍性的經濟發展，在經濟量化中被忽略了人的因素，社會的因素或將產生另一類累積和集中的過程，或有一日變成全球化經濟體系中的自毀因素。這一點，值得我們關切。

1924 年東京五一勞動節示威的歷史與現場

（2009 年 5 月）

　　連溫卿於 1924 年訪日本東京參觀五一勞動節的示威行列文字。連溫卿受到極大的感動和衝擊，對勞動者行列通過上野公園山麓時的情景，用簡單動人的筆調描繪過。文字是用當年盛行的台灣白話文。他描述隊伍的最前頭是黑色旗子的隊伍，接著是紅色旗隊。他的評語只是淡淡地：「黑色旗是主張自由聯合的，紅色旗是主張統一合併的。」說得上是語短意長，也反映了當年連氏所處運動環境的一定氛圍。另外，他還簡潔地但感動地提到歌聲、口號聲、萬歲聲，就是不曾介紹到當日「MayDay 歌」的歌詞，讓人有一點缺落感。當然，有一種可能性，可能剛好連氏站著的那一段沒有唱歌，第二種可能是當天沒有唱歌（但明明說「雄大的歌聲」），爲甚麼連氏於 1924 年東京 MayDay 的參觀日記中獨漏歌詞的介紹？

　　顯然，當天的示威行列是黑紅兩派工會的聯合活動。隊伍的行進序列是安那其在前，布爾塞維克在後。而歌是唱紅色的？而連氏是否以一絲苦笑處理了他在日記中的目擊文？

　　筆者稍帶莞爾笑意翻了一些文獻。據記載，日本的五一示威第一次是大正十一年（1922 年）。連氏遇到的，如果 1923 年沒有中斷，應是第三次。歌已經有了，是東京勞動組合會議

認定的，全部五首，曲調套以「步兵歌」調。我親自聽到已故
周合源老先生唱過。之所以沒有忌諱軍歌調，大概是因爲當時
日本左派沒有像中國聶耳氏那樣的人材，再說日本全國皆兵，
兵源多來自農村青年、城市勞動者，工會會員應人皆熟知歌
調，不必另行練唱，隨時開口唱新詞毫無困難。「反正每次的
示威，都有反軍、反戰的口號嘛。」周老笑著說。

　　我翻看昭和九年版森戶辰男監修的社會科學辭典。東京勞
動組合會議的 MayDay 歌全五首都有了。我不知道這就是連溫
卿於 1924 年聽到（或沒有聽到）的歌，反正這就是當年身穿
滿身油漬的工作衣勞動者們拉開嗓門唱出的「文句」，是他們
的思想動員的努力的成果之一，試著中譯下來。

　　一、聽到嗎，
　　　　　萬國的勞動者。
　　　　　搖撼天地的，
　　　　　MayDay 聲！
　　　　　示威者齊一的，
　　　　　步伐聲浪。
　　　　　預告未來的，
　　　　　吶喊聲浪！

　　二、放棄你負的
　　　　　工作部署。
　　　　　覺醒自己的
　　　　　生命價值！

二十四小時的
全休日，
為直衝社會的虛偽與壓迫！

三、長期受盡
剝削苦難，
無產的人民
蹶起蹶起！
今日二十四小時
階級戰已經來臨了！

四、起來吧勞動者，
發奮起來吧！
把被搶走的
生產大業，
以正義的手臂
奪還吧！
彼等苦守
能算甚麼！

五、我們步武的
最前衛
迎風高舉著
自由旗！
保衛它 MayDay 勞動者！

2004 年
五一國際勞動節致辭

（2004 年 5 月 1 日）

　　各位勞工朋友，市民同胞！歡迎大家一起來參加今天——2004 年 5 月 1 日的國際勞動節大會。下面，本人以發起團體的成員，向各位做兩點報告。第一點，是有關國際勞動節的歷史由來，及其一般性意義。第二點，是有關台灣勞工、勤勞大衆，當前所面對的具體現實的問題和情勢的檢討。

　　首先，關於「五一」的由來。相信在場各位大都有所認識。簡單地說，在前前世紀的 1886 年，美國芝加哥市，由剛成立不久的，名叫「美利堅勞動總同盟」的工會聯合會，號召工會會員在 5 月 1 日舉辦一場爭取八小時勞動制的聚會，而與當地警察發生了衝突。警方向參與群衆開槍，釀成多人死傷的流血事件，一時間轟動全世界。三年後的 1889 年，歐陸的第二國際創立大會上，通過了以每年 5 月 1 日爲全球勞動者節日的決議。而第一屆勞動節，在翌年 1890 年，在歐美兩地的大工業城市同時舉行。相傳第二國際的導師恩格斯，率領一批幹部戰友登台觀禮，接受勞工隊伍的歡呼致敬時，回顧身邊同伴說：「如果今天馬克思還在，和我們一起觀禮，那有多好！」惹得不少人流下了眼流云。

　　從 1890 年開始，除了戰爭的年代或反動法西斯政權的主

控時期，不得不停辦外，五一勞動節的聚會遊行活動，可以說不絕如縷，直到今天。以上，便是五一勞動節的由來。

　　至於它的意義是甚麼？說來並不複雜，道理很簡單。大家都知道，近幾個世紀以來，資本主義生產關係是文明世界中佔在支配性地位的生產關係。有一種定型定性的生產關係，才有接續不斷的社會生產行為。但這種所有社會關係中最基本的關係，卻含有不合理的，帶有侵略性，剝奪性的內部衝突性。到了一定的發展階段後，變成了整體社會繼續進步發展的內在障礙。生產關係中，生產手段的所有者，對勞力出售者的常態性剝削，這便是資本主義經濟結構中的階級對抗──勞資兩大階級的對抗關係的源頭。只要資本主義做為支配性體系，只要資本主義君臨全社會一天，勞資對立的結構圖，便也存在一天。因此，19 世紀的勞資對抗，和 20 世紀、21 世紀的勞資對抗，即使具有時空背景的小差異，在基本性格上的共同性，是勿容置疑的。也就是說，1886 年的美國芝加哥五一事件，1952 年的日本東京五一慘案，是一脈相傳的。甚至 21 世紀台北街頭的五一勞動節，毫無疑問，也在這個歷史脈絡中有它的位置的。對出售勞力換來生活手段的勞動者來說，只有以團結、連帶的組織原理形成集體，才有條件和雇主資本家在生產、分配領域中相周旋，爭取正當權益維護工作基本權的。

　　其次，談到當前的台灣勞工，以其八百萬人口的最大比重，為甚麼在整體社會組織中，弱勢到如此的地步？從 1946 年開始，超過半個世紀中，數不盡的，從基層到最高位階的各種名目的選舉中，擁有最多選票的，以勞工階級為中心的勤勞大眾，為何推不出一位真正代表，進入權力結構，參加決策過程，透過制度的改善，或執行方式的改進，來有限糾正那種形

式上民主，實質上並不民主的資本主義總體制呢？更何況，自從前世紀九○年代，曾經持續了半個世紀的世界冷戰，在蘇聯及東歐集團解體後終於結束，使得全球人民一時之間生出了從此將走入永續和平的新願景。但冷酷的現實，卻展現出以唯一超大國──美國為主導的資本全球化的，新的主控形勢，粉粹了世界絕大多數嚮往和平與發展的善良人民的希望。從此，各國政府，莫不利用各種政策手段，為了確保企業在資本全球化大趨勢下的最佳利益，一方面給與資本家多項法令上、經營上的新特權，一方面對勞動者的權益保障規定，則處處改惡，處處壓低。造成了世界性剝削度的普遍提高，勤勞者生活水平的實質上的惡化。

這一點，台灣勞工在亞洲新工業化區域中的處境，也正遭遇著日益嚴峻的生活危機。不過環視亞洲鄰近地區的勞動者自主運動，似乎也正展現出超國界的「工運聯帶化全球化」的趨勢，逐漸形成台灣社運工運的新的客觀條件之一，是不容忽視的。以上，是針對 21 世紀工運的一般形勢的粗略報告。

最後，因為 2004 年，在台灣是所謂的總統大選年。如眾所周知，選舉過程中出現了非常激烈的爭議，至今仍未停息。民進黨政府四年來的政績，可以說出現了相當嚴重的亂象、衰相，的確是難以辯解的。再加上該黨對獨立建國綱領的執著，使得台灣既有的重大對外關係也嚴重受到衝擊。兩岸關係、台美關係，都出現了空前的緊張。有關選舉方面的爭議，如投票計票方面違法操作的嫌疑，總統、副總統遭槍擊事件的層層疑惑，所謂國安機制的適法性問題等等，的確在一般民間產生了廣範圍的信心問題。而當國親聯盟提出選舉訴訟後，政府往往採取不合常理、曲意迴避、甚至不符合責任政治常規的態度及

措施，更加地造成了民眾普遍的濃重疑念。然政府似乎一味以台灣社會在其不幸的歷史遭逢下所形成的族群情結為選戰攻防中的主要武器。結果是，非理、反智的情結籠罩著與選舉有關的思惟判斷。令人覺得，把「本土政權」由事實狀態伺機提昇為法理實體，正是扁政府深沉不言的最高任務。且也變成淨化、除罪化一切施政污點的精神價值。一種沉重堅定的台獨目標，如果是此時此刻的扁政府的自覺的存續理由，則也有可能變成台獨法西斯化的心理要件。事關台灣民主化的前途，這一點應該值得多數人民深加注意的。

最後，在政情混沌，社會失序的亂局下，勞動者仍然不能放棄身為公民的一份權利和責任。勞動者對資產階級專制下的形式民主，是強力批判的。但不會是拒絕的。如何把形式民主的空泛性克服，逐漸提昇為實質民主，正有賴於勞動者本身不停斷的努力奮鬥，而的確是別無他途的。

以上，本人發言到此，謝謝各位，祝健康！

2009 年五一國際勞動節感言

（2009 年 4 月 22 日）

　　每年的國際勞動節，應是全社會勞動者的階級認同的彼此確認，和在不同國情不同階段形勢下，全世界勞動者以共同目標，共同方針，相互呼號接戰口號的日子！

　　而不久前，全球資本主義金融獨佔核心構造所引發的基部大滑落，令無數經濟細民群的哀號淒吟，遍地不絕。

　　然在各國勞資兩大對抗階級的戰況方面，則頗顯零亂。

　　不用諱言，自從上世紀最末一個年代，蘇聯東歐集團在冷戰中自我解體後，各國的勞動階級群眾，過得是戰略的冬季。文鬥武鬥兩束手。一整天經濟糾紛乎，法令惡改乎，苦撐著時間的狀況不少。

　　資產階級在冷戰期間，生產力因幾次的技術革新有所膨脹是勿容置疑。但，其本質的剝削機制，其廣度強度擴大的隨伴現象，是社會勞動力與環境自然力的日趨枯竭。

　　實體經濟因必然的泡沫化趨勢而受盡虛擬資本的纏繞吸吮而危局頻見。只好隨處隨地提高剝削度加強社會控御。在此所謂百年稀見的大危變中，全球勞動階級卻武力革命多已無要素條件，政黨文鬥也常癱軟失勁。各地的運動接戰口號，成就少而挫折多，卻屬事實。

　　前面速報（見《2009 年五一國際勞動節特刊》勞動黨編印）的玻利維亞人民公投新憲成功的佳音固屬成就。卻有一個日本工會聯合體在春鬥中屈伏於資方所作「或漲工資或保雇用」的威嚇，而竟與資方簽了個「共同宣言」，喊出「勞資雙方困境共爭機會」的重覆賣身契。則明屬挫折的不堪一例。

　　際此國際勞動節，但願全球勞動者口邊所掛耳際所響的，還是一百六十年前先行者們喊出的那句：「全世界的勞動者團結起來！」再度共同確認這才是新世紀勞動者的唯一「活路」！走向人類自我解放的「歷史代案」的唯一「出路」！

【輯二】

新民主論壇

為什麼搞「新民主論壇」

（2002 年 6 月 19 日）

前言

　　「新民主論壇」的提議，反映著廣大的社會各階層對 2000 年政黨輪替後的嚴峻的政治現實，所受到的心理衝擊，及普遍的社會傷痛下的深刻的反思。之所以定名爲「新民主」而不取更尖銳的急進色彩的用詞，一方面透露出當前台灣社運的一般的上限意識，同時也暗默中指出，那是另一階段的起步線。如此的提法或許讓人聯想到 1930 年代的中國階級內戰時期的「新民主主義」。當然兩者在歷史階段和社會構造及環繞的國際形勢條件的差異是顯而易見的。但即使如此，若以辯證發展的史觀立場來加以概括，則兩者都屬於歷史上常見的「改革質變」的問題。前世紀初葉，辛亥革命後的中國國民黨，和跨世紀爭到了政權輪替機會的台灣民主進步黨，都因本身的歷史性特質而早早異化，由改革者變爲新的壓迫者，因而引來昔日同盟隊伍的決裂奮起。只是畢竟兩種社會、兩個不同歷史時段之間的差異，使人民面對改革與反動的嚴重倒置時，所採行的方法也自然不同。1930 年代受背叛的中國工農大衆，對變了質的國民黨的反擊，還是二段革命的武裝鬥爭。而另一方面，跨越二十

世紀後,台灣受矇騙的勤勞大眾對新的壓迫者所採行的,將是擺脫「民主」迷思的,自覺與批判的思想啓蒙運動。也可以說,政權交替兩年後,深深受創的勤勞大眾的,初階的再起運動。那是符合社會動態規律的意識型態領域中的新動向。我們願意如此定性將要起步的「新民主論壇」。

何謂民主:民主一辭,習慣上指一種重視多數的組織原理,或出以多數意志的統治型態。其實,「民主」具有三個層面的內涵。首先,是一種社會價值論。其次,是根據此一價值論而建構的制度規範。最後,是實際展示在生活中的運作模式。「民主」據此三層面的意義,直接形成大眾生活中的強制或誘導的因素,必然關係到社會的穩定和未來的進步,其重要性是不言可喻的。預期中的「新民主論壇」,其主要的活動方式是針對使大眾的現實生活往下沉淪的眾多問題,集中歸納爲政策政令及施政實況對民主原理的背離和破壞所導致的惡果,而對此作有力的揭露和批判。這類批判基本上有待一般民眾對「民主」價值論的清晰的認知和不踰的堅持。以下先就作爲價值論的「民主」原理,稍加論述於後。

蓋一部人類文明史,不過近萬年。而迄今爲止的有關社會組織原理的探索,也就是使個體凝結成群體的規範理論,粗略地說,有上古神權時代的超絕價值論,中期王權時代的精英價值論,以及近代民權時期的「多數」價值論。由具有超絕權威的「神旨」之下的古代統合,到少數聖雄精英引領下的中世紀結聚,到以成員中的多數公意爲最高裁決的近代共同體。這種組織進化的軌跡,雖然在黑格爾論理學中有「自由擴充論」的圖式,但那不過是一種觀念思辯的繪述。多數價值論的時空背景其實在於歐陸產業革命後的總人口的增加,和晚期封建體制

下階級人口比例的變化。也就是，十七、十八世紀英法等國家
的第三階級人口對貴族人口的數量優勢再加上封建身分制下，
「辛勤工作的多數」和「特權安享的少數」的強烈對比等，而
隨著市民階級的自覺和城市貧民的政治認識的提高，把社會價
值的承載體由唯一者經少數者再轉到不確定多數的社會心理傾
向的演變，形成了近代市民革命理論的背景。亦即，市民革命
又稱爲「民主」革命的由來。

資產階級民主革命的制約與異化

　　所謂市民革命指的是近代史開幕期的資產階級革命。是資
本主義生產關係挾其新型的組織力吸收消化大部份的封建身分
制生產關係，而終致以政權手段確立了制式的、一切經濟關係
的基本型態──自由人（針對封建制身分而言的）對物質生產
手段的佔有型態。而當近代資產階級以經濟實力者的條件向封
建統治者進行政治抗拒時，特別是發動參政權鬥爭時，它是一
種階級聯合戰的組織者和代表者，而不是單獨的挑戰者。即使
是一切技術條件尚稱簡單的十九世紀，資本主義生產制度下還
是有不同部門的協作關係網恆常存在。除了，所謂的生產三要
素的原始部門（土地、工具、勞動）外，還有資金調度，原料
收集，成品流通，交易交換，甚至法律事務，管理工作……
等，若以階級身分而言，這個協作網便包括了資產階級、小資
產階級、無產階級等，在封建政治體制下都是屬於無權階級的
混合體（其內部沒有政治支配關係，但有經濟的剝削關係）。
史上出現的資產階級民主革命，便是由資產階級帶領其他無權
階級以多數派姿態壓倒孤立的封建貴族階級。時至十九世紀，
多國資產階級革命雖然各經曲折，大都陸續達成了革命目標，

建構了資產階級民主政體的國民國家。只是，當貴族階級退出
政權結構後，接著掌權的資產階級雖然廢除了封建身分制度而
代之以形式平等的國民參政權，和其他的基本公民權，只因經
濟基礎部門的財產私有制是資產階級的生存基盤，財產權的有
無大小所造成的社會行為能力上的不平等還是被溫存下來。簡
言之，在封建體制下，主結構的「經濟基部」和「政治上層」
的兩大領域中，只有貴族階級是有權（政治）有財（經濟）階
級，支配著無權有財的市民階級和無權無財的農民工人階級。
而當一場翻天覆地的革命過後，資產階級變成了有權有財的新
支配者，但農民工人等革命同路者只能取得不完整的公民權，
在經濟上仍然處於少財（部分農民）或無產（工人）的傳統窘
狀中。

　　起自十九世紀初葉的英國的人民憲章運動，法國巴貝夫主
義運動、英國（十小時）工時法運動、柏林三月革命、維也納
三月暴動、第一國際的成立、巴黎公社事件、英國工會法的制
定、德國社會民主黨的成立、第二國際的成立、20 世紀 1917
年俄羅斯革命、翌年德國革命、1919 年第三國際的成立，在這
一段歐洲資本主義的全面確立階段中所顯現出來的衝突主線，
無非是那一批雖然從封建隸屬下被解放出來，卻因為「無財」
而「無權」，或說，因為「無權」而「無產」的社會新大眾徒
擁有總人口絕大多數的比重卻被排擠在實質的民主權利之外的
階級階層，經過意識化組織化後的，彼落此起，綿延不斷的爭
權大波浪。這種階段式的鬥爭流程，更因為資本主義發展的不
均衡原理，進入 20 世紀以降，強者愈強，弱者愈弱，終至帝
國主義的武力瓜分導致兩次世界大戰。戰後全球被區隔為經濟
的先進國家和落後國家，「已開發」和「開發中」的實質差距

愈形嚴峻。經濟力、政治力和軍事力的「總力戰能量」變成了宰制幾十億地球人口命運的最高規律。經過世紀之交蘇聯東歐集團抗拒態勢崩解，美國的單極超霸勢力幾乎罩蓋全球不同國家不同民族文化圈，建立以高效的壓制手段，強以實力者的自由意志爲共同依歸的所謂的「人類史上第一個『民主帝國』」。全球五大洲中，置籍於聯合國者 189 國（2001 年 9 月），雖然發展階段不同，國情有異，但做爲現世紀群體社會的構造原理和發展規律大致相同。再落後也不至於維持著全面的部落封建制，而最進步者，也還未進入各盡其能各取所需的「自由國土」。「先進國家」比較上維繫著「原型或發展型資本主義」的社會型式，基部經濟則已進入最高度獨佔的階段；而「開發中國家」則傾向於各自的政治風土下的變型甚至畸型化邊緣化的資本主義。而美國的全球性支配實體，其實是金融與科技的獨佔體以史上最強的軍武勢力爲背景的操控系統。

我們經常看到「驕傲的美國」擺出「單邊主義」的高姿態睥睨群邦，另一方面，「狡猾的美國」也以「民主政體」和「自由經濟」做爲現代文明國家的兩大標幟。其實，「民主帝國」的吊詭，「帝國民主」的反諷，表示在物質文明上現已攀登上一個頂峰的美國，只是驅使文明手段的新野蠻主義，以其令人生畏的「反恐」戰爭哲學，已經暴露出本身最深奧的恐怖本質。

美國「民主帝國」的「民主」是虛飾，是表裝，而「帝國民主」的「民主」只是另一種壓抑機制。「民主」一辭之所以廣受誤用甚至被惡用，不但帝國主義者惡用它，各色資本主義政權也濫用它，藉以逐行各類社會操控，掩蓋各種不當的政策意圖，理由之一，是盜用者認爲它已經變成了歷史的沈澱物，

多人不願刻意翻弄它。但正因為那麼多的資產階級的利己政策假借著「民主」之名，甚至還附上「普世價值」視其為絕對善，這種強權即公理的大逆流，迫使人們警覺到，民主的批判運動此刻應該進入時代意識的中心位置。不論在美國還是在台灣。

民主價值論的再認識

民主價值是多數價值論，這一點前面已經提到。但那不是物理性的量的優勢。作為價值的承載體，唯一的條件，是這個多數（複合體）的內在關係具有的優質性。亦即，成員與成員之間必須有基於自我肯定的相互肯定。洛克的平等自然權、盧梭的契約主體論都是反對封建意識的早期理論萌芽，卻也預示著未來社會實踐中的幾個重要規定。崛起中的資產階級以私財擁有者的身分落實反封建身分制的個人主權論，卻無情地排除了非私財擁有者在新秩序下的諸多權利。但即便如此，資產階級民主的設計還是反映了進步中的一定的社會組合原理。像近代公民論、授權代議、責任政治等，都是演進中的積極概念，即便在未來更高一級的社會主義實質民主的體制建構中，也是不可或缺的基本要素。就成員個人與集體事務而言，必須有(一)自主參與；(二)平等討論；(三)多數決定；(四)共同遵守的內在規範。

如一個多數體不具有上述的具體內涵，則這個多數不過是等同幫會的存在，不能承擔任何正面進步的作用。當然，集體中的個體必定具有先天、後天的不同優劣條件，因而在其參與權、決定權方面不可能完全一律。但在政治範疇內導致於制度的，或者運作型態方面的結構性不平等，造成了形式民主中的

實質的反民主，或程序民主中的實質歧視時，意味著名目權利下的無權狀態的存在，將不僅導致內部體制的不穩或衝突，也使得集體的發展嚴重受阻。所謂社會的沉淪現象，指的是這一類的構造性障礙的後果。

台灣民主改革的異化與「新民主論壇」

台灣的民主改革運動，做爲台灣資本主義成熟過程中的必然的政治伴隨現象，一般研究者的看法大約集中在 1970 年代初葉。也就是 1971 年退出聯合國後，因中（大陸）美關係的遽變而導致的新的國際處境和以成長率超過 10%的、由輸出指向轉向重工業化的經濟形勢爲背景的階級結構的變化，逐漸準備著向國民黨特權官僚體系挑戰的民間運動。自從 1949 年國府中央遷移台北，國民黨政府的兩大特質，其一爲大陸、台灣的地區差別，其二爲國民黨傳統的威權高壓政治，逐漸積累其潛在對抗性。前者的矛盾昇高，形成了分離主義；後者的必然結果便是本地新興資產階級爲背景的民主改革運動。20 世紀初葉發生在中國的亞洲型共和主義革命，雖然初具資產階級民主革命的世界史性格，但因數千年集權封建的傳襲因素，使得政權構造的前近代性仍未被揚棄。三民主義民權主義的所謂「立足點平等」，仍然不出形式平等，至於以「革命民權」凌駕天賦人權，只是黨權優位主義，是革命時期的資產階級戰鬥體制的必然制約。由軍政、訓政而憲政的推展過程中，即使在中央遷台後，台灣社會基部的資本主義全面化深化時期，主政的國民黨仍然徘徊在低度形式民主的防線上，經兩代「強人政治」之世未見進步性突破。隨著經濟結構體演變而產生的基部與上層的矛盾正是台灣民主改革運動的社會內因，從而提供給 1986

年成立的民主進步黨補完國民黨憲政的缺失的歷史性機會，也是賦與民進黨相對正當性的根據。該黨從早期的黨外運動時期，以民主改革與台灣建國的雙重目標推進到 1979 年的「美麗島事件」，反對運動始變成群眾運動。而長期執政的國民黨也逐漸採行調整傳統的威權體質，適應驟變後的社會實況的有限措施。面對 1985 年美國總統對台灣民主化的勸告，1986 年民進黨的正式成立，1987 年蔣經國終於宣佈解除戒嚴，大陸旅行解禁，1988 年報禁黨禁也相繼解除。1989 年解嚴後的立委縣市長選舉，1990 年李登輝接任後的「國是會議」，1991 年「動員戡亂」時期結束、廢除臨時條款後首屆中央民代全數退職，1992 年刑法一百條的修改（思想不罰），翌年，國民黨當局終於宣佈台灣已無政治犯。至此，所謂民主政體的形式架構似乎大致完成。1996 年，第九屆「總統」採「全民直選」，國民黨遷台五十年後的執政，說得上首次取得了較大的合法性基礎。而台灣資產階級民主的舞台裝置也終於一應俱全了。此後到 2000 年，朝野攻防的重點逐漸偏向制度運作面的爭議，包括修憲問題、黨政分際、國會改造、政黨法、金權與黑道等等盡屬於形式民主的範圍內。到 2000 年的政權攻防戰，並沒有出現形式民主實質化的進一步作為。到了政權交替實現，掌權者由官僚資產階級的政治代理人轉為新興本土資產階級的受託人，人民在各方面的民主權利並沒有實際的改善。在所謂的民主代議制下，人民的參政權利唯有通過選舉代議人，參與決議並監督執行。如果社會上存在著不當壓力，使得弱勢條件者無法自主投票，而另一方面，強勢條件者不會是壓力的受害人，反而可能是壓力行使人。則投票權對前者是空文，是「形式民主條目」，而對後者才是「實質民主條目」。

　　有多少所謂「民生法案」直接影響著人民大眾的實際生活，決定著芸芸眾生的痛苦和幸福，卻在大眾的代議人極端劣勢的場合被決議、被執行。種種「形式民主」變成了統治者的「實質壓迫」的掩蓋物，甚至變成被壓迫者頸上的輪索。資產階級向封建特權階級挑戰時，要求的是名實相符的民主權利（參政權加財產權），但當他們面對人民大眾的同樣要求時，只願意給名不給實。

　　政權交替兩年來的施政實績，因非本文範圍，此處不細說。國民黨和民進黨各自代表的兩種資產階級，前者以更多的政治特權實現經濟剝削和資本累積，而後者則以更多的機能性資本循環做為表裝，實則還離不開政治特權的更細緻的連帶運做（如所謂經發會，九人小組的設計）。民進黨之所以無法提高迄今的中低度形式民主，是因為該黨所代表的台灣資本主義實體對境外經濟強權的從屬性，亦即，台灣資本主義是資本帝國主義時期的殖民地資本主義，這就註定了台灣新起的本土資產階級的政治上的反動性格。也就註定了形式民主的局限性了。

結語

　　資產階級專政下的民主制度和民主運作，人民大眾必須經常注意其虛飾性。不僅如此，當代台灣的兩種不同形成期的資產階級以政權交替為契機，逐漸走向合流，藉以共同抵抗來自大陸的促統壓力，也是必然的趨勢。台灣社會所面臨的兩大矛盾，其一是屬主要矛盾的兩岸問題；其次是屬基本矛盾的勞資問題。因兩方面的形勢發展都會直接衝擊到政權的存立，當政權認為情勢嚴峻到危及其安全時，它可能連有限的形式民主都

不惜收回。如兩岸問題中有「兩岸人民關係法」中的間諜條
款、公務員忠誠調查辦法、大眾傳播法、內亂外患罪的新罰則
（立法作業中）等。勞資問題方面則有勞動三法的改惡，種種
其他扶資抑勞的政策群的執行作業。在這兩大領域的立法過程
中，人民大眾的參與權是受到實質的抑制的。

　　最後，資產階級形式民主的受愚受害者，亦即一般俗稱的
勤勞大眾，是政治上受統御、經濟上受剝削的階級階層的混合
體。具體一點說，在資本主義體制的社會中，以勞工階級為主
的，從事於各種社會有用性行業的偏低收入者，都被概括在其
間。他（她）們承擔著主要的社會生產的責任，卻因收入水平
的限制，除了各自的職業工作外，少有參加其他社會性活動的
機會。他（她）們除了選舉期間以投票者身分被動員外，其被
選舉權是典型的「名目權利」。但除了過渡期的「革命政權」
之外，任何一時期的政權都依靠著他（她）們的公民同意權。
他（她）們擁有不少名目權利，卻只有貧乏的實質權利。他
（她）們勞心勞力卻要承受著最大量的社會痛苦。也正因為如
此，他（她）們具有社會批判的道德資格，也同時掌握著社會
基層結構的內部剖析的有利位置。而「新民主論壇」正是有待
他（她）們熱心投入的，當代民間政治批判運動的一種。其意
義之重大是勿容爭議的。

探索戒嚴年代台灣青年的
國家認同與自我定位問題
——關於第一次新民主論壇研討會
（2002 年 6 月 22 日）

　　新民主論壇自今年五一國際勞動節前夕，順利發起四二七成立集會之後，不斷的得到關心台灣社會發展；關心台灣勤勞大眾民主權益的各界朋友們的鼓勵與賜教，讓籌辦此論壇的相關團體認為新民主論壇的持續推動，或能為改造台灣社會凝聚出一點推進力量。

　　白色恐怖下的社會操控，除了大力壓制工農兩大生產階級的「異動」外，知識青年層的思想管制和行為掌控，也是統治者的最大關注點。特別是二戰後各國學運的澎湃發展，冷戰結構中超國界破傳統的尖銳的思想鬥爭，包括隔鄰大陸的文化大革命，即使在恐怖政治的嚴密封鎖下，仍然部份滲透到台灣社會。當年的台灣知青，在制式的成套價值觀之外，如何在思想犯也可能被判死刑的政治現實的壓力下，去求真，求善，求美！求做一個自主的判斷者，追求者，行為者！

　　請聽聽他們的淒切的心路歷程！

　　看看他們的壯絕的行動宣示！

　　我們將為您邀請到學者專家，以及與「林正義案」年代相近的數件大型叛亂犯的當事者，當時多為大學生和青年知識份子，包括知名作家陳映真先生（1968 年「台灣民主聯盟」事

件）、勞動黨現任主席吳榮元先生（1972年「成功大學共產黨案」事件）、勞動人權協會前會長賴明烈先生（1977年「人民解放陣線」事件）及 1967 年「台灣大眾幸福黨」事件當事人現身說法，以及曾經走過那個年代並且懷抱有為民眾謀出路，追求兩岸的民族和解，推動台灣社會民主改革的理想而吶喊過的青年們一同出席本次論壇。除了還原當年在戒嚴體制下包括「林正義」的台灣青年們，身處於冷戰與國共內戰的陰影下探索社會的發展出路和勤勞民眾福祉的生命體驗外，也共同來反思冷戰硝煙早已遠離，動員戡亂和戒嚴體制亦已終止，兩岸經濟等各方面的交往如此密切的今日，要以什麼樣的態度來看待未來民族分合的歷史走向。

第一次新民主論壇研討會
開場致詞

（2002 年 6 月 22 日）

　　各位貴賓、幾位老師，女士、先生，非常感謝各位的蒞臨指導，今天是「新民主論壇」的首次報告會。「新民主論壇」在 4 月 27 日舉辦過發起人大會後，因為 5 月是幾個相關團體的活動旺期，實在抽不出人手，分不出時間來籌劃首次會議。雖然我們受到不少關心人士的來電鼓勵，終於還是跳過了 5 月。眼看著 6 月也將要過去，因此，才從 5 月底開始著手，對主題、講者、時間、地點等快速決定，才落定今天六‧二二論壇會。而各位來賓竟能在這麼匆促的通知下光臨使得同人們又感激又放心。今後希望在各位的鞭策和協助下，看看能不能按月舉辦一次論壇會，這是目前同人們的構想。其次談到本次論壇會的主題「探索戒嚴年代台灣青年的國家認同與自我定位問題」，我們得承認，主題的決定是受到目前在台灣輿論上，引發出高熱度爭論風潮的「林毅夫」事件的直接影響。不瞞各位說，「新民主論壇」的發起單位之間，的確有一定人數的 1970 年代知青五案的關係人。當我們面對著媒體上各種評論的沸騰喧嘩，出於特定立場的是非論斷，不負責任的任意定性等，我們頓時覺得我們是否有一種責任，向沉默的大眾提一提另外的視野，好讓大家有一種更廣闊的思考空間。畢竟兩岸問題的特

殊的敏感性，需要更多的社會人士以更多的理性和智慧去面對它。否則，對兩岸關係的良性發展恐怕還是負面大於正面。這種情況相信還是多數人不願意看到的。

下面，有關論壇主題，容許本人再提幾點。總題目包括有三句話，似乎需要先行澄清。第一句是軍事戒嚴令。台灣戰後復歸中國，經歷過兩次軍事戒嚴令的施行，第一次是 1947 年二‧二八事變中，由當年行政長官陳儀所發佈，時間不長；第二次於 1949 年發佈，一直到 1987 年解除，長達三十八年。

這種軍事戒嚴令是國家武力以本國人民為對象，以最嚴屬的罰則（死刑），以最簡便的手續，所進行的恐怖的威嚇和鎮壓。在那一長段的戒嚴年代，白色恐怖曾經被認為是最有效的政權保衛方案。有關這三十八年戒嚴時期中被認定為政權的反叛份子而遭到處刑的確切的數字，至今仍未見正式發表。不過被補十萬上下被刑殺五千上下，這些都是粗略的評估。

在反共最高國策主導一切的時代裡，針對國民的思想控制還是以極端的反共最高價值論為指導原則。在醜化共產主義思想，妖魔化中國共產黨的一方面，台灣的學校教育、社會教育，皆以神化的最高領袖，聖化的國民革命理論，美化的黨史等為信仰中心。在這種的管制和灌輸的，國家和制度的強制系統，究竟對那些善感又善良的青年們的心理成長，發生什麼樣的直接間接影響呢？在「反攻大陸」、「解救同胞」的口號喊得震天價響的校園，「漢奸必亡」、「反共必勝」的字牌掛滿街頭道路，在那種的政治環境下，那些青年們因何會產生國家認同的問題呢？1970 年代的台灣，分離建國的運動還沒有昇高到今天的規模，因此，所謂的國家認同的衝突，主要還是存在於中華民國和對岸的中華人民共和國之間。

　　觀察當年所謂的知青案件中，青年們把認同的對象由中華民國轉向中華人民共和國，可以大別爲三種情況。第一類是社會主義取向的認同轉變。第二類是民族主義取向的認同轉變。第三類是對國民黨的高壓腐敗的批判或反彈帶動出來的認同轉變。當然，三種因素不一定是截然分開的。即使重點因素因人而異，或許是三者混合的心理狀態也是可能的。至於第一類社會主義傾向的導因，還可以再細分爲三種：第一是當年世界冷戰結構中的世界性左翼文運、學運的影響。第二是本土人民左翼第一期運動、第二期運動的事蹟還存留在社會集體記憶中。第三是隔鄰大陸上正進行的如火如荼的文化大革命的影響。而不論是那一種情形，我們要強調的是，在戒嚴時期，國家認同的問題是一種最嚴重的問題，是直接關係到個人生死存亡的大問題，非有極大的勇氣是無法去面對的。

　　最後，所謂的「自我定位」的問題，它比「國家認同」問題，在意識內容上可能更複雜。因爲「國家認同」主要涉及政治判斷，而「自我定位」則更屬於「生命的價值判斷」。青年們一方面向黨國體制有意塑造的人格形象表示異議，而以自主選擇，自我認定來確立生命意義或生活目的，那中間有世界觀、人生觀、生命觀的眞切的探求，最後可能歸結出一個個人使命感。就是這一份使命感，支持著他們去承受先行者的一切寂寞。承受來自於政治，來自於大眾的雙重壓力。這一點，台灣知青案件的關係人如此，現住在北京的林毅夫當他面對台灣故鄉時，相信也必然如此。

從兩岸經貿十年交流
看三通政策和台灣經濟
——關於第二次新民主論壇研討會
（2002 年 7 月）

解讀三通經濟學 VS 三通政治學
探討經濟優先 VS 政治優先的矛盾立場
剖析經濟統合 VS 政治分離的對立趨勢

　　兩岸三通的政策問題，長年以來在媒體輿論上維持著高度尖銳的爭議性。在持續不斷的論戰過程中，政、企、學界的代表人物，有積極肯定者，有消極反對者；有的視其為特洛伊城的木馬詭計，但也有認為是大趨勢下兩岸雙贏的一條大路。

　　不過歷屆執政當局的確經常傾向於消極抵制的立場，因而其政策說明或實際措施，是社會大眾所不能掉以輕心的，因為他們註定要承受一切的政策後果，必須認真嚴肅地從社會大利、群眾共利的基本立場加以深入瞭解。

　　兩岸之間，數十年來的情勢演變，歷歷在社會大眾的集體記憶中。台灣經濟的衰退沉淪已經太多太深，對歷史所造成的內部對抗，誰不想早日擺脫，兩邊攜手走向共同發展的大道呢？特別是，在資本全球化的大浪潮下，後進弱勢的經濟體之間競以地區性統合為求存求發展的保障，現已搬上了新世紀的歷史舞台。海峽兩邊若能以經濟的統合為跨越政治懸案的第一

階，其意義將是劃時代的多層面的。

這次論壇除邀請到長期專攻台灣經濟研究，著有《台灣戰後經濟分析》（東京‧東京大學出版會，1975。中譯本已由「人間出版社」發行）知名的旅日學者、東京經濟大學劉進慶教授進行專題報告之外，也將邀請在學養卓越、立論公正，且具有群眾關懷的學者專家（石滋宜教授正聯繫中）與會。

亦邀請長期以來肩負著沉默大眾的生活願景的群運、工運同人們，共同與會討論台灣經濟的變遷發展對各領域人們的影響與衝擊，包括長期從事勞工運動的團體，工人立法行動委員會、台灣勞工陣線的代表們。除此外，還有農民團體代表、中小企業界的代表，當然更熱望素有見解有意見的各界人士、市民大眾朋友們的駕臨，一同參與這場研議「三通和台灣經濟」的新民主論壇第二次集會。

這十年來兩岸經貿往來在法律邊緣遊走卻形成持續且大幅進展的結構性因素為何？在此刻兩岸間早已十分緊密的經濟交往關係之下，產經業界還如此企盼三通問題儘速解決，而使得「三通賣台論」似乎已被「三通愛台論」所取代？

在經濟鉅幅衰退的危機背景下，官方的戒急用忍政策在去年八月經發會達成共識，調整為積極開放有效管理政策，但儘管如此，面對兩岸間經濟的日愈統合的趨勢，兩岸間政治的對立卻仍一如既往，那麼經濟優先亦或政治優先這一長期糾纏人們思考的矛盾關係，應該如何面對？

在資本主義的經濟關係中，勞動無疑是從屬於資本的，可以預見三通實現和加入世貿之後，台灣勞工將隨著資本間的競爭遭受更無情的挑戰，但如果三通與兩岸間進一步的經濟交

往，一方面讓資本獲利，同時也會提昇台灣社會的一定的經濟
發展，那麼台灣勞工要採取什麼立場，來正視此一過程可能帶
來的各項衝擊？

第二次新民主論壇研討會
開場致詞

（2002 年 7 月 28 日）

　　各位來賓、女士、先生們！大家午安，多謝各位犧牲了半日休假來參加新民主論壇第二次的研討活動，同人們都很感激。不過今天的會，主辦單位有一則鼓舞性的消息報告各位參會者。那就是，我們邀請到了兩位名滿內外非常權威的學者──一位是現任東京經濟大學名譽教授的劉進慶博士，另一位是現任全球華人競爭力基金會董事長，曾任台灣省政府科技顧問的石滋宜博士。劉博士為了本論壇的隔海邀請，放下了籌劃中的幾種要務，特地從東京坐夜班飛機在昨晚趕來台北，而石博士也擱下了本身教學計劃中的活動，抽出時間來為本論壇聽眾講述。兩位學者對本論壇的熱心協助，使同人們倍感榮幸。有關兩位多年來的研究和教學的成果，甚至針對兩岸政府的經濟建設的理論分析或政策批判方面的貢獻，可以說是廣受重視極負盛譽。希望各位聽講者，在節目的最後時段──自由發問和討論中，踴躍提出問題請教兩位，好好利用今天這種難得的學習機會。

　　其次，說到本次論壇的總題目，是：「從兩岸經貿十年交流看三通政策和台灣經濟」。兩地三通這個題目，可以說是多年來一再地論一再地爭，總是讓人覺得是一種論也論不清，爭

也爭不完的老問題兼新問題。談到它的起源，原來是 1981 年
對岸的十‧一國慶的前夕，由全國人代委員長葉劍英向此岸的
同胞和當局所提出的，所謂的「葉九條」中的第二條。內文中
有關「三通」的部分相當的簡單而明瞭，不過上百字——
「……我們建議雙方（指陸、台兩邊）共同為通郵、通商、通
航……提供方便，達成有關協議」云云。就這樣帶出來往後二
十年的「三通爭議」，嘘嘘嚷嚷直到今天。

　　什麼叫三通，是通郵、通商、通航。通郵是隔離在兩地的
人們之間的情意互通，信息交換。通商是形形色色的各種商
品，包括財貨服務、軟硬體產品的供需之間的交易流通。而通
航不外水陸空交通，兩地間的人和物的搬運器的定時定向往
來。像這一類的人、物、事的交互移動，其實是構成社會經濟
生活面的基本性活動。自古以來，在不同的地理單元、行政單
元之間，除非一切交通手段非常原始，空間移動範圍非常狹小
的上古時期，這是一種群體生活中的必需項目。更何況，台海
兩邊原本並非異國異域，而是一個民族社會在歷史演進過程中
所發生的內部衝突，社會構造的解構和重構所造成的一時的分
裂狀態，再加上當代全球性的集體安全體制矛盾的交相激發，
簡單說來，是二戰後的國共內戰和東西冷戰的相乘作用下所形
成的非常態的政治對抗的結果。而就在這種政治對抗的制約
下，原本極其自然極其正常的兩地間通郵、通商、通航等也都
變成了極其不自然不正常的，高度複雜難解的困局。

　　在台灣，二十年來，從積極反對到消極抵制的論述不少，
理由多項，歸結起來，不外政治上的安全問題，經濟上的所謂
「本地產業空洞化」問題。至於肯定論、贊成論，同樣也提出
了一樣多的理由，有政治的和平統一原則，有經濟上的兩岸互

補相成論，區域統合的時代趨勢論，到全球化下後進經濟區的防衛發展戰略論等，不一而足。這些議論有的出於政府或政界代表人士，有的出於媒體評論家，有的出於學術界的報告，但對於市井一般勤勞大眾而言，不論是一篇文章一場演講，往往受到忙碌生活中的種種限制，有些朋友還是領悟不全，疑惑難免。且更重要的一點，是往往涉及到所謂統獨立場的影響，多種立場推論，似乎都還帶著這方面的深一層意涵，更使一般民眾不容易達成簡單明確的三通觀點。而在各種不同爭議中一直受到困惑的勤勞大眾，正是在任何時代都註定要承受最大量的社會成本，最沈重的政策後果的絕大多數的社會成員。

這就是本論壇特地邀請兩位卓有成就的專家，來向大家做全面的客觀的深入的問題分析的理由。同時也請來幾位大家都熟悉的社運界同人，他們向來以廣大民眾的實際權益為奮鬥目標，請他（她）們把親歷其境的運動過程中所體會出來的入世、三通後的可能的社會衝擊和新局面下的可能的新轉機問題向大家提出看法。

本論壇研討活動的目的，不外形成一種有利於廣大民眾的兩岸三通民間輿論，藉此批判當局或政客們的誤導宣傳，把大家正在面對的混沌情勢往正確的方向推，除此外不具有任何其他目的。有一句俗語，「形勢比人強」。「形勢」，指的是客觀演進的趨勢，「人」指的是個人的主觀判斷。一種形勢既已形成，就不以個人主觀為依歸。懸宕二十年的兩岸三通問題，看來已經緊迫到撼動台灣朝野的地步。但願今天的論壇活動，在講者聽者之間的求真、求善的熱烈互動中，能達成具有重大意義的民眾共識。這是我們的唯一希望！謝謝大家！

新民主論壇高雄集會結語

（2002 年 8 月 1 日）

　　李清潭教授，各位聽眾來賓！謝謝各位的熱心支持。我們的論壇活動至此結束。下面按照節目表由本人針對劉進慶教授的主題演講，作出六點結論，請劉教授及在場聽眾多多指正。

　　一、首先，兩岸三通問題，在法理層次上雖屬一國內部事務問題，然就其全球性的時空背景而論，無疑也是「經濟全球化」的時代大趨勢中的一個波浪。簡單地說，兩岸三通正常化，是生產要素和消費手段的效率化移動的經濟規律，向台海兩邊之間，特定歷史條件所造成的固定化政治僵局的衝擊。經濟的趨同求新作用，終將勝過政治的分歧離心作用。

　　二、經濟與政治，是一個群體的兩個結構層面。兩者不可能各自遊離單獨存在。經濟關係和政治關係重疊在同一個社會實體之中。經濟固然受到政治的制約或影響，但若以長時段基本趨勢而言，經濟的約束面還是屬於常態性。當前兩岸三通的政策衝突，一造的大陸要求視之為一國的內部事務；而另一造的台灣，則主張應視為特殊的國際事務。

　　三、大陸的超高成長率和超大市場規模，對疲軟多年的世界市場所產生的巨大的磁場效應是難予抵擋的。因而在尋找出路的各國對中經貿交流的結果之一，是程度不一的，所謂的本

地產業空洞化的一時性現象。日本如此，韓國如此，並非台灣一地的獨有現象。台灣的反三通論者，以此現象做爲一藉口，是極其可笑。像「與其西進大陸，不如南進東南亞」的論調，往往是政治的脫中國化立場的經濟外衣而已。

四、據最近統計，兩岸間的貿易實況如下：去年台灣出口大陸 273 億美元（自十一月起超越美國），由大陸進口 50 億美元。順差 223 億美元，亦已超過美國。大陸已成爲台灣全球貿易中的最大且唯一的順差來源。亦即，最大外匯收入的的來源。而更重要的一點，是二百多億美元的順差，其中 65% 是來自於大陸上的台資系統企業的回台採購。

五、兩岸經貿的正常化正規化，於此可見絕對有利於台灣的島嶼經濟。而在當前階段兩岸貿易順差的巨大的不平衡現象，除非陸方在政策方面認定其具有一國內部貿易的特殊性，是絕不可能聽任其長期存在。台灣當局應有虛心面對事實的態度。所謂的「台灣主體性」或「台灣利益優先」的政治原則，不可變成自行傷害台灣利益的執妄立場。

六、至於兩岸先後進入世貿組織，以及兩岸三通懸案終獲解決之後，台灣勞工因爲新的競爭壓力而受到的衝擊，也在我們的預見之中。解決之道，應在於兩岸經濟合作的新機制的創立和共同執行。

換言之，兩岸經貿統合下的各種新機能作業項目中，應該訂出一條專項作爲解決兩岸勞力市場的衝突或擠壓問題。期能達成兩岸勞動人民的最大福祉的共同目標。

以上六點，謹作爲本屆論壇主題演述的簡單結論。謝謝大家。

一邊一國・主權對等論和台灣人民的基本利益

——關於第三次新民主論壇研討會

（2002 年 8 月）

2002 年陳水扁拋出了「一邊一國・主權對等」論，繼 1999 年李登輝的「特殊兩國論」之後，再度把社會內部積存多年的統獨爭議，幾乎推上了新的沸騰點，導致了朝野藍綠之間的政見攻防戰的新一番高潮，也使民意中有關兩岸懸案的既有裂痕更加深刻化。

陳水扁上任以來，台灣經濟一路下滑，財政及產業政策多項失控，經濟成長率急降，失業率衝高，企業界多走上資本逃避大陸的路，受雇大眾的實際生活水平遭到削降，社會保障制度屢受侵蝕，沉重的社會不安淹盡了每一個生活角落。終至近日有外國專家發出「台灣金融體系已臨崩決前夕」的警語。

然而執政的民進黨，竟然在此險象漸露的動盪時期，強行反時代的黨政合一，為了轉移人民注意的焦點，鼓動民粹，挑撥兩岸，以「西進大陸不如南向東南亞」的政治壓力抗拒經濟規律，企圖扭轉兩岸三通經貿正常化的自然趨勢。其用心，不外貫徹一向堅守不放的「台獨黨綱」的基本立場，向內外宣示分離建國的終極目標，乃不爭的事實。這正是社會大眾面對兩年來紛擾不已的時局，深感憂懼的一點。

然而，在民進黨的政治資源和政策手段運營之下，部分

「民意」有時因受蒙蔽而影響情勢局面的正常發展，亦值得具有判斷良知的多方人士共同關心。

　　面對陳水扁的一邊一國、主權對等的八‧三談話。新民主論壇有感事態問題的嚴重性，將以「一邊一國‧主權對等論和台灣人民的基本利益」爲主題，提出下述三個子題進行探討：

　　㈠美國霸權與中國再統一運動。

　　㈡大陸經建大戰略下的對台方針。

　　㈢台獨目標指引下的民進黨施政策略與現實後果。

第三次新民主論壇研討會
開場致詞

（2002 年 8 月 31 日）

　　各位來賓、主講教授，各位聽眾，今天是新民主論壇第三次研討活動日，謝謝各位的熱心支持，演講節目現在就要開始。今天的主題是：「一邊一國‧主權對等論和台灣人民的基本利益」，題意是非常清楚的。這是針對陳水扁向東京世台會發表的八‧三談話──一邊一國‧公投自決‧走台灣自己的路──的批判和反論。不過，這個問題涉及範圍相當廣泛，討論上具有一定的縱深，因此再分出三個子題，針對問題構造的三個方面，以便使大家有一個比較全局的觀點。

　　第一子題是「美國霸權與中國再統一運動」。正如眾所周知，兩岸的分合統獨雖然在法理上屬於一個國家的內部問題，但在二戰後到 1990 年代，長達四十多年的所謂的東西冷戰時期中，台海兩邊之間的軍事對立，早已編進了全球性的社／資大對抗的兩大陣營體制之內。特別是，執西方集團牛耳的美國，在 1950 年代便把台灣圈進了東亞集體安全體系裡，讓台灣一方面自我定位在中國內戰的延長線上，同時又承擔美國圍堵中蘇的戰略佈局中的一個環節。如此的特殊關係就台灣而言，換來的是兩岸對抗中的受保護權。這種美台關係，一直維持到 1970 年代中美蘇戰略新三角的成型，到中美關係的大轉

向，由對抗到對談到邦交正規化後，美台關係中的保護關係仍然被保存下來，出現了所謂的「台灣關係法」。這個號稱美國國內法的「台灣關係法」，事實上硬生生地延續了一個主權國家中國的分裂狀態，直到今天。1999年的「兩國論」，2000年的「一邊一國論」，都出現在「台灣關係法」的直接間接的保護傘之下，雖然兩論都受到美方的事後約束甚至譴責。看來，美國當前對台獨的分離建國運動，只是默認其「分離」，而暫難同意其「建國」。是則，其根本的動機和最終目的是甚麼？實際的影響如何，應該都是我們所深予關切的。今天論壇有幸邀請到台大的石之瑜教授。石教授在這方面的研究一向是學界的一大異色，才不久我們在報刊上讀到教授的一篇文章，相信帶給讀者們很大的震撼和啓示。我們期待著石教授的講述，能幫助大家達到更深入更有系統的瞭解。

其次，子題之二是有關兩岸問題的最直接的決定要因——大陸的對台總方針。我們也約略知道，大陸上已推行二十多年的改革開放，是劃時代的國家發展大戰略。以大陸的廣大的國土，龐大的人口，數千年歷史傳承的重負，特別是近世西方列強壓迫下的百年積弱，致使那一段革命建國，推動現代化的道路，顯得格外的崎嶇難走，內外困境接連不斷。但進入八〇年代，終於訂出了所謂的社會主義初級階段的歷史性的任務定位，而在整體多項的戰略目標中就有完成祖國再統一的這一項。和平統一・一國兩制的方針雖然是在歷史條件規定下的必然政策，但住在台灣島上承受著國家認同的激烈爭議中的種種壓力，有人在分離和反分離，促統和拒統的民意漩渦中，難免時而憂慮，時而急切，甚至有所困惑，有所求解，說來也並不足奇。簡言之，大陸的政策表上，對台工作當然不是孤立的單

項。當其面對此岸的重大的分離動態時，所採行的具體反制，當然也在整體形勢，內外處境的全面考量下有它的底線上限，這一點，勿寧說是正當的。我們如何適正地去理解，具體個別的情況背後的大形勢，也就是，在兩岸關係的一時性局部性的動盪變化中，維持著理性的全局觀點，這是關心兩岸良性互動的大方向的人們應該自我警惕的一點。大家一向敬重的朱高正博士，近幾年在北京大學講學。除了講課外，朱博士也進行了廣泛而深入的政策研究，我們在前面提到的那些問題，相信朱教授會向聽眾提出完整的分析報告，幫助大家加深認識。

至於第三子題，是台獨目標指引下的民進黨施政問題。相信兩年來人民大眾在生活中的體會是相當深刻的。舉凡經濟的失序衰退，政局的混亂紛擾，大眾生活水平的急降沉淪，社會心理的焦燥不安，尤其兩岸關係在政府有意操控的民粹浪潮下，原本脆弱的溝通機制顯得岌岌可危。究竟阿扁的真實用意在那裡，是否堅信著為了獨立建國的終極目標，現階段人民利益的些許犧牲也屬應該？是否堅信著在美國巨大的軍力保護下，在所謂的「民主普世價值」的國際認同下，對岸終究跨不出「武力保台」的一步？而最重要的一點，台灣人民在執政集團的盲目硬幹下，可能面對的是如何的一個結局等等，我們也相信在自由討論的時間有很多的意見或心聲的表達。

以上幾點淺薄的問題意識作為今天的開幕辭，謝謝大家！

勞工與選舉

——關於第四次新民主論壇研討會

（2002 年 10 月）

　　自從 1895 年台灣淪爲日本殖民地後，台灣人民被要求無
條件接受「台灣總督」的「府令」統治，而從不知「選舉」爲
何物。直至 1945 年，日本因戰敗而投降，台灣回歸中國版圖。
然適值中國內戰時期，不久便導致了台海兩岸分裂對峙的不幸
局面。台灣在國民黨黨國體制的高壓統制下，憲政遲遲未能正
常上軌，各種名目的選舉皆在嚴密的政府操控下，徒有其名難
獲其實。至九〇年代始，經歷一連改革措施，自 1991 年第二
屆國民代表大會至 2001 年第五屆立法院，十年間七次的中央
民代選舉，才見到形式合規，程序民主下的選舉。然而在這期
間，選民中佔最大比例的各業勤勞大眾，雖然投下了不計其數
的選票，卻始終推不上一位眞正的勤勞者代表。即使是直接關
係到他（她）們的生活與工作的權益事項，他（她）們也難有
一位可靠的代言人在決策部門中。雖有過少數工運、社運的鬥
士們毅然投身選戰，卻尚無一人得以達成初志者。

　　有人說，勤勞者經濟力較弱，在花錢第一的選戰中那能勝
出？但造成個人財力格差的社會分配制度、雇用制度，算不算
公平合理呢？又有人說勤勞者的知識條件差一點，說服力低，
但人民之間的受教育權、資訊科技時代的信息接觸機會，究竟

合不合乎公正平等原則？另外也有人說勤勞者個人難以成爲公眾人物，社會知名度低……。的確正因爲勤勞者小百姓向不受媒體重視，勤勞階層也難以擁有自己的傳播機構，在叢林規則下的競選過程中自然難有出類拔萃的機會！以上種種實情，使得他（她）們空有法理上的國民資格，卻脫離不了實質上的二等公民的窘境。

我們都知道，公權力是一切社會組織、社會發展的基本要件。必須由優良合適的公職人員去執行。而公權力私器化，才是社會沈淪，社會解體的第一步。優良的公職人員應有優良的選拔制度和公平公正的執行過程才能產生。台灣社會在金權政治腐蝕下，作爲取得合法統治權的選舉制度，久已形成了各種利益集團，剝削階層的角逐場所，唯有弱勢階層的最大範圍的最高團結才能突破社會上強者恆強，弱者恆弱，多數人的公理難敵少數人的強權的惡性循環。

基乎此一認識，也鑑於數種高位階的大選舉日愈逼近，新民主論壇決定以「勞工與選舉」來做爲第四次論壇活動的主題，探討勞動者在社會政經體制結構中所具有的雙重身分，以及勞動者對於當前台灣政治文化中的選舉制度所應有的政治認知取向、政治態度取向和政治價值取向。

第四次新民主論壇研討會
開場致詞

（2002 年 10 月 27 日）

　　各位女士先生們，非常歡迎，但也相當抱歉又一次讓各位犧牲了半天假，來參加新民主論壇第四次的研討活動。本次論壇的總題目是「勞工與選舉」。今天，論壇替各位邀請到了在學界素負盛名，且平日常常爲弱勢群衆、受壓迫的階層發聲，爲社會的健康發展常常提出尖銳而深刻的社會批判、政策批判的夏鑄九教授和大家熟悉的全國總工會理事長，在立法院經常力挺勞工基本權益的林惠官立法委員，還有曾經是、現在還是活躍奮鬥在工運界，被譽爲老兵不死、鬥士不退的曾茂興理事長、施永林理事長、羅美文榮譽主席三位，另外還有一位本屆市議員參選人王芳萍，她是日日春協會祕書長。主辦單位相信，如此的論說陣營對「勞工與選舉」這個大題目的理論與實際，學理與現象，理想和現實的交錯沖擊互動聯繫，一定能作出明確而有力的「總結」。

　　按台灣十多年來的選舉是政團政黨取得政權的唯一形式或過程。而由於台灣獨特的歷史條件所造成的衆多內外問題，如：事關經濟方面的有成長與穩定問題，結構調整問題，生產性與競爭力問題，財政平衡與公平問題，資本逃避和失業率問題，兩岸經貿政策問題，三通緩急問題，全球化中的自我防衛

問題等等。在政治方面則有：國家認同問題，兩岸統獨問題，族群情結問題，朝野矛盾問題，政黨屬性問題，政黨精英和選民大眾問題，社會福利問題，教育改革問題，司法改革問題等等。這些複雜龐大的問題就是社會生活的實態，不論我們願不願意樂不樂意，都得去面對。本人之所以一口氣列舉了這麼多的問題，並無意誇示自己的政治常識，更不是要表現先憂天下憂的志士情懷。其實，那麼多的問題，都是媒體經常炒作下的題目，都是政客們爭論中的題目，即使我們不及全部理解問題的所有內容，但最低限度耳熟能詳，並且其中有些問題的確也讓人共鳴，讓人震憾，也讓人深思。不過，其間也使人覺得，這個社會，這麼多的成員，在利害關係上，在影響範圍或程度上，未必是完全的利益共同體。面對著那麼多的問題那麼複雜的狀況，其實還是因為個人所屬的社會位置，身份條件，工作種類等等的不同，而在意見上，態度上有所分岐。這種分岐有時候還會相當尖銳，有時候甚至是針鋒相對的。但即便出現很多的分岐，既然是同一個社會同一時代的成員，必定有一個共同的願望，共有的遠景。像更充足的生活條件，更和諧的人際關係，更完善的社會設施，更公正的制度作風等等。如果連這種共同的願望都沒有了，整個的社會結構也不可能繼續存在了。而為了達成這種進步的目標，我們必須把視野，從個體提昇到集體，從小集體提昇到整體社會結構，唯有如此，才能超越個人達到一定高度的社會觀，才能認知解決問題的大方向。當然，個人歸屬其中的集體不止一種。從血緣的家庭親族，地緣的鄰里鄉黨，到個人在一定的目的下的自願參加的各種社會團體。但其中最基本最重要的應該就是個人身不由己歸屬其中、參與其中的任何形態的價值生產和成果分配的社會網絡，

在那客觀運作的網絡中的社會集團——階級或階層的存在。說具體淺白一點，是每個人在「做工作拿酬勞過日子」的基本生活行為中形成的，超個人主觀的社會集團。一個人的禍福幸災，除了個人特定的機遇外，最大的決定因素，其實在於自己所屬的階級階層，在整體社會中所處的位置合理與否，奉獻與酬報，投入與回收是否平衡公正這一點上。

以當前台灣的基本情況而言，在經濟嚴重衰退的現況中，勞資兩大階級的爭議事端必然愈來愈多愈深刻。但政府的景氣對策中，勞工群眾的權益，顯然被刻意放在次要次次要的位置上，而以回復企業的高利潤率，救濟其創業上經營上的困難，做為景氣復甦的首要任務，寧可為企業籌備億兆基金，不惜把勤勞大眾的權利削減，讓勞力勞心的正當報酬縮水，認為是事不得已的代價。

或者面對兩岸情勢的長期僵持化，為了維持事實上的分離狀態，而把人民的血汗錢儘往軍購的無底洞裡灌，卻充耳不聽上百萬失業災民的怒號控訴。為了掩蓋執政的嚴重錯失而導致的社會亂象，特意煽動民粹，掀起族群對立，操縱媒體儘搞愚民宣傳。這些大大小小的嚴酷的現實，都將在一場選戰中一齊噴射出來，爆發開來。讓多數選民們昏頭轉向，在漫天的口水戰中叫人難做理性的判斷，正確的選擇。多少人隨著民粹的口號起舞，多少人在政客們精心打造的精彩秀場集體陷入催眠狀態中。

如此，則群眾年年選舉屢屢投票，卻改變不了選民人口中最大比例的勤勞大眾的可悲的無權狀態，和實質的二等公民的窮態。

在當前資本主義的總體制下，勤勞大眾自我救濟的機會本

來就不多，卻也不能期待任何救世主、神仙皇帝伸出援手。現在我們又一次要面對選舉的熱季，本論壇只有提出呼籲，希望朋友們趕快清醒過來，趕快達成有理有力的共識。勤勞者、小市民，政策施暴下的農漁民們，難道以其階級身分上的弱勢，便註定要放棄其「民主憲法」誓約中的公民權利嗎？今天，我們期盼主講的老師、引言的老戰友們，好好地替大家分析分析事理，澄清種種惑人的表象，一起找出一個結論，讓所有為生活而勞心勞力的人們同心面向滿街狂熱的選戰，首先，讓大家投下的票，都是勤勞者的自救的理念票，而沒有一張是人情票，更沒有一張是買賣票！

　　以上作為主辦單位的引言，謝謝大家。

2002 年 8 月至 11 月人民六大街頭抗爭事件總檢討

——關於第五次新民主論壇研討會

（2002 年 11 月）

　　2002 年是陳水扁政權施政的第二年，而台灣社會的整體性失序失控現象，正逼現在我們的面前。從兩岸情勢到經濟政治社會，直到世道人心風氣，多方面的亂象使得社會大眾在逐日加重的生活負擔，和普遍蔓延的無力無助感下，日夜難安。

　　政府在決策上的錯失，執行上的紊亂，都一層層加壓在弱勢的底層人民身上。多項錯誤政策的最大成本和最後結果，總是由勤勞人口來承擔。舉例說，景氣對策的不當傾斜，財政救濟不符公平原則等，必定造成底層民眾的生活危困，卻顯然不列在政府的政策檢討範圍之中。而政府的更大的關注，似乎集中在如何面向經濟衰退、工廠廢棄、勞工失業、外資撤離的艱困時期，堅定抵拒大陸經濟的「吸磁作用」，維持兩岸關係中的僵化對峙立場。且在官方說辭中屢屢把政經難局轉說成是對岸的招商和武嚇，及朝野矛盾的結果。

　　如此則，真實的問題被模糊化，焦點被轉移，對所有問題的重要性或急迫性的判斷基準在於：一、是否有利於繼續掌權。二、是否有利於該黨黨綱中的建國最終目標。在這樣的政策立場下，執行上自然產生日益嚴重的傾斜和偏失。近數個月，我們看到，像民眾的就醫權、教師的組織發言權、勞工的

工作權、農漁民的生計保障、原住民的生存空間、核污染區住民的生態保衛權等等，一向明列在民土時代任何憲章的人權訴求，一律都被工具化，一律被列入以行政的權宜作業糊塗表面的技術性處理項目中。如此的作法，觸不及問題的關鍵，解不開社會疾苦的癥結，更消除不了結構性病因。於是，耐不住的受害人群，痛苦不堪的底下層民眾，只有走向街頭發聲吶喊。這種形勢表示著執政黨一度擁有的民間期許，現已轉變成難予填平的民憤民怨。而如果執政黨仍一味以權謀與民粹為政權保衛戰的最高手段，那無異在催化又一次的社會大激變，我們相信那是任何人都不欲遇見的悲劇。

本次的新民主論壇邀請到上述六大人民抗爭事件的代表人士現身說法，親身報告，期能使參加論壇的朋友們深一層瞭解個別運動的真貌和其間的政治‧經濟‧社會的連帶性，並共同探討出一個當前台灣社會的總病根！

下面謹列舉今年 8 月至 11 月間的人民抗爭事件（按時序），並藉此表示本論壇對上千上萬投入者的真摯的敬意和熱切的支持！

■「全民反對健保調漲大聯盟」827 大遊行
■教師會「團結‧928」大遊行
■台灣原住民族「光復傳統領域」大聯盟
■1026 抗議活動、北海岸鄉民反核廢料 1030 抗議活動
■勞工 1110「活不起‧反貧窮」秋鬥大遊行
■1123 全國農漁民團結自救大遊行（1029 各縣市農漁會萬人陳情行動）

第五次新民主論壇研討會
開場致詞

（2002 年 11 月 30 日）

　　各位女士先生、新民主論壇的朋友們：今天是 11 月 30 日。
再過一個禮拜，便是北高兩市市長、市議員選舉的投票日。有
關「選舉與勤勞大眾」，選舉中的人民的階級身分與公民身分
的雙重關係，在本論壇第四次 10 月 27 日研討會中，我們曾經
邀請學界人士進行過學理性的探討和分析。記得當天，夏鑄九
教授著眼於技術文明的進步帶來社會構造，特別是階級結構的
具體內涵的新變化，主張新情勢下的弱勢階層應有跨越傳統的
階級界說的，新的人民統一聯線的新運動觀。再加上同日受邀
的，曾經以勞工代表自我期許，參加過中央民代選舉的工運界
朋友們的體驗報告，在多種角度的切入下，大致達到了一個結
論。這個結論是：勞工們因為階級身分的弱勢，而在政治上、
社會上很難突破資本主義體制下的種種限制條件。其中，尤以
大眾在投票行為中的主觀動機方面，總是受到政經主流勢力的
影響而集體的自覺一向薄弱，以八百多萬人口的最大比例，仍
然無法推出一個具有真正代表勤勞者的民代公職。當時有些朋
友還認為「勤勞者與選舉」這個主題在當前的台灣的確具有現
實生活上的特殊意義，因此建議不妨以系列討論的方式連續多
辦幾場。當然我們也理解，從 12 月的院轄市選舉到 2004 年的

總統大選，這一段時間裡，選舉恐怕是民眾生活中涵蓋面很大，緊張度很高的共同議題。不過從另一個角度來看，我們也同時面對著另一種更具震撼性，更屬於基本性全面性的問題。即就是，社會整體性的脫序失控的「結構性危機」。

什麼叫「結構性危機」呢？原來人類社會是一種有機結合體。部分與部分之間，部分與全體之間具有緊密的內在關聯性。每一個社會領域都是環環相扣的社會環節。整體社會的存在和發展以內在環節和外在關係間的不斷的良性調適為基礎。這就有賴政府政策的適正的推動和有效的執行。如果一個政府漠視正常正當的政策規劃，卻把特異的意識型態或虛擬的目標放在施政的最高原則的位置，那它的施政因其背離現實的權力行為，必定從一個環節傷及另一個環節，從一個小環節傷及到大環節，這就不可避免地使整個社會運作的穩定性和發展前途遭受到嚴重的打擊破壞。這種結果便是所謂的社會的「結構性危機」。

我們知道政治就是管理眾人的事。政府是在人民授權下管理眾人之事的機關。政府做得好，眾人的生活既安適又有更上一層樓的未來希望。如果政府做得差，做出錯誤的施政，即當然是眾人遭殃，生活沉淪，未來黯淡。因為政府把社會結構的正常運作打亂了，違反了社會的結構原理和發展原理。此時社會上必然出現人民的不平之鳴，甚至抗爭活動，這些都是信號，都是癥候，表示政府以人民授權之名，其執權行為已經嚴重地偏離了為人民謀福利為社會謀進步的正道了。現在讓我們回顧近三個月來的台灣政情的不尋常波動圖吧！陳水扁政府施政兩年，到了中期，難道這是政治的半衰期現象？首先是「全

民反對健保調漲大聯盟」827 大遊行，參加民眾近三萬。「教師會團結‧928」大遊行，參與的教師七萬。「台灣原住民『光復傳統領域』大聯盟」1026 抗議大集會參與的原住民約五千。「北海岸鄉民反核廢料 1030 抗議活動」，參與鄉民約三千。勞工 1110「活不起‧反貧窮」秋鬥大遊行，參與者三千。「全國農漁民團結自救 1123 大遊行」，參加農漁民十二萬。除此六大事件外，其實還有兩件。一件是九二一災民抗議活動，另一件是大陸新娘抗議立法院事件。也正因為大規模的民眾抗爭事件續出不窮，分別暴露出社會各不同領域中。愈見沉重的困苦和壓力而終於噴射出街頭的喧天吶喊。所有六件抗爭，至今尚無一件得到民意可接受的解決，有的甚至在繼續昇溫之中。面對著如此的局面，本論壇認為雖然時間上處在選戰熱季，但與其再度把討論主題定在選舉問題上，把時間虛擲在為選舉而論選舉，不如面對讓「程序民主」的選舉也嚴重變調的，當前台灣社會的總體檢，在時間意義上也許妥切一點。因此，本論壇決定，在北高兩市選舉的前夕，暫時放下選戰激情的紛擾，大家以冷靜理性的分析眼光來掃描六大街頭抗爭事件的背景經過性質及其所啟示出來的政府與人民大眾之間的經常被政策語言所掩蓋的真正的衝突點。

最後，總觀六次的官民街頭大對決，我們加深了如下的幾點認識。一、政府的施政重點，經常受到兩基準點的約束。其一、是否有利於繼續掌權。其二、是否有利於分離建國的終極目標。而當其面對人民的質疑、責難或抗爭時，總以權謀和民粹來作為阻擋手段。這種「兩個基準」和「兩種手段」，才是民進黨自行戕害政權的正當性、政策的合理性的禍因所在。也

是當前台灣社會的所謂的結構性危機的總病根。

以上幾點個人意見，作爲討論會的引言，還請柴教授、夏教授與六位報告人及各位聽衆多多指正。謝謝各位！

從 2002 年期中轉折展望
扁政府後半期走向
——關於第六次新民主論壇研討會
（2002 年 12 月）

　　民進黨執政的第二年，2002 年，只剩幾天便要結束。而北、高兩院轄市的市長、議員選舉，也已經在本月上旬完成。因其時間規定在總統法定任期的中半年，多人視其為另一類「期中選」。當然，中央與地方層次不同，「政事」的實際內容也不同。因而「期中選」的說法在理論上有瑕疵。但在現實上，總統、立委的選民和市長、市議員的選民是重疊的。在政黨制度的運作下，「期中選」之說不能說完全不通。凡選得好的一方，自然會強調這是「對執政者（黨）的信任投票」，選得差的一方，則主張「不相干的兩碼子事」。不過根據台灣政治的實際生態，我們寧可同意前面的「信任投票」說。因為人們感受到 12 月 7 日的北、高選舉，的確展露出人民對執政黨的，相當幅度的集體心理的背向轉折。即便是局地現象。

　　回顧才一個月前，本論壇 11 月 30 日第五次研討會上，針對自 8 月至 11 月間所發生的人民六大街頭抗爭事件，由該六項運動的代表人士出席，進行了深入而全面的報告和討論。當時多數參會者已然感受出，台灣社會正要進入整體性結構性危機的動盪期。果其不然，再隔一個星期，在極富指標意義的北、高兩市選舉中，不是單看其結果，而兼視其過程，我們得到了

可慮的因証。

在上一次研討會中，我們看出在現代民主社會裡應屬無可爭議的諸項人民基本權利，竟然在扁政府的，掌握選票的近程目標和分離建國的遠程目標兩種政策立場的制約下，以及策略層面的權謀和族群情結的民粹兩種政權保衛手段的影響下，橫遭戕害屢受破棄，從而帶給人民大眾日益沉重的生活苦難，終致釀成了超過二十萬人民的街頭抗爭遊行。

北、高兩市的選舉過程和票選結果，於是突顯出多數人民對執政黨由期許到失望，由認同到反對，由稱贊到憤恨的心態轉折。而警惕於事態嚴峻的扁政府，以其過早變則化了的黨政權力機制，和執妄已久顯已不合時勢的族群情結，如何去對應內外客觀形勢──來自於政黨政治的，經貿趨勢的，社運風潮的，及兩岸與國際的種種衝擊和挑戰？

起自 2003 年的扁政府後半期走向，因其直通 2004 年「總統大選」，事關飽受兩年弊政疾苦的人民大眾的切身利害。究竟是向上回穩呢？還是繼續沉淪？此刻變成了舉世關注的焦點。

第六次新民主論壇研討會
開場致詞

（2002 年 12 月 29 日）

　　各位小姐女士先生們，謝謝各位的光臨指導。今天是 2002 年最後一次的新民主論壇。總題目是：「從 2002 年期中轉折，展望扁政府後半期走向」。下面有四個分題：

　　㈠從政黨政治看扁政府後半期；

　　㈡從經貿趨勢看扁政府後半期；

　　㈢從社運風潮看扁政府後半期；

　　㈣從兩岸情勢看扁政府後半期。

　　本次研討會是新民主論壇第六次研討會，就它的題意或內涵來說，應該是 11 月間第五次新民主論壇研討會的系列延伸。而前次 1130 研討會的總題目是：「自 8 月至 11 月間人民六大街頭抗爭事件總檢討」。在那一次會議中，該六項運動的代表人士以及各界參加者都有共同的感受——民進黨政府的多項施政，確有背離民主常規，侵犯基本的人民權益的一連嚴重的錯失。而在參會者共同分析政策，檢討過程的結果，多人認為，扁政府兩年執政期間所造成的民間疾苦，除了國際性的背景因素，以及一個剛上台的新政權，比較上弱質的結構人事，因而在政策設計和推行方式上不可避免的低效或失誤之外，還有該黨特有的分離建國的意識型態的影響，和過度急切的選舉考

量，也是諸般施政的應有合理性、妥當性，時時遭到不當扭曲或破壞的原因。這樣的施政品質，當然導致了愈來愈沉重的社會壓力，使民眾生活的負荷加大，各方面的規範秩序時見失控，反彈心理普遍蔓延，不時發生行政領域中的官民衝突，經濟領域中的勞資摩擦，終於釀成了多次的街頭大規模抗爭事件。

投入抗議人群的各階層各行業人民大眾，在前後僅僅三個月之間，竟然達到了二十數萬之眾。多數選民，原本對民進黨所懷有的期許和認同感，在不出兩年的政權前半期，轉變成失望甚至絕望，反感甚至憤怒。這種相當部分的包括工農小市民等基層選民的心理轉折，在北、高兩市選舉中，可以說全面地展露無遺。

這種狀況，可想而知，也必然帶給執政者很大的衝擊，甚至相當迫切的危機感。爲了保衛苦掙多年得來不易的執政大權，執政黨在未來十五個月中，究竟會採行如何的政策重整，可望產生如何的實際效應，選民結構的所謂的「磐塊移動」現象，對 2004 年大選將會造成如何影響等，我們相信是多數民眾所深深關切的問題。當然，世人的關心倒不是單純關心既成政黨的勢力消長所帶來的政治生態問題，一般選民更大更嚴重的關切，是針對所有的生活領域中，至今堆積下來的多項實際問題，由其帶來的生活物質條件的惡化，和生活心理狀態的鬱積和苦悶，能否得到舒解改善，或者是，仍舊一路下沉淪落？

本來一千多萬選民，各自對政治的認知，生活的希求，是不盡一致的。甚至部分群眾各自有不同的政黨歸屬，有彼此分岐的認同立場。但民進黨政府兩年執政的結果，的確已經搖撼到了絕大多數社會成員的生活基礎結構，包括家庭和職場，從

而產生了範圍廣泛的批判聲浪，和罕見高頻度的街頭抗爭，直接質疑扁政府的施政能力及其主導路線。這也是社會變動規律下的必然現象，是不容爭論的。只是，在扁政府這一方，常常把策略層次的權謀手段和族群情結下的民粹動員，視為保衛政權的兩道防線。如此則，執政者與人民之間的緊張關係必定隨著大選日期的逼近而昇高，社會整體的正常運行，也勢必時時面臨或大或小的脫序現象。當然這種可能趨勢，扁政府當局也應該有所預見有所籌謀。如果政府在剩餘的執政歲月中，其對策合理，方法得宜，推動有力，則以其原有的草根政黨的一定的特質作用，大概也沒有人敢於予斷其所做努力全然無效。

　　到了今天，2002 年只剩兩天。開年後的扁政府是頹勢依舊呢？還是振作有方？事關台灣社會的未來禍福，千萬人民的生活浮沉，今天的研討會，面對的正是這一種關鍵性事態的探究。於此，我們要觀察扁政府在政黨政治的激烈競爭下；在經貿大趨勢的強力推擠下；在痛苦指數增高中人民奔向街頭抗爭的壓力下；在政治僵持歷時無解，經貿依賴度卻日益加深的兩岸情勢的驅迫下，如何從事一場政權保衛戰，態勢如何，成效如何，我們將密切地加以注意。當然，如前面所提，我們不論特定政黨的勢力消長，只論一場政權攻防戰帶給社會全體和歷史全程的正負面意義。這就是今日新民主論壇的目的和用意所在。而當我們舉出上面的四個問題面向時，我們有幸邀請到了東吳大學盛治仁教授，清華大學劉瑞華教授，台灣大學城鄉所夏鑄九教授，前立委、北京大學客座教授朱高正博士四位極負盛名的學者。承蒙四位專家慨允到場講述，這是本論壇的榮譽，也是論壇同人和各位聽眾朋友們的最好的學習機會。至於上面所提個人的一點想法，還請各位多多賜教。謝謝。

新年初探大選序戰佈局圖

──關於第七次新民主論壇研討會

（2003 年 2 月）

　　距 2004 年十一屆總統大選，今已僅剩十三個月。除了已註定對決的朝野兩造之外，一般大衆也逐漸感受到山雨欲來風滿樓的凝重政治氣壓。

　　只因爲扁政府的頭一任，至今的確表現不佳。不論導因有多少，兩年來確已製造了多方面的社會疾苦，多少家庭困境，多少個人苦難。曾經給二戰後半個世紀的坎坷台灣歷史，帶來了「空前變天」的一次政權交替，令不少人民的熱切期望迅速幻滅，甚至由失望而絕望，也已經是眼前不爭的事實。

　　像去年下半年以來，層出不窮的群衆街頭抗爭事件，突顯出政府施政中的難解懸案和政策衝突，至今事因未消，病根猶在。人民大衆迫切地要求脫困解厄，一種嚴重的社會焦慮，是造成爲期不遠的總統大選，格外吸住民衆普遍關心的理由。

　　根據多年來的體驗，我們大致瞭解，大凡選戰戰局，都由三方面的動態交錯構成。其一，是挑戰問鼎的組織力量，亦即反對黨的進攻戰略和佈置。其二，是保位護權的當政一方的防守策略和反制措施。其三，即爲選民大衆的，或被挑動的，或出於自我堅持的，或屬於情結‧迷思的，或來自理性取捨的，各種「民意」各樣「巷議」的混雜反應。而以上三種動態，再

經由蓋天覆地的媒體操弄，往往使得一場關係到千萬人民的禍福，整體社會興衰的政權攻防戰，在一片混濁的意識洪流中失去了方向，從而自毀發展向上的歷史機制。

就是出於以上的憂懼，我們認為在尚未進入本戰場‧決戰場之前，應該多瞭解不久將投入角逐的各方團隊。也希望他們攤開心胸面向選民，講明各自的執政藍圖和發展願景，好讓選民大眾在判斷上有所依據。像至今為止，泛藍再整合的進展如何，是思想、政策的整合為先呢，還是兩黨利益的整合為重，國民黨五十年的歷史功過如何自我評析等。執政黨則早已宣明，將以拼經濟‧推改革為「應戰最高方針」，但台灣經濟的真正痛點在那裡？政‧法改革的可行性有幾，在台獨黨綱的制約下兩岸政策如何導向等，最高權柄在握的優越條件下，肯否為投票授權的選民同胞真正負起責任？

至於選民大眾，除了檢視政黨所為之外，是否也應該內省自身的迷思或偏見，在競逐者的宣傳漩渦中維持清醒，憑持「授權者的責任觀念」妥作抉擇，甚至超越政黨黨私立場，形成合理共識，積極反影響政局。

本論壇歸納社運朋友們的要求，在戰雲漸密，戰鼓起響的2003 年新春頭一次的論壇活動中，定出了如上的討論題目。

第七次新民主論壇研討會
開場致詞

（2003 年 2 月 23 日）

　　各位女士先生們：首先本人代表論壇工作同人，謹向一年來熱心支持論壇活動的社運界朋友們，還有今天接受論壇邀請，百忙中光臨，提出主題報告的四位政界學界代表，誠懇提出我們的新年祝賀，祝各位身體健康，工作愉快！

　　今天是新民主論壇在 2003 年的頭一次研討活動。總題目是：「新年初探大選序戰佈局圖」。有位朋友說，這樣的取題，有一點「媒體叫賣」的味道。本人雖然也覺得，確有一點挑動社會神經的調子。但一轉念，這不正是當前台灣社會多數成員不論向來的政治傾向如何，見解主張如何，甚至政黨歸屬關係如何，大家一同深深關注的重大問題！像「中華民國總統選舉」這樣一種最高位階的選舉活動，原本就應該是人民的政治生活領域中，涵蓋面最大的全民活動。更因為 2000 年發生了政權交替後相當嚴重的施政失當和政策紛爭下積累下來的普遍的社會焦慮，使得一年後的第十一屆總統大選，亦即，陳水扁爭取連任之戰，形成了台灣選舉史上極為罕見的高緊張度的大會戰。而攻守雙方，至今各自展現出來的臨戰態勢，從戰力的配置到攻防計劃，都是引發一般選民高度注目的眼前動態。

　　本次研討會的三個分題，都是選民在實際生活的周遭中容

易觀察到的事態的探討。像第一分題，是有關 2000 年政權交替後，在泛藍群眾之間流傳最多的話題——從上屆立委選舉中出現的三合一建議，到 2004 年總統選戰中的國親再整合的呼籲。當然，視其為群眾心理的單純願望，固無不可，但在兩黨主要成員的深層意識裡，兩黨整合的議題究竟是敗選一方的不甘心理下，所做的技術面方法論的檢討結果呢？還是另有更深刻的歷史反省的結果？

　　這裡所指的歷史反省，是常以百年老店自誇的國民黨，針對半世紀的執政功過，有沒有進行嚴肅的自我評價，對「母體人民的幸福才是政黨存在的理由」，這種基本的黨群關係原理，有沒有誠實地再予確認？如果沒有，國親整合將僅屬於雙方在策略層次的有限謀合，利害妥協，其基礎必定是十分脆弱的。而如果有，那才可能達成較高層次的理念共識，和實踐中的互信機制。唯有如此，才能共同建構戰略高地，共提建政大方針，以此重建民間信心，且藉以統轄不易避免的戰術杆格，甚至個別成員或派系之間的矛盾衝突。而最終完成一次歷史性的攻堅任務。今天論壇邀請到了分屬國親兩黨中央的兩位年輕黨工幹部，周守訓主任和謝公秉主任。相信兩位將以年輕的熱力，對國親再整合的意義和過程，抱負和目標等，提出周延的解說。

　　至於第二分題，主要是有關執政的民進黨在大選期間的施政重點和政策指導的探討。如眾所周知，在台灣的特殊的歷史條件下，及當年國民黨主政時代的黨國體制下，所謂的黨外運動，本是當代史中相當突顯的部分史實。民進黨自 1986 年正式成立後，投入歷屆中央民代選舉，可以說不遺餘力。在 1990 年代五屆的國代及立委選舉中，其得票率穩定成長，由 24% 到

30%，曾有一次達到 33%。在 1997 年的地方選舉中，當選數和得票率兩方面都超過了國民黨。直至 2000 年的總統大選，終於實現了「團結的民進黨打敗了分裂的國民黨」的最高戰略，出現了陳水扁政權。但直至執政第三年的今天，扁政府的施政一再造成了經濟的、政治的、社會的相當嚴峻的困境是不爭的事實。特別是兩岸政策方面，一直受到 1988、1990 先後兩次的「台灣主權獨立」決議案的制約，而難見突破的曙光。雖然以拼經濟、推改革為 2004 年政權保衛戰的兩條主戰線，但績效如何，可行性有幾，選民的心理，社會的氣氛，還是相當的凝重、沉悶？所幸今天我們邀請到沈富雄委員。以沈委員在執政黨內的地位和委員個人素負定評的論政風格，相信將會帶給聽眾不少的啓發。

最後的第三題，是有關當前選情中時隱時顯，時起時落，十分隱晦卻也十分尖銳的「世代交替」問題。我們近來常聽到互相關連的兩個政治名詞。其一是「政權交替」，其二是「世代交替」。前者，是具有不同名稱的執政黨的交替；後者意味著政黨內部的（或跨越政黨界線的）新舊交代現象。由年輕到年老，意味著從成長到成熟到老化，這是自然鐵則是沒有例外的。一個政黨，不管其歷史長短，所有的成員都希望永遠保持旺盛的活力、創新力，這樣才能維持對外競爭力。因此，政黨的老化現象，如因襲保守的成分應該愈來愈少，改進革新的成分應該愈來愈多。

當然，所謂的新舊，不單是生理年齡，更重要的，是觀念和行動力的新。這些都不是甚麼大學問。但是難就難在如何去實現它。一個團隊裡面，新舊交替往往意味著權力交替是常識。如何在一個關鍵時刻去實現富有正面意義的新舊交代現

象，換句話說，如何以「世代交替」來創造「政權交替」的有利條件呢？

今天，本論壇並不具有這方面的任何預設立場。題目還掛著泛論兩個字。表示不具有具體的針對性。我們相信盛治仁教授以其少壯新銳的學者身分，會給我們理論上的客觀解析，同時針對具體現實的政黨生態，提出明快的分析報告。幫大家提高這方面的認識水平。

以上佔用了一點時間權作引言，如有說錯的地方，還請各位多多指正。

美國侵伊戰爭和亞洲區域情勢
——關於第八次新民主論壇

（2003 年 3 月）

　　有關美國布希政府指控伊拉克抗拒聯合國決議，長時期開發屯積「大量毀滅性武器」一節，雖然經過聯合國技術單位臨場調查多日，而仍難發現確切證據；安理會多數國家一方面嚴辭警告伊拉克，應充分協助武檢人員進一步的調查，且限期自行廢棄違規武器，一方面則勸阻美國不可獨斷獨行蔑視聯合國；已有全球數十國家上百萬上千萬反戰民眾，焦心急切的發出「勿有戰爭！」呼籲聲浪；美政府卻仍舊揚言，不論武檢最後報告如何，無論安理會能否達成任何決議，美國將單獨（或與志同國家聯合）發動攻伊戰爭，消滅哈珊政權。

　　形勢之急，令我們擔心，當本月份論壇活動的預告送到各位朋友手上時，已經是萬噸爆彈炸得伊國山野變容，毒焰吞噬了兩河城鄉，婦孺老幼死傷無數，一付活地獄展現在人類古文明的發祥地！

　　美國挾其舉世無雙的，人類史上空前的巨大武力，以順我者生逆我者死的單極超霸威勢，喊出「先制攻擊正當論」，準備投入三十萬地上武力，數十萬噸戰艦，千架戰機，誓言將一個開發中國家摧毀。這種曠世暴舉，其實，主要是美國石油戰略家們的運籌結果，迄今已經是無人不知的事實。而當這種

「有力者取之」的叢林原則取代了一切文明法規範後，我們極難想像，21世紀的地球將是如何的新蠻荒景像。

　　一場侵伊戰爭，將在亞洲各區域點燃多少火嘴——朝鮮半島的核武危機；日本以其世界第二經濟體所推動的重整武裝（也包括核武）的「國民運動」的暴漲；以至台海兩岸歷年對峙的危困情勢等。

　　我們不欲變成高科技屠殺場的目擊者，無論其發生在地球上任何地方。更不願從此生活在核塵掩天，物種瀕絕的黑暗恐怖中。

　　在全球沸騰的總危機中，台灣社會的朝野菁英，大小媒體，似乎有志一同投進2004年大選前哨戰的泥巴戰中。執政者且輕描地表示：「我們雖不支持戰爭，但還是支持美國朋友」，甚至準備提供軍費捐款。

　　重重的危機感，層層的疑惑，困惑著社會大眾，也警惕著社運朋友們。

第八次新民主論壇研討會開場致詞

（2003 年 3 月 30 日）

　　各位論壇朋友大家好！今天是新民主論壇第八屆的討論會。本屆的題目，是有關目前正在發展中的一件世界性大事——美英侵伊戰爭的探討。有關侵伊戰爭的背景、由來、性質、過程、形勢等等，媒體上的論述或評論已經不少，再加上官方的政策立場的數次宣示，圍繞著它的社會輿論的多元反應等，的確已經形成了近來罕見的很大聲浪，廣泛地衝擊著資訊時代的群眾生活圈。

　　關於這一場戰爭的「本質」的定位問題，因為涉及到當代史批判、制度批判等，當然會出現相當的分歧異見。在電視裡、報刊上，我們已經看到了不少的爭議。今天我們邀請到的四位主講，都是當今台灣的思想界學界的代表性人士，我們相信，從四位的專題報告中，聽眾一定能得到最大的啟示和更周延的理解。

　　跨世紀的美伊戰爭，如加以最籠統的界說，是單獨超霸美國的世界經略的一個重大環節。自有其必得如此的，地緣政治的，資源戰略的因素在。但事實不止於此。我們面對的是一個自認「凱撒即上帝」的獨大霸權，自信已經掌握到主宰地球命運的新機遇的一群權力狂徒，憑借人類史上空前的巨大軍武實

力，喊出「先制攻擊正當論」。如果這一種行徑，這一種論旨，一旦變成了 21 世紀國家行為的新準則，那無異一刀腰斬了人類文明化的艱辛過程。把人性中尚未被全面揚棄的動物性復元，把人類社會的組合原理踐踏在腳下。以「有力者取之」的叢林原則，取代文明法規範。如此則，21 世紀的地球，必將進入新野蠻主義橫行的新黑暗期。我們熟悉的一句中國諺語——「有理走遍天下，無理寸步難行」完全被虛化，人類從獸性進步到人性的關鍵的「理性原則」顯得不再真實。而西方史上的另一句「上帝的歸上帝，凱撒的歸凱撒」，本來帶有初民追求精神生活和物質生活的價值平衡的社會公約的性質，也頓失意義。嚴苛的現實，是強者口中的「先制攻擊論」，強者手上的「生殺與奪大權」，這就是新世紀開幕的時刻，我們所面對的伊拉克事件的極為沉重的意涵。

　　我們人類的文明史，據史家說不過萬年。人性中最強烈的本能，還是「自我防衛」本能。個體的「自我防衛」，也是群體生存的基本前提。因此，在近代國際法中，屬於自衛範圍的戰爭行為，還是被容許的。不具有自衛理由的，片面發動的戰爭，就被指為侵略戰爭，是不被允許的。因此，歷史上雖然出現過不少次的侵略戰爭，但一般說來那些侵略者，大都為了爭取國際法上的正當性，總會利用各種口實，或捏造一些理由，把自己說成是受害而應戰的一方。這種做法當然也令人痛恨，但至少表示，即使是侵略成性的反面人物，如二戰時的希特勒，也知道文明時代的戰爭規則，需要營造出「受害者反擊」的表面姿態。狂妄如希特勒，在國家和戰的大問題上，也不曾放言「只要我認為你很危險，我便有權先下手為強」。如此荒唐的行為模式，片面的「敵情」判斷，必將引發國際社會的紛

擾不停，猜疑和衝突將變成常態。因爲歷史歲月中的分分合合，恩恩怨怨，那一國家或民族，不具有與他國、他民族之間或大或小，或深或淺的矛盾？而文明的進步，正是大家在一定的共識或規範下把彼此間的矛盾通過雙邊或多邊的理性作業加以解決或緩解，避免衝突的悲劇發生。否則的話，不再有一個國家能有安全感。爲了懼怕變成他國先制攻擊的目標，唯有準備必要時先下手爲強。因而經年緊張，如何建立軍備實力變成了最高優先的政治課題。如此一來，至今仍未能解決的，各區域的民族宿仇，國家矛盾等，隨時變成火種，等待爆發。

以亞洲鄰近區域而言，首先有朝鮮半島上已歷半個世紀的南北分斷的大懸案。北韓因爲和兩伊同時被布希政府宣佈爲「邪惡國家」，眼看著美國對伊拉克的毫無保留，目無聯合國的侵略行爲，一方面繼續研發核武和導彈，還發出了警告：「先制攻擊絕非美國的特權」。另一方面，伊朗政府也發表該國新近發現了一處大鈾礦的消息。似乎暗示核武整軍藉以自保的政策意圖。北韓、伊朗的姿態，無疑是針對美國的先制攻擊論的回應。至於台海兩岸之間長年來的對峙狀態，實際上以美國的國家意志爲決定性因素之一，是衆所周知的事實。說到中美關係，即使不談國家體制上的根本差異，在地緣政治的，全球化經濟互動中的競爭關係，幾乎是注定的。以兩國在對角線上的兩極地位，在外交策略上時而「伙伴關係」時而「競爭關係」，其實意義都不大。重要的一點，還是被稱爲「民主帝國」的美國，的確盲信著自己擁有十足的條件十足的能力，去堅持政略上的單邊主義，戰略上的制先權」，而不論對方是「伙伴」，還是「競爭者」。

最後，有關台灣社會的政治生態，除了人人競逐權柄和大

位之外,是否已經病態得無法感受,無法認知,無法處理發生在島外的,屬於地球村整體性全局性的問題呢?

今天的討論會,我們期待著四位專家學者,替我們多多解惑釋疑。以上。謝謝大家。

大選加公投‧風險知多少

——關於第九次新民主論壇

(2003 年 8 月)

　　2003 年甫開,朝野政黨即為翌年大選的前置佈局而啟動了黨機器。如:選務中心,人事配置,主戰議題,攻防戰略,基層佈建,策略聯盟等等,莫不精心策劃,且為了先聲奪人製造聲勢,隨時拉開前哨戰,搞得沸沸揚揚熱鬧異常。

　　陳水扁政權三年來的施政,的確多有缺失。政局一直混亂不清,所喊口號拼經濟推改革多時空轉,卻見景氣低迷不起,弱勢大眾肩上的生活壓力日益沉重,如 2002 年下半年的群眾街頭抗爭六大事件,迄今仍未見政府提出真正有效的解決方策,一直受到社會大眾的憂心關注。到了年初,惡疾施虐。政府的臨急應變失控,醫護系統更出現了亂套危機,更增高了民眾對各級行政的諸多怨嗟。至此,在日漸逼近的大選攻防的壓力下,執政一方竟意圖強化族群情結的「最後防線」,乃趁機拋出「公民投票」議題,引來社會輿情的軒然大波。在立法院臨時會議中,公投案最後雖因朝野各藏心機明爭暗鬥,終未獲通過,但陳水扁仍然揚言,公投無需法源,只根據憲法國民主權條目即可推動云,各黨黨團且謂將在九月間立院開議後重付議決。其實,以台灣當前所處地位的特殊性,有關公投問題的現實意涵,已經超越政治學理中「國民主權」「直接民主」等

空泛觀念所界定者。扁政權今若視其爲選戰工具而濫加運用，其立刻的或潛在的結果及影響是甚麼，是値得選民大衆用心深究的。

因爲歷年選戰中常見非理反智的煽情言詞大行其道，選民們必須維持清晰的認知和判斷，免得受撥弄而不自知，造成未來難予挽回的嚴重危局。

第九次新民主論壇研討會
開場致詞

（2003 年 8 月 9 日）

　　各位論壇朋友各位社運界同仁，新民主論壇從去年六月第一次研討會以後，原本維持每個月一次的活動，期間承蒙各位的熱心支持，以及學界評論界的多位專家學者的協助，得以延續到今年三月底的第八次討論會，以「美國侵伊戰爭和亞洲區域情勢」爲總題目，參會者近三百人的一次盛會。遺憾的是一場 SARS 大流行，使得論壇活動停頓了四個月，直到八月才能舉辦今天的「大選加公投風險知多少？」爲主題的第九次討論會。而我們有幸邀請到了三位在當今學界極富盛名的政治學家評論家，文化大學美國研究所所長陳毓鈞教授，前立委北大客座教授朱高正先生，東吳政治系教授盛治仁博士，今天我們將請三位敎授分從三個方面，一、台灣公投與台美關係。二、台灣公投與兩岸關係。三、大選加公投的社會衝擊和政治後果。這三個方面來探討來深究不久我們的千萬選民同胞將要面對的一場可能的政治大風潮，一場隱藏著諸多吊詭變數的，出自於最高權力者偏執心態的政治豪賭。

　　回顧在台灣超過半個世紀的選舉歷史中，把總統選舉和政策爭議捆綁在一起，進行包裹投票，這是陳水扁所首創。其實是出於一種高度機會主義的選舉權謀，卻毫不具有政治學學理

上的周延合理性，和行政實踐上的整體妥當性的獨斷決定，現已經引發了嚴重的社會不安，甚至於國際方面的某一種關切。

有關此番公投風潮，它的形成經緯以及朝野政黨在立法院中的交鋒鬥智的真相，以至於美台之間，陸台之間，某一種嚴酷的緊張訊息的出現，我們期待著三位學者的講述能使大家達到更深更全面的理解。下面僅僅把個人的一些淺見提出來請三位教授和諸位聽眾多加指正。

按一般民主政體下的所謂公民投票，它的理論上的必要性正當性應該沒有太多的爭論。因為代議制度的運行難免時而產生議事機關成員之間，意見判斷的分歧對立，不容易達成一定多數一致同意的決定，而當爭論不息僵持不下，終致於出現民主機制正常運行的重大障礙的時候，不得已發動法定手續，由全體公民介入裁定，形成高位階的決定，交由行政部門執行。這種由全體有權者所行使的直接民主，它的結果當然符合程序正義的原則，所謂公投結果的優越性，它的理由在此。但是有關公投實際的推行，也有它無法避免的缺陷在。一般說來，在議事機關久久難以決定的爭議，都是難題中的難題，全國有權者的裁定往往不一定是實際有效的唯一的正解。當然經由多數決定下來的結論，無論執行結果如何，還是全體公民負起共同責任，但是當人們發現問題依舊，甚至問題更加惡化，甚至新問題取代了舊問題，像這樣一種情況，往往會導致新的分歧新的對立。一次的公投挫折可能產生更嚴重的內部衝突。此所以有的學者認為公投是非不得已的全民議決辦法，但卻未必是最佳的解決辦法，這樣的論點的理由。更何況一場公民投票，它所需要的時間，金錢的耗費，無非是另一場另一類龐大的行政工程。另外大家應該加以警惕的是公投所擁有的形式上的程序

正義，歷史上不少懷有特殊動機的政治人物，只著眼於公投的高位階性，而操控政局。使得以公投爲名的煽動政治在政治舞台上大行其道，這樣的情況在西方各國近現代的議會史中實例並不少見。

最後，大家不要忘記，公民投票只是手段，而不是目的。只是要解除代議制度下一時的共識危機，達成一致性更高的政策的法基，使得社會運作正常化如此而已。而爲了達成這一個目標，必須把人民所面對的問題的本質，加以切實的掌握，而不是刻意宣傳空疏的公投一般論。眼前台灣社會的嚴重困境，無非是經濟的衰退，政治的混亂，社會的失序，而如果當權者爲了逃避執政不彰，領導錯誤的責任，而將這樣的一種情況，扭曲爲所謂國家認同危機的結果。而不顧台灣在國際政治現實中，長期所處的特殊的困難的位置，只爲了選情需要，而對內由於強調公投是天經地義的主權行爲，對外則曖昧的以「四不一沒有」加以自我設限，以族群情結作爲沉默動員的工具，甚至以公投運動作爲培育台灣國國民心理的一環而堅持，則我們不得不說，陳水扁這一批人用心擬制台灣國的戰略步驟是非常危險的。鑑於來自保護者的美國和僵持中的對岸，兩者的同聲警告，2004 年大選加公投可能變成一次大政潮，其相乘激化的情況是可以預見的，帶給選民的困擾是值得憂慮的。以上僅僅爲個人淺見的一般，還請三位教授諸位聽衆多多指正，謝謝各位。

大選年剖視中・美・台關係
本質與實況
——關於第十次新民主論壇研討會
（2003 年 10 月）

　　隨著 2004 年大選日期逼近，藍綠雙方間的宣傳攻防戰日趨熾烈化。加上多數媒體的推波助瀾，入秋後的台灣社會眼看著一幕幕的朝野纏鬥圖，一陣陣的兩軍吶喊聲，幾乎淹沒了大選年的政策討論和政績檢討的應有空間。這種形勢造成了具有良識判斷習慣的中間選民的失望和焦慮，也讓關心選舉文化和公民素質的正常發展的人們開始擔憂。有人認為，內部紛爭過度滾熱，終日投身於情愫葛藤的社會，可能逐漸質變為一個對外部世界（包括直接關係下的大陸、美國）的感應度低弱的自閉社會。

　　從朝野對壘的論陣交鋒中，民眾也已經約略體會到，衛權的執政黨將以族群情結長年糾纏下的兩岸問題作為主戰場，而以三年來困頓不起的政績議題為副戰場。而在野挑戰的一方，則反其道而行，以現實生活衰敗中的普遍民怨為背景，展開批判與許願的主戰場。而把前世紀國共內戰延長線上的兩岸懸案，劃為副戰場。然而平心而論，內政議題常常是進攻有理，護衛有話，在屢遭飽和性灌輸的群眾中間，恐怕已經產生了一層心理疲勞。而相對之下，兩岸問題則不僅牽繫著台海兩邊，還密接關聯著中美，陸台・台美等複雜的三角習題，非屬台灣

一方所能獨自處理者。然若論其爆發力震撼力，影響範圍之全面性深刻性，兩岸對峙的潛在本質和具體現況，在大選年應該受到更大更多的關心。只是經過戒嚴年代的思想統制，嗣後「國安」政策的延續措施，使得民間對彼岸的瞭解受到很大的限制和扭曲，長年來形成了此岸民智中「時代認識」，或「全局觀點」的一大缺口。雖然在資訊年代取得對岸現況資料的正式途徑並不特別困難，但持平客觀的評論，或深部研究作品，此地的確相當不足。選民大眾對這一項關鍵性要素用心補強認識，其迫切性應該是不難理解的。

　　鑑於陳水扁先生月來連續拋出一邊一國・公民投票・制新憲法等極爲重大的兩岸議題，當選民大眾惴測著事態發展的可能後果時，對彼岸多方面多層面的瞭解的必要性，更屬自明了。

第十次新民主論壇研討會的
開場致詞

（2003 年 10 月 26 日）

　　各位論壇朋友，各位社運界同人，今天是新民主論壇第十次的研討會。首先，讓我代表論壇，謹向劉進慶教授、許介鱗教授，表示由衷的敬意和謝意。如果沒有兩位教授的熱心支持和協助，今天我們請到講台上的三位著名學者——來自日本的村田教授、矢吹教授，和來自大陸北京的李海文教授，都不可能出席今天的新民主論壇。因為三位原本只是接受許介鱗教授所主持的「台灣日本綜合研究所」在昨日舉辦的一整天的研究會而已。是我們得到信息後勞煩劉、許兩位，提出了不請之求，而獲取四位教授慨允出席本研討會，這就是 1026 本論壇的由來。為了避免掠人之美，居人之功，本論壇必須把有關的經過清楚地向聽眾朋友交代。另外，原來還有一位朱建榮教授，因為簽證問題而不克成行，我們表示最大的歉意。

　　現在，我們話歸正題。本次討論會的總題目是：「大選年剖視中・美・台關係——其本質與實況」。下面再分出四小題：㈠中共十六大後的路線與政改問題；㈡中、美關係中的台灣；㈢中國經濟的發展前途和兩岸關係；㈣論周恩來。

　　本人相信，當在座諸位聽到這個報告題目時，一定不會覺得唐突。也就是說，以當前台灣選情的問題構造而言，蘊藏著

最大爆炸力的爭議點，應該是月來陳水扁先生拋擲出來的一邊一國、公民投票、制新憲法的三大主張。此類主張屬於兩岸問題的範圍，衝擊波直向對岸大陸且屬於政策的基礎結構而非枝節部分。因而選民們擔心，在經改經建一路猛進的大陸，至今仍然無意降下「武力保台」警示牌的大陸，究竟會如何想，如何訂定它的「對策」？另外，以「和而不統」「分而不獨」為兩岸懸案的最佳狀態的美國，會不會以陳水扁三項主張為硬闖戰略禁地的危險作法，而以台灣保護者的姿態加以施壓，或者，進一步明責暗罰？選民們的疑惑或憂懼，不過是自然的心理反應，則前面所提的報告題目，正反映著此時此地多數人民所牽掛的選戰焦點。

回想 2000 年政權交替以後，三年來民眾所面對的，是經濟的大衰退，政局的大混亂，社會安全幾近失控，生活水平驟降，這樣的基本形勢。執政黨當然百般自我辯解——主要把當前困境歸咎於世界性經濟大環境的逆勢；掌權半世紀的國民黨政權的「腐朽」政策的殘局；對岸長年來的「打壓排擠」：所謂輸不起的國親舊勢力對改革的反噬等等。但即使如此，多方面施政實績的困頓亂象，還是帶給民進黨深重的喪權危機感。於是，對 2004 年大選，該黨不得不做出相當嚴重的戰略佈局。一方面不顧整體社會的長遠影響，竟然提出了所謂的「割喉」戰法。何謂「割喉」戰？不外短線進攻，短兵相接，以「近利」誘惑，不避嫌政策買票，只圖投票日過關。但在三年治績的明顯衰象中，畢竟效應有限。於是，另外又展開一個主戰場。則媒體所謂的「意識型態戰爭」。利用前世紀民族當代史中的內部激盪所造成的兩岸對峙，及至今仍未沉澱的「族群情結」，來鼓動最大範圍的反智激情大動員。俾能超越一個政權

應該承受的人民的問責，迴避有關制度、政策、執行方面的民眾批判。而有計劃地把台灣社會在特定歷史時段上的集體經驗中的受害意識，和國民黨長期政權壟斷下所形成的民間不滿或不信任感的墮性心態，刻意加以撩撥攪亂，無限上綱到終究的國家認同之爭。至此，台灣正名運動、公民投票運動、制新憲法運動等，在高亢的嘶喊聲下，幾乎淹沒了正常的政策批判和政績檢討。

其實，海峽兩岸之間有關法理上的主權法統之爭，政治上的統獨分合之辯，即使時有緩急起伏，大致說來還能維繫半個世紀的非戰狀態，和逐年開展的經貿往來。這種客觀現實，經過冷戰時期，延續到後冷戰時期，是歷史規律的自然趨勢，而不是隔海對峙的兩岸政府的主觀設計所造就。想前世紀二次大戰在 1945 年結束，一個歷史事實——台灣是經過一場日本侵華戰爭被搶奪的土地，及一個文明法的國際規範——土地被搶奪的國家擁有失土回復權，使得台灣得以復歸中國。只是歷史是充滿陷阱的。中國在收復台灣之際，正處在內戰狀態之中，並且也適逢國際性集團對抗的大形勢。於是內戰加冷戰的雙重因素交錯影響下，形成了歷時半個世紀的，當前兩岸對立的基本態勢。不能不說，是十分不幸的結局。總的來說，兩岸對立並非單純的中國內戰的結果，同時也是五○年代美蘇冷戰對抗中的集體安全制度的結果。這便是台海兩岸關係的複雜性和不穩定性的根源。也就是，兩岸情勢的演變，總是在中‧美‧台之間存在著的可測或不可測的變數的影響之下。不過，因為台灣問題的歷史性成因，如前面所提，是國內戰爭加國際冷戰，則「雙戰」已經變成了歷史陳跡的今天，兩岸人民應該共同思考如何結束世紀性的民族分裂。而我們相信不論未來轉折的方

向如何，揚棄的型態如何，前面所提的兩項根據——一個歷史事實和一項國際法通則，應該是任何一方的主觀努力的共同出發點。從這樣的認識立場來評判陳水扁的選舉策略——一邊一國・公民投票・制新憲法，其終極目標極為明顯，是法理上、政治上、甚至價值論上的最後脫中。有關陳氏個人或他的黨，以一中一台對決一個中國（我們認為一中一台與兩個中國之爭不過是過渡性小曲折，非屬歷史主線），以「和平分離」對置「和平統一」的主觀努力，終究有多少現實的可操作性，我們不得而知。

只是值此大選關鍵年，佔有國家機器、行政資源的當權者竟有如此意涵嚴重的兩岸爭議題的拋出，我們深以為憂。而一般選民所感受到的困惑甚至惶恐，也在我們預料之中。

主政者的認識錯誤，預估錯誤，是難以全免的。並且，也不是所有的錯誤都是無法挽回的。但如果是出於牢固的成見偏見所致的誤判，那後果往往是不堪設想的。就是因為這份擔心，我們認為唯有足夠的正面理解，才能避免實踐上的偏差而自導悲劇。大選年，選民們負有一份正確地認識，正確地選擇的，幾乎是德道性的公民責任。這便是本次論壇的舉辦理由。讓我們以虛心的，平靜的心情，來聆聽講台上諸位專家寶貴的分析意見，相信大家將得到很大的啟發。謝謝各位！

台灣大選與台海風雲·
美台軋轢
——關於第十一次新民主論壇研討會
（2003 年 12 月）

　　執政的民進黨終於完成了 2004 年大選的最後一道程序，正式提出了該黨的總統候選人。按理，從此「選戰」將要進入「本戰場」。不過因為之前的「預備戰場」已經打得十分激烈，此刻本舞台開幕後，反使一般群眾有一種「戰鼓起響軍已老」的感覺。

　　不可否認，台灣社會在過去的歷史時段中，是負有嚴重的創傷的。因而形成了至今仍未全癒的集體情結。幾個月來，某種類型的選舉活動中，諸如，偏執的原罪說，非理的斷罪法，亢奮狀態中的情緒擴染等，都是前述歷史情結的症狀。於是有人擔心，這樣的心理症狀，如果一路的失控加速的滑落，前面還有沒有「選舉」？

　　其實，兩千三百萬的總人口中，一千萬擁有選舉權的人群裡，固然有壁壘分明的雙邊支持群眾，但還是有相信自己的，也相信別人的一份是非對錯判斷能力的，正常心理的人們。且其比例也應不在小。他們堅信，選戰中爭的是每一個人的理性投票行為，選戰的實際內容應該是有序的攻防論戰。其他的「術策」應該不要上台，不必進場。

　　例如，執政黨提出「壯觀」的新十大建設，反對黨指其為

未來國家財政的新禍源。綠營譏諷對方「為反對而反對」，藍營反嘲政府「拿人民當小孩」。選民們未必個個都具有裁定者必備的專業知識，可是他們會用心傾聽，認真思考，然後自主決定「神聖一票」的去就。該綠？該藍？或該「廢棄」？

　　大凡內政範圍的爭議，見仁見智是平常的。選民們只要把說的和做的，語言描述和實際情況嚴密對照，再以群眾的生活智慧適度梳理一番，大概就不致於嚴重受愚受騙。

　　另外，當我們面對 2004 年大選時，不得不感受出兩岸問題的嚴重意義，似乎又突顯為另一次高峰了。陳水扁政權為了迴避內政議題上的不利處境，刻意發動一場國家認同的震撼性攻勢，包括投票百日前的所謂「防衛性公投」的拋出，企圖轉移選民大眾的關注焦點。卻引來對岸大陸和台灣唯一保護者美國的同聲警告，措辭之重前所未有。

　　蓋在選舉中，執迷一己權位者，有時出以近乎玩火的手段求勝，本非少見。但選民大眾切不可因不明事態，受其驅策而往火中取栗，導致全體社會的嚴重動盪。如這次的公投立法．正名制憲等事件所引發的彼岸反應及宣示，此岸總不免有所錯覺，有所誤讀，使得原本有限的兩岸和平互動機制受到摧殘。只要當前的兩岸關係不變，這種危機是一直存在，隨時有再現的可能。而如果有那麼一次跨過不回歸點，後果將是不堪想像的。

第十一次新民主論壇研討會開場致詞

（2003 年 12 月 21 日）

　　各位論壇朋友、各位社運界朋友！今天是我們新民主論壇第十一次的研討活動。也是 2003 年最後一次的論壇集會。本來，任何一個年頭，它的壓歲月份總是慌忙的。但今年的十二月，因為跨進了 2004 年的選戰百日期，那就不是慌忙兩個字所能表現的狀況了。人們要天天面對緊張刺激的，甚至稱得上驚心動魄的，黨鬥黨、群眾鬥群眾的大小街景，將看到一波波人群，喧嘩嘶喊，手舞腳踏，旗海高歌，快步走向 2004 年的決戰「三·二〇」！此刻島上住民的心情，是興奮的。也是沈重的。興奮來自於身為時代見證人的自傲心理，甚至做為選戰投入者的期待心理。這些，都不難想像的。至於另外一種沈重、鬱卒的感受，可能是本次選舉中幾種特殊因素引發出來的憂慮、質疑、不確定感的心理狀態。本來在選舉中像無盡無休的口水戰，陳腐老套的負面文宣戰等，雖然也令人厭煩，還可以說是選戰中的常景，不去理會也就算了。但前面所提，一般人感受到的焦慮感、危懼感，究竟原因何在？多數選民沈重沈悶的心理壓力的源頭，究竟在那裏？為了探究本次選戰中突顯出來的幾種特殊因素，我們在「台灣大選和台海風雲·台美軋轢」的總題目下，定出了三個分題：

第一：「中美戰略關係中的台灣問題」；
第二：「藍綠選戰中的公投爭議」；
第三：「大陸對台政策的調整過程」。

下面，本人代表論壇提出數點看法，姑且當引言，還請三位教授，與會的聽眾朋友們，多加指正。

首先，本次選舉之所以瀰漫著一種詭異的氣氛，莫明的不安，其原因，不外於大陸・台灣・美國三者所構成的，1979年以來具有一定穩定度的關係和角色的突然的變換，所帶來的心理衝擊。如眾所周知，三者之間，陸台關係是二戰後國共內戰延長線上的對峙關係。而中美關係，是半個世紀的熱戰敵手、冷戰對手，直到前世紀八〇年代後，才得有限調整。但即使以兩國之間的所謂一時性局部性的平行利益，也並不穩固。特別在蘇聯東歐陣營瓦崩之後，中美之間時而「伙伴」關係時而「競爭」關係，基本的對抗性顯然尚未被揚棄。至於美台關係，應比其他兩種關係更單純，也更固定，是一種保護關係。有人說，那是台灣的政權組織，在兩岸軍力懸殊的情勢下得以維繫到今天的唯一保證。現在，這種不同性質型態的三邊關係，勉強維持台灣海峽的和平狀態數十年後，竟然因台灣一方為了選舉而推出一種大選加公投計劃，一種帶有高度危險性的族群動員，而衝擊了三角中的兩角，釀成中・美雙方同表反對的空前變局。對峙者大陸，提出嚴重警告，聲言不惜「武力保台」，使得台海情勢一時間風雲告急。而保護者美國，也直斥台灣領導人「有意破壞現狀走向台獨」。這種傳統的關係和相對角色的急激的改變，究竟為什麼？中美之間的台灣問題，其本質規定和兩國在世界權力結構中的運作軌跡如何，未來走向如何、眼前的困局發展如何等，是此刻在陳水扁的防衛性公投

風波中，困惑焦慮的一般選民，急欲瞭解的焦點問題。

其次，招來中美雙方極度關切的公投立法議題，其實，是島內朝野政爭的晚近產物。本來，在民進黨的宣傳部門中，並沒有被放在重要位置上。雖然該黨的台獨黨綱，向來以公民投票做為達成目標的途徑，但因為台灣公投在法理上有所不備，在政治現實上確有困難——包括對大陸的直接衝撞的顧忌，在該黨的策略觀點中似乎不被認為是當前階段的主要議題。但當陳水扁面臨選情困境時，只好當作窮餘一策，一時間也顧不得大陸或美國的可能反應，甚至反制壓力了。

而另方面，該議題在泛藍這一邊，向來也不是兩岸問題的主軸。事實上國民黨一直到本次選舉為止，其兩岸政策大致以「台灣優先的未來型一中」為內容，所謂的「一中各表」的「九二共識」為主結構、並沒有以公投來重新決定台灣的未來的觀念。只是面臨到 2004 年大選的嚴峻選情，為了應付陳水扁鼓動下逐漸高漲的本土意識，終於改變對策，參與一場公投立法。雖然在序戰表決中否決了涉及主權層次的蔡同榮版，卻讓行政院版的防衛性公投過關，竟然留下了讓陳水扁大力反撲的機會。

提供陳水扁打出選舉加公投的冒進策略的空間。在一段個把月的短時間裡，公投議題由靜而動，且一再地翻動，如今令「台灣領導人」上下不得，坐立難安。也連帶讓多數選民焦慮不已。選民關心的是藍綠雙方會不會因為黨私立場、選情考量，在三邊關係中嚴重失控，釀成難以收拾的後果。

最後，就台灣選民來說，還有一項嚴重的認識缺口。因為受到戒嚴年代對大陸的封閉、規避心態的影響，一般選民往往對各種兩岸因素，已經深深地揳入在台灣社會的事實，不予以

應有的注意和關心。這次的公投危機，第一時段的激烈反彈來自對岸。其激烈程度撼動了美國政府，才逼出美國總統在中國國務院總理的面前指責「台灣領導人」的一幕。大陸對台灣，是有一定的戰略層次的原則立場的。但面對著兩岸情勢及國際現實的波動變化，在具體政策的訂立及執行方面，對岸具有如何的因應機制，其政策設計的特質，具體可行性如何等，特別在選舉期間，也是我們所必須關心的問題。今天討論會的第三分題，面臨的正是這個關鍵性的議題。

我們今天有幸邀請到趙春山教授、邵宗海教授、朱高正博士，三位權威學者，來替論壇朋友們提出比較完整的分析報告和深入的論述。讓大家對選舉局勢有關的事態事理增加認認。

本人發言到此為止，謝謝各位，順祝大家過年快樂！

台灣勞工與兩岸問題

——關於第十二次新民主論壇研討會

（2004 年 2 月）

　　根據年來行政院的統計和民間機構的推算，台灣的勞動人口大約七百萬。雖然是個概數，但在全體社會的業別人口比例中，應該屬於最大的一塊。

　　但誰都想得到，大概沒有一位台灣勞工，會因為他（她）的多數意識而增一分自傲感或安全感。換句話說，台灣的勞工儘管佔有最大的比例，但在經濟上不一定是最大的消費群體，在政治上更不是最重要的集團勢力。在資本主義制度的基本面上，這個多數卻是永遠的弱勢者。因為他（她）們除了自己的勞力外，不持有任何生產手段。而資本主義社會的主控權，掌握在生產手段的擁有者的手中。首先，生產成果的分配大權，就緊握在他們手裡。勞工的窘境千古難改，關鍵就在這裡。

　　一部近世社會發展史，無疑是一部勞工血淚史。從少數先行者備嘗艱辛展開前戰場，到蔚成風氣，結隊成軍走進階級對抗的本戰場，勞工奮戰了兩個世紀，才爭得了資產階級市民革命諸項目標中的形式民主權。然而這種空洞的形式權利，使得多種勞動立法永遠往資產階級傾斜，使得勞工時時為了自衛權利的條文改善或政府・資方在執行上的玩法打壓而惡戰苦鬥，卻成果極其有限。再加上近數年來的世界性景氣衰退，2000 年

政黨輪替後的政策無能，就業條件一再惡化，失業率連年攀高，勞工們的生活痛苦指數愈見嚴峻。在此情境下，勞工界普遍瀰漫著所謂「先求有再求好」的無助無奈心理。

然而，台灣社會的現實處境，除了來自資本主義基礎結構的勞資矛盾關係之外，還面對著來自歷史因素及國際政治現實的兩岸矛盾關係。前者屬於基本矛盾，而後者應屬於當前的主要矛盾。勞工們雖然因為社會分工而生活偏重在經濟領域，但同時也是法理上的民主權利主體而擁有公民‧選民的政治身分。換言之在經濟領域中，勞工是基本矛盾的當事人，而在政治領域中，勞工也必須以公民身分承擔社會主要矛盾，亦即兩岸矛盾中的一份責任。這一點，是個人主觀所不能否定的，現代社會組織的客觀規定。

每當選舉期間，勞工的選民身分便受宣揚。勞工的多數地位，更變成競選人曲意籠絡的策略對象。種種政客手段令勞工厭惡，但也連帶地使勞工對政治事物或議題，產生冷漠以待的態度。

特別是，有關兩岸議題的爭論，向來少有來自勞工方面的積極參與。其間，固然有過去所受宣傳教育的影響，也有來自有關國家認同、統獨論爭中的不完整、不確實資訊所造成的認識障礙。

有勞工朋友說：「勞工連飯碗問題都顧不了，那有心情顧到兩岸問題」。其實，兩岸問題包攝著飯碗問題，甚至還關係到和平與戰爭的大問題。台灣勞工在其客觀地位上實在無法，也不應該迴避兩岸問題，不論其主觀抉擇的立場如何。

2004 年大選活動早已白熱化。競選內容則你死我活無所不用其極。內政政績的攻防論戰顯然不利於執政黨，竟以所謂的

族群動員，兩岸對抗，反共拒統，反中共聖戰等，發出大選同辦公投的號召，終至引發美・日・歐盟等國家對區域和平的嚴重關切。而對岸則再度發出台海危局只看這三個月的警告。

　　值此選情風潮中，兩岸問題的嚴重意涵似乎逐漸為人民所感受和體會。而佔選民中最大多數的勞工群體，究竟應對該問題秉持何種認識與立場，逐被多數工運社運界朋友們所共同關切。始有本次新民主論壇的春節後開壇。總題目「台灣勞工與兩岸問題」應有相當寬度的論述空間。或由問題本質的原則論切入或把具體現實的多重層面加以剖析。如能最後達成一定的共識，也算是理性選民的一次自我教育。

第十二次新民主論壇研討會
開場致詞

(2004 年 2 月 8 日)

　　各位來賓、各位論壇朋友,大家過年好!今天是新年度首次的,也是發足以來第十二次的新民主論壇討論會。歡迎各位光臨指導。今天是 2004 年 2 月 8 日,距離大選投票日,還剩六個星期不到。相信大家都感受到選戰的熱氣逼人,朝野雙方已經纏鬥多日,所謂的割喉戰術,短兵相接,緊張空前,看著實在叫人心驚肉跳。但從多日來的混戰中,選民們經過各人的所視所聽,大概都能理會出,從眾多的爭議點中,似乎逐漸浮現出一個焦點議題,就是所謂的三‧二〇公投問題。該問題以其內涵應屬於兩岸問題。有關該問題,朝野兩方競爭者之間,針鋒相對,正反對峙的論辯已經太多太多,無需添足。不過如此情勢,正好証明兩岸問題在選戰中所佔的樞紐地位。同時,也把今天的討論題目——台灣勞工與兩岸問題,突顯在參加討論會的工運界社運界朋友們眼前。早在過年前,我們收到工人立法行動委員會朋友的建議信,希望勞動黨把有關兩岸問題的立場觀點提出來討論一番之。當時我們也覺得,這個建議確有它的客觀意義。首先,是問題本身在當前的台灣政局中所佔的位置是相當重要的。兩岸之間長年以來,的確存在著多種問題,諸如:有關主權歸屬的問題;主權代表問題;主權和治權

問題；法理規範和事實狀態的定位問題等，都是關係到個人主觀的國家認同，統獨抉擇的，屬於問題本質的爭論。也有呈顯為社會現實的兩岸狀況，例如所謂兩岸人民關係法的立法及執行問題，三通，轉投資，經貿往來，文化文物交流等等，屬於現象面的兩岸問題。特別是，今天的討論還不是一般性的問題探究，而是這些問題和七百萬台灣勞工的實際的關聯如何，也就是，勞工以其地位身分，社會處境，所面對的兩岸問題，具有如何的現實意義呢？是生活中的另一類壓力源呢，還是一種未來的正面因素呢，等等，應該是今天討論會的範圍。

其實，我們都知道，兩岸問題之所以至今為止雙方的交聚點少，分歧點多，也有它的理由。所謂的兩岸對抗，一方面是前世紀三○年代、四○年代，大陸上國共內戰的歷史遺物，另一方面是五○年代降至九○年代初才見解除的世界冷戰的結果之一。這兩種時空背境因素，使得台海兩岸分裂對抗踰越了半個世紀。在這期間，兩岸各有不同的發展軌跡，各自經歷了不同的歷史滄桑。到了今天，雙邊在社會構造方面，發展路線方面，主流價值的設置方面，的確產生了很大的差異性。這一點，我們是無需否認的。不過同時我們也瞭解，除了一定的差異性之外，民族血統，歷史文化的共同性，同樣也無法否認的。只是近代社會強調多元化，對歷史傳承如何評價，當然也是因時因地而有異的。這一點，我們還是有理解的。特別在台灣，雖然基於歷史事實和國際法而復歸中國，但六○年代崛起的本土資產階級的爭權運動，其核心部分的分離建國運動，在其意識型態浸潤沖洗下的社會意識流，包括勞動群眾的生活意識等等，也是當前不爭的事實。佔有最大比例的勞動群眾，因為其弱勢地位，往往以保有一份工作為全部願望，而對兩岸爭

議，除了所謂台資登陸台勞失業的本能性反彈態度外少予關心。或者，只有一定階級自覺和認識水平的勞工，針對對岸的各種勞工政策或產業政策，提出一定的批判，而以此看法為對兩岸關係的一個立場。一般而論，多數台灣勞工一貫對政治是冷漠的，對兩岸問題也傾向於消極甚至迴避的態度。這種習性似乎一時之間也不易改變。只是當兩岸矛盾關係，變成了產生決定性影響作用的最大因素時，勞工大眾還是要自覺地掌握身為公民、選民的一份權利也是一份義務，積極地面臨，投入一種關係到社會整體的政治的抉擇行為。

最後本人利用這機會，向在座工運界朋友稍作解釋。其實，勞動黨的兩岸問題立場，向來不曾掩飾過。在該黨的黨綱裡面，表達得很清楚。勞動黨是個小黨，在社會上的動能，可以說非常的小。因此，大概沒有幾位在座朋友看過勞動黨的黨綱。該黨綱第五節，是「勞動黨的基本主張」。其中第十二條、第十三條，就是有關兩岸問題的主張。字數不多，兩條不過兩百字。是這樣的：

（十二）勞動黨認為台海兩岸的長期分裂，應據和平原則，早日予以結束。實現國家統一、民族再整合是當代兩岸人民的共同責任。因此，勞動黨堅決反對一切依附帝國主義，出賣台灣人民利益的分裂以及分立的主張。也堅決主張兩岸統一的過程中，台灣人民的意見與福祉也必須獲得尊重與確保。

（十三）台海兩岸四十多年來的隔離發展，造成台灣地區與大陸地區在政治、經濟、文化、社會各方面的差異。勞動黨雖然從民族前途與歷史發展的要求上堅持統

一，但也同樣重視雙方既存的社會差異。勞動黨主張國家統一後，台灣地區應以實施高度自治為原則。

以上，是我們對朋友們的建議的回應。另外，我們還要交代幾句。第一，我們的立場，公開表達在黨綱上已歷有十四年。第二，只要黨綱不更改，我們將堅守它。第三，但我們也充分理解思想自由的憲法權利的重要性。對不同意見，除非是明顯反社會的論旨，還是尊重的。第四，當然我們也接受批評或檢討。以上，再度致謝應邀上台報告的幾位貴賓。和撥冗參會的朋友們。

謝謝各位！

六一〇八億軍購案與勤勞大眾

——關於第十三次新民主論壇

（2004 年 7 月）

行政院曾於六月間向立法院提出總額高達六千一百零八億的超大型軍購預算案，要求審議。該預算案，不但額數鉅大驚人，同時在預備購進的三大項目中，有貨源尚無著落，形同漫天叫價「期貨」者，有性能尚多爭議，難予估量實際效益者，更有與買方實際需求未盡符合者。這一種軍購案之怪誕性，除了令全體稅民驚慌外，也不得不令人懷疑執政當局的真正意圖究竟是甚麼。蓋有關國防軍事方面的政策，因事屬國家的基本安全範圍，具有一定的「無可爭議性」，只要籌劃得宜，往往變成執政者隱藏某種重大而不可透露的目標的途徑。如以當前扁政府的特殊處境，尤其扁政府在中‧美‧台三邊關係中的「兩面抗壓」的位置而言，若以一份超高軍購費做為化解兩面壓力中的一面，說白一點，花一筆大錢解除或減輕來自美國的壓力，同時又能增添中‧美間的矛盾，的確是上上之策，何不樂而為之！

其實，台灣政府的財政困局，在陳水扁執政四年期間，不顧內外經濟嚴重衰退，對外刻意推行金錢外交，對內一味追求選票，其財政赤字，據云至年底或將逼近「十兆」單位云，令人憂慮不已。2004 年大選後至今，藍‧綠間的尖銳對抗已歷百

日而未見稍減。特別在兩岸關係方面，因陳水扁在五・二〇就職演說中仍堅持一邊一國論的基本型式，至今緊張未減，時而透露出不祥的緊迫感。加上美國方面不時警告台灣「勿將對岸警示當成空口威嚇」，一方面數度急催台灣早日將軍購預算定案。逼得立法院長王金平急忙率領國會軍購考察團赴美，與有關政・軍單位會商討議數日，於 6 月 28 日回台。而總統府與國防部，也都各有「談話」發表。

考察團幾次的記者招待會，我們感受出朝野雙方議員雖在細目末節上表現出彼此仍有區隔，但似乎都傾向於一種共同立場：㈠只要價格降到合理水平；㈡只要技術轉移有保障；㈢只要交貨時間能提早，便可正式訂下購買合約。

至於陳水扁的談話要點，一、為替美國解脫，強調軍購是我方主動要求，非美方片面強制。二、再度表示以武拒統的正當性。用心所在，極為明顯。稅民中的弱勢階層——各種生產性、服務領域中的勤勞大眾，在每日生活的沉重負荷下，仍然對造成億、兆財政危機的真正原因極想深入瞭解。所謂，龐大軍購緣自兩岸對抗的邏輯並不難懂，但兩岸對抗的造因，兩岸對抗嚴重化的推因又是什麼，也不一定在群眾的判斷能力之外。勤勞大眾在政治結構中雖然只是沉默的一塊，卻是公民稅負的最大主力。關心之切，屬自明之理。

第十三次新民主論壇研討會開場致詞

（2004 年 7 月 28 日）

　　各位新民主論壇的朋友，大家好！今天是本論壇第十三次的研討會。本人首先代表發起單位，向各位表示謝意和歉意。各位犧牲了周休兩日的頭半天，趕來參加一場雖然題目重要，卻令人心情沉重的一個問題——軍購問題的研討會，是相當難得的。原本工作同人不敢看好今天的參會狀況，不過看到各位還是那樣的積極，那樣的認真，來大家一起面對問題，令我們心理踏實多了。就這一點，我們要表示謝意。其次，我們對論壇活動中斷了數個月，表示歉意。上一次第十二次的研討會，是二月間舉辦的。卻因大選前後發生了太多的爭議、紛擾，甚至騷亂，可以說一波接一波，一場繼一場，不曾間斷過。即使三・二〇投票後三個多月了，仍未能塵埃落定，事過境遷。因為受到這種情勢的影響，論壇同人一方面要應待各種群眾動態，且在一夕多變的情勢下確也不易設定議題，終於停辦了三個月的活動。這便是我們致歉的事由。

　　今天的討論議題，是當前最緊迫，也最尖銳，爭議最大最多的軍購預算案問題。有關這個總額高達六千一百零八億的超大型軍購案，它的立案成案經過，台・美雙方在交易策略上的立場和作法，雙方各自面對的國內政治情勢和經濟因素，民意

背景等等，相信各位已經從大量的媒體報導中有所掌握。等一
會，我們邀請到的專家學者民代諸位先生，將會向聽眾提示系
統性的問題論述，好讓大家得到更周延的認知。

　　關於扁政府四年來的財政赤字的嚴重趨勢，即使執政黨的
個別人士，也有人不敢完全否定。本來，具有正當必要性的公
共支出，是不會引發爭議的。但，如果不是出於議事機構多數
成員的自主意識下的合議，而是出於少數權力核心根據特殊的
政治偏向，假借名義強制一般稅民接受的任何財政政策、安全
政策，即使能矇騙大眾於一時，也不可能掩蓋眞實於永遠。以
今天大家所面對的軍購爭議而言，武器是工具，軍購是手段，
而安全才是目的。今天兩岸問題的本質，不外上世紀中國內戰
的延長線上的政治對抗，理論上仍然延續中的戰爭狀態。回顧
那個年代，二戰後的國共內戰，不多久便被編進始於五〇年代
韓戰的「東西冷戰」的戰略結構中，使得問題錯綜複雜化，更
使得兩岸割裂長期化。而台海此岸經歷了二‧二八鎮壓的衝
擊，和五〇年代軍法肅清的白色恐怖，終致在部分人民之間形
成了反彈情結，接著在多年的軍事戒嚴統治下，也漸有離反心
理的增長，這些都是事實。隨著七〇年代後的中‧美新關係的
進展，和相對地，國民黨黨國體制的虛弱化，本土資產階級的
崛起，從「本土化民主改革運動」到「台灣建國運動」等，遂
使兩岸問題從國民黨主政時期的「兩個中國對一個中國」，移
向民進黨執政下的「一中一台對一個中國」。在此趨勢下，兩
岸關係自然不進反退，國家認同的分歧在民進黨台獨路線的推
動下只有日益深刻化的一途。

　　然而，對岸此刻的問題意識，顯然對此岸的離反情結、族
群意識和階級意識交織而成的社會心理障礙，體會不易。依據

正規的主權法統觀念，台灣的分離建國是對歷史事實的背叛，和對普世公認的國際法中「失土回復權」的挑戰。爲了解決兩岸對峙半個世紀間的不同歷史實踐所造成的，結構的、制度的、方式的、社會風氣的、大眾習俗的差異性，對岸提議所謂的「和平統一」「一國兩制」的基本方針，卻也不容易取得此岸的積極回應。陳水扁等人甚至一度提出「台獨時間表」，而李登輝則將其具體化爲爭取台獨同意票到 75%爲目標。以上是兩岸關係節節惡化的過程簡述。所謂大陸飛彈與台灣軍購，被陳水扁等人刻畫成兩岸對抗的現實圖式，而在「以武拒統」的宣傳運動中廣被運用。

其實，兩岸關係的艱難性，來自它的歷史性造因。它的解決、化解，也應該是一種歷史性過程的結果。而不是軍事技術層面上的軍備競賽所能達成。試想，武力競爭有其「互相促進，不斷歸零」的客觀機制。那是一種「絕對自耗」的不歸路。再說，這種浩大的財政負擔，對生活在不公的分配制度下的低層弱勢人民的擠壓，是何等的殘忍。對經濟整體運作系統中，擴大再生產的關鍵性環節的無盡耗損，台灣究竟能承擔多久？

最後，兩岸問題固然十分艱難，但是否除了以整軍對抗做爲唯一的關係基調以外，難道就沒有僵持中尋找新互動的可能性嗎？忍受美國的死亡商人──軍火企業的無止境的勒索，不惜把兩岸對抗一直往上推，人民不禁要問扁政府，你的眞正意圖是打一場獨立戰爭嗎？

陳水扁硬頂著來自中·美雙方面的壓力而連任成功，表示著台獨運動已經攀上了一個新頂峰。只是，那是不再有掩體的高處。在全體人民的圍觀下，台獨運動接受全面檢驗的日子，

相信已不在遠。

　　以上幾點，不過個人所見，還請各位演講老師，聽講朋友多多賜教！

評解鮑爾
「台灣非獨立主權國」論
──關於第十四次新民主論壇研討會
（2004 年 11 月）

　　美國國務卿鮑爾，在十月下旬的訪華旅程中，曾經發表對中・美・台三邊關係影響重大的一連談話。其中尤以㈠「台灣非獨立主權國家」；㈡「兩岸應復談往和平統一方向努力」之兩點，帶給台灣朝野及社會大眾罕見的心理大衝擊。第一點事涉台灣統治體的本質性定位，與多年來台灣的主要政黨帶頭倡言的「台灣是主權獨立國家」的自我肯定，背道而馳。且也直接破壞「非屬中國之一部分」的延伸命題。如其得以成立，甚至將撼動到台灣政權的正當性基礎。

　　至於第二點，呼籲「兩岸善意互動努力達成和平統一」，雖然經過扁政府要請在其回美後的重述中以「和平解決」代置「和平統一」，而稍見和緩化。然即使以群眾的常識性判斷，既以「和平」為限定詞，即所謂的「解決」，殊無「和平獨立」的現實可能。而只有以「統一」為「和平解決」的唯一內涵無疑。是則，更改用語仍不出「多語一義」的外交修辭學範圍，並無實質上意義。

　　鑑於美國乃台灣僅有的保護者、挺助者，二戰後以其舉世無雙的軍武政經實力將台灣置於其巨大的保護傘下，使得台灣享有半個世紀的政局相對穩定和經濟起飛發展的難得機遇（雖

然同一時期中，美國掠自台灣的有形無形資源物力是另一類帳）。但在歷史歲月的更移中，世界的權力結構有所變遷。台海兩岸之間，在前世紀的內戰、冷戰雙重因素影響下所造成的歷史殘局，即使以超大國美國的單極霸權也逐漸難予支撐不墜。

世紀初接續兩度的選舉大戰，激發出族群統獨矛盾的火花不斷。而正在此時，傳來美國國務院的一份異常信息。人們應該稍離翻騰的情緒，清醒地注視，並思慮一番。

第十四次新民主論壇研討會
開場致詞

（2004 年 11 月 13 日）

　　各位論壇朋友，大家好！今天是論壇第十四次的研討會。我們邀請到了四位非常卓越的政治學家、評論家，都是我們在媒體上面、報刊上面經常拜讀聆聽其大作、高論的權威學者，各位應該都很熟悉。

　　因為各位都是社運界、工運界的骨幹分子，平日對各種運動議題，已經有不少的體會。針對今天研討會的題目，它的特別的意義及重要性，相信也已有所理解。

　　回顧自新世紀開幕以來，經過了 2000 年和 2004 年兩次的「總統大選」，台灣社會所展現出來的種種動盪現象，幾乎是台灣半個世紀的選舉史上空前的社會失序、制度失控的內部衝突。朝野之間層出不窮的政策爭議，接續不斷的大小政潮，後三‧二○的選舉訴訟風波，指向歲末立法院改選的政黨惡鬥等，不一而足。而苦悶中的選民，卻也逐漸領會出，絕大多數的政治分歧和立場衝突，似乎都直接間接來自兩岸之間的對抗關係。所謂的族群分裂、統獨對抗，似乎是當前階段政情難安的最大源頭。其實，所謂的兩岸關係，由其時空背景而言，不外前世紀的中國內戰和世界冷戰雙重因素交錯影響下的，國家與民族的悲劇性殘局。在政治現實上，兩岸對抗構造的基礎在

於中‧美‧台三邊關係。這一點，是今天關心世界政局的各方面人士的共同認識。其內容非常簡單而明顯——大陸的防獨促統，台灣執政當局的分離拒統，與美國的維持現狀。三方三種立場，各有策略路線——大陸的和平統一‧一國兩制，台灣以一邊一國爲實際前提的兩岸對談，及美國的三公報一國內法。兩岸之間策略立場的對立，來自自我定位上的對立。兩岸各自的表述是：對岸的「世界上只有一個中國，大陸台灣同屬於一個中國」；此岸的「台灣是獨立主權國家，非屬中國的一部分」。至於美國，雖然向來強調「一個中國」政策爲立場，但對台灣的主權概念，則自 1979 年邦交正常化之始，採行一種模糊的態度。不過，在現實的政治運作上，則一直表示維持「一個中國」的政策立場。

　　俟八○年代台灣社會隨著經濟成長的趨勢及數十年的兩岸非戰狀態的持續，導致了社會結構的推移，反映在長期執政的國民黨黨國體制的自然鬆弛，遂有已然成形了的民間社會的民主化運動，而終致從國共對峙下的「兩個中國之爭」再分歧出另一類「一中一台之爭」。特別是，從 2000 年民進黨取得執政權，出現了政權更替後，一中一台的論述，幾乎變成了台灣政權的制式表述。而不論兩國論、一邊一國論，其自明的邏輯，前提便是「台灣是獨立的主權國家」。在這一點上，自稱堅持一個中國政策的美國，卻向來很少置辭。有時讓人覺得，它的「一個中國」是否意指「一個台灣」之外的「一個中國」。這種曖昧性，是否暗示美國以言外之意肯定「一個台灣」。這樣的懷疑，多人認爲是合理的懷疑。更何況，所說三公報中的「八‧一七公報」，規定美國軍售台灣應該是遞減的。但自雷根起，對台軍售是反公報而行的，是遞增的。對台

灣獨立運動的逐年增長，它的鼓勵作用是難予否定的。「台灣
關係法」規定美國政府要提供防衛性武器給台灣。保護台灣不
受外來攻擊。有了世界第一超強美國的如此保障，台灣分離主
義勢力能不成長嗎！

　　在 2000 年、2004 年的兩度大選中，陳水扁認為唯一有勝
算的選舉策略，只在於歷史情結纏繞下的族群大動員。且因為
在其餘的內政領域少有政績可言，不得不加強加大動員的勢
頭。因而出現公投制憲，2006 年完成新憲，2008 年施行新憲
的急獨步伐。如此的形勢，當然引發了對岸的高度驚覺。原
來，對岸在兩岸政策上定有所謂的紅線。若台方跨此一步，必
以包括軍事手段在內的一切手段加以擊毀，保衛主權。對岸在
文革十年的動亂後進入黨的再造運動和國家現代化的重建路。
對重大歷史問題亦有了新的對應方針。其中包括，認定兩個中
國之爭的悲劇性殘局，是歷史所造成，應可採取和平談判的過
程予以解決。但如果是分離主義運動的一中一台之爭，唯有武
力保台之一途。美國對中國不惜動武防阻主權受割裂，國土被
分斷的決心是相信的。

　　故而對陳水扁的冒進作為極為不滿。而在其屢屢提出警告
勸阻仍然無效後，終於有了國務卿鮑爾在十月下旬的北京發
言，直指台灣非獨立主權國，期能釜底抽薪。且更指出美方希
望兩岸善意互動為達成「和平統一」而努力。如此提法，表示
美國的對台政策至少在形式上是與一般的國際共識——「台灣
是法理上的中國國土，政治上的分裂地區」，是相當符合的。
而這種共識，並非是國際權力政治的產物，而是依據一個歷史
事實——台灣曾經是中國國土的一部分，而經過一場侵略戰爭
（1894-1895 年，中日甲午之戰）後被侵略者所強奪；及一個

國際法通則——凡是外來侵略的受害者，擁有原狀回復權，包括索賠權、失土收回權等。以及對侵略者的懲罰權。

　　最後，有關十月間鮑爾北京發言，我們也可以從美國戰略規定方面的決策過程、兩岸關係現狀下的實際影響、社會大眾在兩岸關係的問題意識方面所受的衝擊、以及，美國在實力主義和國際法的雙重因素下究竟能維持何種實質內涵的一個中國政策等等，我們將聆聽以上四位學者的講述，期能提高和充實我們的認識。

　　以上，謝謝各位。

第六屆新立法院
如何面對兩岸問題

——關於第十五次新民主論壇研討會
（2004 年 12 月）

第六屆立法院經過 12 月 11 日的改選現已產生。因爲前此三二〇的第十屆「總統大選」，纏繞著台灣選舉史上空前詭譎的槍擊事件，引發了「當選無效」、「選舉無效」的選舉訴訟，及持續不斷的群衆抗議，騷亂持續了九個月之久。因此，對年底的立法院改選，不僅藍、綠兩造，即使一般選民，均視爲三二〇大選的延長戰。

雙方所爭，不外掌握過半席位控制新立院。執政一方圖以達成行政、立法的一手操作，而在野一方，則思以堅固的立法權抗拒日趨強勢的行政獨裁。選戰的結果是藍勝綠負，過半席位由在野泛藍所獲取。

按起自 2005 年 2 月的第六屆立法院，乃立法院選舉辦法現制下的最後一屆。下屆起將改採單一選區兩票制的另一方式。凡制度史上屬於末屆的公權機關，往往顯得因襲性較強，開創性較弱。然而在台灣當前所處的內外特殊條件下，此一末屆立法院，卻必須承擔起幾項意義重大的職權作業。諸如，有關兩岸僵局，軍購大懸案，政治上的台灣定位問題，經濟上的起衰脫困政策等，新立院能否積極面對，正確作爲，都是選後此刻選民大衆急欲尋求答案者。

第十五次新民主論壇研討會
開場致詞

（2004 年 12 月 25 日）

　　各位論壇朋友，大家好！今天是基督教的聖誕節，也是禮拜六周休日。非常感謝各位光臨指導。

　　近來我們覺得社運、工運界的朋友們，對政治、社會的一些問題的關心的確有所提高。大家似乎不再把關心和注意完全放在個人一家生活直接有關，和本人在職場上的好處壞處直接有關的事情上面。面對集體問題，公共問題，屬於社會未來的問題等等，也逐漸給與認眞的思考和探討。這種態度，其實才是具有進步性的，現代社會人的應有態度。

　　前面已經提到，今天這個日子，原本是一連串緊張日子過後的休息日。同時，我們雖然都是尋常百姓，不是甚麼重要人士高層菁英，但在年底歲尾，小百姓也難免忙碌一點，裡外事情也會多一點，但各位還是把它暫且擱置下來，出席這一場研討會，實在很難得。本人代表主辦單位，再一次表示謝意和敬意，同時也遵守俗慣，向大家拜個早年，預祝各位新年快樂，身體健康！

　　今天的研討會，是新民主論壇第十五次的活動。它的總題目，是：「第六屆新立法院如何面對兩岸問題」。下面再分出三個子題：第一是「新立法院如何面對兩岸長年僵局」；第二

題是「新立法院如何面對六一○八億軍購案」；第三是：「泛
藍如何清晰化『一中』及『兩制』的基本立場」。關於本次研
討會的取題經過，和用意、涵意等，請容許本人稍作說明。

　　各位都知道，題目中所指的「第六屆立法院」，是將在明
年 2005 年 2 月間召開的，立法委員選舉辦法現制下的末屆立
法院。第七屆起，將改採「單一選區兩票制」的新辦法。而如
衆所周知，12 月 11 日所舉辦的六屆立委選舉，因爲受到前此
3 月 20 日的總統大選的嚴重後遺症的影響，一直被認爲是三‧
二○總統大選的延長戰。三‧二○大選中，泛綠泛藍爲了四年
一度的政權攻防戰，爭奪最高執政權，而鬥得幾乎說得上「昏
天暗地」。其激烈度、緊張度，的確是台灣選舉史上所罕見。
「大選」的結果，是綠勝藍敗，差距微小。卻因爲投票前日發
生了非常離奇的槍擊案，選情混亂弔詭，遂引發出「當選無
效」、「選舉無效」的選舉訴訟案，和接連不斷的街頭抗議，
一直延續到年底 12 月的立委選舉。

　　而立委選戰中藍綠所爭，不外新立院的過半席位。對陳水
扁政權而言，如能在新立院取到過半位置，即表示著一直受爭
議的總統選戰中的勝利，的確無關於槍擊事件的影響。非僅如
此，那也表示，陳水扁在競選期間親自擔綱推動的多項急獨運
動的政策號召，如正名、脫中國、制憲公投，邁向「正常」的
新國家等等，取得了多數選民的認同。而另一方面，就泛藍而
言，如能壓倒綠方使其不過半，則無異突顯，總統選舉中陳水
扁所得到的過半支持票，是槍擊事件及其他種種非法違法手段
所取得。

　　同時更重要的一點，是表示多數選民對陳水扁的急獨號召
不予認同。12 月 11 日的立委選舉，其實是帶有如此的附加意

義的。

　　至於有關選舉過程中的戰術面、技術面的分析或評論，論者不少。在政黨倫理方面，黨與黨之間，黨內派系之間，甚至同黨同系個別候選人之間爭提名、爭配票、吵棄保，明爭暗鬥處處可見，令人對所謂的「台灣民主」的實態，十分寒心。

　　不過即使如此，藍勝綠敗的結果，使多數選民，對主張兩岸維持現狀的藍方，在有限的優勢條件下，如何對抗堅持台灣建國目標，且握有行政大權的綠方攻勢，兩岸對峙究竟是往更加惡化的方向發展呢，還是往降低緊張，和緩對立的方向走，一般大眾是非常關心的。這就是新民主論壇訂出「新立法院如何面對兩岸問題」的議題的由來。

　　但，就在論壇同仁著手企劃、安排邀請的過程中，出現了一個非常特別，意義重大，震憾性特大的訊息。也就是，對岸預定在本月下旬中，把一個名稱叫「反分裂國家法」的特別法草案，列進人大審議項目中。消息一傳出，引發了廣大範圍的反響。尤其是歷來以兩岸關係為政局核心問題之一的台灣，感受到了莫大的衝擊。

　　我們看到媒體報導中，已大量出現了有關「反分裂國家法」的種種預測性的解讀文章。也有情緒性反彈的發言，如：「台灣也可以訂出『反併吞法』來對抗」等等之類。因為該草案的內容尚未見報，我們暫時不予細談。只是，這個信息的重要性，幾乎是劃時代的。我們確實感受到，當年在中國內戰和東西冷戰的雙重制約下持續了半個世紀的台海兩岸歷史大懸案，從此要進入一個嶄新階段了。想想一種政策的目標不變，但出現了路線的大轉轍。那表示著重大困阻的出現，但也展現出不變的信心和決心。何以致之？此岸人們的不斷的關注和檢

討，是必需的。

在這樣的新因素出現的背景下，「新立法院如何面對兩岸問題」的看似平淡的研討題目，也將帶上新一層的意涵了。

下面讓我們來傾聽三位學者專家的精心的研究報告。謝謝各位！

第十六次新民主論壇研討會
開場致詞

（2005 年 4 月 23 日）

　　各位來賓，各位朋友！今天是新民主論壇過年後的第一場，第十六次研討會。謝謝各位光臨指導！前一次第十五次的研討會在去年年底，以「第六屆新立法院如何面對兩岸問題」為題目舉辦過。過年後因台灣政局太多事，大小狀況接續不斷，使得論壇人手吃緊，不得不停辦了幾次，直到今天。本人在此向各位參會聽眾表示深深的歉意。

　　論壇目前準備由本次第十六次開始，辦幾場「一個中國‧兩岸和平」的系列討論會。各位一定也想到，總題目中的前句「一個中國」，的確是當前兩岸之間，或台灣社會內部之間的最大爭議點。而後一句「兩岸和平」，卻是兩岸絕大多數人民同胞的最大的主觀願望。如何克服最大的爭議點，達成最大的共同願望，當然有賴於兩岸人民的共同努力。這就是本論壇企劃中的系列研討會的基本的問題意識。

　　下面，請讓本人報告一些對當前世局的看法和感受。

　　經過整年的激烈競爭，第十一屆總統副總統，第六屆立法委員，都已經選出。政黨間的勝負也都已落定。前項，民進黨籍陳呂配險勝連任；後項，泛藍國親新取得過半席位。但在那一段雙方混戰纏鬥期間爆發出來的一大堆問題，似乎尚無一項

算是塵埃落定，更沒有一項是雨過天晴的善了結局。大體上是
舊案未除，新的紛爭不斷層出。選民大眾不分藍綠，普遍有沮
喪、挫折，甚至厭倦、憤怒的心態。雖然藍綠算各勝一場，但
大概沒有那一方體驗到眞正的勝利喜稅感。

　　2004 年逝去，進入 2005 年，選舉訴訟案、總統槍擊案等
兩大爭端，也都在行政專權的片面處理下看似將要走進人爲的
塵封狀態了。卻因執政黨在立院選舉中的挫折，陳水扁思以新
的政略有所挽回，而搞出「二・二四扁宋會」，及其有形成果
的所謂的十點共識。表面說辭是，社會太疲倦了，應往政黨和
解，兩岸改善的方向共同努力云。但輿論皆說，阿扁的眞正動
機是裂解立院多數的泛藍版圖。3 月 14 日，對岸全國人代通過
了「反分裂國家法」，台獨二黨煽起抗議騷動。而國民黨副主
席江丙坤卻仍按計劃登陸。北京的陳江會及其十二點共識，和
對岸高層對連戰的口頭邀請，是其成果。執政黨乃圖以司法手
段恐嚇連江，不意又見對岸向宋的另一邀請案。至此，在陳水
扁等人的慌亂發言下，只見「登陸熱」吹遍島上。或以團體，
或以個人名義，此岸的政界人士湧向北京、上海，一時間竟成
奇觀。我們身爲島上住民，長年以來苦於兩岸之間的不正常的
緊張狀態，也感覺出這種新風尚，是良性的。這中間表露出來
的是，多數人對特定的歷史情結所造成的國家、民族的分斷悲
劇的檢討和醒悟。

　　當然，半個世紀的分斷對峙，使兩造之間弱小的一方——
台灣對未來的可能變遷，抱著一種本能的防衛心理，是不足爲
奇的。再加上具有特殊動機的分離建國運動的長年的宣傳灌
輸，已經在一定比例的群眾中間形成了相當固定的盲目信條，
這也是事實。就以當前廣受注目的「反分裂國家法」而言，其

立法前提是二戰後重建的世界秩序中已經確立下來的「一個中國」的現實存在。那是根據一個歷史事實——在一場侵略戰爭中台澎被強奪；和一個國際法通則——國土受侵佔者擁有失土收回權。因此，對岸長年來堅持，指向和平統一的任何談判，都必須以對「一個中國」的肯定為先決條件。但在現實上，當年國共內戰的一造——國民黨，至今堅持的是「中華民國是主權獨立的國家」，這是名為「憲法一中」，實為「兩個中國」的提法。另外，就擁有台獨黨綱的民進黨而言，一向堅持的當然是「一中一台」。亦即，「一邊一國」。此外據報載，連戰登陸會見對岸高層領導時，有關兩岸關係的應有基調，定在所謂的「台灣不獨，大陸不武」。而我們都知道，這種論調是美國一些智庫中早見表述的，所謂的「中程計劃」的翻版。目的，顯然在於維繫美國的戰略利益——兩岸分而不離，統而不合。前一句是台海對峙的事實狀態，後一句代表的是「一個中國」的法理觀念。這些都是單極超霸美國的雙手策略，不足為奇。但如果今天的國民黨即使出於階段性的策略立場，「不獨不武」的提法還是暴露出國民黨把「統一」和「獨立」的價值意涵等量齊觀的，保守消極的性格特徵。這一點，是令人擔憂的。總之，經過以選舉為主軸的政局推演，連一般選民大眾都切實體會出：台灣社會的兩大政治性矛盾——朝野矛盾和兩岸矛盾中，以其涵蓋度之大，震撼力之強，以國家認同之爭為內涵的兩岸矛盾是歷史現階段的主要矛盾。台灣政情的紛擾難安，關鍵在於兩岸問題，而兩岸問題的關鍵在於「一中」原則。然而在台灣，什麼是「一中」，為什麼是「一中」，這樣的議題正是最少被討論的議題。其實，「一個中國」不僅是對岸一向發聲的主張，同時也是經常出自台灣的保護者美國的政

府、國會中的要人。而令人不解的是，對美國方面的「一個中國」論，台灣方面總是不置評語，不做反駁。但若出自對岸，則大聲斥責，指爲政治妄語，毫無保留撻伐之。的確，在台灣內部，「一個中國」幾乎被認定是一種魔咒。令人懷疑，這中間是否存在著群衆性的集體自我催眠。也許，這就是所謂的歷史情結的精神禁錮的實例。爲兩岸關係的發展前途，是應該及早解除的，最大的政治偏見了。

今日，因爲剛好是任務型國代選舉的活動期間，本論壇特別取得民主行動聯盟的召集人張亞中教授的同意，邀請到幾位由聯盟推出的國代候選人。一方面聽聽諸位候選人對本屆國代選舉的重要爭議點的說明，另方面也請候選人談談有關「一個中國・兩岸和平」的看法。以上，謝謝大家。

連宋登陸對島內政情的
實際影響
——關於第十七次新民主論壇研討會
（2005 年 7 月）

　　從選前到選後，跨足兩年的時間裡，台灣的選民大眾嚐盡了精神疲勞和挫折感之苦。不過就在那一時段下不停的黨鬥和無休政潮的衝擊播弄下，從不下百條（或更多）的種種爭議條目中，選民們還是最後領悟到，幾乎所有問題中的關鍵問題，都聚焦在兩岸關係中。

　　於是經過了一連的朝野策略交手，終見國親兩黨黨首各自率團登陸，與對岸領導會見討論兩邊對峙半個世紀的歷史與現狀問題。而依據數種民調結果，肯定其積極意義表示一定的期待心理者佔多數。

　　但，事實上兩場高層會所達成的有限結果，都被執政當局以各種名目——包括高度觀念性的所謂政治原則立場，行政技術上的難度問題；對抗性的不同評價等等為理由，而悉數封殺在啟動點上。其中不乏與人民生計生活急切有關的事項。

　　執政當局常以國安理由，主體原則理由，屢屢提出否定性「對案」「對策」。然窺其內涵動機，真意不外扼殺、破壞民間一切自救性活動，藉以抓牢政權操控力基礎，至為顯著。

　　連宋回台已數月。而多數人民殷切企盼下的兩岸新動向卻

仍然遮掩在層層黑幕之下，猶未露出一絲曙光。

　　爲什麼？怎麼辦？

第十七次新民主論壇研討會
開場致詞

（2005 年 7 月 16 日）

　　各位女士先生，今天是新民主論壇第十七次的研討會。總題目是：「連宋登陸對島內政情的實際影響」。下面分出三個子題：㈠在經貿文教交流政策上，為何朝野落差這麼大？㈡在兩邊政治互動的新形勢下，為何執政黨執意憲改公投？㈢在中美戰略關係背景下，為何要堅持人民反軍購運動？

　　說實在，身為論壇主辦單位，在設立題目時，一開頭便一連幾個為甚麼，覺得相當的無奈。除了表達人民的困惑外，還帶著一點對當局的責難的意思，也是事實。

　　我們在本次研討會的預告文中也提到過，選前選後兩年以來，選民們在心情困惑，精神疲勞之餘，還是有所領悟。在台灣，凡涉及到政爭、黨爭的大小問題，幾乎十之八九都可以把它看成是所謂的「兩岸統獨」問題最後制約下的問題。它的解決途徑，往往最後要觸碰到兩岸關係中某一方面的基本認識和立場。而因為世人對兩岸關係、統獨問題的認識立場，大致是正反對半，贊否折半。這樣，我們不得不承認，眼下的台灣社會，不是內在一致性，或意識同質性很高的社會。而是內部歧異，多元衝突相當嚴重的社會。

　　因此之故，當今年四、五月之間，兩大在野黨黨首，各自

率團登陸的創舉呈顯在大眾眼前時，那種社會衝擊之重、之急，是可想而知的。泛綠由府院黨帶頭，一連的威嚇攻擊，明嘲暗諷。將國親兩黨訪問團分別與對岸高層談合所得的具體共識事項，悉數踩在起動點上。勿寧說是太過嚴苛，讓企望兩岸長年的緊張關係出現和緩化轉機的多數民眾寒心不已。現在本人手邊就有報端上的兩項資料，想必各位也都在沉重的心情下閱讀過。

首先，關於台灣農產品銷往對岸，政府明白宣佈，將堅守所謂的「一個原則，三項安排」。觀其內容，其實是一句廢話，加三項破壞。一句廢話，說農產品外銷以全球市場爲目標，大陸不過其中一部分，不能特殊。三項破壞是，不能經由農會，而應經由外貿協會，在行政院農委會的正式授權下進行。貨運便捷化也需要政府機構的介入裁斷云云。有關詳細的內容分析，等會張榮恭先生將有全面深入的，對其荒謬性欺蒙性，從主其事者的立場所進行的論斷。另外，有關贈與熊貓的一件，政府也有另一堅持。說必須經過華盛頓公約組織同意輸出的證明文件，始可接受。這則消息還附有某一位政府高層人士的評語，倒說得坦白：「如此措施，目的在於破除兩岸同屬一國內的統戰」云云。可見，政府所堅持者，不外一邊一國的交流原則，其他都屬於次要考量，包括有關的人民生活生計問題。

至於有關執政黨依然執著於所謂「憲改公投」的國會路線，也令多數選民難於理解。不論「修憲」也好，「制憲」也好，或更籠統的用詞：「憲改」也好，以公民投票這種屬於民主政體下最高位階的「基本授權者重新授權」的嚴重途徑，其所圖謀者爲何？其實答案再簡單也沒有。不過前世紀早期台獨

理論建構過程中出現過的「和平分離戰略」中的「公投建國論」的再版而已。

對於政治現實中定著已久，二戰戰後重建的世界秩序中的國際共識，基於歷史事實和國際法通則的「一個中國」原則，全面更改的可能性有幾，正當性在那裡，除了自閉在一種歷史情結中無法自拔、自解的所謂的基本教義派外，又能取得多少社會共鳴呢？更何況，際此由兩岸新政治對話，形成兩岸新政治互動，似乎初露曙光的當前，陳水扁政府有關「憲改公投」的屢次表述，究竟意圖送出具有甚麼樣涵意的信號呢？這一點，我們邀請到了李永萍委員，來給大家做報告。

最後，本次論壇的最末一個子題，是有關堅持人民反軍購運動的必要性的理由。恐怕是爭議性相當高且問題意識比較錯綜複雜的題目。這裡本人根據最近數項有關美台軍事動態的報導，做為一種破題的消息。

5 月下旬，參謀總長李天羽訪美，會見美方軍政要員。包括美國防部長倫斯斐，參謀長聯席會議主席邁爾斯，將要接任主席的佩斯，白宮安全會議亞太部門主任葛林。會中倫氏要求李、台灣應該提高軍費，由目前 GDP2.5%至 3.5%云。6 月 12 日，李天羽再度赴美，進入美軍太平洋總部。該總部常駐有台灣國軍中高階軍官數名。

5 月會議的主要內容屬政治政策性商談。6 月會議則屬於戰略戰術等軍事性項目為主。

倫氏預定 10 月間訪中。在此敏感時機，仍然敢以無視有關美・台官員接觸的規定而有此舉措，值得注意。到了 7 月間，台軍有同心十七、漢光二十一號「全民防衛戰演習」（七・七）、「海岸守備」「城鎮防衛」實兵演習。結束後，

陳水扁宣佈台軍戰略構想。將由傳統的「有效嚇阻、防衛固守」移向「有效嚇阻、有效反制、防衛固守」。顯然是以台美軍事同盟的實質提昇為背景。

　　我們可以視其為陳水扁等台獨核心，選擇性地以美國鷹派眼中的兩國間恆存的對抗要素，來寄託台灣分離建國運動的最終目標。也可以把它看成是陳水扁個人性格中，玩弄姿態爭取機會的小手段。但美國單極超霸主控下的國際社會中，國家現實主義仍然是國家行為的根本要素。中・美關係中，來自美國片面利益的單邊主義，仍然阻擋在中國和平崛起的發展道路上。美國一直認定兩岸和而不統，分而不離的現狀，符合他們的國家利益。但台海現況是內戰・二戰・冷戰所造成的歷史殘局。由分離的事實狀態中，努力實現法理與事實一致的統一中國，就中國來說，屬於「主權防衛」的最高責任層次。而就美國來說，「維持現狀」是屬於次高的「國家利益」選擇項目。因此，只要中國能繼續維持一定的國力增長，終究不難加以克服。只是在那長程的三方關係中，台灣人民要有自主的，改善兩岸關係的堅定努力。而此時此刻，美國強加在台灣人民身上的以冷戰思維為基礎，以「安全防衛」為名的兩岸軍備競賽，它的背理性，已經不僅是交易條件妥當與否的問題。而是因其對兩岸大趨勢的逆反性，而應該受到反對。關於這一點，民主行動聯盟為主導的反軍購大聯盟，由謝大寧教授應邀，將給論壇一項精細報告。以上謝謝大家。

馬英九就任國民黨主席
對內外政情的影響
──關於第十八次新民主論壇研討會
（2005 年 8 月）

在台灣傳統的選舉文化裡，即便是號稱具顯黨內民主的黨內選舉，選票的性質還是可以大別爲⑴派系組織票；⑵個人理念票；⑶人情買賣票等等三類。

7 月 16 日的國民黨主席選舉，競爭的兩位中間，馬上王下，且得票比率相當懸殊。分析家們指出，馬英九的勝利，是第二類黨員個人理念票的大量湧現匯聚所致。

其實，所謂的「個別黨員理念票」云，其基礎和形成過程，恐怕也不盡一致。是健康理性的判斷呢，還是淺層印象所做的決定，甚至，是集體催眠式的「群眾暗示」下的抉擇，也不無可能。不過，無論爭議有多少，總不能否定，是台灣選舉史上難見的一次「異數」。媒體上已經出現「馬英九效應」的新造語了。

姑且不管「馬英九效應」的確實內涵爲何。在一般選民之間，那意味著對抗傳統的運作模式（如樁腳制度）的，主張選民自主判斷的，一次可觀的現實範例。

事實是，社會上確有不少患有選舉厭惡症的民眾（藍‧綠都有）。他（她）們對這一次的黨內選舉的結果，可能寄與一定的共鳴。

　　當前的台灣社會，經過陳水扁五年的低效能甚至負效益的主政，特別是，競選第二任後，面對朝野間的法律爭執和政治糾葛所採行的行政獨裁，確實已經積累到民心思變的社會趨向了。

　　此外，隨著連宋登陸兩岸新互動的形勢發展，環繞在兩岸關係的政策爭議，因政府的抵制方針而紛紛擾擾不曾停息。而此刻在野第一大黨的作為與不作為，將是直接關係到社會走勢的重要因素。

　　國民黨 2005 年在台灣的主席選舉，的確是建黨一個世紀後首度出現的，危局中的民主選舉。馬英九的勝利若確如其所信，是以多數黨員的自由認同，而非以黨內權力結構的運作為基礎，則在野第一大黨的所有作為，也應以更廣大的超乎黨利的人民利益為依歸。主席個人的意識型態必須服從黨意，而黨意不可違逆民意。這一點，課負在馬英九肩上的時代課題寧說是無比嚴峻的。不久將逐一顯現在選民大眾的面前。

第十八次新民主論壇研討會
開場致詞

（2005 年 8 月 20 日）

　　各位論壇朋友，謝謝光臨！今天是本論壇第十八次的研討會。總題目是「馬英九就任國民黨主席對內外政情的影響」。確與當下媒體的熱門話題直接有關。按國民黨的主席選舉在 7 月 16 日舉辦過。在馬・王兩位參選者的激烈競爭中，甚至冒著淹沒黨內選舉的應有分界線的危險，結果是以懸殊的得票比率馬英九勝出。但立即的惡果是馬・王心結。各有一群「人脈帶」，理念和利害微妙地糾葛著。能否在短時日間解決善了，尚屬未定之天。時下馬英九的群眾魅力十分突顯，與任何舞台上人物對比，不分黨別，幾乎都是壓倒性的優勢。但所謂時勢造英雄，個人的條件固然重要，我們也不可不知覺地陷入於英雄史觀的主觀謬誤中。因為個人是諸多面相的總合人格，有時候在一定的客觀環境下其中某一種面相一時間特別叫好，而顯得出類拔萃。但往往客觀事件發生變化時因為反應遲鈍，優質劣化，之前的一片風光，一下子變成過眼雲烟。也屬世上常見。

　　講得具體一點，台灣社會因先後天因素，在政治領域方面有「過早老化症」。主要是，在制度規範的訂立尚未達到一定的成熟度之前，在實際運作面上早已因襲化老化。因為政策效

果的貧乏是常態，廣義的政治利益一般大眾分配不到，徒見少數從政者不當獲利。世風如此，在群眾感受上，像「台灣那有政治家」「烏鴉政客一般黑」，一類的牢騷話便容易定著下來。但其中馬英九「清廉」「清新」的形象，是由來有自的，宛如鶴立雞群，選舉場面上的「人氣」自然聚攏。如果台灣社會只是一種尋常的、內政體系上的制度疲勞症社會，則有時出現「清廉有為」的領導者的革新運動，那是十分自然的事情。但偏偏台灣問題，台灣的現況，非常複雜。本人幾次表示過，台灣問題的核心是二戰‧內戰‧冷戰的歷史殘局下的，法理與事實的衝突問題。是萬國公法和世界權力政治的矛盾問題。非常複雜棘手，不易在短時間內全面解決。而長年懸掛著的兩岸「戰爭狀態」是名符其實的。不是一句空話。

　　因此，任何一位此岸的主政者，在兩岸問題上，最低限度要往兩岸對抗和緩化的方向去推。這是台灣當前所應堅持的戰略核心立場，政策指導立場。因為兩岸問題的性質，如果一路惡化下去，其所導致的結果無他，是戰爭。而兩岸戰爭的災禍比任何一種經濟的、文化的、社會的政策錯誤、執行錯誤，都來得嚴重。所以如何和緩化情勢，追求階段性的解決，是任何一位主政者的最高責任。從這個角度來察考任何一位領導者的正負面作用，應該是最實際的評論基準。在如此特殊艱困的階段時期，一個身居重要負責地位的政治人士，個人節操或許在對比之下只是「小節」問題了（不是不重要，但不是唯一的充足條件之意）。反之如果對時代關鍵的大問題認識有錯或有所失察，對兩岸之間現實的矛盾採取逆反性立場，那已經不是個人節操所能解決的範疇了。

　　我們當然無意對馬英九主席的思想傾向妄加評論。只是數

日來他本身已經有所聲言。一般關心人士的感受是，除了反對法理台灣國之外，在推阻兩岸談判的策略上，和前現任兩位「總統」似無大異。

當然，如果這種兩岸立場，除了本身的原則立場外尚有外在的制約因素，那已經超越我們今天的論証範圍了。

其次，有關七・一六選舉中，被大事渲染的所謂的「馬英九效應」的問題的分析，我們認爲需要客觀的，對選舉生態的觀察研究方面的專業性素養。包括政黨與政黨、政黨與群衆方面的足夠深度和廣度的具體掌握，才能勝任。特別是，因爲台灣當前的政治生態論中，幾乎都毫無保留地把 2005 年主席選舉劃一條延伸線到 2008 年大選。這種「馬英九效應」（也有人稱「馬英九現象」，一如當年的「宋楚瑜現象」），果能貫穿間距三年位階不同的兩種選舉，而發揮決定性作用嗎？在 2008 年取回政權，固然是國民黨（泛藍）的大願，但即使以一般選民的常識性判斷，似乎有幾點前提條件。第一是國民黨黨內能否一方面修補王馬分裂，另一方面還能進行一定的黨內改革，並實現懸案中的國親新復合。第二，對手民進黨的衛權態勢和努力。包括，能否重建超越一切政績評估的「台灣人政權」（亦即，民進黨政權）的最高精神價值。第三，民間對連宋登陸後在野黨角色的積極性和有效性的信心。第四，可能還要看外在形勢的發展。本問題，我們有幸邀請到了盛治仁教授。盛教授的台灣政治生態研究成果之高，是早有定評的。並且，是新民主論壇初創期以來的支援學者。我們非常感謝他。

另外一題，是「連馬的大陸觀和兩岸政策有何異同點」。我們不否認本題具有一定的微妙涵意。除了必須忠於「事」的梳理、剖視外，在「對人」的顧慮方面，也要周延周到避免無

意之間造成任何一方的困惑。我們知道，政治人物的人際關係是行為取向的決定因素之一，因而也是有關的「事態」的影響要件（國民黨的主席傳承是何等重大的社會事態）。鑑於當前兩岸關係的趨向問題是頭等大事，而身繫此事的最大反對黨前後任黨首之間的政策與立場的一致性一貫性如何，差異性如何，當然是黨內成員或一般群眾所密切關心的。我們非常感謝陳鳳馨小姐應允論壇邀請出席本次研討會。陳小姐是當前台灣政論界的新銳，一向以其思路清晰，結構嚴謹，論証客觀著稱。陳小姐是頭一次參加本論壇提報告，我們也希望她往後多與指導。

　　最後一題是，「在經濟的未來趨勢下，工農政策是馬英九主席的弱項嗎?」。這一題的設定用意比較單純。有關台灣經濟的未來，論者已多，幾乎都屬於悲觀論。記得世紀初，政權交替，陳水扁首邀企業界人士，強調企業的穩定發展是社會穩定發展的基礎云。五年來政府的企業偏重的財經政策的惡果，就是眼前社會大眾苦不堪言的生活現實。因為馬英九的職位經歷中，法務部長到市長，比較少有直接面對處理農工問題的機會。但如眾所周知，國民黨所奉為領導思想的三民主義民生主義中的工農政策，曾經被認為是「進步的、革命的三民主義」的標幟之一。甚至：「民生主義就是共產主義」的定詞，出於創建者孫中山之口。多年來嚐盡「低成長、高失業、承擔大、照顧少」苦果的工農群眾又得面對一位口稱「反共主義」的國民黨新黨首。深恐以其弱勢階級，對來日的生活展望似乎仍然在一片愁雲之中。這一題，因此是反映工農大眾朋友的疑惑和擔憂。杜繼平博士是台灣經濟學界的新進。除了偶兼教職外，還主編《批判與再造》。那是一部台灣左翼的理論刊物。我們

非常感謝他撥冗參加研討會。給論壇朋友提供他的精深觀點。

以上，謝謝各位。

2005 年底從台灣看
東北亞風雲
——關於第十九次新民主論壇研討會

(2005 年 11 月)

　　起自 2004 年的陳水扁第二任政權,在沸沸揚揚中將要過兩年了。圍繞在兩顆子彈的朝野攻防戰,因最終的司法裁決而暫被擱置。負創的泛藍緊握著立法權柄對抗行政專制,纏戰十分淒烈。

　　監察院人事案遭杯葛,立法院調查權硬被虛化。在野黨黨首連袂登陸,似要突破兩岸間的僵局,卻見執政黨佈設全面防火線拒之。繼而層層大弊案接連遭揭發,範圍規模特大,情節特重。即便是對選戰間的「醜聞」已近麻木,反應飽和的多數民眾,都驚嚇不已。在野黨窮追猛打,阿扁則高舉六大改革以圖另闢戰場。一日竟在立法議場內,以「國家通訊傳播委員會」(NCC)組織法草案審議為引爆點發生了流血肢體衝突。事後陳水扁再針對「和促法」以「流血在所不惜」的元首談話助勢。

　　以上,近日政情波瀾起伏,挾著兩邊宣傳戰的巨量音浪口水,政局逐漸移向 12 月的縣市地方選舉。而絕大多數具有正常理性的人們都會同意,那一場選舉非屬尋常的地方首長民代選舉,而是 2008 年政權攻防戰的系列預備戰場之一。面對如此情勢,不僅是黨爭漩渦中的政團人士,連圈外觀戰的選民大

衆，似乎都一體罹患了「過度內視神經症」。在糾纏不休的對
壘交鋒中，雙方耗盡了心身精力，不覺間陷入了緊張恐懼的
「密室幻思」中。一時喪失了客觀冷靜的，外視機制的平衡作
用。可以說，傳統醫典中「內耗甚於外傷」的一種活例。

　　至此，尚具觀察力的選民中，迭有聲音主張，在此關鍵時
刻，何妨試著轉換「泥沼鬥牛」的自閉心態，將大家的視角往
外移，看看周遭。

　　台灣地處東北亞。近鄰有日‧韓兩個國家。先不論歷史
的、文化的數千年綿密紐帶。即以 21 世紀世界政治權力結構
中的處境而言，三地都以對美軍事關係和人民內部分歧問題做
爲政局兩大主軸。如：日本的日‧美安保，有事立法等問題所
顯露出來的，美國亞洲戰略的眞實意圖；所謂「小泉改革」大
旗下的右翼國家主義的復活趨勢。韓國在韓‧美軍事同盟架構
下必須讓出戰時最高軍事指揮權給美軍統帥的五十年既定原
則；及半島上南北人民的歷史修護路程的曲折和坎坷。日韓兩
國人民大衆如何認識如何對待這些主軸問題，如何在難以避免
的現實政治的壓力下議論、爭論，也互衝相擊，但似乎較能遵
守分際。

　　日‧韓‧台三者儘管各具特殊的歷史‧社會面貌，但二戰
後美國單極超霸主宰下的中、後進資本主義體制社會的，政治
性共同項還是有的。日‧韓兩國的戰後選舉史，時間上大約和
台灣同一時段。如單就選民的實質條件而言，恐怕各有特定條
件下的不同偏向。只是台灣的族群情結比較特別，又有外力的
刻意加持，使得台灣選舉時見風浪爆起。所謂普世標幟的「民
主改革」的軌道化，敢表樂觀者不多。

　　我們希望多數選民在投票前十天，從漫天喧嘩中暫時收起

盪漾不定的心潮，把近鄰韓・日兩國的政情也當做「參考坐標」，收進眼簾。好讓部分選民從上提的「過度內視神經症」清醒過來，多備幾個視角，比較周延地思考檢討，然後面對即將來臨的那場選舉。

第十九次新民主論壇研討會開場致詞

（2005 年 11 月 19 日）

　　各位論壇朋友，歡迎各位參加第十九次新民主論壇的研討會。今天的會有一點特別。大家都知道，12 月初便是地方縣市長、民代選舉。距離今天不過兩禮拜。目前正處在選情沸騰狀態之中。泛綠泛藍，從黨首到基層，從黨團巨頭到抬轎佈樁選民，經過數個月來的折騰纏鬥，藍方頻頻爆料大弊案，直指政權核心便是腐敗中心。綠方則反控在野黨溫存了半個世紀舊特權，高喊改革直攻 18%。藍方斥其效法文革挑動階級鬥爭，純為選票而撕裂族群踐踏法治！

　　值此風暴眼巡逡不去，尋常的選情分析，民意觀察，策略評論，預估大趨勢等等，顯然已難著力。不過就權力角逐的整體形勢而言，當政一方確實已積非太多，欲靠意識型態的台灣建國論、本土優越論而跨躍過一切政績檢驗，顯然已經失能。但挑戰的一方泛藍，也因為在長達半個世紀的施政中積累下來的，高壓性黨國體制時期的民怨餘緒，使其不易放手大搏，有時甚至顯得有所失措。以上都屬於台灣選舉的生態特質，可暫時擱置。但就眼前檯面上朝野爭議的諸項問題而言，幾已到了言詞飽和，反應麻木的地步了。除了所謂一日一爆料的刺戟表演外，攻方幾乎沒有了剖析制度缺失，客觀深化批評的做法，

而守方也唯有伺機反謢，或找藉口反刺外，早已放棄了嚴謹據證辯駁，從容維護政策的執政格局。朝野攻防爭相走短線，訴之群眾情緒的反應、反反應。在如此的氣氛下，本次討論會雖然應該以選舉為題目，但恐怕任何一場選情討論都不能在事實判斷上有所增減，在意義論證上有所發揮。

於是，論壇才做出一次不同往常的決定。一如我們在說明文中所提，暫且抽出過度傾注過度集中的意念，俗語說得好，「當局者迷，旁觀者清」。在投票前兩禮拜，一日下午部分選民往外移開視線，投往周遭，馳念一刻「亞洲中的台灣」、「驟變中的世界」。應不失為在選情糾纏中心理困頓的群眾的自我調適。同時可能也有助於擴大視野，提昇立場，增加判斷依據的結果。

我們有這些想法，是有理由的。台灣地處東北亞、東南亞地域的交會點。與韓・日兩國之間不僅是地緣因素的連帶。而在二戰後的冷戰體制下，以美國為首的區域集體安全系統中，還有大致共同的現實政治處境。三地同時與美國建有軍事保護和政治結盟的關係。這種關係的基本面，不外是操控和順從的交互關係。說得更直接一點，便是美國的支配和日・韓・台的服從的基本模式。如此則，半個世紀以來三地的政局主軸，經常突顯出下列的兩大問題是不難理解的。第一是對美關係在政策系列中的據高位置。第二，是該項問題在人民內部引發的分歧問題。在實力主義的國際政治現實下，三地對美軍事關係若一旦發生質變，必將帶動涉及三地政權安危極為嚴重的沖擊，甚至將使得社會內部產生難予預料的大動盪。而正因為對美關係的基本重要性如此，有關美國的國家性格、國家行為的特質等的認識，對三地人民的緊要性，是不言可喻的。因此，日本

人民通過「日美安保條約」看出來的美國，韓國人民通過「韓・美軍事同盟」看出來的美國，對台灣人民所具有的參考價值，也應該是不言可喻的。

在台灣，無人不知「台灣關係法」雖然形式上只是美國的國內法，但其實質意義是一部「台灣保護法」。而在變動不居的國際形勢下，對該法的目的和執行，美國從其國家利益，戰略立場出發，究竟如何運作或不運作，影響如何，結果如何，事實上是台灣人民應寄予最大關切的問題。只是，台灣人民現有的「美國觀」究竟有何「內涵」呢。

事實上，對世界當代政治潮流稍具認識的人們，大都同意一種說得上是跨世紀的時代共識。其中心觀點是：自前 20 世紀最末一個年代冷戰結束後，變成了單極超霸的美國，以其超絕全球的軍事力量爲後盾，以單邊主義的政略，先制攻擊的戰略，開拓、維繫、發展資本全球化時代的全球最大資本聚積體的最高利益。也就是，所謂的美利堅新帝國主義論。當然，這是歷史複合現象的大趨勢的評價問題，仍保留著一定的爭議性，也是事實。只是，因爲台灣做爲二次大戰、國共內戰、世界冷戰的歷史性衝突的承載體，在長年的重壓下，註定了人民主體性的弱質化，再加上國民黨、民進黨兩執政黨的，內容有所不同，卻同樣強烈的對美依賴性，導致台灣多時被諷爲對美批判最貧瘠的地方。例如：曾經高唱一時的反對 6108 億軍購運動，終究抵不過美方壓力，幾已後退爲交易條件妥當與否的技術層次問題，和爭奪執政大權有關的策略問題。竟然忽略過這一環節，其實是與美・日安保新指針，韓美軍事同盟中的基地重整核武化政策緊密連繫著的，建構後冷戰世界秩序的美國新戰略的一部分的事實。

　　至於月來喧傳一時的小泉改革的真相如何，為何有人直呼為「名為改革的崩潰」。朝鮮半島南北人民之間，修補歷史的努力如何在曲折複雜的過程中艱辛地進行著等等，對台灣人民的參考價值，是勿容置疑的。

　　想想台灣，只因為一段不幸的集體遭遇、集體記憶，多少年來自囿、自閉在日新月移的「歷史遷移」的大圈之外。前一段是罹災，後一段卻屬自戕。

　　我們藉著場場選舉中的內省外察，痛切地認識到這一點。如何提醒如何補救，這也是歷次論壇在選題、選人上面所費的心思。

　　所幸，我們的企劃得到了國際友人的理解。在數日來的，如京都的布希·小泉會談，釜山的亞太經合會，朋友們在投入人民抗議活動的繁忙中，還提供了最大的支援。日·韓友好團體各派兩位極負盛名的專家來參加我們的論壇活動。最後，讓我們表達最大的敬意和謝意。

反軍購促和兩岸促進社福
——關於第二十次新民主論壇研討會

（2006 年 2 月）

回顧 2004 年 6 月間，行政院向第五屆立法院提出高額達 6108 億元的三項目大軍購案。在民間引發了普遍的強烈反彈。時距年底立院改選僅半年，且朝野之間正因 2004 年政權交替後多種政策立場的衝突和施政實況的評價爭議而存在著全面的持續性緊張局面。更重要的一點是，民進黨執政四年以來形成了兩大趨勢——包括兩岸關係的緊張增高與關涉到千萬人民日常生活的經濟大衰退。使得多數人民對這一樁空前額度的大軍購，驟然間發出了激烈的反對和指責的大聲浪。民間遂成立了包括社運界、學界、文化界的眾多團體與個人的「反 6108 億軍購大聯盟」，終於在該年 9 月 25 日，發動了「反 6108 億軍購大遊行」，參加人數逾萬人。

至 12 月間，立院改選的結果，民進黨在執政有利的條件之下，仍然未能達成目標——突破泛藍脆弱多數。在立院席位結構上，仍然是朝小野大的原來局面。

2005 年整年之間，行政院依然堅持立場，屢次提案屢次遭封殺。乃改變方式，如：在項目不變的前提下在價格問題性能問題上面試作調整更改，名為「軍購案合理化」。再以立案作業中改換預算形式，企圖減輕民眾受到的心理衝擊。至於責任

部門的國防部，則頻頻採取軟硬二式的宣傳說服工作，唯效果不大。

另外，是來自售方美國政府的有形無形壓力。最新一則報導說，立法院長王金平於一月下旬訪問華府時，美方行政部門發出了近乎威嚇的重話，說台方應在上半年期間做出決定提出交代。並附帶表明，美方不接受「軍購導致軍備競賽」的說法。

在美方壓力之下，前此站在反軍購立場的泛藍顯然有所鬆動。諸如：「合理的軍購案不予反對」，甚至「希望三月間能做成初步決定」云。

其實，購置軍器是購買安全，這種一般論沒有爭議的餘地。但問題在於，現實中的具體的安全問題，是特定時空條件下具有特定內涵的安全問題。如：安全問題緣何而生？彼我間的對抗關係性質如何？武力是否是唯一的手段工具？等等。但人們看到的是，陳水扁甫發表其「元旦文告」，表明將加強兩岸對抗態勢，且示意推動分離建國終極目標下的若干步驟，包括廢棄國統會等。

至此，兩岸政情中的爆發性質變因素，似乎又有所隱現了。而台海的安全問題因其特定的歷史性格恐非一般軍備理論所能完整掌握。亦即，購置軍器非等同於購買安全保障，而怕是適得其反，多增加武器只意味著危機的增幅，更大的不安全。更何況近年來社會多數的共識，台灣當前的急務除了改善兩岸關係外，應該是經濟的重建、財政的改進，及挽救沉淪中的多數人民的生活苦況。

新民主論壇在 2004 年 7 月 24 日曾經舉辦過一場反軍購研討會。而事過一年半，很遺憾不得不「舊事重提」。經歷過一

年半的內外政情變遷，我們當時的信條依然不變。而據此不變的信條，第二十次論壇的總題目還是定爲「反軍購促和兩岸促進社福」。

第二十次新民主論壇研討會
開場致詞

（2006 年 2 月 26 日）

　　各位朋友，大家過年快樂！今天是我們新民主論壇第二十次的研討會。在進入有關研討題目的說明介紹之前，有一點特殊狀況，請讓本人交代幾句。剛才也說過，今天是第二十次的論壇活動。而本論壇是在數年前，聚合幾個運動團體及幾位學界先進的意見，以「新民主論壇」的名義正式發足於 2002 年，成立大會的日期是 2 月 26 日。會場是師大的一間小會議廳。嗣後在兩年之間，我們有幸承蒙學界、文化界的幾位先進學者鼎力相助，和幾個從後戒嚴時代便一同闖過街頭廣場，鬧過官衙大門的數個同行群眾團體，一起面對著政權交替後的大小政治風潮，面對著一波波衝擊勤勞市民勞工大眾的不停斷的壓力局面，總算勉強跟著問題跑，跟著難題追蹤，有時候也發過聲。到了現在，也有了三年二十次的民間自助式的活動記錄了。這種事情雖說不過市井一角的小動態，有些同人還是認為好歹也是動盪年代中值得留念的點點滴滴吧。於是乎多數人決定也來過留念節目。於是乎決定，在研討會結束之後，懇請演講的老師們，另外包括三年來二十次研討會中，曾經慨然回應我們的邀請的每一講的講師們，以及今天在場的所有的論壇朋友們，請大家一同移席到離此不過一條街的「天成大飯店」，

接受我們幾個聯合主辦團體的感謝紀念晚餐會。以上這幾句話，就是本人在前面提到的，所謂的特別狀況的簡單交代。還請諸位多多包涵。

　　其次，我們要進入研討會的本題了。總題目是「反軍購促和兩岸促進社福」。第一分題，是「反軍購促進兩岸和平」。第二分題，是「反軍購促進社會福利」。第三分題，是「台美軍事關係中的軍購問題」。其實，主辦單位此刻比誰都心裡明白。今年的軍購議題，經過一年半的種種情勢推移，確實發生了相當的變化。回想兩年前，2004 年 9 月 25 日，我們今天在場的人，包括台上開講的老師，台下聽講的民眾，幾乎都參加過國父紀念館門口廣場四周大道上的集合地點。前頭高舉著「反六一〇八億軍購大聯盟」的橫幕大字，黑壓壓一大片，踏上了大台北的鬧區大道。人們高喊反對軍購，反對兩岸軍備競賽，高喊人民需要台海和平，人民熱望的是經濟的重建，生活的改善。這一場大遊行，由民間自動成立的「反六一〇八億軍購大聯盟」號召，負責籌劃的是幾位向來不太露臉的大學老師、文化界人士，再加些社運工運團體的聯合體。當天踏上街頭遊行的總人數超過萬人。立意清楚，口號簡潔，是它的一大特色。的確帶動出一股清新的人民公共論政的有力示範。也帶給當地及國際的媒體輿論版相當的衝擊。今天的論壇，也準備有部分當時的一些活動資料，還請朋友們自行索取過目。當時的口號雖非統一形式，但那麼多的群眾的認識焦點，卻是高度一致的。且的確觸及到事態的核心。重點之一，是強調兩岸問題中有歷史所造成的，具有相當複雜性的，民族內戰和國際冷戰的部分殘局，唯有經過耐心的和平途徑予以解決，別無他途。其二，因此兩岸當局一定要共同努力把新互動的方向推往

和平協商的方面。不要延續半個世紀武力對峙的舊格局。可惜的是，雖然經過連宋國親黨首的所謂「破冰」之旅，也獲得了和平解決世紀大懸案的初步共識，但總因為執政黨分離建國的黨綱目標的拘束和壓制，遲遲不見具體的成果。

而在這一年半的朝野黨爭過程中，和台美雙邊的折衝中，有關台灣軍購案的黨派立場、政策光譜，也似乎產生了微妙且也具有一定幅度的變化。簡約之，有如下數端。一、當年反軍購民眾隊伍中曾佔有一定比數的國民黨基層群眾。但今天我們也清楚地看到，國民黨的軍購案立場已經有所不同了。如馬英九在亞洲華爾街日報上登的幾句話，「國民黨一方面展現降低兩岸緊張，一方面維持適當防衛能力，展現自衛決心」。且幾次言明國民黨版的軍購案將在二月底三月初出爐，在四月初可大勢底定云云。親民黨高層亦有話：「國防預算適當成長，增加防衛能力，本黨不反對」。不過他同時也表明對陳水扁急獨傾向的擔憂。如近日來陳水扁數度積極揚言要力抗美方壓力，廢棄國統會。其理由，不外藉此引來對岸的強烈反彈，一氣沖高兩岸緊張，乘勢通過層層爭議下的軍購案。至於出自王金平立法院長的有關朝野間、台美間、行政與國防責任部門之間的種種所謂「軍購合理化」的信息接連不斷，卻把當年大家最關切的軍購的政治適法性問題全部轉向「價格、性能、技術轉移、交貨期間」等等的交易條件問題、項目調整問題，甚至舉出有關公投時效問題，以「提昇性能」之名，暗施「添購新貨」之實等的技術操作問題等等，幾乎令人瞠目結舌。另外來自美方的種種壓力也是加速，且加重的。如：台灣既為受保護者，其應備基本要件，是本身的自我保衛意志云云，這是訂有台灣關係法負有保護義務的美方的當然說辭；另外還有一種措

辭，說美方不接受台灣軍購將引發兩岸軍備競爭的說法云。以上兩點都是世界公認的單極超霸美國經常掛在口邊的所謂的強者的邏輯，是毫無道理的。

總之，以上這些圍繞在台灣軍購案的種種情勢變化，最終直接受到影響的，當然是台灣人民。不論當前正在醞釀中、推移中、成型中的軍購問題最後如何定案如何執行，其政策後果有可能在台灣人民身上形成一世的危苦重擔，任何人都難以置身事外。

相距一年半，台灣軍購問題有所變容改貌是事實。有的論者把它的部分理由歸之於國民黨。說該黨從當年三・一九兩顆子彈的危機中脫出，經過一小勝一大勝且建立了馬氏共主態勢後，似乎有人認為必須重建理性穩健的反對黨形象且更需要重修對美關係。此外，在新國共關係中也要顧及國民黨的相對主體性位置。該黨版軍購案的提出，甚至台獨人民選項論的宣示，其歷史性背景因素是相當清楚的。

只是，台灣人民的普遍信念，2004 年澎湃一時的反軍購運動初起時的人民初衷，至今還是堅定不移的。那是為了台灣海峽的和平共榮，為了台灣社會的內部安福，以兩岸對抗為前提的軍購案都是有害的。台灣人民必須共同堅決的加以反對！

今天的研討會，我們邀請到了朱高正博士、黃智賢小姐、郭中一教授。除了黃小姐是本論壇頭一次邀請的講師，其餘兩位都是長期以來支援論壇的知名學者，讓我們再以熱烈掌聲表達論壇的歡迎！

〔附錄〕

歷次新民主論壇與會學者專家名單

- **2002 年 4 月 27 日**

發起成立集會。

發起團體：勞動人權協會、女性勞動者權益促進會、桃竹苗勞工服務中心、台灣反帝學生組織、《勞動前線》雜誌、勞動黨社運部等。

- **2002 年 6 月 22 日**

探索戒嚴年代台灣知青的國家認同與自我定位問題——由 1967-1977 五件台灣知青叛亂案談起——兼談「林毅夫啟示錄」歷史的公義由誰決定？

陳映真先生、賴明烈先生、白雅燦先生、黃英武先生、吳榮元先生（以上政治叛亂案件當事人）、朱高正博士、王曉波教授。

- **2002 年 7 月 28 日**

從兩岸經貿十年交流，看三通政策和台灣經濟——

解讀「三通經濟學」VS「三通政治學」

劉進慶教授、石滋宜教授、全總理事長林惠官委員、工委會祕書處莊妙慈、全產總副祕書長林明賢、新竹產總常務理事陳新源、農民團體代表詹澈、中小企業界代表黃英武、梁電

敏。

- 2002 年 8 月 31 日

  一邊一國‧主權對等論和台灣人民的基本利益

  石之瑜教授（台灣大學政治學系）、朱高正博士、楊志誠教授（逢甲大學公共政策研究所）、錢永祥教授（中研院研究員）、劉珩總幹事（高市總工會常務理事兼總幹事）。

- 2002 年 10 月 27 日

  勞工與選舉

  全總理事長林惠官（立委）、曾茂興（社運出身候選人）、王芳萍（社運出身候選人）、羅美文（工運出身曾參選）、施永林（工會出身曾參選）。

- 2002 年 11 月 30 日

  2002 年 8 月-11 月人民六大街頭抗爭事件總檢討

  醫改會劉梅君教授、全國教師會北縣教師會張美英理事長、農民自救會總指揮詹澈先生、原住民族高金素梅委員、工委會祕書處何燕堂、黃素恩、柴松林教授。

- 2002 年 12 月 29 日

  從 2002 年期中轉折展望扁政府後半期走向

  盛治仁教授（東吳大學政治系）、劉瑞華教授（清華大學經濟學系）、夏鑄九教授（台灣大學城鄉所）、朱高正博士（前立委、《中國通》雜誌社社長）

- 2003 年 2 月 23 日

  新年初探大選序戰佈局圖

  周守訓主任（國民黨文傳會）、謝公秉主任（親民黨文宣部）、沈富雄委員（民進黨）、盛治仁教授（東吳大學政治系）

- 2003 年 3 月 30 日

  美國侵伊戰爭和亞洲區域情勢

  南方朔先生（評論家、《新新聞》雜誌）、陳映真先生（作家、人間出版社）、石之瑜教授（台灣大學政治學系）、夏鑄九教授（台灣大學城鄉所）

- 2003 年 8 月 9 日

  大選加公投‧風險知多少

  陳毓鈞教授（文化大學美國研究所所長）、朱高正博士《中國通》雜誌社社長）、盛治仁教授（東吳大學政治系）

- 2003 年 10 月 26 日

  大選年剖析中‧美‧台關係──本質與實況

  村田忠禧教授（日本橫濱國立大學）、劉進慶教授（東京經濟大學）、矢吹晉教授（日本橫濱市立大學）、李海文教授（大陸《百年潮》副主編）

- 2003 年 12 月 21 日

  中美戰略關係下的台灣問題

  趙春山教授（淡江大學大陸所）、邵宗海教授（政大中山所所長）、朱高正博士（前立委、《中國通》雜誌社社長）。

- 2004 年 2 月 8 日

  台灣勞工與兩岸問題

  林惠官（全國總工會）、盧天麟（全國產業總工會）、詹徹（農業勞動者）、何燕堂（工人立法行動委員會）、劉庸（自主工聯）、高偉凱（新竹縣產總）、杜繼平（《批判與再造》雜誌）

- 2004 年 7 月 24 日

  6108 億軍購案與勤勞大眾

張亞中教授（台大政治學系）、林惠官委員（全國總工會理事長）、黃光國教授（台大心理學系、民主行動聯盟發起人）、高金素梅（立法委員）、朱高正博士（《中國通》雜誌社）

- 2004 年 11 月 13 日

評解鮑爾「台灣非獨立主權國論」

毛鑄倫教授（台北大學、中國統一聯盟前主席）、許信良先生（前民進黨主席）、張麟徵教授（台灣大學政治學系）、黃光國教授（台灣大學心理學系）

- 2004 年 12 月 25 日

第六屆新立法院如何面對兩岸問題

邵宗海教授（政大中山所）、謝大寧教授（民主行動聯盟）、朱高正執行長（黨外圓桌論壇、前立法委員）

- 2005 年 4 月 23 日

請任務型國代參選人與談，探討一個中國兩岸和平的歷史視角

張亞中教授（台灣大學政治系、民主行動聯盟召集人）、紀欣博士（律師、中國統一聯盟副主席）、郭中一教授（東吳大學物理系、科學月刊總編輯）、林深靖先生（作家、資深社運工作者）

- 2005 年 7 月 16 日

在多數人民期待下，連宋登陸對島內政情的實際影響

張榮恭主任（國民黨文傳會主委發言人）、李永萍委員（親民黨）、謝大寧教授（民主行動聯盟）

- 2005 年 8 月 20 日

馬英九就任國民黨主席對內外政情的影響

陳鳳馨（知名評論人）、盛治仁（東吳大學政治系教授）、杜繼平（《批判與再造》總編輯、中國人民大學經濟學博士）

- 2005 年 11 月 19 日

零五年底從台灣看東北亞風雲

纐纈厚（山口大學文學部兼山口大學獨立大學院東亞研究科教授；《軍事民論》前編集長）、小山陽造（亞洲共同行動（AWC）日本連絡會議研究員）、李長熙（韓國外國語大學教授、韓國國際法學會前會長）、金承國（亞洲共同行動（AWC）韓國委員會運營委員）

- 2006 年 2 月 26 日

反軍購促和兩岸促進社福

朱高正（黨外圓桌論壇執行長、前立法委員）、黃智賢（知名評論家、《掏空》、《戰慄的未來》作者、「全民追討政府掏空國庫行動聯盟」）、郭中一（民主行動聯盟、反軍購大聯盟召集人）

國際評論

柯莉，妳在哪裡？

——曼迪歐納橋泣血民眾的呼喊

（1987 年 3 月）

　　1986 年 2 月 22 日，馬可仕與柯拉蓉（編按：Corazon C. Aquino）的一場大選戰終於分出勝負。美國雷根政府也結束了一個月來露骨執拗的拖延戰術，在這一天做下了最後的決定，促使國防部長恩・瑞利、參謀總長羅慕斯兩人，順從幾個月以來的激昂民心，放心大膽地宣布和馬可仕斷絕隸屬關係，聲明軍方確認柯拉蓉已贏得了總統大選。

　　精疲力盡的馬可仕派出的討伐隊，被淹沒在因兩位軍方最高領導人的「起義」而興奮地湧上街頭的群眾大海中。

　　當天，柯拉蓉在同一個群眾大海中宣誓就任菲律賓總統。全球大眾媒介一時都集中在這位「創造了和平革命」奇蹟的婦女身上。所有的讚辭——包括法國史上的聖女貞德的名字，都冠在她的頭上。其中最令人感慨的是，「和平，非暴力的群眾運動瓦解了黷武好鬥，手握重武器的獨裁者的部隊」這樣的說辭。

　　古今中外，軍隊是國家的匕首，誰若反抗國家，這支匕首就刺進誰的心臟，除非反抗者手上也握有另一支匕首。現在，一位弱女子，手無寸鐵，卻能以笑臉、辯舌、懇求、祈禱，再加上手上一束鮮花，竟能帶起了一大群也以笑臉、懇求、呼

籲、祈禱、鮮花代替匕首的群眾，一舉而瓦解了掌握國政達二
十年的馬可仕政府，逼使馬可仕倉慌出走。

　　對於這次政權的和平轉移，有人讚為「美好的革命」，實
在美好的無以復加。尤其對長期生活在充滿暴力和恐懼的政治
局勢下的亞、非開發中國家的人民，其美好幾乎讓人不能置
信。即使一向享有比較穩定的政治環境的歐美人士，也都讚不
絕口。至於一向支持她最力的天主教教會，更稱之為「主恩浩
蕩」下的「愛的革命」的典例。

　　這種以群眾的非暴力運動，來壓制武裝軍警的模式，對一
向苦於無法突破執政者的武力鎮制的第三世界某些反對運動者
而言，無疑是莫大的鼓勵和啟示！加上柯拉蓉的「溫柔、誠
懇、講理、可親」的形象，和追求「民主與和平的真摯勇
氣」，這位亞洲的女總統幾乎變成了「理想主義的民主主義
者」心目中的典範。

　　就在台灣，也正不知有多少黨外民主運動者，被她的事蹟
所深深吸引。當然，沒有人天真到相信那些坦克兵，是受到了
群眾的熱情懇求所感動，那是整個政治局勢在一段時間的不斷
醞釀變化影響了士兵們的感覺與看法，使他們握槍的手受到了
新的制約。但即使如此，最後那鮮花圍繞坦克的一幕，還是足
以使人感動得流淚。

　　只是，政治是最現實不過的。群眾的願望、夢想，不論編
織得如何的美好，一遇到現實中不可迴避的嚴酷考驗時，美夢
還是難免會破滅。而人們應該從這破滅的痛苦中去學習一些超
越主觀願望的事理。

　　在新政府成立以來的這一年裡，柯拉蓉在相互傾軋的人事
中百般折衝，意欲爭來穩定平衡的內外局面。對一些難纏的政

界人物和派系勢力，雖然偶爾也運用軟硬兼施的手段，但總的來說，她是以低姿勢軟工夫見長，她的誠懇講理和痛恨暴力的形象，在與左右兩翼的艱難周旋中還能維持不變，頗能贏得菲國人民的稱讚和外國人士的驚歎。

然而，年來大小近二十次，來自各方面——包括新人民軍、左派土改運動者、回教分離主義者、馬可仕舊黨份子、軍中右派份子、最後甚至當年盟友的副總統勞瑞的逼位、國防部長恩利爾的政變陰謀等，規模程度不一的凶險，都能在群眾熱情的「柯莉！」呼聲中——化解掉了。卻於 1 月 22 日，終於遇到了自她就任以來最嚴重、最諷刺，也最具啓發意義的事件了。

正在柯拉蓉爲著預定在 2 月 2 日新憲法交付公民複決，大聲疾呼菲國人民投票贊成新憲以鞏固「愛好和平的人民中間力量」的當兒，竟然在馬尼拉總統府旁發生了舉世震驚的曼迪歐納橋（編按：Mendiola Bridge）流血慘劇。

人數大約一萬人，要求土改和工作機會的農民運動組織的示威者，受到五百名鎮暴警察和陸戰隊開火掃射，當場死亡十二名，傷者則近百名。

事後，柯拉蓉雖然表示極度的「震驚」和「悲傷」，並立刻下令組織事件調查委員會，追究責任，且把肇事部隊的指揮官和首都衛戌司令暫予停職，靜候調查。

但全國農民組織、人民黨、共產黨等同聲發表了充滿悲憤的指責聲明，認爲此一流血慘劇乃柯拉蓉政府反動化的鐵證，人民已視其在本質上無異於馬可仕政權。

接著，共產黨、回教軍皆相繼退出和平談判，誓言在柯拉蓉未能證明有能力約束軍方以前，將不再進入會議室，甚至連

一向支持柯拉蓉甚力的幾家大報，也都紛紛撰文指責，皆謂這一事件對柯拉蓉個人形象的破壞，將是難以估計的。

　　然而，在民心如此動盪中所舉行的新憲法公民複決投票，竟然能以百分之七十幾的贊成票而獲得通過，原因何在？是不是就如柯拉蓉在票決勝利後所說的，這是「廣大中間群眾反對少數的左、右兩翼的偏激分子的證據」？當然真相絕非如此，而只能說是至今仍然是菲律賓社會的主要支配力量的地方豪族與大地主的社會控制力尚未顯著衰退的緣故。

　　按菲律賓經濟與政治的最大主宰力量，是那些大農莊主和戰後由土地資本轉向工業資本的城市資產階級，而總人口中的絕大多數，是豪族地主主宰及控制下的佃雇農。這些佃雇農的處境雖然極為悲慘，但除了小部分由農民解放組織納入其動員範圍外，大多數至今仍脫離不了地主的掌握。這一點，我一點，我們可以看看尼古洛斯島上一位農莊主的自述：

　　　　……這個島上的工人們，都是遵照主人的命令投票給經指定的候選人……這些蔗田農民，對主人的指示，只懂得點頭、服從，千篇一律地接受命令去投票……。

　　農民的控制者，除了地主之外，還有天主教教會。
　　教會的權威，仍然足以左右農民們的投票態度，而教會曾經為了籠絡農民，防止他們投入解放運動，由教宗針對菲國的土地集中發表如下談話：

　　　　上帝的土地不是賜給少數人的。把產自土地的恩惠由少數人據為己有，是違背上帝意旨的。

　　但講歸講，大農莊主、大地主和教會，爲了反對馬可仕的初期改革，還是聯成一氣的。城市的工業家也以半封建式的支配方法控制著勞工。菲律賓的勞工雖有部分組織，卻和農民相似，一離開雇主就無法解決生活問題，勞工組織即使能夠向他們灌輸一些解放理念，但卻無法填飽他們的肚子。

　　這次的投票，地主、資本家和教會，顯然是眞正的勝利者。

　　有關菲律賓的土地集中，外國人另有一種評論。日本人說，這簡直和日本戰國時代的諸候沒有兩樣。按菲國的政治人物，不論是國會議員、地方政府的官員，莫不出身大、中型地主，尤其中央級政要，都是規模極大的豪門世家。如柯拉蓉的娘家與夫家、副總統勞瑞、前國防部長恩利瑞、參謀總長羅慕斯等，無一不是擁有上千戶佃農，幾萬幾十萬英畝的土地，有時甚至擁有一個島，像副總統勞瑞就有一整個島，轄有六千佃戶。並且這些大地主都擁有可觀的自衛武力。

　　柯拉蓉如今常被形容爲「本爲平凡的家庭主婦」，這實在是一種誇張不實的報導。據認識她的當年學友們回憶，她家也是數代豪富，她青年時代留學美國時，讀的是名門貴族學校，寓所則被列爲和阿拉伯君王的公主、印度土侯的女兒同級，設備豪華、僕從衆多。在和馬可仕的選戰中，某次她指責馬可仕的土改欺騙了老百姓，並要求對方進行眞正的土地改革，馬可仕私下嘲笑著說：女士，先從妳家做起吧！

　　至於馬可仕，雖然目前已經是被鬥垮鬥臭的人物，但論其出身，卻是比目前柯拉蓉政府中的任何要角都要「淸寒一點」。他並非豪族出身，以律師從政而終於當上總統。他腐敗後被當初支持他的人們稱爲「背叛了平民的平民宰相」是有道

理的。

在外國記者間流傳這樣一則故事：

年輕的馬可仕剛當選參議員時，某次參加了勞瑞（當時好像是國會議長）的宴會，因為沒有門閥背景而頗受輕慢，使他在整個宴會的過程中坐立不安，散席後，回首勞瑞巨大豪華的宅邸，以嫉愧交加的心情發下重誓，有一天要堂堂皇皇地進出這個上層社會，否則，就一定要毀滅它。

我們不知道這是外國記者的杜撰還是真有其事。

不過，當初馬可仕頒佈戒嚴令，除了針對菲共外，另一個目的是藉機解除地方豪強所擁有的私人武力。他的土改的出發點，開始時也有抑制地主的貪婪剝削，帶給農民一點生機的用意，可惜在掌政用權的過程中，卻為了一己的私利，而把當年的一點改革意識都拋棄掉了。

但即使如此，平心而論，馬可仕的財產縱如柯拉蓉政府所公佈的，有百億美元之鉅，但柯拉蓉及大多數目前反馬可仕的政要們所擁的鉅富，恐怕也不下於此。兩者間的差異，不過馬可仕的錢財是一代投機政客「非法貪贓」的搜刮所得，而後者的財富則是數代「合法剝削」的累積。兩者縱令在法律上的性質有別，但其反人民、反社會的劣質性，則並無二致。

至於菲律賓的大地主、工業資本家，甚至天主教教會，之所以聯合一致反對馬可仕，不過是因為「合法剝削」的體制竟而遭到「違法貪贓」的強人總統的特權干擾，如此而已。

至於那一部分以城市小資產階級，就業或失業的工人階層為主的大馬尼拉區庶民群眾，則因為把生活上的困苦加軍警的橫暴，一律推到馬可仕頭上，再經柯拉蓉身旁的策士合縱連橫一番，罹難的艾奎諾變成了殉教的民主聖徒，未亡人柯拉蓉也

就高高地被舉在群眾熱潮的浪頭上面。

如今，新憲法複決投票獲勝後，柯拉蓉政府顯得意氣昂揚。本月 16 日新國防部長伊勒托、參謀總長羅慕斯，分別訪問美國在菲的海空軍事基地，伊勒托竟然當場宣稱：「美菲基地負有廣泛區域的責任，兩國應建立更強固的軍事關係」。這樣的話，即使當年的馬可仕也不敢說。

菲律賓人民對美國基地的存廢問題非常敏感，他們反對把菲律賓納入美國戰略圈的態度相當堅決，因此，柯拉蓉本身對這個問題也只能表示等契約年限到期後，再由人民來決定。現在，國防部長以軍事行政首長身分竟然越權說出這種話，不能不令人心生疑慮。所謂「廣泛區域的責任」是否即為當年的「東南亞反共公約」再版？

這位「西點軍魂」陶冶出來的菲國將領還說，他已停止調查 2 月 10 日政府軍屠殺十七名平民的事件，「因為調查會影響軍隊士氣」。此外，曼迪歐納橋流血慘劇的調查，至今也已無聲無息。

此外，也有消息指出，那位因其反共偏執狂的怪誕言行，而被調職到美國前駐韓司令官辛格勞布，已經在招募越戰退伍軍人，組成一支「藍波」兵團，積極介入菲律賓的剿共戰爭，並協助教導菲國軍人如何私用「非傳統戰術」來完成「剿共」任務。

伊勒托國防部長的談話，是否即為柯拉蓉政府重新對美提出的效忠誓詞？這些言行如無柯拉蓉的默許甚至授意，有沒有可能出現呢？那麼，菲律賓人民心目中「微笑的、和藹的、講理的、反暴力的、為廣大人民奮鬥不懈的」曾經是群眾以淚眼呼喚過的「柯莉！」妳在那裡？

蘇聯在南洋

——美蘇兩國的南太平洋爭霸戰

（1987 年 4 月）

在南太平洋的新興獨立國巴努亞茨的首都波特・比拉，一家高級避暑旅館的經理似乎有點憂慮地說：

「近來報刊常報導蘇聯在本區進出，觀光客一下就減少了」。

波特・比拉城裡滿街都是免稅店，卻有不少都掛著「出租」的牌子。當地政府本來想不抽法人稅或所得稅，以「租稅避難地」來吸引外資，可是也因上述理由而無法得到預期的效果。

當地的會計師協會發表了一項警告說：「如此下去，國家的歲入將減少一百萬美元」。

蘇聯的實像至今還沒有顯現在巴努亞茨人民面前，但它的影子卻已悄悄地進來了。

六年前巴努亞茨這個島國，從英、法的共同統治中獲得了獨立。蘇聯和它最早的接觸是去年（1986 年）5 月。那時巴努亞茨剛剛和利比亞建交，轟動了全世界。蘇聯駐澳大使蘇莫特金，奉命以觀光客的身分出現在波特・比拉，和巴努亞茨外長莫利沙舉行了非正式會談。

到了 6 月間，蘇聯正式派來漁業交涉團，提議締結漁業協

定。

　　巴努亞茨自獨立後，對美國自動提議的經濟援助，也不為所動。而「和兩個超級大國之間的邦交要同時建立」的說法，使美國甚感難堪。

　　這次卻在對蘇漁業談判結束當天的 6 月 30 日，首先宣佈和蘇聯建立正式邦交。

　　接著 12 月初，在澳洲雪梨的第二回合談判中，雙方達成了初步的有關協議，主要內容已見輪廓。嗣後兩國關係進展神速，今年 1 月 27 日，終於簽訂了正式的漁業協定。

　　漁業協定的主要內容是：蘇聯每年繳交巴努亞茨政府 150 萬美元，換取蘇聯釣鮪船進入巴努亞茨 200 海浬經濟水域的作業許可，以及進港權利。

　　巴努亞茨的主要收入，除了觀光，前來利用租稅避難地的外國企業的登記費收入、椰果、牛肉的輸出以外，別無外幣來源。國家預算僅 3400 萬美元，其中七成為漸趨減少的外援。負責漁業談判的巴努亞茨漁業局局長說：「這次蘇巴漁業協定的簽訂，是出於財政理由」。

　　蘇聯本來和吉利巴斯也同樣以大約 200 萬美元的漁稅代價訂有漁業協定。但在去年 10 月間，期滿失效。正在物色另一個南太平洋立足點的蘇聯，可以說是遇到了一次更有利的機會了。而且不僅進入海域，還能靠港，這是蘇聯在此一海域中首度獲得這樣優厚的待遇。

　　至此，它已獲得了與越南金蘭灣遙遙相隔一萬公里的另一個亞細亞、太平洋戰略的據點了。

　　至於兩國之間有沒有秘密協定呢？巴努亞茨水產公司的幹部說：「蘇聯漁船想捕獲的鮪魚，在兩百公里海域內並不多，

而具有捕捉鮪魚設備的蘇聯漁船好像也很少。」

那些裝著大小天線，以巴努亞茨為據點的蘇聯漁船，想要捕捉的，與其說是「魚」，倒不如說是游弋在太平洋上的美國第七艦隊；或正在鬧獨立的、近鄰法屬紐卡勒托尼亞的「軍事情報」吧。

澳洲政府也因而密切注意，認為「蘇聯的活動是超出漁業範圍的。」

首相李尼的官邸，座落在一處能鳥瞰波特‧比拉市街的丘陵上。他說：「我們和蘇聯不過是經濟關係，不會成為任何人的威脅。紐西蘭還不是和蘇聯訂有漁業協定嗎？為甚麼要害怕巴努亞茨和它建有關係呢？」

首相是坦桑尼亞前總統聶烈禮的「協同社會主義」的信仰者，也是從英國教會系的聖職出身的知識份子，他的反駁很犀利。

但巴努亞茨和蘇聯訂立了漁業協定後不久，兩國間有秘密協定的說法，悄悄地流傳了開來。傳言中說，巴努亞茨政府對蘇聯所提的「利用蘇聯民航機接送漁船員」的問題，表示「做為協助案件，可以討論。」可是澳洲政府方面得到的消息卻說：「在一月初的秘密交涉中，巴國政府同意了蘇聯的定期班機飛往巴努亞茨」。

蘇聯在 1960 年代，曾經和非洲各國簽訂了漁業協定。由漁港或相關設施的利用，民航機的飛入，發展到軍事基地的使用權，這樣的例子並不少。南太平洋向來是美國的後院，一旦蘇聯在這地區坐大，美國勢必會要求日本強化經濟援助，替它分勞的吧！

面對著蘇聯的攻勢，向來對南太平洋各國的漁業交涉表現

得消極的美國，也自去年年底開始，一口氣和斐濟、巴努亞茨等 12 個國家，簽訂了年付 900 萬美元捕魚費的漁業協定。

今年 1 月間，美國任命了首相駐巴努亞茨大使；但他的國書還沒有被接受。

巴努亞茨的山托島，在二次大戰期間是美軍對日反攻的基地，那裡有一處地峽叫「百萬元岬」。這個名稱的來源，是因為戰後島民要求美軍把戰時用剩的一些軍用物資撥給他們，而美軍竟然一口拒絕，把那些剩餘物資——包括軍用大卡車等價值一百萬美金的器材統統丟下海裡。所以，這個名稱含有島民當年的反感和怨恨。因此巴努亞茨在未獨立以前便懷著對美國的惡感，今天蘇聯就顯得更有影響力了。

馳名全球的日本名導演黑澤明，曾受邀赴蘇聯拍了一部叫「特爾士‧烏撒拉」的片子。內容是描述西伯利亞獵人在雪原上追獵老虎的故事。蘇聯駐印尼大使館，本來準備提供這部片子給爪哇日本文化中心主辦的「黑澤明電影院」，卻在預定上演前一日，突然接到印尼政府通知說：「蘇聯電影的公演尚非其時」，而不得不終於取消。

在印尼，向來的看法是「中國的威脅大於蘇聯」。為什麼最近對蘇聯的戒心卻加強了呢？原來，在麻六甲海峽入口處的印度領屬尼可巴爾群島上，蘇聯最近開始建設一個海軍基地。印度和蘇聯之間訂有「和平友好條約」，因此印度的海軍基地「很有可能變成第二個金蘭灣」，印尼深刻地感受到這是個危險訊號。

印尼陸軍第四軍區的司令官哈爾達斯，在去年 9 月間，曾提出警告說：「可能是從印尼巴爾群島出發的大約二十隻蘇聯潛艇，在印尼屬撒邦島附近出沒。」印度政府立刻加以否認，

兩國間的猜疑心理一時增高。

到了 10 月間，印度首相甘地訪問印尼前夕，印尼外交部發表談話時始說：「當時的我方發言被誤導」，這才把紛爭壓下來了。

但印尼政府對蘇聯的警戒心從來不曾鬆懈過。它一方面宣布禁止民航機飛入離尼可巴爾群島 160 公里的撒邦島，同時也開始加強機場設備或監視設施。並且向新加坡政府提出要求，把該國今年 4 月間所購的早期警戒機 2C 四機，在偵察行動中所獲取的麻六甲海峽軍事情報提供給印尼和馬來西亞，意圖整備該海峽一帶的三國共同防衛態勢。

去年底，在曼谷舉辦的 ASEAN（東南亞國家協會）會議中，各國軍事專家一致認為「蘇聯現已擁有制壓麻六甲海峽的海軍力量」。

十年前，蘇聯海軍在此一海域中的力量是：水面戰艦 71 隻、潛艇 40 隻。現在已擴大到基輔級航空母艦 2 隻、戰鬥艦 439 隻、潛艇 134 隻。

越南金蘭灣的軍事設施，自 1983 年 11 月起被置於蘇聯的管理下。此後經常有 25 隻以上的蘇聯戰艦遊弋在越南水域中，灣口處則常駐有 5 隻潛艇。航空兵力則有中程 TU16 轟炸機 16 架。1984 年底，進駐了米格 23 型戰鬥機 14 架，並開始供給越南軍機。自此，金蘭灣對 ASEAN 的壓力增加不少。

新加坡國際問題研究所的勞所長提出他的分析說：「由於蘇聯在金蘭灣基地軍力的增強，ASEAN 也必須考慮進一步的勢力均衡。」

緊接著泰國、新加坡之後，印尼也在去年 9 月間和美國訂立了引進 F16 戰鬥機的合同。

今年 1 月，新加坡舉辦了亞洲首屆尖端兵器展覽會，有 12 個國家的 72 家公司參加。

就在同月，爲了化解 ASEAN 各國對蘇聯的戒心，駐各國的蘇聯大使分別召開記者招待會，發動了一陣外交攻勢。

蘇聯駐馬來西亞大使說：「爲加強和 ASEAN 之間的貿易和經濟關係，蘇聯有舉行定期會商的誠意。」

蘇聯駐新加坡大使謝米諾夫，也呼籲 ASEAN 各國到蘇聯國內去建立合辦事業。

泰國的米、印尼的合板等 ASEAN 的第一次產品近年來常成爲與美、日摩擦的因素。蘇聯有鑑於此，繞過政治，改走經濟路線，試圖盡量接近ASEAN各國。印尼的外長牟達爾就說：「來自美國和來自蘇聯的美元，都是美元。」顯然對印、蘇經濟合作，好像也有點動心的樣子。

去年 12 月，曾經受到鉅額的呆帳拖累而沉寂了一時的蘇聯莫斯科人民銀行（MNB），在新加坡的亞洲美元市場上，發行了 3000 萬美元的附變動利息CD（讓渡性存款），以資調配資金。

向來 MNB 只是從銀行市場調短期資金。改由資本市場籌調長期資金，是從 1971 年新加坡支行開設以來的第一件。

MNB 的發言人說：「我們只是認爲參加資本市場的時機已到了。」這可以看做是，MNB 配合蘇聯的亞洲戰略，在東南亞一帶推動其金融活動的徵兆。

近來一直苦於景氣低速的東南亞五國，面對著蘇聯「政經分開」政策的攻勢，似乎已開始搖擺不定了。

馬尼拉西北 120 公里的克拉克美空軍基地，籠罩在以急角度昇空的 F4 幽靈式戰鬥機的轟然引擎聲中。

在這個美國本土以外規模最大的基地上，駐有美國空軍第十三師，和在蘇比克灣的第七艦隊一起與離此僅 1300 公里的越南金蘭灣的蘇聯軍力對峙著。

克拉克基地的任務，是支援美空軍在西太平洋一帶的活動、監視麻六甲、巽多、隆泊各海峽的情勢。

在該基地以北 20 公里的克羅・巴列射擊場，正在進行著泰國、新加坡的空軍也參加在內的對抗假想敵的實戰訓練。空軍少校維特美強調說：「這不只是爲美國而設的基地。」

不過，受到菲律賓內部情勢變化的影響，向來被稱爲「世界上最舒適的海外基地」的克拉克基地的地位，也已經激急地開始變化了。1991 年的基地協定限期已經逼近，有關美軍基地的存廢問題，和艾奎諾政府的非核政策糾結在一起，變成了菲律賓的重要內政問題之一，而現在，蘇聯的影響力又開始起了作用。

在 2 月 2 日的國民投票中，受到了多數人民承認的菲律賓新憲法規定，到 1991 年基地協定滿期時，除非「獲有參議院支持，或經國民投票過半數贊成外，不准許有外國基地的存在。同時也表明「爲了國家利益，要求自領土內撤除核子武器。」

今年 5 月將要選出的 24 名參議母（任期六年），其立場如何，將直接影響到基地的存廢。憲法中的非核條款，意義有點曖昧，它也可能被解釋爲「若符合於國家利益，核子兵器的入境亦應被容許」。但到時左派勢力必定強迫政府確認美軍基地內是否存有核武器。

蘇聯的駐菲大使夏拉濱，在國民投票舉行的前夕，破例召開記者會，提議：「撤除菲律賓的美軍基地，使東南亞變成非

核地帶。」其目的似乎在於為當地左派勢力提供側面支援。因為菲律賓左派勢力一直主張撤除內貯核子武器的美軍基地，以保菲國人民安全。

夏拉濱大使在去年 2 月間，曾經向當時的馬可仕總統提出國書，時值前國防部長安利爾背叛馬可仕的前三天。現在蘇聯為了挽回去年對菲政策的嚴重失算，極力想恢復外交上的失地，而採取了一些行動。

菲律賓第二大城市宿霧，只有一個美國的領事館。蘇聯為了取得平衡，也提出了在該市設立領事館的要求，回報是准許菲律賓在列寧格勒也設立一處領事館。同時也要求菲國政府履行前任總統夫人伊美黛‧馬可仕所作的承諾，即在蘇比克灣口的民營造船所修理蘇聯船隻，和補給燃料等計劃。

菲律賓外交部對宿霧領事館設立問題的回答是：「我國在列寧格勒沒有設立領事館的必要」，態度頗消極。對蘇聯船隻的修理和補給燃料計劃，外交部副部長夏哈尼說：「只要不超出宿霧區外，當可予以接受」。這樣的答覆，言外之意是若要靠近蘇比克灣，礙難同意。

艾奎諾政府對蘇聯早期支持過馬可仕一事，看來還是耿耿於懷。蘇聯意圖重振在菲的外交形勢，至今還沒有結果。

就在右派政客艾士比那氏指責說：「蘇聯製武器已經運入 NPA（新人民軍的基地）時，馬尼拉報紙上，最近登載了這樣一則消息：「蘇聯向巴丹地區的共黨游擊隊提議，由其供應武器和資金」。該報導說，當地的一名共黨游擊隊領導分子表示：「該項提議因附有難予接受的條件，遭到我們的拒絕」。這則消息引起了相當的轟動。蘇聯使館立刻加以否認，指其毫無根據。

代表進步勢力的 NPF（民族民主戰線）的瑪萊女士強調說：「據我所知，蘇聯並沒有提議供應武器。」但卻這樣補充說：「我們需要武器。所有的革命戰爭，都從外國取得武器，我們很想獲得不輸於菲律賓政府軍的武器。」

到了 2 月 8 日，政府與共產黨游擊隊的臨時停火協議屆滿後，決定美軍基地命運的全國總選就要到來。蘇聯會表現出什麼樣的動態呢？一般人都認為「不致於供應武器給游擊隊吧！」但在臨時停火期間，NPA 所發動的示威行動中，親眼看到游擊隊員扛著蘇聯製的 AK4T 型自動步槍的民眾卻不在少數呢！

社會主義與民族自決

——評蘇維埃聯邦的離心風潮

（1990 年 12 月）

　　近一年來，在俄羅斯蘇維埃社會主義共和國聯邦內部掀起了加盟共和國要求脫盟獨立的一連風潮。開始是由民族異質性較高、加盟經過也比較特殊（出於戰時安全境界的戰略理由）的波羅的海三國，趁戈巴契夫改革政策的動盪時期先後提出脫盟聲明。繼而蔓延到其他數個加盟共和國，紛紛做出有關退盟的決議案，風潮迄未終熄。為了正確面對這種在政治上思想上極富挑戰意味的事變，我們必須從歷史唯物論的立場出發，做一番科學的分析和展望，才能達到一個符合事實，且具有教育意義的結論來。

　　首先，一般人的直覺反應可能是這樣：既然社會主義不具有侵略性，以社會主義為共同基礎的人民共和國之間，應該也不再有資本主義時代的民族壓迫的現象。如今為什麼在一個社會主義共和國聯邦內部會出現分離主義的政潮呢？下面先把社會主義對民族問題的基本觀點提出簡單的說明。

　　一、歷史上的民族壓迫，最主要的根源的確在於社會內部的階級結構所含有的侵略性。不論封建帝國也好、資本帝國也好，因為內部存在著剝削制度，一旦對內剝削累積成一定的軍事力量，必然轉向外部、對弱勢民族肆行剝削掠奪。

二、因此，要廢除民族壓迫，最主要的途徑是從民族內部除掉帶有侵略性的階級制度。也就是，廢除資本主義生產關係，代以社會主義生產關係，從社會的基礎部分除去對外侵略的禍源。

三、根據以上的歷史唯物論立場，1917 年蘇聯革命成功後，在 11 月 2 日發出的〈俄羅斯諸民族的權利宣言〉中，提出了如下四點做為民族政策的基礎。

(1)俄羅斯諸民族的平等權和主權必須確立。

(2)從分離到自行建國的，俄羅斯諸民族自決權。

(3)所有的民族特權，包括宗教性壓制的廢除。

(4)俄羅斯境內少數民族和人種集團的自由發展。

四、蘇共中央革命後迅速成立了民族委員會。宣示世界上的弱小民族的基本利益是一致的。唯有社會主義的無私性共利性的大原則才能團結各民族內部被壓迫的工農勤勞大眾，共同向封建的、資本主義的剝削制度進攻。因而確認被壓迫民族的解放必須以政治上的雙重改革為前提。其一、各民族的完全平等權。其二、政治的分離權。

綜觀以上的社會主義民族政策的基本精神，是十分合理而進步的。但為什麼聯邦成立已歷七十年的今天，又發生了這樣的反常現象呢？理由有以下的兩點：

(1)在內部原因方面，顯然是七十年來過度集中的史達林主義的反彈。關於這一點，我們且看列寧當年所提的帶有警告意味的話：「社會主義雖以經濟為基礎，但不能全部歸結於經濟。為了排除民族壓迫，雖然需要以社會主義生產為基礎，但同時也需要在這個基礎上面建立民主主義的國家組織，民主主義的軍隊，及其他有關要素。無產階級把資本主義改造為社會

主義，只是創造了徹底廢除民族壓迫的可能性而已。這種可能性，卻只有把民族的分離自由的權利包括在延伸到的民主主義內容的時候，才能從可能性變爲現實性（1916 年 10 月發表於《社會民主論集》第一號）。

史達林主義在革命建國時期的內外壓力下爲了確保鬥爭體制和效率而由高度集中走到極端集中，卻把列寧的民主主義原則擱置下來。終於無法如列寧所說「以社會主義經濟爲基礎的政治民主」把「廢除民族壓迫的可能性」轉變爲現實性。

(2)在外在原因方面，是西方資本主義國家在公開或秘密方式下進行多年的破壞作業。這種破壞蘇維埃聯邦的團結工作數十年來不曾中斷過。如幾個西方大國從不承認波羅的海三國的加盟效力。一直以「獨立國家」視之。其他的加盟共和國的反社會主義地下團體，也以民族主義爲掩護在西方國家的庇護下一直進行著反蘇反共的宣傳和組訓工作。

在以上的內外原因相激下，又值蘇共中央因改革問題而陷入混亂之際，加盟共和國的分離風潮頓起。對此，我們有如下的兩點意見：

(1)列寧當年所提的民族自決權，在帝國主義的民族壓迫的時代，的確是策略上的必須，也是道德上的當然。因爲民族壓迫的受害者同時是帝國主義的被壓迫者，民族自決的鬥爭同時是對帝國主義進攻。

(2)但一如個人的民主權利不是絕對的，必須有利於、或至少無害於共同體的存在才能受到肯定。同樣，民族的自決權利也不是獨自存在的絕對善。在世界的反帝鬥爭激烈的年代裡，諸民族之間應該是團結重於一切的。如果不是爲了抗爭不當的民族壓迫，而只是少數分子假借民族自決的名義意圖回復舊體

制，那就變成反動的民族主義了。

關於這一點，列寧在 1922 年發表的〈關於民族問題或『自治化』問題〉一文中，有如下的一段話：「現在我們應該採行的實際措施如何呢？第一，必須維持社會主義共和國聯邦，並加以強化。本措施的必要性應無爭論餘地。爲了與世界資產階級進行戰鬥，爲了防備他們的陰謀，這是絕不可缺少的措施……。」

最後，我們認爲如今發生在蘇維埃聯邦內部的離心運動，是屬於歷史逆行現象的一種。那是長年以來未加妥善處理的民族民主問題所累積下來的惡果。此一事變帶給我們的啓示是：民族問題往往牽聯到歷史恩怨的情結，是微妙而複雜的。要解決它，除了社會主義經濟制度的平等性、公正性的涵蓋以外，社會主義民主的處理原則也是不可少的。在這裡，我們再引用列寧的話做爲終結。

「……在這種基盤上（指經濟和政治的社會主義性質）才有可能出現消除民族間的任何摩擦、任何猜忌的實際過程。然後以國家的死亡爲條件，將迅速地出現各民族的全面接近和最後的大融合。」

變調的波蘭圓舞曲

——由華勒沙「工人總統」談起

（1991 年元月）

　　華勒沙當選了波蘭總統後，西方媒體以及台灣報紙的評論大致是肯定的。但也開始出現另一種聲音，對華勒沙表示兩點保留性的意見。其一，說華勒沙的當選主要靠他對國內的困惑、甚至憤怒的農民工人們所開的一些施政支票。其二，華勒沙的領導愈來愈顯出強人風格，與昔年的戰友們相處已不再和諧、替波蘭政情的未來變化帶來了潛在的問題等等。其實今天的波蘭，可以說正走在一個十字路口。一般人民的心情是徨惑多於希望，政府施政也是消極性的應付調整多於積極性的策劃建樹。主要是因為多數國民在團結工聯的運作下曾經做了一次衝動式的反體制選擇，卻又無人能看得出、說得出未來的確實走向應如何。從這一次總統大選中的幾種具體情況，如：㈠投票率僅及 53.4% 左右，比第一次投票更低。㈡華勒沙雖得票 74.25%，但在全國有權者中的支持票不及四成。對手的提明斯基得票 25.75%，等於是全國有權者中的 14%。另外總理馬佐維茲基在第一回合的競爭中便以最低得票率被淘汰等。由以上的簡單事實，我們可以有如下的簡單看法：㈠波蘭國民對所謂的自由選舉一般都不太熱烈。㈡對華勒沙也不特別寄予厚望。㈢人民大眾對政府的改革措施深有不滿。㈣對提明斯基所提及早

回復資本主義的主張也少有信心。一句話，波蘭人民此刻是消極的，徬徨的，不知如何是好的。

不過依我們旁觀者的想法，如果說得深入一點，下面幾點應該也是持平之論：

㈠這位被稱為工人總統的華勒沙，如果是在美國、法國，或日本等資本主義極度發展的國家，以他的出身條件，是絕對當選不了總統的。甚至連參選都不敢奢望的。

㈡提明斯基之所以失敗，是因為雖然部分國民懷有對資本主義的幻想，但社會上還沒有資產階級的實際形成之故。

㈢支持華勒沙的多數選民，是還沒有拿定最後主意的，只以十年來的心理墮性投票的工農群眾為主。他們拒絕過去的官式社會主義，目前顯然只是一種單純現實的機會主義的政治企求——社會主義的安全保障制度加資本主義的個人主義利益保障。

以第三點來說，別說以波蘭的國家社會資源條件是一種夢囈，即使在美日等最先進的資本主義國家，也同樣是白日夢，如果波蘭人民——在這一點上也可以代表東歐人民，與傳統的共黨領導決絕後，倘若相信在西方資本主義國家的「自由良心」、「民主友誼」的支持下可以很快走進「既有社會保障，又有個人發財機會」的「理想社會」，那麼他們的這一份期盼，不久將在嚴酷的經濟現實和政治紛擾下不得不痛苦結束。

當然，東歐人民甚至蘇聯人民，在那過度僵化並極端狹窄化的官僚體系的長期重壓下反彈，這種現象並非偶然。但變革過後如何理出一條理智的發展道路，不再停留在對自己對社會都放棄了義務心的，一味追求「魚掌兼得」的投機心態上，恐怕才是全體國民最迫切的思想課題。在這一個意義上，無疑東

歐人民正走上了至少在當代是獨一無二的,接連不斷的歷史驗證的路,一種意識型態的驗證,另一種行為規則的重審,未知的將來,煩惱的回憶,如何從實踐中重新整合觀念,匯集共識呢?如果說,只因為社會主義體制曾經形成過對個人的過當抑制,因而在群眾心理上反彈為對資本主義個人價值的無批判的憧憬,致使人們對階級解放的評價常常以解放了多少本能為基準,則如何揚棄、統一這些衝突的心態和追求,可以說是歷史性的大題目。而以波蘭的現實而言,恐怕不是那位胸前別著一個聖母像,遇廟即拜的「時勢之雄」華勒沙所能擔當的責任吧。

波蘭在 1920 年代的世界反帝人民陣線中,曾經是通稱農民國際的世界組織的本部所在,本有一定的工農運動歷史。如今四十年來一再錯失的官僚體系終於腐蝕了光榮的民族與階級奮鬥史,那麼徹底全面的檢討與重建正是眼前的國家課題。而無關由誰來擔任總統。至於華勒沙總統的階級屬性、工人立場,還剩有幾分,誰能斷定呢?連整個的波蘭工人階級的自覺意識都日漸模糊化的現狀下,「工人總統」的名號除了反諷外還有甚麼意義!

蘇聯周邊的少數民族與宗教問題

（1991 年 6 月）

　　1990 年 1 月，《國際前鋒論壇報》刊載了一篇「伊士蘭危機弧線」的解說文章。其中指出「尹底法塔」（亞拉伯語「蜂起」之意）運動現已形成全球性的回教民族抗爭中心。根據這篇解說，「危機弧線」在歐亞大陸上由東而西，然後再向南延伸擴大中。具體情況有：1990 年 1 月間印度卡西美爾州（著名的卡西美亞手織品產地，77%住民為回教徒）出現由伊士蘭原理主義者所推動，要求脫離印度合併於巴基斯坦的運動。去年4 月間，回教原理主義者把包括卡西美爾大學副校長在內的三名人質加以殺害，後來與印度當局的衝突中死亡人數達到三百餘名。支持回教徒的巴基斯坦首相布托發出「對抗印度教的千年戰爭」的口號，其為了爭取對巴基斯坦立場的理解和支持，自 5 月 15 日開始歷訪伊朗、土耳其、敘利亞、伊拉克等十一個國家。與此相對，印度首相 V.P. 辛氏，則發表談話表明印度必須準備與巴基斯坦之間的一場戰爭。針對問題的嚴重性，《時代》雜誌出了一本特刊《印巴之間，到戰爭之路？》，指出情勢若繼續惡化下去，可能爆發第四次印巴戰爭。

　　其次，自 1989 年末到 1990 年初，蘇聯加盟共和國之一，位於南疆的亞塞爾拜然境內發生了民族暴動。原因之一還是回

教徒住民對伊士蘭建國的要求。然後，也許受到蘇聯境內的回教民族運動的波及，1990 年 4 月 5 日起六天之間，中國北西部，新疆維吾爾自治區（總人口一千四百萬之中，漢族五百萬，其餘為六百萬維吾爾族及其他回教住民）的西部加休卡爾近郊，有兩百餘人高唱可蘭經的回教徒和人民解放軍部隊發生衝突。根據當地《新疆日報》的報導，部隊中有五人死亡，回教徒的目標是「東土耳其斯坦共和國」的建國。在中國，雖然文革期間曾經發生過紅衛兵破壞回教寺院的情況，但 1980 年時任總書記的胡耀邦採取了承認少數民族在宗教、文化方面的大幅度的自主權利的政策。但事態的發展使國務院總理李鵬在 1990 年 2 月，在全國民族委員會主任會議席上提出如下的警告：「我們必須注意披著民族、宗教的外衣的分裂主義者的浸透活動」。他指的主要是信奉伊士蘭教的少數民族。發生在新疆維吾爾自治區的暴動中，據說有相當數目的槍械武器從阿富汗的回教反政府游擊隊手中越過國境流進暴動者的手裡。

至於歐洲，南斯拉夫的可蘇玻州住民中屬於回教徒的阿爾巴尼亞人佔多數，也已經發起了脫離非伊士蘭的塞爾維亞人的支配的運動。另一方面，以色列佔領下的加薩、約旦河西岸等地，巴勒斯坦人的尹底法塔在以色列軍方的殘酷的鎮壓下年來犧牲者數達八百人。但巴勒斯坦人的抵抗毫無減退的跡象。在超過二十年的漫長歲月中，在以色列的刻苛的佔領政策下過著極痛苦生活的巴人，從前承認 PLO（巴勒斯坦解放組織）的領導地位，但近年已經把自我解放的希望寄託在伊士蘭的信仰和運動中。PLO 主流派的實力者阿布・耶度，今年 2 月間在日本《讀賣新聞》的獨家採訪中說過如下的話：「目前住民對哈馬士（伊士蘭原理主義派團體）的認同還沒有太強烈。但如果以

色列繼續採取不妥協姿態，而美國繼續支持以色列，認同哈馬士的人一定增加。美國和以色列都還沒有察覺到這種情勢的危險性」。

　　1979 年 12 月進駐阿富汗的蘇聯軍隊經過了十年的佔領後仍然無法扶持一個能安定局面的阿富汗政府。終於在 1989 年 2 月全面撤軍。蘇聯的挫折，應該歸因於數達八萬的伊士蘭原理主義組織的執拗的抵抗。他們在蘇軍撤退後仍然不停止針對走親蘇路線的那吉布拉政權的游擊戰。其目的是在阿富汗土地上最後建立起一個伊士蘭國家。當亞塞爾拜然的民族暴動遭到軍隊的鎮壓，氣勢稍挫的時候，在埃及首府開羅市郊外，一輛滿載以色列觀光客三十一人的巴士遭受槍擊，死了八名乘客。那次的襲擊，是一個伊士蘭原理主義團體所發動。他們揚言「當伊士蘭的青年們在監獄裡受苦的時候，我們不允許猶太人在埃及的土地上遊玩逍遙」。在蘇聯弋巴契夫政權的改革政策和新的美蘇共存體制下，蘇聯境內的猶太人移民以色列的速度和規模愈來愈驚人（據估計，在未來五至六年期間可能達到七十五萬人）。而以色列政府卻把這些來自蘇聯的猶太移民送到佔領地的加薩和約旦河西岸，圖以實現「大以色列構想」。這種情況使伊士蘭原理主義系統的巴勒斯坦人激怒，開始計劃作戰不僅要對付以色列，同時也要以恐怖行動攻擊准許猶太人移民中東的蘇聯領導者戈巴契夫和海外的蘇聯公民。

　　另外，在加盟共和國的烏茲別克，五月間成立了一個主張伊士蘭民族文化的保護，確立共和國政治、經濟的主權；尊重人權等宗旨的新政黨「民主黨」，正面向共產黨的領導體制提出挑戰。

　　以上，略敘了「伊士蘭危機弧線」上的一些實況。其中最

能引起人們注意的是發生在中蘇兩國境內的回教動亂。一般人都認為，在西方帝國主義的壓迫之下，伊士蘭民族以傳統的宗教信仰做為反抗的精神武器是十分自然的。唯有真主的召喚能使子民奮起抵抗具有優勢的物質力量的敵人。然而在社會主義國內圈內部發生了同樣性質的宗教動亂時，人們難免產生下面的兩點疑問：

一、反抗者都是宗教信仰的狂熱份子嗎？幾十年的唯物論世界觀的宣傳教育，仍然無法消除宗教的迷思心態嗎？

這樣的質疑是很自然的。其實，反抗者之間雖然也難免有少數只圖利用宗教情操的無神論者，但我們也無法否認，宗教情操在社會心理的深層裡還是有它強固的根底。因為任何宗教都來自人類的行為能力和周圍的自然界壓力之間的懸殊差距所帶出來的，對生命的危懼感、無力感。所以宗教的發生，在人類發展史上是早於階級的產生。列寧雖然指出宗教是人民的鴉片，但鴉片的麻醉作用不可能只用強制命令可以消除。當人類尚無能力對現世的各種災苦做有效的解決以前，如果強行奪走痛苦中的人們一時賴以忘痛的麻藥，可能引發激烈的反抗。此所以一般的社會主義國家都在憲法上規定宗教信仰的自由，和反宗教宣傳的自由，意思是把宗教問題的解決過程，主要視為非強制的教育過程。唯有一方面通過教育使執著的信徒回歸於理性的世界觀，一方面努力提高生產力和物質建設藉以逐步消除人世間的多種痛苦，才能最後克除深層意識裡的宗教的執迷。否則斷絕麻醉而苦因猶在，難免引發自衛性的反彈。即使在社會主義體制的主導下，社會疾苦和個人災痛還是無法全免，只是在平等原則的處理下基本的生活保障比較制度化而已。如果在某一特定的少數民族的歷史傳統中，宗教原來就佔

有重要地位，則少數民族的宗教政策，就變成相當微妙的問題了。

　　二、因何在社會主義消除了階級剝削的制度後民族不平等猶然存在，以致引發蘇維埃社會主義共和國聯邦之間的分離趨勢？首先，我們必須回憶列寧的警語：社會主義經濟即使解消了生產關係中的剝削性，因而消除了剝削關係兩造之間的對抗性，那也只是現實的不平等中屬於基礎的部分。經濟基礎的社會主義化只能提供最後解決民族壓迫的基本條件而已。因為民族之間的不平等，除了民族社會內部的生產方法的侵略性的必然延伸外，還有其他的因素，如歷史傳統上的生產力的狀態與水平，各種文化要素自然條件的差異等，往往使一個民族比另一個民族在經濟成就上佔在更有利的位置。當然，那些非結構性的不平等因素是可以通過生產技術的提昇，工業生產效率化、規格化等逐漸加以克服。但那是一段相當費時間的過程。特別在生產力水平本來就偏低，自然條件和文化因素的地區差異較大的，如蘇聯這樣的大面積多民族國家尤然。更因為建盟以來軍事防衛似乎是最急迫的一項政策，且因為工業化是現代國家最基本的競爭條件而必須高度集中資材，於是原本經濟型態比較落後，生產力水平比較低的中亞周邊地帶，七十年來始終難於有效克服不利的格差問題。在政治上則強有力的中央總以集中統一領導權為第一，對少數民族的支援和照應便遭到忽略。以上這些實況大概可視為當前困擾著蘇聯的少數民族問題的原因。

　　不過走筆至此，新聞媒體上報導說蘇聯的有關新聯邦制的公民複決的結果，較多數的人民還是願意維持聯邦制。這也可以說是七十年來蘇聯式社會主義的一定正面作用的證明。同日

的報刊也報導東德的幾個工業城市出現了統一後首次的失業工人的示威遊行，每處的人數都是上萬的。示威者高喊柯爾下台，說工人受騙了。這樣的情況早在我們的預料之中。雖然歷史的證明必定是高度曲折的，其間還隱伏著變數，但這些還不失爲具有指向性啓示性的現象。

蘇聯政經改革的異化危機

（1991 年 9 月）

　　8 月 19 日蘇聯發生取名爲「國家緊急狀態委員會」的政變事件。總統兼蘇共總書記的戈巴契夫突遭監禁，政變集團以副總統雅那耶夫取代戈氏，發出緊急命令數道，並發表聲明解釋該項緊急措施，旨在挽救現已瀕臨危機的蘇聯國家和陷於混亂的人民生活。在正式宣佈中對戈氏個人只提其健康已不克承擔國家領導任務，但重點仍在陳述戈氏的改革政策數年來所導致的多方面的嚴重危機，強調唯有採行有效方法回復法律與秩序，國家完整和社會穩定、民族間的和諧始有重建的可能云云。

　　正當美國總統挾其波斯灣戰爭勝利的餘威提出「世界新秩序」，肆無忌憚地顯露出獨大超強的橫霸面目時，卻傳來讓他認定爲已經由抗爭對手轉變爲伙伴的蘇聯總統遭到強迫離職的消息，無異給他一記沉重的悶棍。難怪我們在電視上看到的是滿臉愁容，說話結巴，頓失風采的老布希。

　　那一天裡，台灣的報紙上出現的，盡都是朝野人士社會賢達的驚愕恐慌、手足無措的窘亂相。他們生怕蘇聯從此走回頭重拾強硬路線、逼得美國回到「聯中制俄」的戰略，使得台灣的籌碼一下降低。誰知七十小時未過局面再轉，政變集團迅速瓦解、戈氏由囚禁地趕回莫斯科。這一來驚慌中的西方人士覺

得猶如滿天烏雲疾散、重見天日，個個轉憂爲喜。而台灣的評論家們也趕快發言：如「民主趨勢不可抵擋」、如「人民的反共潮流不可逆」、如「共產主義已臨末日」等等，用詞雖然老調、紙面上還是熱鬧非常。不過恐怕讀者的心裡都有數，他們心中最慶幸的是蘇聯保守派毫無能耐，使他們的憂慮變成了杞憂。台灣的政略價值仍然維繫不墜。蓋雖然台灣有七百多億美元外匯，如果蘇聯由強硬派當道，鐵定還是買不動它。但如果仍然由改革派主政，因爲戈氏至今百事無一成、急於求取外援，那就好打交道了。至於那位「民主英雄」葉爾辛，其「民主」觀念是資本主義化的，向來認爲剝削無妨、平等有罪、正合乎台北的朝野資產階級胃口。

其實，蘇聯的三天政變風暴過後，台灣的政界學界人士應該好好自省一番。幾天來翻開任何一家報紙，無不充斥著天眞的一廂情願、露骨的我田引水，幾乎令人失笑的評論文章。至於朝野政客們別有用心的借題發揮，等於是把別國家的不幸事變拿來做墊腳。執政黨誇言對蘇政策有遠見、「中蘇」交流大有可爲；反對黨則趁機把蘇聯的「民主潮流」引來做爲自家街頭路線的有力佐證，把蘇聯保守勢力的反撲事件拿來煽起此地人民的危機感。但綜觀所有的評論，顯然暴露出幾個共同的盲點。

在此地「民主」只是強者手中的牌

一、當評論家們頻頻喊出自由民主的無比價值時，事實上對自由民主的內涵的理解是那樣的貧乏，那樣的自欺欺人。把有錢人才享受得到的自由權，描繪成萬民共仰的東西，而無視於在資本主義制度下包裝美觀的自由民主才是對弱者的無情壓

榨的工具的事實。美國的民主也好、台灣的民主也好，究竟能有多少實益滋潤著無錢無勢的弱者群眾呢，君不見 8 月 24 日，多數報紙仍然不厭其詳地報導著蘇聯人民的民主熱潮如何衝擊著蘇聯共產黨，而兩年前曾因遠東化纖罷工事件而遭起訴的九位工運人士卻硬被判決有罪。當數千名遠化勞工無助地面對著資本家和政府的聯手打壓、工人的自衛被誣當破壞、合法的罷工變成了非法集會時，台灣的民主在那裡？只因為熱心於工會事務而被資方設計解雇的勞工要求公道，卻被指為糾眾鬧事，當羅美文被一群資本家私雇的暴力團拖進廠裡一陣圍毆，報紙上卻只出現「暴徒打傷了兩個警察」的報導時，台灣的民主在那裡！被壓榨者被踐踏者的怒號、妻子兒女們的哭泣，可有多少朝野、「民主人士」「自由鬥士」同情過，關切過？

顯然，在此地「民主」只是強者手中的牌，自由也只不過涵蓋著有權階級。以這樣虛假的、圖騰化的自由民主，拿來當反共反社會主義的大旗揮舞，對絕大多數的勞苦大眾是毫無意義的。自由也好、民主也好，原本是人類進步所趨向的目標，有誰刻意去反對呢。但正因為如此，在飽受欺壓的弱者眼裡，台灣資本主義下的所謂的「自由民主」，就有如某一部電影裡的對白：「月光下的死魚」，看來閃閃發光、有何用處呢？

把嚮往自由民主的思想潮流視做蘇聯社會的政潮因素之一固然有其理由，但那絕對有異於台灣或者西方社會所慣用的，隱含著嚴重的階級偏見的自由民主觀念。這一點台灣的評論者顯然缺少深層的反思。換句話說，今天的蘇聯，即使須要有自由化民主化的改革過程來糾正長期以來的黨國實踐的偏失，那也應該是合乎蘇聯國情的、歷史性的演化物。而不是台灣學人的泛泛的，概論式的、空洞的觀念所能處理的。

其二：至於針對這次的蘇聯流產政變，其歷史性的因果關聯、背景因素等，一般媒體的說法都相當的浮面且公式化。其實，有關戈巴契夫崛起以來六年間的蘇聯社會國家的廣泛的演變情形，是具有相當的啓發意義的。自 1989 年踏出了議會制民主主義的第一步起，有關蘇聯政潮的各種可能性，曾經頻繁地被提起過。而在許多種設想的情況下，軍事政變或準軍事政變的公算雖然不是最大，但也是較大的一項。

「共產主義必亡論」不能抓住事物的真相

不過對台灣的一些評論者來說，有關事實認定方面的充分而必要的資訊的缺乏還在其次。最緊要的是一連事實演變背後的、宏觀意義的理解完全缺落。這是因為台灣數十年來的意識型態政策導致了一般知識分子的、根深蒂固的二分法的思考方式的緣故。質言之，凡是針對共產主義或社會主義的思想或運動，總難免以定型化的原罪論待之。論證時經常帶著習慣性的誣告心態。如此則，一般的思考邏輯是這樣：共產主義是錯誤的，連共產黨本身都承認這一點，因此共產主義當然有沒落之日。但針對一件歷史事實或一時段的社會變遷，運用這種機械的論證方式加以處理，那是非常荒謬的。世事的複雜性牽聯性變化性，是無法依據這一種固定教條的二分法來套用的。有關蘇聯共產黨七十年來的興衰浮沉，實在不是國民黨式的「共產主義必亡論」所能掌握。此刻台灣的知識分子應該有勇氣跨出反共教條的心理牽制了。

蘇聯體制形成的歷史條件

首先，對蘇聯國權及黨政結構形成的歷史條件，必須有 20

世紀的資本主義帝國主義化的時代特質的把握做爲前提。帝國
主義的後進地區的武力征服或非武力的吸吮，使後進資本主義
的生產循環結構始終無力調度足夠的工業化基金。也就是無法
進行工業化所需的資本原始積累。經濟基礎結構的慢性疲軟，
新生產關係對於舊生產關係的淘汰作用不強，反映在政治結構
上是無法匯集有效的政治力進行現代化改造。在 20 世紀初葉
的俄羅斯，處在由帝制封建過渡到帝制下的前期資本主義的局
部蛻變，更難以應付解決戰爭時期交錯的內外問題。唯有建立
基於集中原則的革命體制，以便最大限地動員低度生產力基礎
上的所有資源，做重點式有秩序的建設。這是受限於客觀條件
的，落後社會在帝國主義時代的建國路線，爲了自我防衛、工
業化基建和農業改造等目標的達成，必須鞏固國權與黨權相疊
的集中運作體制，都有待於社會化的生產手段的全面掌握。這
樣，經濟上的計劃經濟和政治上的一黨領導成爲必要條件，這
種體制由馬克思主義引出一切理論基礎，戰略指導的思想系統
和政策設計過程中的分析工具。那也就是把所謂的科學社會主
義的組織原則和運動原則編進國權運作的系統中。於是體制蒙
上了強烈的權威性格。且爲了使權威內化於所有的國家成員的
心理，意識標準化的操控顯得需要。這種高度集中體制雖然以
「社會主義民主」爲基礎或條件，但在艱難的建設時期，總是
不易統一而難免偏頗。於是經濟上一再犧牲個人消費，政治上
則抑制了個人的民主權利。集體力量的強行運作的正面作用，
是一個相當落後的俄羅斯在不足半世紀之間渡過了幾次的民族
生存的重大危機，且能擁有相當可觀的生產規模和科技文明上
的成就。在部分領域中甚至超越了先進資本主義國家。在軍事
上它建立了高水平大格局的戰力系統，與全球最大的帝國主義

武力分庭抗禮。也因此抵擋了美國獨霸宰制世界的野心計畫。

在國內，也在抑制個人的自由消費的基礎上實現了以勞動人民為中心的社會化的共同消費系統，也就是實現了一定範圍的社會主義。但另一方面，指令式計畫經濟和憲法保護下的執政特權，也培育出愈來愈多的負面因素，最嚴重的是特權化、官僚化、腐敗現象的滋生，和普遍低效率消極化的職務行為。這些副作用經年累月無法克服，終於超越了正面作用，使蘇聯的經濟成長逐年減退，在 1980 年代開始出現了紅信號。然後才出現了戈巴契夫的名為「具列斯托洛伊卡」（「重建」之意）的再生運動。但運動牽連到黨內利益集團的爭鬥，並對複雜的運動規律產生了嚴重的思想分歧，再加上西方資本主義國家見機推波助瀾，終於使改革運動由偏離而異化，走上了歷史上眾多事例的覆轍，七十年歷史的革命政黨終見瀕臨崩裂危機。

這樣的劇變，固然表現出歷史巨輪的無情輾轢，但更值得深思的是，領導（可信度）的貶值易使群眾回到私利本能的硬殼中，公權力的社會動員力驟減，代之而起的是赤裸裸訴諸於個人利益的煽動政治（demagogy）。

蘇聯體制的功過

不過存心嘲弄蘇聯共產黨今日下場的西方批評者也應該清醒一點。若無蘇共鐵腕的集中原則的效能，蘇聯今天的「足能毀滅美國數次」的戰力從那裡來？雖然今天部分的蘇聯人民有意否定這種戰力的必要性或道德性，但如果沒有它的存在，放任美帝獨霸全球的結果，相信今天地球的權力地圖將更暗淡。

當然，蘇共不能因其歷史上所完成的正面成果而自我寬恕

一切。特別是，幾十年來強迫人民承受的種種痛苦不堪的負荷，近十年來逐漸醞釀成爲制度和人性的腐蝕劑，使再生產循環日益陷入虛脫化的過程。歷史非但是無情，同時也是曲折的。如果蘇共經過這次的動亂而無力重整再出發、解散或改名，也都是無可避免的。但我們也知道，只要人民的問題未得解決，還是要有人站出來面對的。在前進的行列中，總要有前衛組織。不論在甚麼樣的名義上，這一部分所發揮的應該都是一樣的社會機制。一千五百萬黨員的蘇聯共產黨，就算全部離開了權力位置後，能不留下幾許的革命素質和思想清醒去面對「沒有共產黨的國權運作」下的歷史波浪翻騰中的人民生活嗎。

其三：有關蘇共由改革到政變，再由政變的失敗到黨的解體危機，由現象面來看倒是脈絡分明的。現在略述一下其間的沿革。

戈巴契夫改革方案的形成

1985 年戈氏上任總書記之初，所提出的是「透明化、公開化」的口號。那是 19 世紀改革時代的舊口號而已。顯然在這時點上戈氏尚未察覺到全面潛藏著的危機。而只企圖從滯澀僵化的官僚作風的改進下手。翌年蘇共第二十七屆大會、採決新黨綱，再提出「加速化」的戰略。

一個月後在利雅底市向一群工人演說時才首次提出「具列斯托洛伊卡」運動，但當時的重點還只是一種社會心理和工作作風的革新的意思。可是到了 4 月間，車諾布伊核電廠的大事故發生，帶給戈氏很大的震撼。6 月再提出「社會整體的重建」、強調「從一般黨員到中央委員會書記，從工人到部長、從技師到科學院院士」一律參加的運動。7 月的哈巴羅斯克演

說，終於喊出「具列斯扎洛伊卡是革命」。可以說，戈氏的眞正的危機感從此開始。

1987 年，在中委會提出「社會的民主化」。顯然，由黨風改正走上了更全面的政治改革。半年後提出以企業自主管理與獨立核算爲內容的經濟改革方案。但到了 11 月，在革命七十周年紀念集會上演講時，戈氏表示和緩進派妥協的觀點。當時的黨內對立，以激進改革的葉爾辛和緩進保守派的李加且夫爲兩端。葉氏主張與李氏對決，反對戈氏的協調路線，辭去了黨內職位。這一年戈氏在海外（英美）出版他的著作「貝列斯托洛伊卡與新思考」。首度訪美會見雷根，簽訂了中程核武協議。

1988 年，戈氏自阿富汗撤軍。2 月，亞塞爾拜然共和國內發生種族衝突。李加且夫勢力在黨內有所膨脹。3 月，擁護史達林主義的論文出現，保守派漸見活躍。戈氏親自反擊、彈劾此一論文爲「反貝列斯扎洛伊卡勢力的政綱」。平反布加林。6 月，第十九屆黨協議會，逼舊派政治局委員多人退休，替換多位中委。年底，將政治改革案編入憲法改革案中。巴爾特三共和國出現衆多的人民戰線組織。也出現群衆性的市民運動團體。史達林主義批判風行、有人開始把史達林主義的根源引到馬克思主義。

1989 年，聯邦人代選舉，踏出了議會民主主義第一步。葉爾辛再起。4 月間喬治亞共和國騷動，出動軍隊有死傷。6 月人代大會前後，莫斯科市民運動活潑化。煤礦工人罷工，強烈指責經濟改革的失敗。革新派與反革新派、西歐派與俄羅斯派雙方，都提出對 1917 年革命和列寧的批判。戈氏再度靠近保守派。發表題爲《社會主義思想和革命的重建》的論文。主張回復馬克思主義思想的權威：擁護十月革命的選擇。探求社會

主義的新視野。在對外政策上，決定接受東歐變動的現實，企圖達成美蘇間的最後和解。

「重建」危機的深化

1990 年，說得上是戈氏改革的轉機和危機年。4 月，中央委員會發表《告全黨黨員書》，呼籲維護革命正統。紅軍進駐巴庫。戈氏就任蘇聯總統、廢止憲法第六條（保護共產黨執政權）。舉辦共和國、州、市的自由選舉。社會民主主義的基層結構於此出現。葉爾辛成為俄羅斯共和國的領導人，發表主權宣言。莫斯科、列寧格勒兩市政權落入激進改革派手裡。巴爾特三國宣佈獨立宣言。更多共和國發表主權宣言。蘇共第二十八屆大會召開，右派和中間派佔優勢。開始出現保守派政變的風聲。戈氏判斷黨內改革已不可行，此後把重心移往總統府。與民主議會派逐漸靠近。李加且夫退休。12 月，戈氏以普格代替布卡丁，被認為戈氏遷就保守派。外相謝瓦那茲辭職，在辭職演說中抗議獨裁勢力已見復活。外界評論戈氏已變成保守派俘虜。

以上，是 1965 年到 1990 年，以戈氏為中心的改革運動的概況。而在這期間，產生了三種結果非常重要。第一，是新的國際情勢，美蘇兩極對抗的冷戰結構的終止。第二，是黨政運作的透明化的開端。第三，是議會民主主義機構的誕生。但這三種成果，同時也帶來了三大危機。聯邦的危機、經濟的危機、和黨的危機。這三種危機的相乘激盪，經過了今年 7 月 25 日的中央委員會全體會議通過新黨綱草案，還是沒有得到解決。該草案雖然有「這是共產主義者和選擇社會主義的人們的綱領」這樣措詞的條文，邦己明白地廢除了民主集中制、馬克

思列寧主義的指導地位、無產階級的國際連帶、反帝國主義的任務等。戈氏顯然企圖以此逼保守派離開黨。但保守派卻意外平靜地讓它通過，而其中的極端派終於在 8 月 19 日發動了政變。

政變的發動和失敗的原因

最後，有關政變的發動原因和其失敗的原因，筆者先行歸納出幾點簡述於後。

為甚麼選擇這個時機發動？理由有兩點。1. 被保守派指責為陷祖國於解體的新聯邦條約將在近日中簽署。2. 近日來民眾對經濟改革失敗的怨怒非常嚴動。前一點使蘇聯人民的民族風情和國家意識遭到挫傷，後面一點讓蘇聯人民的生活危機感急速增高。政變籌劃者顯然認為民心已遠離戈氏（事實上去年底的問卷調查結果，對戈氏的支持率已經從數年前的 52%降到 22%）。這時候將他拉下馬，民間的反彈不至太大。至於對激烈派的民間勢力，政變籌劃者也顯然做了過低評估。認為只要通過黨政最高機構的認可使政變合法化，要處理激烈派並不難。後來政變的失敗正出於這種對本身對黨政體制的影響力的過高評估，和對激烈派抗爭力的過低評估上面。因此當後來發覺無法取得蘇共中央委員會和國會的認可時，時機已失，政變集團中出現了猶豫和分歧情形，更鼓勵了激進派的抗爭勇氣提高其群眾動員力。

如此看來，這次政變失敗的關鍵，在於黨政兩個權力結構中佔多數的中間改革派，雖本以積極的護去立場來和政變者對抗，卻消極地不給與認可，在緊要時刻發揮了牽制作用。再者，並非所有的保守分子都贊成此一方式的政變。事變後西方

媒體包括台灣報紙，都把激進派明星葉爾辛的堅定卓越的領導力意志力和群眾動員力視爲打倒政變的最大因素，但那不是事實。是因葉氏在改革中最積極贊成資本主義化，被西方認定爲最能保護西方利益的未來領袖，所以極力捧場，如此而已。

前述三大危機中最能具顯出當代蘇聯問題的關鍵應是黨約危機。因爲那包括意識型態所反映的，激發的世界認識問題，容下篇再續述。

世紀末聯共的危機和轉機

（1991 年 9 月）

　　1991 年 8 月 19 日發生的「國家緊急狀態委員會」事件以來，蘇聯政局在不出旬日之間激變連連，高潮迭起，終至具有七十年革命歷史的蘇聯共產黨在一波接一波的連環衝擊下幾近瓦解。有關一連變化的潛在可能性雖然早已經在關心蘇聯政局的人們的預估中出現過，但就變化的速度、深度，及幅度等方面來說，的確有不少現象是出乎大家的意料之外。不少論者以爲蘇聯共產黨的解體一如七十數年前該黨在第一次世界大戰期間崛起一般，說得上是本世紀世界史中的頭等大事，如果我們在世紀初到最後一個年代的歷史回顧中細加思考以蘇聯爲軸心的全球政治經濟軍事甚至文化思潮方面的幅射型波動或影響情形，相信任何人都不致有太大的異議。

　　政變後一個月的今天，在紛紛嚷嚷之中巨量而複雜的問題或情況似乎也已經理出了粗略的輪廓。雖然目前要整頓出一種初步的總結爲時尚早，但就一些比較重要的，有關日後分析的基本觀念或信息，還是可以先行澄清一番。現在分從幾個方面簡述於後。

　　有關蘇聯共產黨的「劫後」現況，媒體上近日來報導很少。不過這是台灣媒體的一貫的作風，不足爲奇。對於素來敵

視的事物，盡量先提出強烈的暗示（如：「蘇共已徹底瓦解」之類），然後任其暗示效果一直延留下去，不再予以補充或修改。不過在筆者的有限理解中，蘇聯共產黨似乎僅在黨國架構的形式規定上是有所解構，而一些既存的或新創的，具有黨內次級團體性質的自發性集會，實質上的聯繫機能似乎猶然存在。組織結構的解體真正帶來成員星散的效果者，顯然只有向來被稱為「諾門克拉圖拉」（也被外間戲稱為「紅色貴族」）的部分黨內高級階層，為數約七十萬人。按蘇共黨員總數在 8 月政潮發生時大約一千五百萬。其中屬於黨政企業及其他公共團體幹部約在一百九十萬到二百萬之間。而在這些公務骨幹地位的黨員之間，擁有制度化或慣例上的種種特權者便是上述的「諾門克拉圖拉」分子。至於他們所能享有的「特權」，若與四方大資產階級手中的權力相比，不僅在範圍，程度上確屬小巫見大巫，在性質上也有來自不同的社會制度上的很大的差別。如以其享有的有形財貨的價值或規模而言，蘇聯版的特權只是消費上的一些優厚待遇，包括享受機會的保障。當然，在權力運作上的超制度的影響力才是真正受到人民大眾詬病的地方。也是一直阻礙著所有的改革計劃的黨內因素。平心而論，這一批「諾門克拉圖拉」階層的存在才是使一個革命政黨的光榮歷史蒙塵，甚至蒙羞的最大因素。因為在一般群眾的感性認識中，這是足夠引發強烈的排拒反應的現象。同時也是所有的異論派反論派經常引為「制度的必然產物」的活例而加以宣傳攻擊的標的。其實，一定制度下的蛻變分子在任何時代，凡有權力結構的地方都有蔓生的溫床。只不過在一個以社會平等和共同進步為結合宗旨的社會中，它的反方向的破壞作用特別顯眼，因而也特別嚴重。可以說，群眾的直覺的反彈心理是從這

裡滋生的。

　　其次談到蘇共黨員一般的思想傾向的現況。依最近（去年底）由莫斯科中央黨校主辦的意見調查的結果來看，還是中間改革派（也稱穩健改革派）佔最大多數。當時的統計數字是這樣：對於問卷題目——贊成或反對多數政黨制，答以反對複數政黨，應該仍以共產黨一黨領導爲宜者佔 16%；贊成放棄共黨的執政特權，應採行複數政黨制者佔 30%；而主張應該在一黨領導的架構下全力推行民主改革者佔 52%。值得注意的是，這項意見調查是在莫斯科的市政大權已經落入激進派手中後進行者。再看莫斯科市長，也就是激進派重鎮的卜波夫訪問日本東京時的如下發言：「雖然我們認爲改革應該徹底推行，但本人也相信大多數蘇聯人民仍然奉社會主義爲原則。經過一個階段的變革後，我們的同胞還是要回復社會主義的」。戈巴契夫當其辭去蘇共總書記職位並發出限制共黨活動的多項命令時，仍然不忘表示對黨內忠於理想心懷改革的黨員的殷切寄望。

　　去年 10 月間，全蘇輿論研究中心（也是激烈派黨握的機關）以全國二十個地區的 1354 名公民爲對象進行以「你認爲公元兩千年的蘇聯是怎樣的一個國家？」爲題的調查。所得的結果是：認爲到時已躋身於先進資本主義國家者 1%；中等資本主義國家者 15%；認爲仍然是一個開發中國家者 38%；悲觀地認爲可能比亞非各國更形落後者 20%；不知道 26%（刊載於《莫斯科新聞》46 號）。以上的分歧情況和比例帶給我們的啓示是：認爲將變成資本主義國家者合計也不過 16%。而認爲仍屬開發中國家者兩項合計達 58%。前者所反映的是以資本主義化爲改革目標的激烈派的觀點，只是民意中的極小的一部分。相比之下以開發中國家自居的多數公民，應該是比較接近主張

體制內改革的中間派的立場（雖然兩者之間不能劃上等號）。

再如，西方的蘇聯研究者雖然一貫對蘇聯體制抱有否定態度，但多項研究報告中卻也出現一個共同認識。他們一致認為，在效率上蘇聯公職人員固然比西方社會的同業落後，但以其素質水平來說，全蘇近兩百萬的公務人員仍然不失為精英分子。他們認為急進派若不能取得中間派的協助，其改革事業將一籌莫展。最好的例子是：當名噪一時的「五百天經濟改革案」被提出時，因為得不到全國各機關的全年運營的完整資料而使計劃案在起步階段便已觸礁。該案的負責委員會在戈巴契夫總統的直接指示和支持下仍然遭到如此嚴重的抵制。而抵制的來源不僅是那些在比例上同稱佔少數的極端保守派。主要還是因為急進派的計劃觀念無法獲得中間派的無條件贊同。例如，其間曾經有過關鍵性的爭議，是對市場制度的本質定位問題。該計劃案在卷首曾使用一段措詞極力推重市場制度的，幾乎是絕對化的重要性，說：「市場制度是人類在歷史進步中所達成的最高智慧的表現」云云。然而多數中間派人士仍然認為，市場制度即便能導入個人動機的積極化和效率競爭，但還是無法實現社會正義和真正進步性的資源分配。所以大都保持著懷疑的態度。正如一位急進改革派的計劃人士坦白承認，即使急進派當政而把計劃案全面付之實行，他們仍然為了執行人員的嚴重缺乏而憂慮。因為急進派本身所能調度的幹部人員只能滿足十分之一的需求。質言之，推行改革所需人手的十分之九，還是要依賴最大多數的中間派。急進改革派的人員大都集中在各種研究機構和上層幕僚機構。如果用中國式的表現，他們是近乎「有將乏兵」的狀態。

蘇共的中間派，直到政變發生前顯然只是尚未具備組織型

態的意見集團。只有在投票或接受意見調查時才引起國民大衆的注意。但即使如此，在平時的輿論形成過程中或一旦黨內發生分歧對抗時，仍然會發揮出一定的平衡作用。本來戈巴契夫的改革運動，主要的黨內支持力量來自他們。這一部分的中間派（明確表示支持戈氏政策者）往往被稱爲主流派。像 1990 年 2 月的，題爲「指向人性和民主的社會主義」的「政治綱領草案」；1991 年 7 月的「新黨綱領草案」等，其中的折衷性整合的痕跡都相當地明顯。1990 年 4 月間的中央委員會告全黨同志書呼籲維護革命思想和立場，是中間派連合原則派所促成。而今年 8 月的政變期間，以不認可緊急狀態委員會逼使政變集團迅速趨向瓦解，也是中間派連合急進派所造成的結果。

　　按蘇共的中間派，或稱爲穩健改革派，主流派等，其形成還是有一定的社會基本情況的背景的。進入 1980 年代以後，公民和黨員的分層結構發生了相當的變化。1982 年起，蘇聯的城市人口已佔總人口的三分之二。1984 年的教育水平是，受高等教育者與 1970 年比由 6.2%增加到 11.1%；中等教育自 53%增到 64.8%。各項高級專業人員光在布里兹尼夫時代便培養出數百萬之譜，其中一百萬是屬於法學、經濟學的專家。至此，人口中的絕大部份不再是史達林時代的「慕吉克」（農夫），或 1930 年代被譏爲「生物學的生活水平」上的集體農場場員。而是具有相當的教育水平的城市居民。在黨員方面，九成是二次大戰後出生者，其中的 57%更是布里兹尼夫主政期間入黨者。以如此的人口基礎情況的變化，史達林式體制的統御力，在許多方面都轉化爲組織發展的桎梏了。

　　再其次，常被外國媒體稱爲「保守派」的人士之間，眞正拒絕任何改革的人還是絕無僅有。即使身爲諾門克拉圖拉的一

分子，在意見上也不可能完全忽視客觀的現實而全面仇視改革。因此，如果以嚴格的合名法，「保守派」一辭應該改爲「緩進派」才符合事實。但他們雖然在「固守原則」的立場上會接受一定範圍的變革措施，但更擔心急進改革派的冒進已經達到了放棄原則，瓦解社會主義祖國的地步。這種對戈巴契夫改革的深沉的危機感，使一些少壯的原則主義者以拉托維亞共和國選出的人民代表，亞爾克斯尼斯上校爲中心，在解散前的聯邦蘇維埃（蘇聯最高國會）中結合了五百名代表，形成了總數兩千兩百五十名的國會中的最大派系。名稱爲「蘇夭日」。這是主張維持蘇聯邦的完整性和科學社會主義的年輕黨員和軍人代表的結合。但這一派雖然反對戈氏的改革政策指其正把國家推往內戰，但對政變集團並不認同也沒有事先的聯繫。值得注意的是，當政變失敗戈巴契夫復位，宣佈對蘇共的種種壓制措施後，蘇夭日集團仍然在社會科學院轄下的某一機構召開秘密會議。會後且公開發表談話指責戈氏改革，並揚言急進派的盲動若不停止，「這樣的政變每半年或一年都有可能再度發生」。這一批被認爲擁護社會主義體系的青年黨員組織，的確具有相當的運作活力。如前內相（現已復職）巴卡丁，前外相謝瓦內茲等人的去職，都是國會中最大派系的蘇夭日在議程中提出猛烈攻擊所造成的後果。如今他們雖然暫時失去了國會中的陣地，但曾經對他們的活動，形成最大障礙的諾門克拉圖拉制度現已瓦解，反而使他們卸下了傳統的一大危機。只要這些年輕而忠於社會主義祖國和共產主義理想的集團，在黨國舊架構的崩裂過程中吸取新的鬥爭經驗並提高對舊體制的批判素質，克服動輒被認爲史達林主義的形象和理論弱點，建立並擴大新的群衆基礎，和中間派之間的適當的擔攜關係，則縱令在

新當權派的控制下應該還是有發展空間。

　　至於曾經在 1990 年的中央委全會上提出本系的「民主綱領」來對抗主流派新綱領草案的，以葉利辛爲中心的急進派，至今已陸續脫離了共產黨另行組織非共政黨。政變瓦解後躍上了新舞台呼風喚雨的正是這一批人。他們既已離開了共產黨且認爲共產主義理想已不值得也無法堅持，我們只有注視他們在資本主義化的道路上是如何走法。錯誤的實踐在未走到最後的自我檢驗以前有時候是難予料斷的。

　　在同一會議上同時提出另外一種對案「馬克思主義政綱」的集團，後來的趨向不甚明瞭。政變失敗，蘇共中央宣布解散後，報載有黨內奉正統革命思想的積極分子的集會在各大城市出現過。會中有新的建黨決議云。組織名稱似乎叫做「共產主義者同盟」之類。是否有意回溯到第一國際創立前的馬克思主義原始組織的名稱，不得而知。而在當前錯綜複雜，詭譎萬端，困難重重的蘇聯現況下，這一批人的再建努力在最近的將來是否有結果，更無法預料。但若以社會力學的簡單公式來推論，蘇聯共產黨必定有抑不住阻不斷的再生運動，而最後還是著落於揚棄兩種極端（極端保守和極端改革）的穩健路線的形成。回想蘇聯黨史中前戈巴契夫的幾場改革，都因爲黨中尚無足以形成穩健黨意的多數派的出現，而所有的改革政策最後都歸失敗。如史達林晚期出現的「邊詹耳建議案」，主張以國家所有制下的耕耘機站撥售給集體農場，藉以提高集體農場的「合作社性格」而一方面減低其「國家機構性格」。這一建議案固然遭到史達林的駁斥，但當時的一般農村幹部黨員不予支持也是該建議案遇挫的原因。當年的基層幹部大都相信，大戰前後蘇聯的糧食情況除了由軍事因素造成的困難外大致上不曾

失控，其理由正在於集體所有制的優點。所以他們無法理解降低農業的集體所有制有何正當性。直到 1950 年代後期赫魯雪夫主政時代才部分地採納了該項建議案。赫氏也推行過另外的改革政策，目標在於實現經濟管理方面的地方分權化。在建制上成立了地方國民經濟會議。但行政指令的運作方式依舊不變，只是主管的中央機關下放部分權力給大約一百單位的地方機構。而地方幹部都不曾認真地執行過新規定，結果是無疾而終。到了 1962 年，經濟學家李貝爾曼提出了利潤取向的改革方案。經過了不少討論爭議後被當時的首相柯西金所採納，但範圍只限於工業方面。經過五年的推行，曾經使蘇聯的工業生產在該一段時期內增長了 50%。算是比較成功的一次局部性改革。1970 年代初期的，所謂的生產合同計劃，準備在經濟部與企業之間成立中間機構，也出現過其他的配合性的改革案，但在經濟的基本情勢方面都不曾產生有正面意義的變革。

　　總觀上述的前戈巴契夫的改革案，不僅反映著蘇聯經濟史中出現過的眾多問題，同時也間接地呈露出黨員中普遍的問題意識尚無確切的匯聚點。在黨意的形成過程中，民主與集中的辯證統一，本來有賴於黨內具有判斷能力和實踐能力的多數成員。集中來自多數的共同意志，則集中的基礎在於民主。而多數的意志有所匯聚，則民主的表現歸結在其中。或許有人認為就蘇聯共產黨的傳統體制而言，欲實現以黨內多數為基礎的黨內民主殊無可能。但那是過度突出所謂革命政黨體制的，不變的集中原理的機械看法。其實，集中過程中的民主運作，即便在具體條件的壓力下一時間只剩下空架或文字規定，只要根在，何患無萌芽的一天。

　　統之，歷史透過一場波瀾壯闊的俄羅斯革命證明出，後進

社會自主性現代化的最難的起步階段，可經由生存資料和鬥爭手段的強力集中，獲得一種結果。一種最低限的，自主發展的條件的創出。然而時至今日，完成了一個階段的任務後，蘇聯共產黨在太多的內外新舊因素的激盪下正展現出另一種衰變過程。但衰變期中有沒有潛藏的新生契機，正是我們的探究目的。

具體的說，在巨大的積聚壓力下正趨向解構的蘇共原組織，能否在潰散中挽住具有一定凝聚度的集體意志，從而走出一條新的建黨路線，有沒有毅力尋回在 7 月間的中央全會中既已放棄了的數項原則，正是此刻我們所關切的焦點。

當然，以目前殘破不堪的組織軀體，原則的負荷必定是力不從心。但至少民主集中制的一項，趁著舊軀殼的崩裂，黨員意志的空前的自由濺發，在苦難中的反挑戰，重壓下的反思等，這些逆境中的激勵因素，何嘗不能加以凝聚，定立為黨的再建的一項首務呢？

真正奠基在民主集中制的一個新的結合題，不論背的是甚麼樣的名義，以健全的判斷，熱誠的實踐，理想的堅持，清醒的研究，做為內部規約的，追求穩健改革的新蘇聯的黨，有沒有重登歷史舞台的可能呢。

我們的期望是如此的急切，在此願意為一個蘇聯的新黨（甚至尚未出世）寄語數點如下。

一、黨國分際的正確觀念必須堅持。這是黨內民主和社會民主的銜接點。黨在本質上屬於道德團體，理想目的認同是結合的唯一動機。因此黨的上下關係是基乎內在自律的領導關係。服從於領導是服從「理想的我」。也是一種道德行為。

國家在本質上是權力團體，通過外在規定的強制而結合，上下關係是支配關係；服從支配是外在行為，不必然以內在自

律爲條件。

　　歷史現實中的國家社會主義，乃黨國重疊的結構。原本是因爲戰爭時代中的群體的自衛本能，單靠志願性自律性行爲猶有不足，必須輔以外在行爲的強制才能維持共同安全。但這一模式有時是必要之惡，有更多時候是不必要之惡，甚至滋生反道德。兩種不同性質的團體重疊、角色混淆的結果會帶來結合意義的迷亂，甚至心理上的排拒反應。這是國家社會主義最大的內在危機的根本原因。

　　二、當一個黨以社會主義的共同利益爲政策目標時，群衆的特性行爲必須以兩種顯而易見的事實爲前提才能維持。第一是黨國領導必須淸白無污，不能有職權基礎上的腐敗；第二，群衆的努力奉獻即使尙無個人回收的全部機會，也應該有看得見、摸得到的共同利益的實體性顯現。否則，群衆會確信，他們的努力奉獻只供養領導幹部的享受。群衆的心萌生離反，道德凝聚力消失，原屬於資本主義階段社會的對抗性的市民社會一經出現，只靠外在強制的黨國體制將迅速走進危機時代。

　　以上，無疑只是社會主義實踐史中的共識。但月來頻頻目睹了世紀性的劇變後，出於一份對人類長程的自我解放動態的關切，筆者仍然堅信，對一個以群衆的善意和信賴爲唯一的力量源泉的黨來說，即是永遠嶄新的，且永遠無處逃避的，嚴重的課題！

布希批判

（1991 年 12 月）

前言

　　第十一期的《海峽評論》刊出三個聯合國會員的三位國策代言人在大會中的演講詞。中國外長錢其琛、美國總統布希、馬來西亞總理哈蒂爾，各自提出本國對當前世界局勢的看法和立場。說得上篇篇精彩，充分反應出本世紀最末一個年代的幾種時代特性和趨勢。所謂的國策，是一個主權國家訂為國家行為的最高規定，最能反映出該國所處的客觀環境和主觀需要。我們殆可斷定，這一期聯合國大會中出現得這三篇講辭，都將成為未來的歷史書進行時代分析時不可缺少的重要文獻。

　　有關中國外長的演講，編者取的標題是「建立和平共處的國際新秩序」，這表示編者對該篇內容的正面對待。但有關布希的部分，取題為「美國將奉獻友誼和領導」，顯然帶有反諷的意味，而筆者完全贊同這一句反諷所含的意義。至於馬國總理的講詞，題目是「國際秩序決不能建立在霸權和統治的基礎上」，相信讀著們都能感受到一個弱國的自危和抗拒心理，語氣間充滿著沉重的悲憤。

　　現在筆者針對布希的那一篇講詞提出一些回應和感想。

美國的虛偽

首先，這是一篇充斥著偽善和恫嚇的，歷史上常見的「強者邏輯」的典型文章。筆者曾經在戰前日本帝國時代的台灣殖民地有過一段生活經驗。當年日本軍閥政府向外宣示過所謂的「東亞新秩序」「大東亞共榮圈」等口號和理論，雖然在格局上不及當前布希所倡的「世界新秩序」，但出於強國意識的獨善心態，鄭重嚴正的說詞背後的自私動機，殷勤掩蓋著傲慢等，可以說如出一轍。

在文首，布希先慶幸一番「共產主義的終焉」結束了多年來超級大國之間的危險爭端。但也指出歷史進入「復興期」後，「使得人民能夠追求其創辦事業的自然本能」「全世界的公民都捨棄妒忌而選擇創辦事業……」云云。

這樣的說法不過表示著美國總統一方面對共產主義的理解極為陳腐；另一方面，以「全世界的公民」這樣的空洞的泛稱來陳述其「創辦事業的自然本能」的通則觀念，照之實際，未免太虛偽。身為最大資本帝國的主政者，他不會不知道，根據世界銀行在 1978 年的一項推定，世界人口的 28%，十二億人處在沒有土地沒有財產的，極端的貧困狀態中；而這種貧困狀態正是世界資本主義擴張的父隨現象。聯合國糧食農業機關（FAO）也以八十六個開發中家為對象調查「嚴重營養不足人口」的結果指出，八十年代每年因為飢餓和營養失調而死亡的人數有四千萬人。國際兒童基金會所發行的「1990 年世界兒童白皮書」中提到，開發中國家的糧食不足由 1969 年～1971年間的平均 1600 萬噸增加到 1985～1990 年的 7600 萬噸至 8500萬噸。那些沉淪在飢餓線上的人民，過的是資本帝國主義的新

殖民地體制下的生活。1983 年古巴總統卡斯托洛在不結盟國家第七屆高層會議上做了如下的報告：「以整體而言，當代世界所生產的糧食總量還是超過地球上所有住民的需要量。但飢餓人口，因飢餓而死亡的人數還是年有增加」「飢餓直接和貧困結在一起，再導出所得水平的南北差距愈形擴大。凡就業機會的缺乏，人的無知，人間的不平等，社會的不正義，都與其具有密切關係」。飢餓造成貧困，貧困再生產飢餓；這種殘酷的循環正是落後地區的可悲的標幟，而與「共產主義」毫無關連，卻與資本帝國主義的世界支配有關。

　　反映到聯合國組織中的南北問題，在 1970 年代曾經達到了一個高潮期。第三世界趁著美元危機和石油危機所帶來的全球性經濟蕭條和通貨膨脹，利用大會中的多數席位數次提出重建經濟秩序的要求。卻遭到以美國為首的先進資本主義國家以「擬議中的新結構忽視了市場機制和各國實際情況之間的平衡，企圖以人為作法改變國際經濟，必將導致南北雙方的破綻」「南方所要求的新秩序必定歸趨於無秩序」等為辭嚴拒。後來經過聯合國機構中的改良主義者的鼓吹折中，以「新的國際合作觀念」代替舊式的，單純人道主義和大國擴張主義的兩種極端論下的「國際合作」。這種新合作主義注重於南北之間的互補相成關係，主張中包含如下的幾個重點：北方世界的生活依靠來自南方世界的能源和其他第一次產品。先進國的優豐的生活是由開發中國家所支撐。而在另一方面多數開發中國家雖然擁有豐富的天然資源，卻不擁有開發所需的資金和技術。因此開發中國家有必要由先進國輸入資本財，工業成品和技術等。另一方面，先進國的經濟衰退也必然反彈到開發中國家。而南方經過北方協助推動開發若有成果，必然導致開發中國家

本身的發展和南北貿易的擴大，同時也聯繫到世界經濟的整體發展，結果是南北互利的實現云云。

　　根據這樣的主旨，聯合國終能完成 1976 年 2 月的馬尼拉宣言。但對於南方所提的兩項建議：(1)爲了穩定第一次產品的價格，以開發中國家的十八種主要輸出品爲對象設立國際平準倉庫；(2)爲此目的設立共同基金；卻又遭到美、日、西德的反對。1979 年，南方各國再度在馬尼拉第五屆聯合國貿易開發會議（UNCTAD）中提出強烈要求，結果達成了如下的協議：會議分成八個交涉小組，分別討論 1.設立相互依存的機構 2.貿易問題 3.一次產品 4.通貨和金融 5.技術和海運 6.最貧窮國家、內陸國家、島嶼國家 7.東南貿易 8.開發中國家間貿易。這次會議的最大特徵，在於繼承同年二月間在非洲坦桑尼亞舉辦的第四屆七十七國閣僚會議中所採決的「亞爾夏計畫」的宗旨，要求速建國際經濟秩序。開發中國家在上述的八項交涉中提出：(1)採行總合性措施擴大開發中國家的輸出(2)擴充一般特惠制度(3)擴大東南貿易(4)建立通貨制度的檢討機構(5)設立保護主義監視委員會(6)設立國際債務委員會等等要求，其目的是希望設立一些能接受有利於開發中國家的政策或意見的固定機構。

　　然而，美國爲首的先進國家，卻堅持「世界經濟的變革應委之於市場機制」的主張而不予同意。也就是不願把不公平交易中的優越地位——當其購入開發中國家的一次產品時是買方市場；當其出售製品給開發中國家時是賣方市場，這樣的「市場機制」，讓位給眞正的公平貿易。終於所有的八項交涉，以及開發中國家所提出的其他建議事項，都宣布失敗。

　　南北間的差距至今仍無縮短的趨勢，在某些方面且有增大的情形。如：上述的世界兒童基金會的報告中另外提到一項令

人憂心不已的事實——整個 1980 年代，拉丁美洲國家的平均所得減低了 10%，而在非洲撒哈拉沙漠南邊的各國，則降低20%以上。

聯合國委託的雷昂且夫研究單位在 1980 年代出做成了縮短南北 GNP 差距的開發戰略，其內容，是到公元兩千年把南北所得差距由目前的12：1所短到7：1。但多數專家都對其可行性表示懷疑。主要是因爲所有的計畫，都要美國爲首的先進國家提供認眞的配合協助，而對這一點卻沒有一位專家有信心。

以上，筆者之所以不憚繁冗介紹聯合國南北問題對策的一段沿革，目的在於使讀者們了解以下兩點事情：

第一、南方的窮困國家群，並不是沒有努力過。他們曾經用盡心思研究在先進國家的協助下如何擺脫貧困，也曾經團結一致向富裕國家提出呼籲。不是採取最後的手段——武裝鬥爭，而是企圖經過聯合國體制內的理智協商方式達成南北和平。卻不幸每場會商，每項建議都在先進國家的作梗下無情地被否定。開發中國家的那樣迫切脫貧願望，在國際資本主義的弱肉強食的鐵則下總是被證明爲永遠難以實現的夢想。

第二、美國總統在演講中有關經濟繁榮的「訓詞」；如「繁榮促使人做爲鄰居而不是掠奪者相處」；「物資和思想的自由流動」；「使每個人不是在犧牲別人的基礎上，而是有益於別人的基礎上有所收穫」云云，拿來與美國在對待第二世界的經濟弱國時的態度相比照就顯得太虛僞。至於有關南北問題的直接提及：「在這個大廳中，我們聽到人們討論南北問題。但是，自由和公平的貿易，包括能不受限制地進入市場和得到信貸的機會，爲發展中國家提供獲得自足和經濟尊嚴的手段」

云云，則不僅虛偽，簡直是忝不知恥了。世界人口中近 80%的落後地區人民，至今在個人所得的比例上只佔 17%；在這種懸殊的數字背後，掩藏著多少文明表面下的巧取豪奪呢。

美國的恫嚇

布希在演講中以其唯一超強的實力地位，針對幾個不服美國霸權的國家放言恫嚇，對所謂的「比較輕微確是惡性的衝突的侵擾」提出指控。甚至對曾經由聯合國大會通過的，指責猶太種族主義的決議，也用粗暴的語言提出翻案要求，說「我們呼籲取消這決議」。他的理由是：「猶太復國主義不是一項政策，它是導致建立猶太人家園，以色列的觀點」，又說「聯合國對以色列生存的權利提出疑問的同時，就不能聲稱自己在謀求和平。」

但，當美國支持的以色列強占巴勒斯坦人的土地殺戮巴勒斯坦人老幼的同時，就能「聲稱自己在謀求和平」嗎？

聯合國多數會員國之所以通過決議指猶太復國主義是種族主義，是針對活生生的歷史事實而下的斷定，美國憑什麼要求翻案呢？就憑那高超的殺人科技嗎？

繼而他又談到一些陳腐至極的「有產者人權」。還假惺惺地說：「如果他們的勞動得不到公正的報酬，如果他們不能富有成果地度過一生……政府就是失敗的政府」。

我們先不要問美國本土上有多少比例的人們「勞動得不到公正的報酬」，美國布希政府是不是一個失敗的政府。我們只要看看第三世界幾十億人口的勞動為何「得不到公正的報酬」，布希敢不敢去面對一張表呢？一張表示著開發國家的產品從但求一飽（有時甚至只求半飽）的勞動者的手裡被吸到帝

國主義者手裡的價格轉換表。

　　人民的勞動得不到公正的報酬固然是政府的責任，但迫使政府在這一點上陷入失敗還不是先進資本主義的政經強權嗎？而布希一類的政客人物所歡迎的，不也就是這種「失敗政府」嗎？因爲唯有一個失敗的政府，才有可變成美國的工具。

　　對古巴的一番恐嚇，更令人不禁對這位美帝主政者發噱。平心而論，暴君的頭銜應該是布希的自畫讚。如果再翻出當年豬玀灣的侵略戰役，和去年伊拉克戰爭運用高科技屠城殺人，還假惺惺地說「我們從來沒有與伊拉克人民有過任何爭論」，布希的頭銜恐怕還要增加戰犯，和說謊者。顯然這位意氣風發到幾乎忘我的美國總統，相信擁有力量則擁有一切權利，包括說謊的權利。

　　他對所謂的世界新秩序所下的定義只是自欺欺人的陳套。說什麼「在這一新秩序中，任何國家都不用放棄一絲一毫的主權，這一新秩序的特點是法治，而不是訴諸武力，是通過合作方式解決爭端，而不是無政府狀態和流血……」。而當布希下令揮軍攻進巴拿馬時，巴國的主權「不用放棄一絲一毫」嗎？把別國家的元首以罪犯名義捉回本國加以審判，巴拿馬的主權在哪裡？國際法在哪裡？聲聲句句反對流血，但爲了不流美國人的血，美國的武器在世界各地流的血還不夠多嗎？

　　以「建立一個和平與諒解的時代，開創一個世界新秩序」爲結語的布希演講，通篇貫串的是幾近粗魯的「力」的誇示，其實是有它的根據的。其所謂的新世界秩序，不過唯一超強在當前階段的國家暴力的組織運作上所需要的一面毫無新意的旗子。現在讓我們對美國暴力的組織方式稍加探視，或許有助於美國政情的表裡關係的了解。

　　按美國帝國主義的一元支配體系,是在第二次世界大戰期
間所形成。在美蘇對抗的戰後冷戰局面下做為資本主義世界的
大本營和策源地,美帝的獨一的支配地位,曾經也是名實相符
的。但因為資本主義發展不平衡的體系內原理的作用下,美國
的一元領導地位從 1960 年代開始動搖,逐漸出現了全球資本
帝國主義的多元化趨勢。於是,美國以外的日本及 EC(歐洲
共同體)相繼登上世界的權力舞台,也帶來了帝國主義間局部
內鬥的現象。但帝國主義內部的競爭並沒有走上第二次世界大
戰前的激化趨勢,原因有五點:(1)美國雖然已經不是唯一主宰
者,但仍然以其經濟力軍事力保有一定的統合力量。(2)對以蘇
聯為首的社會主義圈的共同抗爭的必要性。(3)對落後地區的支
配多以改採新殖民地型態,因而諸帝間的利益競爭不易釀成軍
事衝突。(4)對第三世界的反帝民族民主鬥爭,亦有聯合策應的
必要。(5)在冷戰中的軍事對峙下,本來無法以財政政策加以規
制的生產過剩問題,經由軍事生產的超經濟運作而得到部分紓
解。

　　這樣,世界資本主義有了一個相當長時間的相對穩定期。
在第三世界人民的掠奪和本國勞工的剝削的基礎上不僅克服了
1970 年代的兩次石油危機,到 1980 年代還能保持年平均 3~5%
的經濟成長。

　　到了 1980 年代後半,蘇聯東歐的社會主義圈因為積年的
機制危機而遭致解體性的破綻。國際權力結構發生了有利於資
本先進國家國際安全的巨大變化。於是美國針對這種世界主要
矛盾的轉位,將超強對抗時期的大戰略做一次重大的修改,重
新訂下四項世界支配的新焦點。

　　(1)第三世界人民反帝革命運動的鎮壓。

(2)維持對蘇聯和中國的軍事優勢。

(3)東歐的資本主義從屬國化。

(4)把中蘇兩大國納入資本主義世界市場的網絡中。

而針對世界權力結構的變革和重整過程中必然產生的現象，如 EC 諸國對東歐支配權的爭奪，美日對中蘇的經濟影響力的競爭等，美國也必須有事先周密的戰略新構想。在上述的四項中間，以第一項如何消除第三世界人民的反帝運動為最迫切。於是在「新世界秩序」的全盤策略中的軍事力運作型態的變化，形成了美國新國防體系中的一個課題。以上便是所謂的 LIC 戰略的催生背景。

先是 1988 年的國防報告中，出現了初步定式化的 LIC 戰略的綱要。翌年 1989 年度國防報告中，LIC 變成了獨立的一章。它的主要內容，是把妨害美國在第三世界的權益和支配地位的所有的地區性紛爭，特別是把所謂的「共產主義者的叛亂運動」規定為「低強度紛爭」或「低強度侵略」。為了抑制這一類活動，不惜使用一切可能的手段。一旦「紛爭」發生時，必須「果敢選擇性地行使軍事力」。這種反制行為，不論規模大小，在本質上被規定為「包括政治的、經濟的、心理的以及軍事的全面戰爭」。

有關 LIC 戰略的具體內容有如下六項：

(1)使第三世界的反共親美政權具備議會制民主主義的外表。

(2)促使該政權推動經濟改革，土地改革等。

(3)培養出民間的反共自衛武裝組織。

(4)派遣軍事顧問團或特種部隊，支援強化反共親美政權。

(5)為了推動該項政策，大力投入ODA（政府開發援助）。

(6)必要時直接投入美國軍力。

此外，美國為了推動 LIC 戰略，還強迫日本和歐洲共同體聯合負擔財務。例如，亞洲首要的 LIC 戰略實行區域定為菲律賓；而美國已經擬妥計畫分四年投入總額 140 億美元的多國援助，而日本將是最大的出資國家。

以上便是美國在「新世界秩序」的名目下所採取的實力主義的戰略構想。

美國有美好的未來嗎？

有關美國在 21 世紀的未來問題，在其國內也有不少悲觀論者。雖然在具體見解方面不盡一致，但對資本主義現階段的相對穩定期的持續性表示懷疑的人士還是佔多數。首先，他們認為帝國主義終究無法防止第三世界更深一層的貧困化。在帝國主義階段的資本主義機制下，第三世界不再能扮演商品販賣市場和資本投入市場的角色。與帝國主義各國的繁榮成反比，第三世界人民的貧困只有繼續擴大之一途。在國際化的金融資本和跨國企業的網絡籠罩下，落後地區人民的廉價勞力和自然資源遭到最大限的剝削和掠奪，變成了龐大的超額利潤集中到帝國主義者的手裡。結果是，依靠來自帝國主義各國的貸款或投資所推行的第三世界各國的資本主義工業化的嘗試除了少數的 NIES 各國（新興工業國）以外統統歸於失敗，其中多數國家且變成了債務奴隸。

根據統計，1982 年第三世界各國的債務總額是 8310 億美元。往後一直增大，到了 1988 年，竟然突破了 1 兆 3000 億美元。特別是中南美洲、亞洲、非洲的十七個高額負債國家，不得不以輸出貨款的 40%做為償還債務之用。其結果，第三世界

各國必須以債務本息和外資收益的名目每年匯出比輸出所得、直接投資、或援助等的流入款項更大的資金往帝國主義各國的懷裡。

當前由第三世界各國流入帝國主義各國的純資金，自 1984 年到 1987 年是年平均 200 億。1988 年達 260 億美元。如此，帝國主義對第三世界不僅僅是勞動人民的直接剝削或雙邊貿易的不當利潤，更利用債務關係年年詐取巨額的資金。

不但如此，帝國主義各國對無法清償累積債務的國家，透過國際貨幣基金會將其置於實質上的統制之下，每每強迫債務國進行諸如：凍結或降低工資、提高公共費用、削減國家財政等。

這種殘酷的掠奪與支配，在中南美的高額債務國家內部頻頻觸發政治危機或社會危機。1989 年在委內瑞拉和阿根廷，都發生過暴動。

其次，資本主義的矛盾，亦即主要的剝削焦點多已集中在第三世界各國，則各地區人民的反帝民族民主運動只有走上激化過程。最後必將抵抗 LIC 戰略的控制，如菲律賓或薩爾瓦多。

資本帝國勢力的 LIC 戰略即使對第三世界革命運動帶來了極大的阻擾，但徹底的鎮壓是不可能的。那是因為 LIC 戰略不是除去帝國主義的新殖民地支配和地主、資本家的支配的正義力量，而是以維持這些不合理支配為目地的罪惡力量之故。

第三，國際帝國主義雖然為了防止帝國主義各國之間的相互抗爭的激化而採取了種種人為方法，企圖共同防止週期性的生產過剩恐慌，但任何措施都無法解消體制內在的生產無政府性。1987 年 10 月 19 日，紐約股票市場突發了大暴跌，迅速波

及到全球股票市場。1989 年 10 月 13 日，紐約市場再度發生同樣的股價大跌。這些事態表現的意義是，當前先進各國的繁榮其實是建立在極為不穩定的基礎上面。而其中最大的原因，是核心帝國主義的美國至今仍然無法改善財政赤字和貿易赤字的「雙胞赤字」。

在 1986 年會計年度達到了 2212 億美元的財政赤字，雖然經過美國政府的大力整頓，到了 1989 年度仍然高達 1630 億美元。貿易赤字在 1987 年度是 1521 億美元，也經過了主要貿易國家間的多回合的艱苦談判甚至局部性的貿易戰爭，到了 1990 年仍維持在一千億美元之譜。

雙胞赤字逼得美國政府盡力導入其他先進國家的資金，結果是自 1985 年起，長期以來世界最大債權國的美國轉變為債務國。到了 1989 年，美國所負債務已經達到 6500 億美元。根據專家預測，1992 年將超過一兆億美元。為了這份龐大債務的本息償還，自 1988 年起，經常收支的赤字超過了貿易赤字。

美國的龐大債務主要是日本購入的美國商業部證券所構成（日本現已變成世界最大的債權國）。因此，將來如果有一天來自日本的這一類資金的流動停止，美國經濟將面臨非常嚴重的，幾乎是破滅性的事態。

聯合國的經濟合作開發機構（OECD）曾經提出一種預測：美國的債務一旦超過一兆美元，可能產生兩種情況：一、做為全球基幹貨幣的美元迅速喪失一切信用而出現致命性的幣值大暴跌。二、為了避免上述情況，美國當局不顧一切採行超保護主義政策，因而導致與其他各先進國家之間的激烈對抗。而這兩種情況中的任何一種，都被認為是「惡魔的選擇」（這一句話已經變成南北問題專家之間的流行用語）。意思是，對

全球經濟帶來巨大災禍的自戕式抉擇。

　　果如此，前面所提的資本主義的相對穩定期將告結束。而世界（特別是世界資本主義的南北圈）將進入另一番激動期。

　　當然，國際帝國主義的聯合力量將會採取一切可能的手段力圖避免這樣的破滅性局面的出現。但當前先進資本主義國家的，史無前例的經濟繁榮的基礎是這樣地脆弱，這樣的危機四伏，這一點卻是無可否認的事實。

結論

　　一部現代史，如果依據平庸的歷史觀，似乎是以一些軸心國家或主要族群的興衰歷程為中心。及由其帶動的，輻射和反射的複合現象為主。中間的基本要因當然首推經濟，及由經濟力建構起來的政治力的總體效果。就這一點來說，當前的美國的確稱得上是獨大的霸權國。它的拔群的國力和影響力是當代史中獨一無二的，這一點無須爭論。

　　但美國的最大特質，在乎它的登峰造極的資本主義。我們可以這麼說，美國之興，興在資本主義，而它之亡，亦必亡在資本主義。

　　簡單的歷史哲學給我們一個歸結點：一個國家的興亡規律，端在其國家的結合原理和社會的發展原理之間的統一和分崩。在美國，兩者間的分崩離析過程事實上不始自今天，而正在繼續著積累效果。猶如地質年代中的某一種爬蟲類，終因肥大症而自斃。那是最簡單的，美國獨佔資本體的寫照。

　　當我們看到布希講詞中的逼人的語鋒時，難免一番感慨。因為我們知道那裡面隱藏著多少焦慮，甚至恐懼。

　　要維繫一個不合理的政經壟斷體，即使手裡握著人世間最

大的權柄，布希的深層心理還能不虛！

相比之下中國外長的一席演講不亢不卑，警惕中有一份穩穩的自信。把一個努力重生的民族在進取原則的立場上的許多願望和企盼表達出來，頗能引人深省。

最後，馬國總理的憂心，我們寄以最大的同情和關切。對處在帝國主義陰影下弱小國家，我們由衷希望能及早尋出一條自救的道路。第三世界人民之間應建立起超國界的合作途徑，爲各國各民族的解放進步共同抵抗後冷戰時期的，美國 LIC 的新的控制體系。唯有如此，21 世紀的世界才有可能變得合理一些，好住一些。

補記

筆者完稿後又發生了兩件事實足可證明美國 1. 一向抵制第三世界的自救活動；2. 嚴重的財政危機。前項是，美國明白表示反對日本參加馬來西亞主持的亞洲區域經濟會議；後項是，紐約股票市場發生史上第五規模的大暴跌。時間剛好是 1987 年以來每隔一年的第三次。

關於八大工業國沖繩高峰會

（2000 年 5 月）

先進工業國高峰會議

　　是佔世界先進地位的工業大國在冷戰時期中的經濟戰略的協調機構。1975 年由法國總統季斯卡和德國總理舒密特發起，以討論西方工業大國的經濟政策、能源問題等方面的協調合作為目標。第一屆在法國蘭威城舉行。以 G6（美、英、法、德、日、義）開始，翌年再邀加拿大，變 G7。每年召開一次。1997 年丹佛高峰會有俄羅斯的加入，成 G8。今年在日本沖繩舉行，稱 G8 沖繩高峰會。

Summit 已變成固有名詞其本質為何

　　冷戰持續到 1970 年代，國際社會的主軸仍然是「東西對抗」。但也逐漸顯露出「南北矛盾」。前者是「社資對抗」的代號，而後者則表示「貧富」矛盾。前後兩類矛盾的展現形式有所不同，前者偏重政略軍略戰，後者則以富國窮國債權債務的財貿政策衝突為主。1970 年代已有「世界經濟」一辭，但尚無今天「全球化經濟」的多項內化紐帶關係。雖然如此，以世界主要工業國家跨國跨區的實力條件，且相互之間時有不盡一

致的處境或立場，因而非有競爭中的協商協調不可。因為他們有共同的敵人、共同的問題。於此創出了具有一定機制的國際機構，名為高峰會。

簡言之，在東西對抗和南北矛盾的交錯關係中，經過協商、協調、協力的策略趨同過程。加強「西方」的共同立場，維持「抗東壓南」的戰略優勢，這就是 1975 年以來延續 25 年的高峰會的存在意義。也就是說，各成員國在共同的外壓條件下經過互相調節來同步化內部的政策指導的歷程。

兩界高峰會議的例示

(1) 1975 年首屆蘭威城高峰會。當時的背景因素中首先有通貨問題。1971 年出現了美元危機，1973 年二月進入變動匯率制。那年代因美元貶值，產油國採行減產政策，一時間全球經濟陷入大混亂。如何穩定通貨，進而穩定經濟，成為緊急萬分的爭議。當時美國主張只有全面採行變動匯率制才有助於通貨穩定，然而法國卻堅持回復固定匯率制才是正途。雙方衝突得很激烈，但終於在變動匯率的基準方面達成了協議。據當時的報導，會聚在蘭威古城的 G6 首腦不帶隨從關在一個房間裡長時間密議，其間一步都未曾走出房間。西方先進工業集團與中東產油國組織之間的緊張關係經過蘭威高峰會而得到了紓解，避開了美元危機加石油危機的進一步相乘惡果。但執行浮動制後西方國家還是吃掉了不少產油國家的權益，且在共同安全的名義下正式或非正式地操控了一些產油國的政治局面。這些都隱藏在 1970 年代黑暗史的背後。所謂蘭威高峰會的典範，亦即「安定視角論」大事被宣揚的另一方面，不少中等產油國雖然石油收入有所提高，卻變成了西方的債務國，至今仍未見

改善。

(2) 1990 年休斯頓高峰會議。該屆會議顯示出日本的特殊角色、經濟基礎的不穩和政治結構的脆弱性。前一年（1989年）中國發生了天安門事件，遭到美、英、法等國家的譴責，經濟方面的抵制，政治杯葛等。但經改經建十年的成果已經預示出在未來世界市場中所佔的巨大分量。日本素以經濟眼光評量中國，且 1990 年前半年日本的國內景氣特別活潑，在 G7 之間足以睥睨同儕。因而在高峰會中挾其聲勢要求停止對中國的排斥政策。強調不能繼續孤立中國，必須將其重新納入國際社會。高峰會成員多數贊成，促成了世界銀行的對中貸放政策重新開始，各國政府的對中雙邊貸款協議也回復了。但諷刺的是，日本代表團意氣風發地回國不及一個月，竟然爆發出美、伊灣岸戰爭。中東的石油是日本經濟的生命線，該區爆發戰爭，且發動者是美國，讓日本有苦說不出。且屢受美國強索，分擔戰費 90 億美元，日本自民黨長期政權終於崩壞，從此走入政局混亂期。輿論自嘲地說「流失的 90 年代」，且以「制度疲勞」來做爲政局驟變的註腳。其實更深沉的理由是日本對單極超霸的美國的附從地位，不得已接下日美安保新指針的桎梏，喪失了自主判斷自訂對策的立場。

沖繩 G8 高峰會議突顯了什麼問題？

(1)日本認爲，1975 年日本的加盟，是因爲當年的日本是屬於「變革型」的經濟，而當前的中國，其變革型推力尤勝於當年的日本。日本加盟後 25 年來的演變，證明了經濟全球化的發展情勢下有必要納入新興變革力量的中國。對此意見，美、英表示反對，德國傾向贊成，但中國本身拒絕參加。

⑵日本還主張 G8 高峰會和聯合國的關係必須趁機加以理清。這也是日本邀請中國參與的另一個理由。除非對聯合國的平等和平基本宗旨有更積極的表態，G8 的強權集團色彩將加速引發多數開發中國家的更大反彈。按 1990 年代初冷戰終止，卻代之出現美國獨霸以歐盟爲主要工具，經常越過聯合國規章單方面採行軍事行動。去年克倫高峰會外長會議的論調已經引來不少開發中國家的側目。

⑶有關開發中國家的債務處理問題。今年四月間開發中國家 77 國的哈瓦納會議中，南方窮國針對富國全面主宰國際經濟的一切規範，致使窮國愈窮，富國愈富，發出了嚴厲的指責。

在「一百年也還不清」的外債重壓下，不少債務國家的年間支出中一半是償還本息，而國家公務員的薪資卻經常被拖欠。佔全球總人口近八成的南方世界有可能變成 21 世紀具最大爆炸力的不定時炸彈。按即使是剝削集團本身，當其目睹落後國因舉債而造成的窘狀慘狀時，也懼怕被剝削者無以爲繼的困境可能最後拖垮剝削者。因而認爲有限度的鬆綁，適度地緩解其爆炸邊緣的危境，還是必要。自 1988 年多倫多高峰會首度討論貧富世界的結構後，出現了 HIPICS（最貧國債務解消論），在聯合國大會上也幾次成了議題。只是針對「解消債務」，先進大國極不情願，因爲「施捨」並非資本主義倫理。對此日本的做法是，⒜把舉債欠債的責任完全歸於窮國。⒝以新的「救濟案」取代沖消債務辦法。以日本產品的有條件贈與，協助債務國政府償還負債的一部分。眞正的涵義是，無法由債務國政府收回本息，改由負債國的消費者收奪利潤。這是 G8 剝削集團對南北矛盾的僞善和虛應的作法，日本政府是凸顯

的典型。

　　(4)如何面對有時與 G8 立場相左的區域主義。如 EUC（歐盟）、NAFTA（北美自由貿易區）、APEC（亞太經濟合作會議）等等機構。今後如 ASEAN+3（東南亞十國加中日韓論壇），或屬雙邊關係的日本新加坡，日本韓國自由貿易協定等，有逐漸擴大的趨勢。這一類區域主義的盛行，雖然目前與 G8 還不算是處處針鋒相對，但總是表示國家或區域的經濟特殊條件在大國主導下的全球化趨勢中確有不易解決的困境。隨著資本、技術領域的落差的擴大，弱小國群對強權集團得自衛和反制，也正在積累中。G8（有的抗爭團體將俄羅斯除外）集團在其慣行的操控模式下必將面對日漸增多的地區本位的衝突。

　　(5)軍事、準軍事同盟問題。依主辦國日本的立場，當現階段日美安保協定的「兩國主義」形式面對新形勢如南北韓首腦會議等可能帶動出多角結構的發展趨勢的情況時如何應對，是關係到區域安全，甚至全球和平的重大問題。現今已有所謂「21 世紀新樞要國家論」的出現。世界新權力地圖似已越出了從來的「既開發」「未開發」「結盟」「不結盟」的傳統框架，而顯示出新時代的地緣因素。G7 的共同戰略，如何在少數傳統強權國家的軍事利益和日漸多角化的新興挑戰勢力之間，尋找出比較有利的暫時性平衡點，將日漸困難。

　　(6)對抗 G8 的新要素還有網路和 NGO（非政府組織）。1999 年底的西雅圖 WTO；今年四月間的華盛頓 IMF（世界貨幣基金會）、世界銀行會議；五月間泰國清邁的 ADB（亞洲開發銀行）總會等，都受到 NGO 反新自由主義、反全球化、反 G8 的聲浪衝擊。當前的聯合國，雖然選擇性地允許 NGO 參加大會旁聽，但尚未同意將其主張列入議題。G8 高峰會因為是八

大國最高首腦會聚一堂，容易變成世界 NGO 運動集中抗爭的目標。本屆會議除了從來的新聞中心外，還成立了一個 NGO 中心。表示會議當局對 NGO 攻勢的紓解、化解的策略用心。

按有關線形 NGO 運動的本質規定和現象面的多樣性，不論在理論或實踐領域中都還處在遞變或演進過程中。階級、階級鬥爭，尤其是革命內戰等已被多數 NGO 所否定，多自居為民主總體制下的意見壓力團體（即使在意見表達方式上時而有邊緣性的激烈做法）。從新生產力條件下由階級矛盾溢射出來的社會局部衝突論，到政、經新一元化時期的階級鬥爭變型論，恐怕都還在探索過程中。不過綜觀十年來的活動軌跡，NGO 的存在基礎或前提，應該是社會分層分工的定型化成熟化，包括公權力的運作系統和資產階級程序民主的有限保護作用。策略上的單項目標、搞小範圍的聯合固然靈活，對大範圍的整合攻堅，常常顯得分歧多途，力不從心。據報導去年西雅圖 WTO 反制運動中，世界 NGO 團體間的問題暴露了不少。不過還是有人視為資本主義總危機的量變積累中的一種現象，仍有待用心觀察。

(7)如何面對 IT（資訊科技）管制世紀的來臨：

本屆高峰會另外號稱 IT 高峰會，不論其策略性用意如何，的確反映出 21 世紀將要進入 IT 管制時代，其意義之重大不容置疑。按「情報時代」的來臨，在人類技術史上帶來了極大的震撼，在經濟史、政治史、甚至軍事史上，也提供了劃時代的新要素。在經濟方面，IT 產業成長快速，那巨大的創價力是空前的。在傳統產業日益斜陽化，金融市場逐漸投機短線化，亦即「泡沫化」的當前階段，資訊產業在產、銷方面的發展空間，是過去任何一部門新興產業包括核能產業、基因工程等都

難與比較的。因爲後者（核能、基因）是人類對宇宙玄奧的探秘所衍生出來的，技術消化力還很有限。但前者卻一開始就面向著廣大的實用領域。人類交通行爲的基本課題是如何更有效地突破物理時空的限制。IT以電子符號的瞬間移動，代替人體物體的慢速移動，快慢之間幾乎超絕人們的想像，其效果已經擴及到政治領域的行爲模式或準則了。評論家認爲 IT 在 21 世紀將扮演歷史上「最高效率的，最符合民主原則的平準化要素」。IT 時代人人能突破種族、性別及其它一切身分上的差別，能收、發、聚任何一種資訊，做爲行爲依據，包括設定目標、訂出方法、執行作業。如此的平等性確已超出了歷史上任何規範或制度的保障。

但如此的特性在理論上確有兩種相反的發展可能性。一、無孔不入、無遠弗屆的IT，因成員個人的行爲能力和可及範圍的繼續擴大，而導致社會失控，使社會產生無政府趨向。二、與此相反，具有如此契機的IT，其收聚力掌握在政府手中，致使人民的安全生活權、隱私權失去保障，社會變成嚴謹無比的監控社會。當前的IT產業主要掌握在企業和個人手裡，而上述兩種趨勢都非人類之福。因而 IT 必須加以管理，而有效的 IT 管理必須由政府與民間共同合作始能做到。這種論點，便是本屆高峰會作爲化解 NGO 攻勢的另一項策略，而附給沖繩高峰會「IT Summit」的別稱的由來。

作爲生產力新要素的資訊科技──代結語

資訊也好，基因也好，當其在一定歷史階段的生產關係或所有方式的社會基礎上成了新生產力要素時，不論新要素本身具有如何的顯在或潛在的作用力，是無法直接改變生產關係或

所有方式的基本性質的。它本身的工具性還是擺脫不了。如，再進步的IT，其結構不外硬體軟體兩部分。兩者都是人類勞動的結果，勞動的社會性格還是決定產品的社會性格的最大因素。其次，資訊科技產品進入流通過程後，使用者對產品的取得方式，像是硬體的購買，軟體的學習，都要由使用者付出代價。至於使用的效果，也要看使用者的社會身分，看他是雇用者，還是受雇者，還是自立的經濟主權者。一堆資訊的有用性，還是因人而異的。

總之，生產力範疇必須轉入生產關係範疇，技術因素必須被吸進社會因素的特定網絡中，才能轉變成具體現實的歷史變數。因此，當全面掌握著社會網絡的優越階級的代理人，刻意突顯某一種新生產力要素的「劃時代」作用時，人們應該警惕，那是一種障眼法。新事物其實還是被置於舊關係中。技術的救濟還是解決不了社會惡的。

我們在分析沖繩 Summit 的運轉過程中遇到了這類問題，讓我們注意到世紀之交全球獨佔資本家集團的階級戰略的一斑。

資本全球化下的三機關
──世銀、世界貨幣基金會、世界貿易組織簡評

（2000 年 9 月）

　　20 世紀前半，二次大戰之前，世界權力結構中的主要矛盾是不足十個的資本帝國主義間的利益衝突。但二戰結束後，因爲美國政、經、科技實力的一枝獨秀，膨脹迅速，加上被稱爲「最後武器」原子彈的獨佔（雖然不久便被蘇聯趕上），戰後世界資本主義勢力的中心體制很快地建立起來了。而作爲它的國際政略工具的聯合國，也被賦予比其前身的國際聯盟更有力的運作條件。一元支配的資本主義安全體制（最盛時涵蓋著數十個政權）的對抗體，是蘇聯爲首的社會主義反資帝圈。該集團以高度的戰力組織率彌補次高的生產總值，雙方對抗僵持展開冷戰一個年代後，東西對抗之外的南北問題逐漸形成。1960年代開始，聯合國的議題上漸有貧富結構的分析和改善的聲浪出現。而美國爲首的工業化先進國家，也逐漸視南北懸案的適度處理爲東西對抗的必要條件。於是在聯合國大會上貧富國家間的激烈爭辯中，產生了以「開發援助」爲方針的國際經濟合作總體系的形成。而世人熟知的三機構─世界銀行、世界貨幣基金會及 WTO 前身的 GATT 國際關稅與貿易總協定，便成爲世界經濟結構體中的核心動力了。

　　資本主義經濟原理之優於封建年代的直接掠奪方式，表現

爲 Give and take 的形式「對等性」，且經常被刻意突顯其前半部。如 1961 年第十六屆聯合國大會所通過的「第一屆聯合國開發十年案」，1964 年的「聯合國貿易開發會議」UNCTAD，1970 年代的「第二屆聯合國開發十年案」等，都是強調「通過國際合作糾正日益顯著的南北經濟差距」爲宗旨。但因爲整體結構中所內包的資本主義基本性格，亦即，先進國（主要的支援國）的基本立場還是自我增殖第一，致使幾個政策階段下來實質效果非常有限。倒是受援國方面因爲各自的基礎條件，傳統要素，及國際處境的不同，約在 1970 年代起，在南方世界中出現了分化現象。有新興工業國，準新興工業國，最貧後進國等，所謂的「南南格差問題」廣泛地引起了世人的注意。

面對著這一類複雜化趨勢，上提的三機關功能不彰，業績乏善可陳，甚至時而搞出錯誤政策，逆向措施（如 1970 年代以降幾次區域性金融風暴、通貨危機），頻頻引發爭議，迄今不曾間斷。

按聯合國架構下的兩次「開發十年」企劃案，在其立案和執行過程中必須面對三種不同層次的問題。一爲具體開發項目的策定；其次是有關制度和結構的改善配合問題。這兩方面基本上屬於技術性質，行政性質者多。至於另一個更高層次的，如國民經濟的體制論、發展戰略，或整個發展援助計畫的主導理念等，在受援國和援助國（機關）之間，更是時有爭議。但最後的裁決，還是不可能違背當前世界經濟的主流立場——現代化便是資本主義化，資本主義的發展應以自由國際化的開放型建構爲主要內容。

經歷了半個世紀「開發援助」的大課題，有關世銀、IMF、WTO 三機構的功過評價，在國際財經專家、政府民間研

究人士、聯合國官員等方面，可以說爭議紛紛。兩年來在世界各地召開的各種會議，不論是世界性的、區域性的、官方的、民辦的、窮國集團的、富國俱樂部的，所暴露出來的共同問題表示著（不論表面措詞如何）由少數富國以長年剝奪的成果的一部分意圖修補受剝奪者的困境是如何的艱難。而從另一角度看，那也是極富反諷意義的「資本全球化」百態之一吧。

1990 年代後半起，在開發援助的工作領域中，漸有設計及執行上的「先進國模式化」的主張。前面已提，開發援助企劃一向有三種構成部分。第一是具體項目，第二是制度配套，最後是指導原則。而執行機關如世銀、IMF 等，常以「受援國在制度及政策方面的缺憾」爲執行失敗的最大理由。大事主張在這方面先行改善，而改善的內容卻是先進國方式的合理化。他們認爲只要在歐美型經營系統、國（公）有企業民營化、對外貿易自由化等三方面能達政經改善目標，其它屬於第一部份的如：產業選擇、技術導入、基本建設等便可水到渠成，自然完成。

1980 年代的開發政策，一般都以宏觀經濟安定化，和重點式的結構調整爲主。但 1990 年以降，出現了所謂「開發理論柔軟化」的口號，正是重點轉移的信號。1995 年 6 月間，新任世銀總裁瓦勞遜指出過去偏重宏觀經濟是一種失誤。代之推出「綜合性開發機構」CDF 制度。依據規定，該機構應包括：(a) 受援國政府代表 (b) 民間社會代表 (c)NGO（非政府組織）(d) 民間中心設施 (e) 援助國（機關）代表。據報導現時已經有玻利維亞等 12 個國家接受 CDF 制度。1999 年 9 月召開的世銀、IMF 年度大會，以重債務貧國 HIPC 的支援爲中心議題，要求申請國提出「貧困削減計劃書」PRSP，後來且擴大範圍到非貧

困國的其它性質的申請案。世銀計畫至 2000 年年底有 20 國接受，至 2001 年擴大到 40 國。

以上概況中值得注意的是援助計畫中非政府部門參與的擴大，及推廣速度之快。不得不指出，具有一種越過受援國政府直接和該國民間勢力掛勾的，說得上「內政干涉」的典型方式。據云玻利維亞提出的一份 PRSP，內容空疏，缺少一個內陸國家應有的殖產戰略，運輸基建的具體藍圖，令觀察家不解。CDF、PRSP 的製作需要高度的專門知識和大量資料，有的貧困國家不得不顧請外國專家執筆來應付規定，除了配合宣傳新制度外究竟有多少實際意義，令人懷疑。不過資本全球化除了必須跨越國家疆域外還要壓服國家主權的傳統權限，至此可見一斑。所謂的國際合作開發體系，其實也是先進國對落後國的操控環節之一，其所呈現出來的是全球強勢資本的循環圖的一個側面，倒不無啓示意義。

在 WTO 方面，有關貿易自由化的原則，一向使得先進國、落後國之間的矛盾對立愈來愈突顯。現已參加的開發中國家，在烏拉圭回合初階段的自由化推動時期本來還抱有一定的期望心理，但幾個年代下來大家都有受騙的感覺。因而在入會前的新舊會員多邊交涉中，顯得防衛意識特別強，使得尚未入會的準會員國遭到很大的壓力。

現時 WTO 加盟國共有 137 國，承擔著世界貿易的九成以上。未加盟的國家或地區，除了大陸、台灣是因為政治性理由外，還有被列為：(1)最貧國；(2)經濟規模特小國；(3) 1990 年代轉向市場經濟的「體制轉向國」等。

參加後的有利點，一般認為有：(1)能防止對手國的不當差別待遇；(2)誘發國內改革；(3)容易處理貿易糾紛。

　　不利點則有：(1)準備不足貿然參加，將使部分產業陷進危機，失業增加；(2)可能面臨外來的經濟支配。

　　未參加國對 WTO 的實情一般都認識不足，往往出於焦急感而在入會前的交涉過程中接受不當的要求。現時申請國的不利甚於既往，如：

　　(1)加盟手續愈來愈複雜、冗長，有時超過未開發申請國的官方處理能力。首先要製作一份本國經濟體制的說明書，要按照規定的格式。

　　(2)要受理來自加盟國的大量質疑事項。件數通常數百，有時上千。

　　(3)要派遣人員常駐 WTO 本部（日內瓦）、派遣海外交涉團、參加交涉對手國的作業部會，開銷可觀，使窮國財政不勝負荷。

　　(4) WTO 加盟條件沒有明文化，近來以加盟國提高入會前的開放要求項目，甚至與 WTO 協定無關的項目也以「WTO+n」的形式提出。如：價格自由化、國企民營化、降低輸出稅等等，其他像礦工業品關稅稅率、項目連結率、削減期間等，常常被要求接受更嚴厲的條件。有時也被要求參加特定品目的，先進國水平的相互撤銷關稅的協定。更有如，有關輸出補助金、服務貿易、貿易關聯投資措施協定（TRIMS）、貿易關連知識所有權協定（TRIPS）、關稅評估協定、檢疫衛生協定、貿易技術障礙協定等等。連加盟國都沒有普遍實施的種種規定，都會紛紛出籠，往申請國身上推。

　　(5) WTO 本來有優待開發中國家的幾項規定和慣例，但幾乎不適用於新加盟國。以開發中國家身分加盟，在規定上應可享受：(a)為了培育國內產業改善國際收支，有自主規定特別關

稅和輸入限制的權利（GATT十八條）。(b) 先進國市場應開放
給開發中國家的主要輸出品（GATT第四部）。(c) 開發中國家
輸出品的最惠國待遇（GSP）。但在現實上加盟前交涉過程中
幾乎得不到這方面的承諾。部分已參加國在中國的加盟交涉中
揚言不承認中國是開發中國家。美國更經常以國內法爲理由破
壞 WTO 的平等立場，對一些國家拒絕適用最惠待遇（如賈
克遜‧巴尼克條例，對不承認移民自由的非市場經濟國家禁止
給予最惠國待遇）。

(6)現階段的情勢是，入會愈晚，入會前的要求事項愈苛
刻。逼得申請國常常在忍痛接受眼前的要求，或者，在談判上
拖時間到最後還是接受更不利的條件，兩惡之間擇一。

總之，現時的 WTO 的加盟交涉中，已參加者的立場強，
未參加者的立場弱。利用這種形勢，已加盟國尤其美國，常常
爲了本國商業利益，針對最貧國或體制轉移國提出嚴苛的事先
開放要求。因而近來漸有聲音，爲了使WTO加盟交涉更公平，
應該做到(1)加盟條件明確化。(2)禁止提出「WTO+n」的要求。
(3)恢復開發中國家的特別優惠。(4)已加盟國與準加盟國權利義
務平等化。以上這些訴求，不過出於後進國落後地區的消極防
守意識，尚未達積極反制的以弱抗強立場。然鑑於美國挾其數
年經濟好景的氣勢，在政治上有常常擺出冷戰終結者的高姿
態，開發中國家的微弱的抗議聲，一時間鐵定難有回應。

最後，後冷戰期的 90 年代以降，由先進核心國所推動的
國際統合壓力，的確愈來愈加速。直到現在，從世界經濟的大
趨勢疏離出來的貧困國家，或新型轉軌國，當其意圖參加全球
化行列時，必須承擔的代價一年比一年繁重，道路愈來愈難
走，現在的世銀，顯然比較關心形式和結構的統一性，而不再

真正重視經濟開發的具體內容。

　　IMF 對防範危機和處理危局、回穩化政策等三方面都失敗了。WTO 無法在新舊加盟國之間訂立公平競爭的條件。這三種機關企圖把自由主義和對外開放的歐美式系統移植到開發中的落後世界。企圖以政經強勢剝奪落後國家的經濟自衛權。

　　但正因為當前的全球化推力，內包著資本主義的侵略本質和利己本性，剝奪者縱然一時仍以弱者的血肉繼續自肥，但跨國界的壓榨只能帶來國際級鬥爭的激化。以資本主義為支配性生產關係的現階段人類社會，因為資本主義的動力不平衡性，將導致不斷重構化的階級社會生活圖。則「多面向多次元的剝削關係」的全球化，必將導致多面向的全球性社會衝突─包括民族的、種族的、階級的、階層的，錯縱交叉的大小鬥爭能量的積蓄，恐怕正準備著 21 世紀的一場新史劇。而即使所謂「和平發展」的時代基調未受全面挑戰，但資本全球化的弔詭機制下的和平與發展，究能承受多大的扭曲和變型壓力，也必定在多數關心世事的人們的深沉注意中！

帝國主義簡論

（2001 年 8 月 26 日）

語原與歷史

「帝國主義」一辭，出自古代史中帝制羅馬的「皇帝國家」（imperium）。指在羅馬軍團的武力征服下以羅馬法為基礎建制而成的統治領域稱為皇帝國家。而以組織，維持，並強化此等往往包括多種異民族異疆域的「皇帝國家」為目的的國家活動，當時被概稱為「帝國主義」。

但這種古代政治用語，到了 1870 年代後半，當英國資產階級對國政的全面主控局面出現了之後，才變成一般性的用語。原來，全面掌權以前的英國資本家階級，向以「自由主義」為抗爭封建貴族階級的意識形態，當時該階級甚至針對封建王朝（16～17 世紀）海外經略的成果——殖民地，稱其為「緊縛在國民脖頸上的石臼」而時常攻擊。但當完全掌權了之後，一轉而全面支持殖民地體制的擴張和強化的政策。「帝國主義」一詞也從此變成以武力為後盾的擴張主義和殖民主義的代名詞。開始在 19 世紀後葉的英、法、德，等列強的政治新聞中出現。不過嚴格地說，至此為止的「帝國主義」用辭還是屬於一種「社會學」概念。在其涵蓋下，歷史上有過古代帝國

主義、中世帝國主義、近世帝國主義等。

　　1880 年代，歐洲的幾個國家都先後完成了產業革命和工業化，確立了以資本主義生產關係為主導性組織原理的國民經濟體。開始積極投入不同於晚期封建王朝的重商主義的，新型態的殖民地爭奪戰。如：1882 年英國正式統治埃及；1884 年德國的殖民事業部門開始運作；同年英法兩國分別佔領南太平洋的新幾內亞東部；美國強租夏威夷珍珠灣；中法戰爭；美國資力主控下巴拿馬運河起工；1885 年比利時宣佈把剛果編入王室所有地；1886 年英國併吞緬甸；1887 年，法領印支聯邦成立；1889 年義大利佔領索馬利亞；1894 年荷蘭佔領隆波克島；同年日本發動了中日甲午之戰；1895 年日本取得台灣為第一個海外殖民地；同年法國佔領馬達加斯卡島；1898 年美西戰爭；1899 年八國聯軍佔領北京；同年至 1902 年南非英布戰爭；甫跨入 20 世紀，1904 年日俄戰爭；1910 年日韓合併。以上是 1914 年第一次世界大戰爆發前，所謂的「國民國家」在資本主義的競爭原理和發展不均衡原理的驅動和制約之下，顯示在國際政治領域中的「膨脹軌跡」。資本主義新生產力甫佔住了歷史舞台，便暴露出新時代的新野蠻主義，以大量的破壞流血和死亡作為唯有勝者能獨享的「進步」的代價。至此時期「帝國主義」以「使用國家武力向境外擴張本國的支配圈和利益圈的國家行為」為一般性的界說頻繁出現在 20 世紀初葉國際社會的評論文章中。

<h2 style="text-align:center">對外侵略是內部剝削的延伸</h2>

　　帝國主義是一種強制力量。這種力量來自何方？如何被組織？下面有兩個切入點。(1)埃及人和印度人當然痛恨英國帝國

主義。但不是所有的英國人都是帝國主義者。那只是英國的當權階級。英國的執政階級爲何要向外擴張？因爲他們首先剝削英國社會的勞工農民，把剝削的成果積累，集中，愈來愈巨大化。而國內的被剝削階級當然會反抗。剝削者和被剝削者的鬥爭會愈來愈激烈，剝削者──英國的資產階級，在市場競爭中優勝劣敗，勝者存留，巨大化，終至獨佔國內生產領域操控流通市場，然後跨過國境，把剝削的魔手伸向抵抗力較弱的落後地區。前面提到 1880 年代西歐列強及美國競相對外擴張的時期，是有其先行的國內階級鬥爭的慘淡時期的。(2)產業革命後的工業化過程，是勞資兩大階級的剝削反剝削，支配反支配的，所謂的「資本主義內在矛盾」的全面化和深化過程。例如；a.英國 1832～1842。選舉法在資產階級的優勢下修改，但勞工階級仍被排除於選舉權之外，出現了「人民憲章」運動，成立了英國全國性的勞工運動組織。b.法國 1830～1840 年。七月革命後被稱爲「金融貴族」的大資產階級推魯伊・費利布爲國王。里昂發生紡紗工人暴動（先後兩次），第一次控制了全市十天，出現「我們要工作而生，否則寧願戰鬥而死！」的口號。巴里聚合了德國工人數萬，成立「亡命者同盟」，後其中的工運積極分子另成立「正義者同盟」，與法國布蘭基主義的「四季協會」連帶活動，倡提政治主張（禁止財產私有制，廢止君主制等），逐漸移向倫敦。正義者同盟成立「共產主義勞動者教育協會」，由德國勞工組織轉向勞工國際性組織。c.德國：1844～1846 年；舒勒仁勞動者暴動。提出反對私有制反對銀行家、反對君主制、要求共和制。激烈度超過英法工人。1845 年農業危機，有餓死事件，饑民運動。馬、恩第一本共著《神聖家族》出版，企劃再出《德意志意識形態》，提出唯物

史觀，開始建構革命實踐理論。人類史上出現嶄新的世界觀，科學社會主義的理論基礎。馬克思及恩格斯指導正義者同盟，成立「共產主義通信委員會」，組織要求召開大會制作「共產主義信條」，並要求馬恩兩氏正式加盟領導。兩氏以「清除規約中有權威主義和個人崇拜意味的部分」爲條件接受，受大會囑咐兩氏起草綱領。1848 年《二月革命》及《共產黨宣言》在革命爆發前夕寫就；巴里發生巷戰；3 月柏林革命；同月維也納暴動；義大利革命運動發足；匈牙利獨立運動發足。1850 年太平天國戰爭開始。1851 年倫敦博覽會。1858 年英國直接統治印度。1859 年義大利獨立戰爭，馬氏《政治經濟學批判》出世。1861 年義大利統一；美國南北戰爭。1863 年美黑奴解放宣言；全法勞動者組織成立。1864 年國際勞動者協會（第一國際）成立。1867 年《資本論‧第一卷》出版。1870 年普法戰爭，德國統一。1871 年巴里公社事件，英國制定工會法。1875 年法國社會民主黨成立。以上，是 1880 年代諸大國投入海外殖民地爭奪戰之前的，國內階級鬥爭甚至階級內戰的大致經過。

從階級剝削到越境征服是資本主義發展規律之一

列寧《帝國主義論》（《帝國主義是資本主義的最高階段論》）的建構：「資本主義」是「歷史現代」的事物。資本主義的生產方法——持有生產手段的資本家和僅擁有勞力的勞工的「私權」結合方式，亦即勞動的使用權及成品的所有權歸資本家所有，這種方式註定的內在侵佔性，只要經過成果的積累集中和巨型化，到實質性獨佔的條件充足，便使潛在變成「顯在」，使資本家變成帝國主義者。

　　在激動的時代，如何及時整理出對複雜多變的事象的解釋系統，是一件非常重要的事情。不僅運動團體的理論工作部門，連一般研究學術者，也不能忽略。所謂的「階級鬥爭」必須以「思想鬥爭」爲其要因之一，則檢驗實踐綜合經驗的理論作業，不僅是運動方法論的可行性的保證，往往因其高度客觀性而成爲歷史分析的共同指針。列寧的帝國主義論於 1916 年出世。其中的主要論點今天仍然被認爲是一種政治經濟學的理論公產。

　　一般認爲，列寧的《帝國主義論》有兩位先行者。一位是英國的何普遜，另一位是德國的費爾華丁。前者於 1902 年發表《帝國主義論》，後者在 1910 年發表《金融資本論》。兩位都從資本主義經濟結構的本質來分析帝國主義，在這方面都有重要的建樹。尤其後者是德國民主社會黨的理論家，自認爲他的理論是馬克思《資本論》的基本觀點的展開。但都受到世紀初英國資本主義和德國資本主義的某些特質的限制，而導致一些錯誤的結論。

　　何普遜認爲現代帝國主義中有兩點：(1)金融利益優先於商業利益。(2)當代有激烈競爭中的復數的帝國主義。他另外指出帝國主義國家因爲坐享殖民地支配的權益，社會中自然產生了寄生主義的時代特質。這些都不算錯解，但他也因其小資產階級改良主義的原有立場，致使結論太過單純樂觀，竟然認爲只要提高大眾的消費水平，便能消除剩餘資本的壓力，使帝國主義自行消失云。不過有關消費不足和過剩投資等資本主義獨佔階段的著眼點，有一定的合理性。費爾華丁也同樣受到當時的德國資本主義的特殊性的影響，對資本主義發展過程中的新局面，有意將《資本論》加以具體化，提出諸如：股份公司制、

銀行對產業的支配、組織性獨佔、金融資本的新機制等項目，認定帝國主義便是金融資本所採行的政策。他的分析的確使帝國主義的概念及內容明確化了，但他對金融資本的界說只重視股份制的形式規定，而沒有掌握在生產領域的積累集中到獨佔的內在要因，犯了流通主義的錯誤。這種缺陷也使他傾向於肯定金融資本具有「資本主義生產的組織化，生產無政府性的弱化」，等積極性功能。列寧的著名的《帝國主義是資本主義的最高階段》（又名《帝國主義論》），是 1916 年前半年的論述的整理。序言中交代本論述只講經濟方面的特質，共有十章，不是大部作，也不是小冊子。內容運用了大量的統計數字，和多方面不同觀點的論証資料，下面介紹各章的重點。

第一章：「生產集中和壟斷」。資本主義最典型的特點之一，就是工業發展過程中的生產集中，巨大化，最終出現壟斷取代自由競爭。「壟斷」正是資本主義發展的「最新階段」的最新成就。

第二章：「銀行和銀行的新作用」。銀行的原有功能是支付中的中介作用，把貨幣轉成「生利的資本」匯集給資本家。銀行業也會集中，巨大化，由中介人變成壟斷者。大工業的出現，產生大銀行和工業銀行。20 世紀是從由資本主義到新資本主義，從一般資本統治到金融資本統治的轉折點。

第三章：「金融資本和金融寡頭」。生產的集中，從集中生長起來的壟斷，銀行和工業日益融合，便是金融資本產生的歷史。在商品生產和私有制的環境中資本主義壟斷組織的經營變成金融寡頭的統治。金融資本比其他一切形式的資本的優勢，意味著金融寡頭佔著統治地位。

第四章：「資本輸出」。自由競爭階段的舊資本主義，對

外貿易主要是商品輸出；而壟斷時期的新資本主義，主要的對外關係是資本輸出。資本主義的本質，使過剩的資本不會為提高本國民眾的生活水平而被使用，它一定被投入到落後國家以奪取高利潤。而少數輸出資本的國家，等於把世界瓜分了。

第五章：「資本家同盟瓜分世界」。資本家的壟斷同盟首先瓜分國內市場。因資本主義下國內市場連結著國際市場，資本主義早已造成世界市場。因此，隨著資本輸出的增加，隨著壟斷同盟的國外關係，殖民地關係，「勢力範圍」的聯繫作用，壟斷同盟自然走向世界性協議，形成國際卡特爾，一起參加世界瓜分。

第六章：「大國瓜分世界」。我們面對的這個時期，世界已經被瓜分完畢了。但瓜分完畢，並不意味著不會出現重新瓜分的局面。應說大有可能。因為這是「資本主義發展的最新階段」。資本主義的自由競爭時期，是 19 世紀的 60～70 年代。而殖民地爭奪戰的大高潮，正接在這個時期之後。自由競爭過渡到壟斷後，才有對外擴張的風潮。

第七章：「帝國主義是資本主義的特殊階段」。帝國主義是作為資本主義基本特性的發展和繼續而產生的。但只有發展到一定的高度，某些基本特性轉化成自身的對立物，且發展到一種更高級的經濟結構體的前兆性特點已經產生並表露出來時，才被確立。不過壟斷只君臨而不完全消除競爭，只凌駕於競爭。這種情況必然產生更多，更複雜的矛盾。是故，壟斷本身是從資本主義到更高級體制的過渡。

第八章：「資本主義的寄生性和腐朽」。帝國主義最深厚的經濟基礎是壟斷。它從資本主義的一般環境──商品生產和競爭裡成長起來，且與此環境具有無法解決的矛盾。壟斷不能

完全排除世界市場上的競爭。因爲種種要素不是固定不變，時而會出現新要素。甚至是有利於提高生產力的新要素。但因爲壟斷的利益來自不變的壟斷體制，往往視新因素爲破壞性因素而加以反對。不圖改進只求坐享便是寄生，拒絕變化不容納新事物是謂腐朽。

第九章：「對帝國主義的批評」。作者在本章批評考茨基等人對帝國主義的錯誤批評。考氏的小資產階級改良主義的思想立場，產生不切實際甚至美化帝國主義的論調。如認爲可用某些政策來修改帝國主義某一方面的罪行是可能的，甚至其「超帝國主義」論幻想帝國主義諸列強也有可能最後達成聯合剝削體制從而消弭彼此間的戰爭，導致世界性和平云。列寧認爲帝國主義國家的強弱大小的差異性，和個別發展變化的效率速度的不一致性，不可能實現帝國主義的眞正的利益共同體。

第十章：「帝國主義的歷史地位」。帝國主義的歷史地位是由它的經濟實質——壟斷資本主義來決定的。那是從資本主義社會經濟結構向更高級的結構的過渡。列寧在最末一章，總結性地舉出壟斷資本主義的四種主要表現。(1)出現資本家的壟斷組織——卡特爾、辛迪加、托拉斯。(2)壟斷導致搶佔原料產地。(3)銀行由中介企業變成金融資本的壟斷者。(4)金融壟斷者的殖民政策新加了爭奪資本輸出的機會，爭奪勢力範圍，直到爭奪經濟領土。少數富強國家剝削愈來愈多的弱小國家。

以上，列寧在本書，遵照自己在序言裡的交代，只提示經濟範疇的帝國主義本質論和現象論。其決定性的意義在於，他闡明了，資本主義是一個經濟壟斷系統的擴張型自我運動。有資本主義生產就有剝削，有剝削就有積集，有積集就有壟斷，有壟斷便有外擴型的帝國主義。《帝國主義論》篇幅不短，也

許列寧覺得需要更加簡化的提綱，數個月後他在另一篇《帝國主義和社會主義運動中的分裂》中，作了綱領式的一段簡述。引用如下：

> 首先必須給帝國主義下一個盡量確切和完備的定義。帝國主義是資本主義的特殊歷史階段。這個特點分三個方面：(1)帝國主義是壟斷的資本主義；(2)帝國主義是寄生的或腐朽的資本主義；(3)帝國主義是垂死的資本主義。壟斷代替自由競爭，是帝國主義的根本經濟特徵，是帝國主義的實質。壟斷制表現五種主要形式：(1)成立卡特爾、辛迪加和托拉斯，生產集中達到了產生這種資本家壟斷同盟的階段；(2)大銀行占壟斷地位，3～5 家大銀行支配著美、法、德三國的全部經濟生活；(3)原料產地被各托拉斯和金融寡頭佔據（金融資本是同銀行資本融合的壟斷工業資本）；(4)國際卡特爾開始（在經濟上）瓜分世界。這種國際卡特爾的數目已超過 100 個，它們控制著整個世界市場，並且「和睦地」進行瓜分（在戰爭還沒重新瓜分它以前）。資本輸出作為一種非常典型的現象，和非壟斷資本主義時期的商品輸出不同，它同從經濟上，從政治和領土上瓜分世界有著密切的聯系；(5)從領土上瓜分世界（瓜分殖民地）已經完畢。

最後還有一點需要澄清。列寧在這兩篇文章中為了強調帝國主義經濟基礎的掌握的重要，暫時捨象了壟斷形成過程中的階級對抗，和社會主義革命運動中的時空條件問題。像資本壟斷的相對面的勞動社會化，或帝國主義的過渡性所指向的更高級的社會主義的發展關聯性等，在兩篇中都少觸及。當然列寧在其餘著作中對政治的、革命的進一步理論展開是眾所皆知

的。

兩次世界戰爭和壟斷金融資本

　　19 世紀最末的四半期跨過 20 世紀的頭十年，是美國和歐洲數個大國的壟斷資本的形成及膨脹期。在各國內部，自然也是勞資階級對抗的激動期。第一次世界大戰（1914～1918），是壟斷資本和國家機構的技術性結合或互動方式的考驗和嘗試。而在多數國家，成果是相當可觀的。有關壟斷資本與戰爭，下面的七點認識是不可忽略的：

　　(1)即使在壟斷資本的階段，戰爭的理由也不只一端。有時候是兩國之間帝國主義政策的正面衝突，也有出於歷史因緣甚至偶發性的主權衝突。但即使屬於後者，既然國家的總體制是壟斷資本所主導的局面，戰事一發生，還是以壟斷資本的戰略立場為主要的戰爭指導原則。

　　(2)現代國家的戰爭，是所謂的總體戰，經濟是戰力組織的第一要素。壟斷資本既已強大到足以主控國民經濟，則往往由其代表性人士參加戰時內閣，參與戰爭指導的高層機構。(3)戰爭中政府往往採取國家資本主義的戰時建設（生產或交通方面的，加強戰備所需的），或統制經濟型的市場規範政策等，這些都需要財經界人物和民間經營體的協助和合作。(4)戰時稅賦的加重絕對難不倒壟斷資本，因為政府必須准其有所轉嫁，且對所謂「國策企業」必然提供風險保證，甚至補助研發基金或其他財政支援。(5)即使是交戰國的壟斷資本，原有的經營連帶關係不必然廢棄。只要暫時凍結或迂迴化。(6)戰爭結束後即使是敗方國家的壟斷資本集團，除非有特別的理由，也不會遭到清算。形式上的解散命令，按兩次大戰後的實況，也不會有實

質性的執行。因為事關資本主義的財產權和經營權，勝方國家也不得不十分謹慎。另外，不論勝負雙方的壟斷資本集團，都有機會接收戰時國家資本主義的各種事業體。即使有價承購，條件也必相當有利。(7)最後，戰爭是資本家加強勞工剝削度的有利時段。因為有戰時的特別管制可限制罷工權，可用國民義務的大帽子強迫勞工忍受種種不當待遇。甚至戰後仍可利用勞工的慣性化忍受心理，推動諸如一次大戰後的「產業合理化」政策。

　　以上，資本帝國主義之間的戰爭，實際上耗損不了雙邊或多邊的資本集團卻能使其肥大。這是歷史的事實。經濟是社會的基盤，任何時代，基盤的穩定和發展被置於政策優先的位置自屬當然。1944 年，大戰尚未結束，不過盟軍的優勢已導致勝利在望的形勢。45 個同盟國會聚於普列敦森林。他們談的不是戰爭責任的處置問題，也不是勝利後的新政治秩序問題，而是戰後如何回復做生意，如何支付款項為中心議題。可見經濟基盤的重要。

　　1945 年二戰終於全面結束。數十個交戰國，敗者聽候處置，勝者的為首國家，則投入於重建有利於己的新世界。他們所面對的是兩大領域中的六部門。是政治領域中的，a.聯合國、b.和約、c.共同安全；和經濟領域中的，(1)通貨（IMF）、(2)金融（世界銀行）、(3)貿易（GATT 烏拉圭回合）三問題。想像得到，那裏有多難的決策層次的問題，有多繁的作業層次的工作量呢？而各國（還是以美國為主）的壟斷資本集團的智庫供應多少專家人材，甚至領導精英？有多少獨佔資產階級的階級意志，隱藏在「世界共同體的理想」，「國家利益的協調原則」，「大眾福祉的平衡與促進原則」等動聽的用語背後呢。

　　美國資本主義的獨特角色，是當代歷史中最為醒目的部分。美洲大陸的龐大的天然生產力要素，因地緣關係一直被溫存在歐洲舊體系之外免遭兩千年的耗損與破壞。一直到疲憊的舊大陸掙出了新生機——產業革命時期前後，才與一批批奔出舊大陸渴望著土地和工作的移民團的社會勞動力結合。於是植根於新土壤上的生產活動，在短短兩個世紀之間在地球上營造出了一個史上罕見的一大生產基地了。

　　美國資本主義的發展，除了極其豐富的自然條件外，社會上較少封建身分等級制的限制，移民團勞動年齡層厚，獨立性生者多，都是符合開拓時代的有利條件。更有利於產業革命的深化普遍化。但另一方面階級兩極分化也逐漸突顯。勞資兩大階級間的衝突在壟斷資本的形成期間和擴張期間也相當頻繁和激烈。只是，資本的集中化壟斷化往往造成經濟領域中的第二公權，但相對之下勞動社會化的進行不必然帶來組織化的提高。這一點在美國似乎更加明顯。所以壟斷資本時期的美國工運總比同時期歐陸的工運表現得弱勢一點。

　　美國經濟的實力使其在兩次世界大戰中（特別在二戰）發揮了最大的決勝作用。當戰爭結束時，主要的交戰國家個個精疲力盡，甚至有的已經面臨到生產停頓，經濟瓦解的邊緣。而獨有美國經濟不退反進，在戰爭中生產量大幅成長，1945 年擁有資本主義世界工業總產值的 60%，對外貿易總額的 1/3，和黃金儲備總額的 3/4，且是最大的資本輸出國和債權國。

　　美國的壟斷資本，正是傲視全球的美國整體經濟力的脊柱。有關所謂「美國財閥」的真實面貌世上雖有片段性的傳述，但從 1930 年代到 50 年代的政府調查報告和國會相關委員會文件，大致可以得到如下一個大輪廓。

　　按美國獨佔資本的成型，大約始自南北戰爭後。羅斯福總統任期中，1938 年通過了「獨佔調查法」且據此法律另外成立了「臨時全國經濟調查委員會」TNEC。根據該委員會所提出的報告，所謂八大獨佔體的實相終被揭露。

　　八大獨佔體指：(1)摩根系(2)洛克斐拉系(3)昆洛布系(4)杜邦系(5)美隆系（以上全國性）(6)波士頓系(7)克里夫蘭系(8)芝加哥系。

　　到了 1950 年代，資產額超過 10 億美元的大企業有 66 社。家數只占全美公司總額的 0.01，但資產總額卻占 28.3%。且能掌控全美企業總資產的 75%。66 家中的 38 家，分別屬於上提的八大獨佔體。這 38 家的總資產占 66 家總資產的 70%。38 社中，12 家（503 億）屬摩根系；9 家（368 億）屬於洛克斐拉系；3 家（81 億）屬杜邦系；4 家（78 億）屬芝加哥系；3 家（66 億）屬波士頓系；3 家（58 億）昆洛布系；3 家（47 億）屬美隆系；1 家（13 億）屬克里夫蘭系。出現在政府公文書上面的不過是壟斷資本的公開營利機構的一部份。它的全貌恐怕不易掌握。不過被列舉的應是壟斷集團的極具份量的代表。

　　這些壟斷資本，才是不分黨派的，美國政權的實力支持者，有時候甚至是催生者。只要一個政權肯定私有財產權、經營權、收益權等為社會的構造原理，同時它又是政權的最高服務物件，也正是它們，是美國國策的監視者，政策的評判者。因為它們的階級需求和價值目標被灌輸進國策的形成過程中，因此帝國主義美國的國家行為，其剝削本能掠奪本能，正是壟斷資本家集團的階級本能的國家意志化。一個世紀以來，美國發動的戰爭行為哪一件和美國的商業利益、生產利益、金融利益、軍事利益無關？

四十年冷戰和壟斷資本

　　前世紀兩次世界大戰，是列寧所預測到的「已經瓜分完畢後的再瓜分，重新瓜分」。戰爭過後，不論勝方或敗方國家的壟斷資本，因其社會結構中的同質性，顯然共同面對著三大問題，也就是三種威脅到它們的存在和發展的歷史對立物。第一，是各自國內勞動群眾為中心的反戰、反剝削、反獨佔的人民陣線運動。依據各國不同的國情或社會條件，儘管重點目標、運動型態有異，但本質上是屬於戰災重壓下和政局混亂下的，成熟的資本主義社會的階級鬥爭。

　　第二種，是戰前處於殖民地、半殖民地狀態下的被壓迫民族，要求獨立自主的，民族解放運動。往往同時向殖民本國庇護下魚肉同胞的反動代理政權進攻的人民民族民主運動。在本質上是帝國主義制壓時代的民族鬥爭。第三種，則是蘇維埃聯邦為首的，依據社會主義的革命及建設理論為立國基礎的，戰後新興的人民共和國群。而三種戰場不是彼此孤立的（1947年馬歇爾計劃的宣佈和共產黨情報局的成立相隔僅兩個月）。面對著共同難局，大戰勝方的美、英、法和敗方的德、意、日，以數年時間完成了戰爭終結的法制處理後，聯合國的建制（1945），和平條約的訂定（1946～1952），和雙邊、多邊的共同安全條約的新訂（1949），很快的重新集結了。回想列寧曾經批判過考茨基的超帝國主義論，說他因為對帝國主義的實體是一國的壟斷金融資本的事實認識不足，誤認將出現多數帝國主義停止相互鬥爭進行共同剝削的局面。顯然，二戰後美國獨佔資本的超群規模與實力，使它居於帝國主義世紀的核心位置發揮支配性作用，但與考氏超帝國主義的概論規定不盡相

符。於是 1960 年代便有人提出等級制帝國主義的概念。以美國爲領導級的帝國主義，其餘五大國——英、法、德、意、日等爲補助級帝國主義，再配以其他被泛稱爲西方陣營，而與領導級帝國主義之間擁有條約關係的國家，劃出了戰後半個世紀的世界權利結構圖。

二戰後以美國爲首的資本主義集團，是史上最大的世界性壟斷資本同盟。雖然在成立的 1950 年代以來，內包著相當嚴峻的多種分歧，卻不可否認地在共同敵人的外壓內壓下以美國的超強武力爲後盾逐漸地形成了針對前述的三個戰場的戰略共識。(1)國內的，具有多條戰線的，主要的和副次的階級鬥爭。這個鬥爭領域是資帝聯盟中各國的自主性較高的部分。雖然資本主義發達社會的一般構造是極其相似的，但具體差異性還是相當複雜。如：英、日的君主制國體，德、日的地主階級形成規定上是相近的，但其政治生態是相當的歧異。但不論具有如何顯著的特殊面貌，資帝一般的政治原理和經濟原理是要共同堅持的。像：代議政治、政黨競爭、公民授權、私有財產、經營自主、自由市場等等。也就是，戰後型新保守勢力的培育和發展，是資帝內部控制的重要策略。換個角度來說不論西歐、美、日，總是以中產階級的穩定公約數，來淡化或掩飾獨佔資本和無產大眾之間的尖銳對立。

先進資本主義社會的階級鬥爭，是經濟鬥爭、政治鬥爭、和思想鬥爭的總合過程。獨佔資本家要持續鬥爭中的優勢必須在資力分配上有一定的，經濟投資外的鬥爭基金。它的來源，當然只有提高剝削度。最常見的是以提升效率爲理由改變生產結構、調整部門，實際上降低有償勞動價格。下面略舉五個國家從 1960 年到 1978 年之間的有償勞動（工資勞動）比例的變

化。

　　美國自 37%逐年降低到 28.2%；英國自 36.2%到 24.8%；法國自 71%到 41.3%；德國自 66.9%到 40.5%；日本從 1965 年的 79.5%到 49.9%。顯然在總分配上勞動者逐漸難以隨著生產技術的進步而公平享受人類文明公產的發展成果。

　　為了對抗勞動者的組織性抗爭，資本家還要進入國會，影響有關的勞動立法也要成立工會對策部門，集中專家甚至黑社會勢力專搞破壞工會，打擊勞工積極分子，無所不用其極。有關工會對策方面，最荒繆但也最成功的一項，是把立法原意反對巨大企業的「夏曼反托拉斯法」轉變成打壓工會的爭議權、罷工權的惡法，使美國勞工運動蒙受到極其嚴重的打擊。

　　除此外，冷戰期間的資本家經營策略中還有兩項。其中一項，是大企業多國籍企業化的趨勢，這部份移下節在談；另一項是獨佔體的進一步兼併政策。

　　按美國企業的合併運動，至今有三波。第一波（1895～1904）；第二波（1925～1931）都發生在二戰前；第三波起自 50 年代，迄未結束。第一波中的最高潮是 1899 年，該年被吞沒的企業數達 1208 家。不少後來變成代表性大企業，是這一波結果。像聯合鋼鐵吞了 170 家，取得了 65%的市場佔有率；杜邦吞了 65 家，取得 85%占有率。到 1904 年全美製造業的資本總額的 2/3，被置於托拉斯的支配下。第二波把 1929 年的大恐慌挾在中間。被吞沒企業數的最高峰是 1929 年，1245 家。第二波中的的兼併擴及到公用事業，對民眾的日常生活的影響更直接了。始於 1950 年代的第三波，不僅勢頭猛也出現了新方式的兼併。這次超越了第一、二波的水平合併，垂直合併，第一次出現業別無關的企業的合併。所謂的「conglomerate」稱複合企業或企業複合體。從 1951 年到 1966 年合併總件數 923，其中複合型兼併數最多達 590 件。資產額佔總額 333 億 8 千萬之中的 200 億 8 千 7 百萬美元。戰後美國企業合併風潮帶給人們的震撼不僅在於它的包攝量之大，更值得注意的是，由水平合併，到垂直合併，由製造業合併到公用事業合併終於發展到複合型合併，這種趨勢表現的是，少數大企業，也就是近代社會產物的法人資本，以其非情的擴張力日益凌駕於人民的意志或感情，以其鋼鐵般的單項動機——利潤，幾乎籠罩人們的多方面，多層次的物質生活、精神生活了。集中度提高，獨佔度提高，表示著消費者的主權弱化、虛化了。也表示著巨大企業體和人民大眾之間的距離，甚至對立也愈見尖銳了。

其次，先進資本主義國家在戰後需要面對的另一種問題領域，便是主要集中在亞、非、拉三大洲的戰前的殖民地或保護領地，在戰後的被壓迫民族追求民族解放的運動高潮的結果，新出現的獨立國家群。因其面積遼闊人口眾多且其中不少國民擁有豐富的天然資源，在世界經濟中的重要性自不可忽視。但因為自兩次世界大戰前的殖民地時期，在殖民本國的超額剝削下，始終無法進行本地社會最低需要的資本累積，一般在發展階段上仍在低度開發狀態中。依 1978 年統計，先進國的人口佔全球總人口中的 25%，開發中國家 75%。但在 GNP 方面，75% 的人口的生產值僅佔 17%（總人口中的 60% 僅佔 7.3%）。在人均收入方面，先進國是開發中國家的 14 倍。75% 人口的 2/3 亦即世界總人口的一半以上長年來處在飢餓狀態中。

先進國家集團，亦即以美國為首的等級帝國主義集團，對開發中國家的共同戰略一方面維持該地區的原料供應區、成品

銷售區的角色，一方面也要防範其在政治上傾向東方集團（社會主義陣營）。這便是所謂的「新殖民主義」的政策立場。其主要的內涵，是在法律形式上給與獨立的地位，但在實質關係上建立經濟的依賴關係和政治上的附庸關係。新獨立國家在經濟的基建或長程生產計劃方面必須依賴外資，而必須承擔的代價便是不等價交換和不公平機會。如此則在整體社會的體質必定是結構性的畸型和階段性的落後。於是新殖民主義在低度開發的新獨立國家所造成的結果可以用以下數語加以總括：「形式獨立，實質附庸，依賴外資，甘受剝削，結構畸型，階段落後」。

開發中國家群又稱第三世界（總數約 130 國）。其中有部分國家曾經進行艱苦的獨立解放戰爭，它們建國後的內部體制也有相當大的歧異性，有的和所謂的西方集團有共同安全關係，也有的傾向於社會主義集團。但對於世界上的先進與落後之間的差距問題（媒體用語上有南北問題之稱）事關國家，民族的生機問題，當然有一種共同立場。再親西方的國家政府也不至於否定他們的困境有一個關鍵性的原因——世界經濟秩序是在西方先進資本主義國家的強固的實力主義的主宰之下。因此，如何在聯合國的積極參與下建立更公平的經濟新秩序，協助落後國家走上發展的道路，形成了第三世界國家的共識。

他們的努力所達成的結果是：1961 年起來連續幾屆的「聯合國開發十年計畫案」；1962 年的「開羅宣言」；1964 年的「普利舒報告」；1968 年「阿爾及耳憲章」；同年印度德里召開的「七七國集團大會」；1970 年「丁巴根報告」；1975 年的「利馬宣言」；1980 年代「第三屆聯合國開發十年計劃案」等。但南方國家的要求總是要面對先進國家以各種理由的駁

難，即使形式上達成了一些局部性協議，也很難實現所謂的
「縮短南北差距，最後達到全球共榮」的目標。不但達不到預
期效果，從兩點事實可以看出，實際上的南北格差問題還是在
惡化之中。首先，開發中國家與先進國家之間的人均生產總值
的比例是，從 1960 到 1987 年非洲從 6.9%降到 3.5%，拉丁美
洲從 22.2%降到 12.5%，中東產油國家從 31.3%降到 12.5%，東
亞從 5.3%降到 3.8%，（不包括四小龍）。其次，是第三世界
的債務累積問題，不但沒有改善只有惡化。1970 年第三世界的
債務總額是 680 億美元，到了 1986 年增加 11 倍，達到 7534 億
美元。1985 年的本息償還額達 868 億美元，非產油國家輸出額
中的還債比率達到 22%～50%。世界銀行指出償還額不能超過
15%的「危機線」，否則後果嚴重。1980 年代第三世界的舉債
每年約增加 500 億元而其中的相當部分是武器購入款。美國等
於是借錢給第三世界購買美國製武器。

　　以上所舉第三世界的困境，無疑是等級制帝國主義主宰下
難以克服的問題。因為先進國家對外經濟交流，是在根深蒂固
的國家自私原則之下推動的，不論何種性質的經濟政策，都以
追求最有利的資本增值為目標。

　　回想二戰前 1930 年代的美洲睦鄰政策的推動時期，政策
說帖中的重點是：「不可令顧客們一下子破產，也不可令他們
佔我們的太大便宜。」那種資本主義的倫理觀，還是不會變
的。

　　帝國主義集團所面對的第三個方面，是所謂的社會主義人
民共和國集團，媒體上所稱的「東方陣營」。軍事上的「華沙
公約組織」、經濟上的「經濟互助會議組織」，再加亞洲的中
國、北韓、越南、高棉、寮國、美洲的古巴。這個方面的對

抗，本質上有如第一個戰場——國家內部的階級鬥爭，說得上是國際範圍的階級鬥爭，同屬於以資本主義體制為主要支配形態的兩個世紀的歷史性基本矛盾。美國為首的資帝集團的基本戰略是以共同安全體系，納入非共、反共政權，遍佈軍事基地加以圍堵，但在核武恐怖平衡下採取不誘發全面熱戰的冷戰對峙。這種軍略本來就有利於資本帝國主義的各國獨佔體，因為冷戰的基本型態是軍備競爭中有小規模的局部性熱戰。軍備的不斷提昇固然直接防衛己方嚇止對方的攻擊，另一方面可以用國家安全的名義強迫國民以國防稅賦的方式購買非再生產性的軍事武器或其他戰爭工具。這是一種數量極為龐大的政策性強迫性消費，可以緩解各國壟斷資本的結構性過度投資和大眾消費不足之間產生的壓力。資帝集團的算計是根據世界銀行 1976 年的統計，1960 年到 1976 年期間，16 個工業化資本主義國家的生產成長率 4.3%雖然略低於社會主義集團的 5.04%，但人均收入則以 0.414 美元超過社會主義集團的 1.061 美元 6 倍。在世界總值中所佔的比例是，資本主義集團以 16.2%的人口，生產值佔 64.6%，遠遠超過社會主義集團以 31.3%的人口產值，僅佔 19%。在如此的基本情勢下，社會主義集團雖然以更高的組織力維持著戰力的一定水平，但從 1960 年到 1985 年的 25 年期間，西方先進工業國以 3.6%的經濟成長率，支持著軍事支出增長 2%。而東方陣營則以 3.4%的經濟成長率支持著 3.1%的軍事支出增長率。1980 年代起蘇聯東歐集團的成長率急降，1980年至 1985 年成長率降一半，而軍事費降低到 1/3。因軍備負擔相對加重政經體制方面的內部爭論，終至 1990 年代的體制瓦解。

　　但就西方集團而言，冷戰終因東歐集團的政治解體而終

結，但期間的最大因素——經濟的軍事化卻留下了嚴重的結構
性難題。從國內政治角度來看，如美國總統艾森豪在 1961 年
離任時，在演講中指出軍備的擴張導致了「產軍複合體」的出
現，而以龐大的人力財力的支配權幾已形成了「共和國中的共
和國」，警告說這種趨勢或將殘害到基本的民主體制云云。按
二戰結束時，全球軍事支出的總額約 8 百億美元。到 1973 年
增加 3 倍。在 1974～1983 年期間增加 1.3 倍，1985 年膨脹到 8
千億美元。這個數字，超過了全球的教育支出和保建支出（各
6 千億美元）。更遠超過政府援助開發總額 294 億美元的 27
倍。這個巨額開支的一半是美國為首的西方集團，1/4 屬蘇聯
東歐、1/4 屬第三世界。1986 年，亞、非、拉 130 個國家中，
有 57 個政權是軍部政權，或由軍事政變產生。經濟政治化勢
必使軍部的發言地位提高，自然導致政治的軍事化。以美國來
說，1960 年代出現的「產業複合體」支配著美國最大的產業，
直接領薪的人口達 850 萬人（軍人 340 萬人，國防部文官 130
萬人，國防產業直接從業員 380 萬人）。如果把軍事基地其周
邊區域靠國防費用的購買力生活的人民，國防產業的間接受惠
人口約一千萬也算進去，竟然有 1850 萬人，是依賴著國防預
算生活的美國人口。1968 年的國防預算 780 億美元，佔 GNP
的 8.8%，政府總預算的 43%。其中的 54%的 423 億美元，便是
國防部對軍需產業的購買款和研發補助金。根據參議院調查，
至 1968 年的十年期間，由國防部轉任一百家大型軍需產業的，
上校、艦長以上退伍武官，竟達 2072 人。到了 1980 年代「產
業複合體」已經發展到「產、軍、學、政（民代）」複合體。
對一般民意、公意、國家戰略和政策走向的絕對影響力，可以
說是不言可喻了。

　　帝國主義的最後手段是武力。馬克思曾經說過，暴力是人類史前階段的最高裁決因素。由此而引伸，資本帝國主義跨進21世紀後，仍以史上空前的巨大軍武系統控制世界也許表示著這是前史階段中的最末段，也就是，列寧曾經指出過的資本主義的最後過渡了。

後冷戰，資本主義全球化與帝國主義

　　四十年冷戰中的兩極美國與蘇聯在軍事僵持中，各自經歷了內部體制的推移演變所導致的緊張和壓力。蘇聯自 1970 年代起便針對中央計劃經濟的僵化思維有所改革，然因全體系過於龐大，且來自西方的軍備競賽的壓力使其始終無法突破準戰時體制的生產結構和資源分配。因而重工業、輕工業、農業的恆常性失衡使成長率減退，進而影響到政治面的穩定度。然而在這一時段（1970～80 年代），美國經濟也不順適。一如蘇聯苦於僵化的計劃生產難以兼顧正常的國民消費和抗衡美國的戰備壓力（以不及美國一半的生產能量要承受與美國相伯仲的戰力水平），在美國這一方也因長年的非生產性軍事偏重和政治性的霸權代價支出，使企業獲利率減退，但美元卻內外盲流。致使美國以其生產力優勢、金融優勢、技術優勢，竟然承受不了世界貨幣美元的金本位制，終於 1971 年宣佈停止美元與黃金的交換。到 1985 年，美國終於變成世界最大的債務國，不得不實質上放棄戰後一直主張的自由貿易主義，而回復保護主義，於 1988 年通過了「通商、競爭力法」，開始發動所謂的301 條款制裁案，對付貿易競爭國。美蘇兩個超大國，雖然社會基礎結構完全異質，上層制度完全不同，但生產活動必須是永續性的擴大再生產這一種最高的經濟原理，同樣是不能違

抗。可以說，1980年代同時降臨在全面敵對中的美蘇兩國的危機，正是由不同的理由，以不同的型態作用，所導致的，擴大再生產的機制障礙的危機。20世紀的經濟體，不論是資本主義還是社會主義，對於上面所提的擴大再生產機制障礙的解決方法有一個。那是資本積蓄的增加。而增加資本積蓄的的辦法有兩種，一種是內部經濟的自行調適自我糾正自強不息，另一種則是求外部經濟因素的強行補強。對此兩種方法，中央計劃型經濟體的蘇聯幾乎難有著力點。因為在內部經濟方面，政經一元的固定系統中可調動的幅度小之又小，而在外部經濟方面，蘇聯沒有殖民地，沒有第三世界。即使蘇聯本部帶有某種大國沙文主義或民族自私作風，但聯邦內的加盟共和國不是殖民地，而東歐的經濟互助組織更非蘇聯的第三世界。對此蘇聯只有經過幾番苦撐后於1991年12月，經亞馬爾達宣言，蘇維埃聯邦正式解體。但另一邊的美國，內部經濟的調適方面有一波再一波的企業兼併如前述。資本壟斷保證了一定的對外競爭力和超額獲利能力。國際性外部經濟方面有1960年代起不曾中斷的企業跨國化。如1971年正處於在美元危機中的美國五十大企業中，幾乎所有列名者全都是世界650家跨國公司中的上位公司。依1974年的報告，該年美國跨國企業總資產達1186億美元。而據估算一美元的海外投資能實現二美元的生產值，則當年美國跨國公司的生產值幾乎要追上所謂的自由世界第二位的日本的總產值4416億美元。因為「低工資」在美國（從70年代起歐洲也是）已經變成「稀少資源」。企業跨越國境在低工資地帶成立生產基地，變成了冷戰後期美國經濟的脫困戰略之一。舉例說，1966年起的墨西哥「國境產業」，到了70年代已經形成了一大產業集團。美、歐、日的大企業集團在墨

國北部全長三千公里，寬十九公里的特設新工業區設廠，享受著免除營業稅，原料輸入關稅的優待。1975 年上半年，在當地新出現的幾個工業都市中，有美國企業 500 家工廠，雇用 8 萬 4 千 5 百人墨國工人，1975 年上期對美國本國的逆輸出額達 1 億 9260 萬美元。

　　到了 1988 年亦即冷戰結束前夕，西方七國（美、英、日、西德、荷、法、加）的跨國投資額達 8977 億美元，其總產值據估算近 2 兆。在 1980 年代同時期，東歐的經濟互助組織國家也陸續採用局部開放西方資本進入，設立合辦企業的新策略，但為時已晚，難以挽回頹勢。可以說，西方壟斷集團的帝國主義吸管一方面以共同安全體制排除現地人民的反抗，一方面在支援後進地區創設工業生產增加雇用提高總生產值等名義下大事吸收低工資勞力，在關鍵性的 1980 年代得以跨過層層的內部危機。而相對之下東歐社會主義共和國集團的急遽分崩，終於無法避免。法國大革命的整整兩百年後，1989 年 9 月，波蘭以團結工聯為中心成立了聯合政府。同年 11 月，柏林圍牆遭毀除。2 月蘇美兩巨頭會於馬爾他島宣佈冷戰結束。1990 年，東西兩德統一。同年 7 月的「休士頓高峰會」，在其宣言中竟然高呼 20 世紀 90 年代是「民主主義的十年」。強調將以民主主義、人權、市場經濟的再建和開發，作為人類共同努力的目標。可以說志滿意足，充滿信心。甚至有些學者直言歷史已經終焉，社、資兩條路線之爭已見分曉，成為歷史中的一頁。更多的西方傳統學者和實務性的政策設計者，也同時指出，從 1980 年代以來逐漸浮上一般媒體用語中的「資本全球化」大趨勢終於透過東方集團的自行轉軌——由中央計劃轉到市場機制，而將變成更大的新世紀主流。他們中多數人全面肯

定資本全球化的歷史必然性。且認爲近半個世紀的冷戰所割斷了的世界經濟從此進入新形式的融合過程。

1990 年 2 月初，在瑞士達波斯村，由著名的「世界經濟論壇」WEF 召開了以劇變中的歐洲政、經情勢爲主題的大研討會，參加者 800 名。除了歐洲各國的政界、學界、企業界、媒體業的頂尖人士外，最受注目的應該是東歐、波蘭、捷克、東德、匈牙利、保加利亞五國的總統和蘇聯的副總理。他們異口同聲強調新理念新出發，以民主、自由、民眾最大的福祉，重建市場經濟的基礎和發展外，以更多的熱情頻頻喊出「歐洲一家」，要求西方國家政府的積極支援。據報導，他們的演講帶動了滿堂的掌聲久久不散，一些女記者們甚至流淚不已。依歐洲人的歷史感覺，我們不難理解那幾天的「達波士村的興奮」的報導。更多的評論家指出「冷戰的結束不是冷戰邏輯的結果，而是及時而來的資本全球化大浪潮的結果」。資本全球化一辭，在語感上似乎具有「超越界線」或「視野廣闊化」的一種闊達氣勢，有一些記者喜歡用它，近十年來變成了流行語。它的出現在 1960 年代，但作爲經濟用語是從 1980 年代後期開始。其實，資本全球化的時代趨勢，不必經過學者的刻意的提示或論述，幾乎是 20 世紀後期的生活現實，在理論上持有肯定立場者或表示懷疑立場者都有。不過到了 1997 年的貨幣危機後對資本全球化採取嚴苛立場，甚至反對立場的學者有所增加。像幾次的國際性經濟會議遭到愈來愈多的運動團體的指責和攻擊及部份評論界的尖銳的質疑，都是衝著「資本全球化」來的。近年來即使在先進資本主義的國家一般庶民，對資本全球化的生活感覺也已經有所變化。「充滿希望和機會的未來像」如今變成「現實的壓力源」，對未來的不確定感，甚至恐

懼感的來源。究竟什麼因素導致了這種心理上認識上的轉變呢？下面對「資本全球化」作幾方面的概括性的分析說明。

1.甚麼是資本全球化：在資本主義所有制度下，資本是生產的組織要因。生產要素通過資本的組合作用而集結，進行合同性生產。生產不是一次性行為，因為人類群體的生存有賴於永續性的生產，同時也賴於擴大型的生產。永續性擴大型的生產是人類社會生存的基礎要件，因此生產要素的集結範圍會愈來愈大，集結速度愈來愈快，集結種類愈來愈多，集結效率愈來愈高，終將到達地球範圍的，地球規模的生產集結。如果所稱資本全球化的意涵，指的是這種生產擴張的自然趨勢表現在所謂的「資本的技術組織」的側面，則其必然性勿容懷疑。

但任何一場現實的生產組織運作過程，除了多種不同能量的「物的結合」的一個側面外，還有另一種「社會性的人的結合」的一個側面。兩種側面都不可能單獨存在，而是兩種統一在具體現實的生產集結過程中，後者是形式，前者是內容。因此若由社會的人的結合的這一方面來看，資本主義所有關係下的人的結合，不論生產要素的集結範圍廣窄如何，集結規模大小如何，結合中的剝削機制總是存在的。

因此，資本主義體制下的資本全球化必定是最大最高的壟斷金融資本主導下的資本全球化，也是剝削和掠奪機制的全球化，也就是資本主義最高階段的，帝國主義的最末階段的，強權把持下的全球市場專一化。

2.資本全球化的時代背景：美國壟斷資本集團主導的資本全球化運動從 1980 年代到 1990 年代面向眾多開發中國家時，總是以經濟上的市場化、民營化和對外開放化等三項要求，結合政治上的自由選舉、人權保障、議會制度的主張，刻意表現

出美國式價值觀的普世化才是 20 世紀文明進步的總結。其實西方資本主義從二戰後的兼併運動，到 1960 年代的企業跨國化運動，到 1980 年代的資本全球化運動不過是一貫的、資本主義本色的資本增值運動，在不同的政治型態，不同的經濟條件下的不同的具體形式而已。使得資本全球化在 1990 年代聲勢遽然升高，無疑有下面幾點背景因素。(1)冷戰在西方「勝利」中結束。蘇聯、東歐集團政治瓦解並向資本主義市場經濟轉軌，不僅意味著全球化的空間大幅度擴張，更重要的是，西方所面對的三大戰場消失了一個半。一個指蘇聯東歐敵對力量的消失，半個指其他兩個戰場──各國內部人民陣線運動和第三世界反西方運動中的親蘇派勢力的消退。(2)二戰後數十年來生產技術方面的幾次大躍進。如：動力革命（能源革命），材料革命，最新的資訊革命等，所提供的新生產力的積累效果。(3)被稱爲史上最長的連續一百個月的美國經濟的好景。自 1991 年第 2 四半期起延續到 2000 年下半年。以上，如果 1980 年代的資本全球化沒有遇上這些背景因素，能不能展現今天的聲勢是值得懷疑的。

3.資本全球化的三大機關和六大企業體：資本全球化時期的三大機關是(1)世界貨幣基金會(2)世界銀行(3)世貿組織。

全球化的六大營運企業體是(1)多國籍企業（跨國企業）(2)國際金融市場(3)法律、會計、經營諮詢等服務公司(4)資訊即傳播企業(5)軍需產業(6)娛樂文化產業。以上六企業體都是全球級的巨大型。例如第一類跨國企業，1970 年總數 7,000 家，到 1994 年，母公司 3,700 家，子公司 27 萬家。1980～1992 年，銷售額從 24,000 億美元，增長 1 倍，達 55,000 億美元。今日的世界貿易額的 3/4 在跨國公司支配下，其中的 1/3 是企業內

貿易。數百家跨國公司支配著世界 1/3 的生產資本，佔世界生產額的 40%。稅賦有優待，跨國公司只把稅前利潤的 1.61%繳給子公司所在地的開發中國家政府，其餘都繳給母公司所在地的先進工業國家。至於第二類的國際金融市場規模極其龐大。包括 5 G 在內的 15 個第一世界國家的金融市場和中心，每日 24 小時營業，幾乎操控全球絕大部份的信用交易和資本市場。尤其 5G（美、英、德、法、日）的市場規模，達 336,839 億美元，是五國總產值 107,152 億美元的 3 倍（1988 年）。第四類的資訊傳播產業，一方面以情報資本化來創出新型態的資本積累，使資本柔軟化而擺脫了硬體資本在時空移動上的速度限制和距離限制。另一方面則以其廣泛性和快速性的情報流通，影響甚至統合一個社會的集團認知和集團心理。先進工業國家往往在國際管制問題的名目下，進行情報操控塑造輿論，造出有利於壟斷體制的假民意。尤其與第六類的娛樂企業相結連，製造具有麻醉作用的流行文化，以其龐大的流量淹沒正常的社會批判。這便是資本全球化中的文化霸權和強制思想的機制，像後冷戰意識型態的新基軸——新自由主義的風行就是這樣推開來的。

4.資本全球化時代的生產新型態：決定全球化時期的新生產型態的幾個特點是(1)生產要素的分佈和集中上，最高生產效率有賴於遠距離、高速度的要素組合。遠距離組合能保證要素的選擇範圍大，而高速度組合能保證要素的變更或交換調整靈活。傳統的流通障礙、情報障礙、行政障礙等，不論屬於技術性或政治性、法律性，都漸漸地被克服了。克服的手段是「政治經濟化」。以可以分享的經濟效益柔化政治的藩籬，溶解文化上的區隔。據說在 1997 年歐洲聯盟條約的修改過程中，上

述的原則觀念有過一次示範。總是，地理空間的，地緣政治
的，甚至主權法理上的，種種的既成規格將漸漸地經過調適而
融合。被稱爲全球化尖兵的多國籍企業，正在這樣的新條件新
趨勢下改換了它的生產構圖。如下：

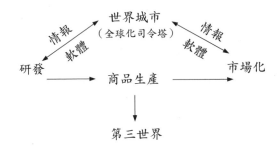

　　以上略圖表示著幾點。(a)新型生產部門始於研究發展，終
於市場化。頭尾都是軟體作業爲主的腦力勞動，知識性工作。
其在生產企業的內部結構中的比重逐漸超過製造部門。(b)研發
和市場化部門，集中在「世界城市」，受企業總部的中樞指
揮。(c)世界城市將是全球化六大企業體的交匯點。算是全球化
司令塔。(d)商品（硬體）生產基地設在第三世界。
　　這種構圖，因爲新要素（資訊）的滲入，時空規模有了極
大的膨脹，內部經濟的配置有了很大的改變。但若從跨國界的
統合關係來考察，還是世界系統論的「中心和邊陲」結構，其
剝削關係的本質還是一樣。不過因爲技術條件方面的變化很
大，不無結構質變的前兆。像資本柔軟化帶動勞動柔軟化（指
變形工時爲主的新型勞力供應型態）也可能導致某種新型的資
本積累方式。像在世界新統合化（新自由主義爲指導理念）的
過程中，必然產生的新資產階級分子（被吸納的技術，經營精
英）和新貧民階層（被排除的技術落後者，經營失敗者）等，

新型的階級分化和鬥爭形式也在我們的預料之中。

　　5.資本全球化已露出破綻：有關全球化的未來趨向，表示質疑者不少。有幾件事令人感覺出全球化的聲勢雖然一路增長，但也同時暴露出它的脆弱。首先是被稱爲資本全球化的三機關——世界貨幣基金會、世界銀行和世界貿易組織，十年來的實踐呈露出來的工具性的破綻。這三機關的確愈來愈偏離早年聯合國的公意，愈來愈展示出三機關不過是二戰後西方資帝集團的基本利益的護衛者。如IMF的危機處理顯然是多重標準的。愈需要協助的窮國愈得不到重視，經常強調開發中國家在制度化方面的弱點才是該國無法擺脫貧困的理由，而故意忽視該國在不公平的貿易結構下，恆常性地遭到富國的壓榨的事實。1997 年的通貨危機時，該機構幾乎以高壓的方式要求西方式的改革，不問符不符合求援國的歷史的社會的現實條件。1997 年以亞洲爲震源的貨幣、金融危機，受到衝擊的各國——包括俄羅斯及中南美洲國家，沒有一個國家在事後的嚴厲分析檢討中，被發現招來如此嚴重打擊的眞正主因。IMF 的官員們在資帝御用學者的幫腔下，企圖把危機的來源鎖定在所謂的亞洲型開發方式的錯誤。但後來還是不得不承認，眞正的來源是國際金融系統的不合理性。也就是，西方資帝手中的剩餘資金的投機性盲流所惹起的悲劇性結果。這種悲劇不知道還要重演幾回。據今年最新的統計，包括證券、存款、債權、現款四項的全球金融資本總計達到 80 兆美元。而根據 1997 年統計，國際貿易的總額是 6.6 兆美元。1998 年的全球總生產值是 29 兆。幾乎所有的資金都流進金融交易，投入實體經濟的工、農業部門的，不過 2%。絕大部份的勞動力都受雇在工、農實體經濟部門，則勞工在總分配方面的地位只有持續沉淪的一途。至於

世界銀行也常以貸款聲請國對「西方化」的政策立場的表態爲重，對該國開發的實際需要反而不予重視。在作業上也刻意凌駕申請國政府的意志，要求提出「申請國脫貧計劃案」，且指示計劃案的研究和執筆小組必須包括六方面代表，申請國的政府代表只能佔一席，另有 2 席是民間機構代表。世銀顯然有意超越申請國政府直接與民間勢力建立關係。幾乎是典型的內政干涉作爲。最後，世界貿易組織 WTO 雖號稱經濟的聯合國，但在規約的制定方面，絕大多數的開發中國家並沒有參與的機會。以自由貿易原則爲名義，工業先進國的產品可以自由進入開發中農業國，而開發中國家的農、漁產品卻不能自由進入工業富國的市場。且強迫開發中國家承認工業國家對稀有動植物的「特殊採取」權，破壞開發中國家僅有的自然資源保護權（此種惡行在現地人民之間引發「生物基因的海盜行爲的公憤）。近年來 WTO 又進一步企圖推廣公用事業的自由民營化。本來水電交通醫療福利設施等，不能等同於一般營利事業。因其性質屬於全體國民的基本生活需要的解決，而人民全體中有個人購買能力的差距，人民的基本生活需要應該由公權力加以保障。如果這一類基本服務都因自由化民營化而變成商品，必須經由等價交換才能取得，如果這種做法才是資本全球化的新自由主義，那究竟是社會的進步呢，還是退步呢？那些資帝強權，在 WTO 中間堅持著多重標準，像規約中原有針對開發中國家的數條特別優待的規定，現在已經形同虛設，沒有人再提起。工業國家只管向申請加盟國提出諸如價格自由化，民營化，降低關稅等有利於己的要求，卻無動於低度開發國家屢次所提的，工農產品價格的人爲差距的改善問題。特別是，美國在 WTO 的作風一向惡劣，往往對最貧國或體制轉軌國提出「入

會前開放」的要求，作爲同意對方加盟的交換條件。像今年 8
月間，爲了拉高本國企業的國際競爭力，竟然進行違反國際法
違反 WTO 規約的輸出補貼政策，結果引發 WTO 及歐洲聯盟
的激烈反彈，要求罰款 40～50 億美元。

以上是資本全球化三大機關——世界貨幣基金會、世界銀
行、世界貿易組織的十年來實況。有關正在上演中的，美國與
EU 和 WTO 之間的貿易糾紛，證明了列寧的觀點。也是所謂
的，等級制帝國主義集團內部的一次表面化了的嚴重內鬥。不
過該件的發展，可能還是以美國的有限的應付措施而告結束。
EU 也好 WTO 也好，是不敢也無力抗爭到底的。

1998 年日內瓦召開的 WTO 部長級會議受到七千民眾、
NGO、工會左派團體的包圍攻擊。1999 年西雅圖會議的萬人抗
議大遊行；去年德國農民在抗議 WTO 的遊行中焚燒了麥當勞
店舖，被捕農民上法庭的當天來自全球的、抗議司法、聲援農
民的四萬名民眾包圍了法庭；人民抗議世界經濟論壇的達波士
研討會（今年）；抗議美洲自由貿易協定FTA的大遊行等等，
全都是人民群眾反對全球化的行動表現。

最後，所謂的「美國史上最長的經濟好景」，到 2000 年
下半年也急速惡化。在那穩定繁榮的一百個月當中，「資本主
義的終極勝利」「資本全球化的不可抗趨勢」似乎形成了暗默
的時代標誌。但曾幾何時，2000 年下半年起，實質的 GDP 成
長率由第二 4 半期的 5.6%，急降到第四 4 半期的 1.4%。今年
可能進入負成長。聯邦準備銀行（FRB）今年 1 月間兩次宣佈
降息——一日之間降 31%。原因是，(a)民間設備投資急減（一
年之間由 21%正到 15%負），特別在 IT 投資方面（第 4 半期
降 4.7%）。(b)企業收益惡化。去年從第二 4 半期 17.9%正到第

四 4 半期的 17.9%負。據報原因是原油價昇、工資昇。(c)金融市場緊張（投資者消極化）。(d)銀行銀根緊，貸款基準嚴格化。(e)設備剩餘。1990 年代設備對 GDP 的比率倍增，結果製造部門稼動率降到 1992 年以來的最低水準。

其次，在個人消費方面也劇減，由去年初的 5%正到年底的 2.9%正。特別在耐久財支出，由第三 4 半期的 7.6%正到第四 4 半期的 3.4%負。其理由，(a)股價下落，一般家計喪失了 2 兆美元。(b)能源價格昇。(c)利息昇。(d)雇用情勢惡化。去年來關廠、休廠件數急增。今年一月間失業率 4.2%。

為何美國經濟由長期的好景轉為嚴重衰退，可舉出四大不安定因素：(a)家計部門的負債累積。家計負債對 GDP 比例由 1982 年的 47.9%增到 1989 年的 59.9%（戰後最高紀錄）。1990～1991 年不景氣時期的消費減退是其結果。90 年代後半繼續增大，到去年 9 月底達 70.3%。這種負債的膨脹，導因於股價昇。80 年代起美國一般家庭的金融資本有「證券化」趨勢。90 年代銀行存款降，証券增。1998～1999 年末，家庭金融資本增 62.4%（達 13.6 兆）。家計中的住宅投資和消費支出增加，結果是家計儲存率於去年劇降，出現 1933 年大恐慌以來的負成長。加上去春以來的網路股價的劇降。(b)企業部門的負債累積。非農非金融企業部門的負債對 GDP 比是，1982 年 54.5%，到 1989 年的 64.8%。1994 年一時下降到 53.4%，但去年再增到 63.1%。商銀有倒閉者。(c)經常收支赤字擴大。自 90 年代後半急增。赤字對 GDP 比，1997 年 1.7%去年 4.5%，赤字的「質」也惡化。「所得收支」1998 年赤字化。「惡化」意指純債務的增加，幾乎出現以債養債的情形。(d)股價的投機性高漲。20 世紀中，美國股價收益率曾經出現過三次急增。1901 年

的 25.2%，1929 年的 32.6%，1966 年的 24.1%，去年竟然達
44.3%。這種急增意味著超大量的投機性活動的存在，隨時都
有暴落的危機。也就是美國經濟中的泡沫化現象，預警早已出
現了。十年好景中，有外國資本流進來，也有本國的不斷的資
本輸出，規模、速度大而快。但流進來的，沒有多少進入美國
的實體經濟；流出去的，也愈來愈偏向當地金融市場。這表示
著美國主宰的資本全球化，還是不改其本色，只是巨大金融資
本的巨大的金錢遊戲。寡頭們獲利，廣大的生產人口，消費群
眾，是風險的承擔者。

只因爲當前全球化的推手，出於資本主義的利己本性和侵
略本質的跨國界的壓迫和剝削，必定導致國際間各種層面的衝
突和鬥爭。這一點似乎難予迴避的。

資本全球化的意識形態——新自由主義批判

二戰後的世界重建運動中，以馬列唯物史觀爲解釋系統和
方法論的共產主義運動，以反動和進步的勢力劃分，來定位世
界的權力結構，以階級屬性來考察國家行爲，從而定出一種國
際關係的行爲準則。而在資本主義西方，也出現被稱爲國家現
實主義的國際理論。再到 1960～70 年代，部份學者中又有人
提出新國家現實主義論，這些理論都是經過兩次世界大戰的砲
火洗禮後，資產階級試圖把階級國家的眞相加以掩蓋，重新建
立一種植根於人類天生的自我保衛本能的政治哲學。國家現實
主義是一種自然本能的國家意志和國家行爲論，所有的現代國
家都必須以性惡論來警惕國民意識，甚至認爲國家武力發展到
一定的階段後爲了「自衛」而啓動戰爭，也在現實判斷的合理
範圍之內云。稍後出現的新現實主義，一方面承認國家意識的

自然屬性，更把國與國之間的矛盾，視爲現實具體的國際關係中的相關位置，所衍生的摩擦或衝突。前者注重人類的自我防衛及自私本能的集中表現，作爲國家行爲的內在動機。而後者則有更多的構造主義分析，把部份與部份，部份與全體之間的利弊條件的不適宜甚至衝突，視爲現代國家關係的常態。但強調構造改善是國際政治的主要原則。

　　所謂新自由主義大約在 90 年代開始登上媒體舞台。主要受到 1990～1991 年間蘇聯東歐集團的和平轉軌的影響，以美國經濟的穩定繁榮爲背景，且以美國主導的資帝集團對聯合國系統的優勢掌握爲後盾的，全球化思想霸權的核心。表面上超越國家現實主義和新國家現實主義的內鬥性組織原理，有更多的理性主義的姿態。像主張國家管轄權盡可能退出超國界的共同事業，或盡量避免以傳統的經濟主權妨礙市場規律的作用，或強調民間超國家連帶的重要性，看似一股約束國家強權的人民主體性的思潮。對國際間糾紛，也經常主張應以協議代替衝突，主張以民間團體參與下的問題處理或危機管理的方式加以解決。其實他們口中的民間，不包括下層大衆對不公平的體制的反抗體在內。而只包括以專家、學者、社會賢達、文化領袖等資產階級各分野的專業權威。世界銀行每次與貸款申請國政府交涉時，總要硬性規定民間機構的代表參與。這中間各國壟斷資本集團和各國政府之間的關係，二戰後所發生的微妙變化，具有很重要的意義。一般說來二戰前各國的獨佔體和政府之間的關係，還是留有一定的距離的。壟斷資本的財政支持還是政府存立的基本條件之一，但政府的責任主要還是限於生產外在條件的安全和秩序的維繫。因此有人用「守夜者」來形容政府之於大財閥。但在二戰期間，所謂的總體戰的原則，逼使

兩者間的關係更形密接了。有人比喻說「守夜者變成了共同管制者」。在戰時中和戰後一段重建過程中,兩者關係的密切化是自然趨勢。二戰後的壟斷資本主義實質上變成國家壟斷資本主義。到了這個階段國家的責任範圍也擴大了。和壟斷資本有直接利害關係的事物政府要管,即使沒有直接關係的事,政府還是要管。如保護企業安全,不受勞資爭議的破壞,這是直接有關的。但用一定的立法手段和行政措施給勞工一定範圍的權利保障,這類事政府也不能不做。因為顧慮到可能發生的社會動亂。甚至有時也不得不限制資本家的某種措施,防止下層大眾在不公平的分配制度之下的積怨一時失控。在一般所謂的民主政體下的民選政府,畢竟需要推動一些有限的平衡性政策,才能維繫政權。

但到了 20 世紀 80、90 年代,那些大資本都已經是跨國大資本,經濟實力更上幾層樓。從前的「共同管制者」政府,其權力在相形之下處在明顯的劣勢中。當一家「通用汽車公司」GM 的年度銷售額超過人口兩億的印尼的 GDP,也超過中型工業國家丹麥的 GDP,另一家「埃克森」公司超過挪威,超過南非的時候,或五家最大跨國公司的營業額總和超過中東及北非的二十幾個國家的生產額總和的時候,扮演全球化推手的大企業不再視個別政府為「伙伴」,也不足為奇了。何況 1990 年代後,遭到內部機制的危機而正需要加強控制手段,調整生產結構,壓低勞工有償勞動的報酬率,提高利潤率的資本家,更對政府的社會安全,大眾福利方面的開銷,一般消費大眾的權利主張,甚至政府為了社會穩定所採的某些措施,或企業的環保責任的一些規定等,也開始覺得不耐煩,認為對他們的經營權有所妨礙了。於是乎,繼「新現實主義」之後,浮上了「新

自由主義」的理論宣揚運動。

簡單地說，古典自由主義曾經是弱者反抗強者的自由主義，它的歷史意義是勿容置疑的。但跨世紀的當代新自由主義，卻是強者的自由主義。是國際經濟的剝削集團，國際政治的支配集團，急欲擺脫各國人民大眾對壟斷病象的反對和抗拒，行政部門的技術性干涉，特別是，企圖不當化開發中國家的經濟主權要求的，充滿優越意識的當代偽學。就時代心理的背景來說，無疑是獨佔資本的獨善心理的哲學外衣。讓強者存，讓弱者亡，唯有如此人類文明才有進步可言，如任由眾愚制肘優秀者，使其不得自由發揮，則文明只有退步之一途云云。這是何等殘忍的判斷命題，卻是新自由主義不言述的生命觀。記得 1930 年代美國的「反托拉斯法」搞得熱鬧異常時，全美八大獨佔體的首家，摩爾根家族中的一位，在國會公聽會席上傲然放言：「各位指責本人，違反公平競爭法，十分無理。自由競爭原來是本人最歡迎者。本人投身其中已數十年，今已無對手！各位叫我跟誰公平競爭去呢？」說得滿場嘩然！

又如當今喧嚷不已的日本教科書問題，也是所謂的「自由主義史觀」的信奉者把一場殘忍的侵略戰爭中的加害者免罪，認為那是優秀因子的自然發展受到不當壓抑的悲劇！

這就是新自由主義的傲慢，也是當代資本全球化推手們的新野蠻主義。也是關切新世紀的和平與發展大課題的全球人民大眾，應該共同反對的，又一場歷史性反動的大回潮！

本篇資料來源：
《多國籍企業──把地球掌握在手中》石川博友（1973）
《寡占──現代的經濟機構》宮崎義（1983）

《世界經濟的解讀》宮崎勇・大來洋一 （1990）

《通論國際經濟》新開陽一 （1991）

《帝國主義時代》哈里・馬克多夫 1969）

《資本主義史 1500～1980》米歇爾・博德 （1987）

《當代世界史》除天新等 （1989）

《全球化背景下的社會問題》聯合國社會發展研究所
　　（1997）

跨世紀的中東以阿民族紛爭

（2001 年 10 月）

導語

　　根植於「聖域」巴勒斯坦歸屬問題的兩個民族主義——猶太民族主義及巴勒斯坦，阿拉伯民族主義之間的衝突是現代史中一向被認爲對立最深刻，解決最困難的民族紛爭。

　　2001 年 9 月 11 日，發生在美國紐約的恐怖襲擊事件及後續的美英版「世界反恐」政、軍風潮的發展情勢，表現出該項民族紛爭在西方帝國主義宰制下的全球權力結構中，是處在嚴重被扭曲、被絞榨、被工具化，被去人性化的可悲狀態中。在亞洲中部的那一塊地上，歷經半個世紀的連年烽火，我們常看到岩屑和屍塊混雜一堆，血染黃砂，礫土掩骨的慘景。正如一爲猶太裔的哲學者所言：「當死亡日常化了之後，我們還會有哲學嗎？」。但哲人面對的生死極限的虛無主義，現時上還是虛化不了場場鏖戰（六次中東以阿戰爭）後勝利者的昂奮和敗北者的刻骨椎心。以及，在距離戰場很遠的繁華國度裡的石油大亨們的低語私議。

　　因此，當死亡日常化之後，遭到捨棄的固然是個個生命體，但遭到揚棄的卻是死亡本身。記得 18 世紀末法國大革命

的大舞台上普受民眾敬畏的雅各賓黨鬥士丹頓，常在演講結尾中喊出一句話：諸君！死亡是永生之始！竟然變成了巴黎的群眾恐怖的一面血旗。

　　但願 911 事件，及前前後後的所謂「以血洗血」的恐怖事件中那些受族群的哀誓叫喚投入自我捨棄的年輕人，及受累而犧牲的無數生命體，能及早喚起世界共同的深切關注，儘速消除現代族群關係中仍然存在的制度性野蠻主義——亦即現代帝國主義，好讓世界進入真正的和平與發展的新紀元。果能如此，死是永生之始，這一句話才能取得這一代歷史的新的驗證。

巴勒斯坦阿拉伯人為何憎恨英美

　　19 世紀後葉出現了以土耳其帝國治下的巴勒斯坦為建國地基的兩個民族主義。其一為猶太民族建國運動；其二為巴勒斯坦自決運動。

　　1897 年，猶太復國主義的世界性組織「錫安同盟」成立。當時入墾巴勒斯坦的以色列人約三萬，阿拉伯人約四十五萬，以色列人所有土地僅佔 2%。

　　1914～1918 年，第一次世界大戰英國在中東戰場為了打開局面，策動阿拉伯、巴勒斯坦民族主義起來反抗土耳其帝國。發給《麥可馬洪書簡》，提出戰後建國於該地區的許諾（1915～16 年）。翌年，再以同樣目的發表《巴爾發宣言》，同樣允許戰後的猶太人建國。

　　一次大戰後，英國獲得國際聯盟授權，為「國際聯盟委任統治國」，主持巴勒斯坦地區行政，乃全力支持以色列入墾運動，在其卵翼下「錫安機構」正式獲得國際認可。以色列人口

逐自 1922 年的全人口的 11%，膨脹到 1943 年的 32.15%。在此期間，以色列人在英國的委任統治權庇護下，以武力壓服阿拉伯人的反抗運動。使阿人以三倍的人口優勢卻屢次受到殘酷的打壓和驅逐（1920 年、1921 年、1929 年、1933 年及 1936 年）。

二次大戰後，美國要求英國將「巴勒斯坦問題」提還聯合國。於 1947 年 11 月，在英美全力催動下通過了聯合國總會 181 號決議案，做成極不公正的決議。主要內容如下：巴勒斯坦全面積二萬六千三百平方公里，其中 52%判給以色列，48%判給巴勒斯坦。其時以色列人口只佔 31%，土地所有只佔 7%，因此巴人反對。在阿拉伯國家群的同情和支持下，拒絕接受，以色列人乃發動所謂的「以色列獨立戰爭」。戰爭的結果，在英美支持下以色列全面勝利，竟把聯合國決議下的 52%的土地擴張到 77%。巴勒斯坦人民百萬被逐出家園（所謂巴勒斯坦難民的第一波）。

自第一次以阿戰爭（1947 年）起，雙方大小戰役不算，大規模者共有六次，巴勒斯坦總是敵不過美國大力支持下的以色列。以色列拒絕聯合國要求回復 181 號決議案的領土原狀，使 77%的佔領地變成無法改變的既成事實。至此，幾次戰亂中被逐離故土的巴勒斯坦難民已達四百二十萬。

長達半世紀的紛爭中，巴勒斯坦人終於不得不向國際政治現實低頭。在美國強制的安排下，展開幾次接觸談判（1991-1992 年）。1993 年 9 月，巴以間達成《奧士陸協定》：

(1)巴人承認以色列建國的權利，以色列承認巴勒斯坦臨時自治政府在約旦河西岸加薩地區行使管轄權。

(2)東耶路撒冷為巴勒斯坦首府。

　　(3)土地的分割，還是以色列 77%以上（入墾巴方的土地以
方不歸還），巴方忍痛暫時接受。

　　但此一協議再因以方的下列無理要求，瀕臨破滅：(1)為數
三百多萬的巴勒斯坦在外難民不得返鄉；(2)東耶路撒冷雖為巴
勒斯坦首府，因其同樣也是猶太教、基督教聖地，巴勒斯坦對
首都的主權應屬不完全主權。

　　阿拉伯人及巴勒斯坦人如此痛恨美國人，其背後的歷史糾
葛實情如此。

何謂「恐怖」主義

　　恐怖主義是最直截的暴力主義。是以暴力攻擊為手段，以
人身（包括非戰鬥員）、設施（包括非軍事用途的）為對象，
以懾服敵人的抵抗意志，癱瘓敵方的抵抗機制為目的的政治謀
略行為。因其高層次的政治目標，所引發的「恐怖」效應，往
往帶有一定的複雜關連性。

　　因為「恐怖主義」只是一種手段，有關其道德性評價，來
自於目的的性質。如果從此基準加以評定，則有(1)自衛的恐怖
主義；及(2)反動的或侵略的恐怖主義。前一種恐怖主義往往同
時是弱勢者的恐怖主義。（即便是初步取得了政權的革命人民
有時因內外障礙仍然很大，不得以而採行嚴厲的專政，而被稱
為恐怖政治）。至於弱小民族或國家因與壓迫者相比力量懸
殊，無法採行正面對抗時，有時也會出以自衛性恐怖手段。後
一種反動或侵略政權所採行的恐怖主義，往往是強者的恐怖主
義，那是歷史上最惡質的政治行為，至於受壓迫的一方所採行
的恐怖主義除了直接的自我防衛的目的外，往往還帶有廣報效
應的目的。亦即，引發外界或國際的廣泛注意導出有利的輿論

壓力。

反對一切形式的恐怖主義，並不是無原則的和平主義

　　既然有革命的、自衛的恐怖主義和反動的侵略的恐怖主義，因何兩種都要反對？原因如下：

　　1. 因為即使是為了自衛，不擇對象的暴力攻擊，也就是恐怖手段，還是會引起廣泛的反制反擊，製造更多的新敵人，達不到原本是正當的目的。將導致手段汙染目的，使目的的正當性變質的現象。

　　2. 為了消除產生恐怖主義的根源，當出現恐怖主義事件時，必須及早調查辨別其目的或性質，找出是非善惡的責任問題、道德屬性的問題，而針對悲劇及早達成多數的共識，形成政治的軍事的道德的壓力，消除強凌弱、大欺小的帝國主義霸權主義惡行。

　　3. 唯一在社會輿論上能受有條件支持的恐怖主義，大概只有被侵略者在被佔領狀態下採行的反抗行為中的恐怖手段。面對著力量懸殊的侵略軍隊所帶來的巨大的毀滅性災禍，為了早日擺脫肆無忌憚的殺戮和破壞，被征服者不得不採行恐怖反抗手段對付侵略者的軍政佔領機關，應屬不得已。對侵略者來說，是自食惡果。

　　4. 平心而論，做為政治性謀略行為特例，恐怖主義是歷史的悲劇。但只要強凌弱、大欺小的帝國主義體制橫行世界，恐怕很難根除。帝國主義以新自由主義，強者的片面主義，宰制世界的權力關係，這一點正是各種名目下的恐怖主義的最大根源。

　　因此反恐必須反帝，應是正確的。尼采曾經說過：「奴隸

只有在反抗的時候才變爲尊貴的」。除了徹底消除現代的奴隸制度，怎能期待一個沒有反抗的世界或時代？怎能妄想沒有恐怖的反抗行爲呢？

反對英美侵略伊拉克戰爭
聯合行動聲明

美國布希政權為何一定要打垮伊拉克海珊政權？

（2003 年 2 月 11 日）

　　美國布希政權為何一定要打垮伊拉克海珊政權？表面的理由是：海珊保有大量屠殺武器——包括核武、生化武，為了本身的政治野心，可能使用它，也可能交給國際恐怖組織使用，聯合國通過決議案要求其廢棄，但海珊卻拒不照做，對聯合國所派遣的武器檢查工作人員，盡作阻擋，刁難不合作，隱藏等動作。如今海珊政權的危險性已經不容忽視，聯合國安理會應及時做成二度決議，包括以軍事手段強制廢絕。美國即使聯合國不克達成決議也必以單獨軍事行動達成上項目標云云。為了宣傳上面的「理由」，至今發布了大量的「調查資料」或「研究文件」。

　　但真正的理由並不在此。美國決意在新世紀初毀滅伊拉克現政權的真相，至今幾乎是公開的秘密了。世界各國的政府無一不知。世界各國的人民，知道的也愈來愈多了。下面是有關的幾點重要的事實，有助於一般人接近那個可怖的「真相」。

　　2001 年 5 月，華盛頓發表一件「國家能源政策報告」（National Energy Policy Report），主要執筆者是美副總統錢尼，因而媒體也稱其為「錢尼報告」。內容指出，美國所耗用的石油對境外石油的依賴度愈來愈大，2000 年已經達到 50%，據估

計，到了 2020 年，會超過三分之二。因此，該項報告主張，美國政府必須加強阿拉伯石油來源的確保政策。報告初出，有些石油戰略家們，也有人動了俄羅斯或裏海石油帶的亞塞拜然、哈薩克斯坦等的腦筋，但多數還是認爲阿拉伯石油的進一步的掌握才符合政治現實。

　　本來美國的最大供油國是沙烏地阿拉伯，擁有全世界最豐富的埋藏量，在外交上是長年的美國盟友。如果沙烏地阿拉伯的供油一直穩定且能隨著美國的需要而增加，則美國政府也不必發表上述的報告書。但因爲沙烏地阿拉伯近年來在國內政治經濟方面發生了相當的動盪，王室的統治地位有所不穩。具體地說，在政治方面沙國是嚴格的政教合一體制，離民主化階段還很遙遠，經濟方面雖有龐大的石油收入，都集中在統治階段手裡，失業率達 30%，民怨漸大，民間的反美情緒也不小。沙國政府爲了紓解民間不滿，企圖以提高其在阿拉伯世界的聲望來回復人民之間的威望。沙國王儲於是在 911 事件發生後連續幾次向美國提出建議及早解決以巴間的長年宿仇，因此也引發布希政府的一些不快。再加上「錢尼報告」公布後四個月發生了 911 事件，而據美國情報部門所提的 19 名嫌疑犯中竟有 9 名是沙烏地阿拉伯籍。這些都是讓老美感受到沙烏地阿拉伯的可靠性值得警惕！台灣媒體也報導過，當美國發聲將對伊拉克採行片面軍事行動時，沙烏地阿拉伯也曾經表示過反對，甚至明言沙國無法同意由境內的美軍基地發動攻伊戰爭（雖然後來也不得不接受美政府的要求）。

　　以上是傳統的最大供油國沙國的問題。其次，爲何美國還是鎖定伊拉克？除了海珊政權的長期反美抗美政策、侵科戰爭的「前科」，以及所謂「大量毀滅性武器」的秘密研發等可資

利用為藉口外，讓世界多數輿論判定美國的眞正動機在於石油的「眞相」是什麼，下面是有關的幾個數據和情況。

1. 伊拉克石油埋藏量僅次於沙國，旣經確認者有 1120 億桶（相比下，俄羅斯 490 億桶，裏海沿岸 150 億桶）。

2. 伊國境內尚未經調查確認的部分超過沙國甚多。

3. 海珊政府為了抗拒美國壓力，至今與俄、法及中國等簽定開採合同的產油量估有 440 億桶（《世界能源展望 2001「World Energy Outlook For 2001」》發表），約等同美、加、挪威三國的總埋藏量。

4. 美國支援下的伊拉克國民會議（反海珊政權）駐倫敦辦事處的代表近日發表聲明，凡不協助伊國人民推翻海珊政權的諸外國和海珊政府所簽的石油合同，伊國新政全將一概不予承認。

以一桶 25 美元的時價算，440 億桶油價約一兆一千億美元。如果美國算盤打對、打通了的話，可能會流進布希政權有關的美國石油企業的口袋裡（據報導，有一次美、西歐諸國的伊拉克問題爭論中，有位美國高官一時心急，脫口說：「你們的石油需要，我們也會考慮」，造成了笑話云）。

以上表明攻伊戰爭是「近代史上最大規模的資源掠奪戰」（美國罕布夏麥加厄爾‧布列亞教授文章載在日本《世界》雜誌，前面數據分析皆引自該篇投書〈點油在戰爭的車輪上『Oiling the Wheels of War』〉）。

最後，全球反對英美攻伊戰爭的聲浪之所以有那樣的空前規模，最關鍵的一點是美國公開宣示出來的「先制攻擊正當論」。

需知，若以此為新世紀的國家行為準則，則無異斬斷了

「叢林原則文明化」的人類進化過程。國家與國家之間（族群與族群之間），「有力者取之」的叢林原則取代了一切文明法的約束。那時，沒有一個國家有安全感，大家都爲了避免受到「先制攻擊」而去「先下手爲強」。這是獸性全面復活，人性盡滅的可怖狀況。猶記台灣有句打架時的狠話：「你叫我活不成，我還不敢叫你死嗎！」想想當美國點出三個「邪惡」國家的名字後，北韓宣布將要恢復核武計畫，伊朗則公布該國新發現很大的「鈾礦」，北韓領導者還說過「先制攻擊不是美國的特權」。如果超強的「先制攻擊有理論」竟能貫徹下去，不論攻伊戰爭的實際規模的大小，它的歷史負面意義將遠超過韓戰、越戰。說得嚴格一點，人類的未來將只有「共滅」，也就是，人類將沒有未來！

反對英美侵略伊拉克戰爭聯合聲明

全台灣愛好正義與和平的人民聯合起來。

我們反對英美侵略伊拉克，以無辜人民的鮮血換取石油。

我們反對英美侵略伊拉克，以防止全亞洲陷入軍事擴張與戰爭陰影。

我們反對英美侵略伊拉克，使戰爭國及全世界勞工、婦女與兒童承受最慘痛的代價。

我們反對英美侵略伊拉克，使不景氣下人民的生活更加困難。

我們反對台灣政府任何支持侵略的措施。

我們反對以戰爭手段解決國際糾紛。

我們支持聯合國以和平手段解決伊拉克問題，同時呼籲在適當時機撤銷對伊拉克的經濟封鎖。

關於 21 世紀的反戰運動

（2004 年 1 月 23 日）

首先，針對「戰爭」的一般性定義，做出數點說明。

第一，戰爭是群體與群體之間的組織性暴力行為。是在一定的群體意志下，在群體的制度和資源的強制集中運作下，所進行的相互毀滅行為。這是在一般社會學的基礎概念上所做的「戰爭」的初步界說。

其次，「戰爭」是人類類性中的「動物性」的還原現象。根據人類進化史，「人」是處在最高發展階段的「自然物」，其基本屬性還是動物性。但「人」的發展型態是「社會性」的文明屬性。兩者（原基型態和發展型態）統一在文明時代的社會人性中，尚未被完全揚棄的動物性還潛存在生理、心理結構的基部中，即所謂的本能層次中。人的自衛本能在一定條件下外在化為「攻擊本能」，其集體現象便是最原始的戰爭。以上是戰爭在行為科學上的一般性論述起點。

從蠻荒到文明初萌的歷史階段，同時也是從自然範疇到社會範疇的思想躍進──意識活動的一次重大質變的過程。但因為自然力和人力的巨大懸殊，生存條件極端惡劣的壓力下，進化論者所指的「種內競爭」不但未受揚棄，在初民社會中，幾乎和被稱為「最根源的歷史行為」的生產活動合二為一，密不

可分。從最原始的採集經濟、漁獵經濟到農耕畜牧經濟，在集體勞動中、分配交換中、共同消費中，從不間斷的是各種個體矛盾、集團矛盾的形成和消失，再現和變則的過程。一個群體，是多數個體的物理的、有機的、心理的複合體。因而內部衝突的不斷的產生和不斷的解決，是群體的存在原理，也是自然律現象。人性中的社會自覺，不論在任何一個歷史上存在過的文明體系裡，最早規約化的是，防範自然律的必然現象——內部衝突，及完善道德律的必要條件——揚棄矛盾。

　　然而人們不得不承認，從矛盾的形成到矛盾的解消，具體而言，主要是人際關係中的暴力現象。多數的內部衝突，以暴力的直接使用或以使用暴力為威嚇手段。而當整合關係、規約行為的社會機制失效時，最後的，唯一的裁決者，還是權威化的集體暴力。歷史地看，以暴力為種內競爭的直接手段，在封建中世以前比較突顯。以奴隸生產制為基礎的古代帝國，和以農奴生產制為基礎的封建王朝，其統治理論中的神權思想和王權思想，都不過是經過修飾的、榮耀化了的暴力論。有關暴力的歷史性雙面作用，正是馬克思所指「人類史前時期」的不可缺因素。政治性的且組織化的暴力，是「人類史前」階段的國家本質的一個環節。暴力摧毀反對者，消除不諧和者，但同時提供強制下的秩序，保證社會生活軌道包括有序的生產行為。這種雙面性，對歷史長流的大方向，是正是負如何判定？所謂的政治性的組織化暴力，也就是國家強權，究竟掌握在誰的手中，國權的掌握者是否代表社會整體的發展方向等等，成為問題的關鍵。（只是隨著社會組織的不斷分支化、細目化、層別化，對上述問題的追究有時候並不容易。）恩格斯在「暴力在歷史中的作用」這一本小冊子的文首，寫下了簡單但意義深長

的幾句話:「現在讓我們把我們的理論應用於今天的德國歷史，應用於它的血和鐵的暴力實踐。從這裡，我們將會清楚地看到，爲甚麼血和鐵的政策暫時必然得到成功，爲什麼它最終必然破產」。恩格斯說的是筆者在上面提到的「暴力的歷史性雙面作用」。暴力（這裡提的是制度化暴力──戰爭）的一時成功，是因爲它提供了秩序和軌道；然而它的最終破產，是因爲它一時毀滅了反對者，但那反對者中有代表未來者。

馬克思在他的《政治經濟學批判》序言中，明白指出「人類社會的史前時期」便是階級社會。也就是因爲各階段的生產關係和生產力的辯證關係，由發育到受抑到突破的互動過程，引導出政治上的各種階級衝突過程。而所謂「資產階級的生產關係是社會生產過程的最後一個對抗形式」，這個對抗關係的解決即是暴力革命。這不是「理念」，而是經歷了每個歷史時期的歷史現實。馬克思說「暴力是孕育著新社會的，舊社會的助產婦」，意義在此。革命暴力與反革命暴力的激衝難於避免，因爲雙方的目標，是爭奪唯一能把生產關係法制化的國家政權。

有關資本主義生產關係的內在矛盾，也就是它的內在衝突性的特質，正是馬恩等先覺者畢生研究的中心課題。而他們的時代正處於歐美等地產業革命後的政治革命時期。客觀形勢上，是新型生產關係的代表者資產階級，或有計劃或在自然趨勢下，與生產關係中的另一受壓者城市勞工階級，形成有限聯盟，向封建保守的王權進攻。資產階級引領政治革命，而勞工階級也自覺或尚未自覺地，一方面投入政治革命，一方面準備著積累著「社會革命」的歷史條件。而在此形勢下，俾士麥「鐵血政策的暴力實踐」（恩格斯言），和巴黎公社的抗德人

民武力明顯地表現出前者代表反動的暴力，後者代表革命的暴力。馬克思在 1870 年普法戰爭的前夕，曾經發出反戰號召，警告人民不要受到反動政府的虛偽的愛國主義宣傳。然第一國際的法國支部在法國政府開始準修投降式的休戰協議時卻發表「反對投降・徹底抗戰」的號召。

　　如衆所周知，十九世紀後葉是民族主義國民國家的形成期。在政治型態上少數立憲君主國逐漸過渡到共和政體。經濟基礎結構是資本主義產業資本的積蓄集中到金融資本市場的獨佔趨勢，和歐洲幾個國家在經營海外殖民地方面的競爭。二十世紀開幕前後，軍力雄厚的國家進入了所謂的帝國主義階段。有關帝國主義的本質和歷史的形成過程，列寧在他的「帝國主義論」中有全面深入的論述。資本主義生產關係的內部侵佔性，使生產關係中的生產手段擁有者得以佔有剩餘勞動，使他的佔有累積集中膨脹到獨佔，而終致結合國權，以軍事手段外擴、侵略、掠奪，且加以國家制度化、政治體系化。至帝國主義階段，暴力不再是自衛本能外在化爲攻擊本能，不再是矛盾的解決方式，而是冷血的籌謀，冷酷的算計，追求超越國權空間的經濟版圖，亦即，越境的資本運動以武力爲後盾，實現所需生產要素的有效組合，收奪高利潤。這中間，在多項有關的環節中佔關鍵位置者首推軍事力。因而帝國主義者在戰爭工具的投資研發生產向來不遺餘力。高效能武器，摧毀力極限化的努力從未停斷。武器、工具的進步，同時促使戰爭型態改變，對全體社會生活領域的影響亦嚴重化。廣大人民開始直接間接地體驗到戰爭危機的經常壓力，紛爭區域住民的災禍也漸有長期化甚至常態化的形態。

　　根據近世戰爭史家的論述，1789 年法國大革命以降，主要

在歐陸上發生的戰爭，顯露出三次轉換期。可以看出，資本主義社會構造演進下，在國權的階級屬性規範下，行政技術和生產技術的進步如何推展戰爭的時代特色。

第一次轉換現象出現在 1789 年法國大革命時期，包括拿破崙戰爭在內的大小戰役。那是歐陸第一次脫離封建年代諸侯兵團之間的私戰性格的戰爭。法國大革命的強烈政治要因，取代了傳統王朝之間出於歷史恩怨或領地爭奪等各種動機。法國軍隊不僅宣達革命口號，同時還擁有徵兵制下的國民兵兵源。新的兵制，新的隊伍編制，新的戰法等所具有的進步性質，其實也是上昇中的資產階級對封建舊體制的實用主義革新性的表現。在此期間，新興的勞工運動團體對勞工以國民一分子被迫承擔「血稅」一事，從「國家是剝削者的壓迫工具」的認識立場是表示反對的。但對幾次的解放戰爭、自衛戰爭是積極肯定的。（請參看馬恩多篇的戰爭評論）

第二次轉換是 1914 年的第一次世界大戰。戰爭制度與社會構造之間的正負面互動上，提供了不少啓示。它首次突顯出參戰國家的工業力量和國民動員效率的重要性。因爲該次大戰是帝國列強之間的爭霸戰爭，雙方的國力、體制都沒有太大差距。雖然在開戰之始，美國總統威爾遜曾經說過這是專制與民主之戰，刻意指出德奧比英法在代議制方面的後進性，但不過是宣傳戰中的口號而已。雙方的戰時內閣都以獨佔資本集團對戰時經濟的配合支援爲要件。雙方都有「總體戰」、「總力戰」的新概念。「國民總動員」的政府號召下，勞工階級剝削率被提高，被迫忍受惡劣的勞動條件。戰場上出現多種新武器，死傷率上昇，兵員補充使得農村人口大量被徵，農村發生飢荒，農民逃亡的情況續出，有的參戰國（如俄國）國內情勢

的緊張甚至超過膠著化了的前線戰場。出現國際戰爭內戰化，內部鬥爭國際化的轉化現象。如列寧所指，階級內戰的思想戰線延伸到國家軍隊，內戰戰場出現非正規軍的人民別動隊戰法等。把帝國主義國際戰爭轉化為人民自求解放的階級內戰，其結果便是 1917 年俄國革命，列強的軍事介入，1919 年第三國際的成立，柏林革命，波蘭戰爭，匈牙利革命內戰等。此一時期，以革命武力終止帝國主義戰爭，亦即，反帝反戰成為歐洲人民陣線運動的基本訴求。而亞、非、拉地區，也點燃了反帝反殖民的人民解放運動。

　　第三個轉換點是第二次世界大戰末期，1945 年出現的核武戰。戰場是日本本州島的廣島、長崎兩市。戰爭史上首次的核武戰只是一場空中投彈，時間不過瞬間，但其空前的毀滅效果，使得 20 世紀後葉的戰爭型態再一度產生新樣貌。在美、蘇兩強的核武恐佈平衡下，帝國主義列強之間的爭利戰爭停息，在美國超強的軍武系統一元運作的「集體安全」制度下，與另一核武超強蘇聯為首的社會主義陣營對峙，而非核的戰爭卻局地化在亞、非、拉第三世界中時斷時續。在這樣的基本情勢下，美、蘇兩超強卻在非核武器的研發生產上不遺餘力。這是因為核武的空前的毀滅效果，同時也形成了使用上的自限條件。但美國為了維持經濟上、政治上的全球性支配地位，必須持續外擴征服的軍事計劃，或親自發動，或利用代理戰爭，來壓服各區域的人民反抗。於是在非核武器的精密，破壞力的極限化上，軍事工業集團的研究從未間斷過。侵略軍隊以此對付主要屬於第三世界的人民抗爭，則戰場上的慘狀可想而知。下面引用「法蘭西戰爭研究所」的報告文獻中有關的部分：近代戰爭中的人員死傷總數從第一次世界大戰後便顯著增加，但死

亡總數中的軍、民比例，也同時突顯出，平民死亡數開始超過
軍人，且比數愈來愈大。第一次世界大戰中，軍民死亡比率是
95：5，戰鬥人員的死亡數佔絕大多數，平民死亡才佔軍人死
亡的 19 分之一。到了第二次世界大戰，這個比數改爲 52：48。
平民死亡幾近一半。這是「總體戰」觀念中「破壞後方」的戰
略比重增大，空軍力量增大的直接後果。到了 1950 年的韓戰，
比例變爲 15：85，平民死亡將近 6 倍於軍人死亡，到了起自
1954 年的越戰，比例更變爲 5：95。平民死亡是軍人死亡的 19
倍。韓戰和越戰，具有幾個共同點：(1)侵入者主力是超強美
國；(2)戰地不是「先進國家」境內，是尚未十分工業化的前殖
民地；(3)戰地住民是黃種人。在如此條件下，侵入者除了政
治、經濟方面的利害動機和意識型態因素外，人種歧視心理也
可能難免。因爲相信強者的自由才是人類文化的推手的超強美
國的執政者，對落後地區的落後人民使用高效能的毀滅性武
器，爲了降低自軍的傷亡，可能較不心軟。以上幾點，在長達
半個世紀的中東代理戰爭及幾次在亞、非、拉地區執行國際警
察武力干涉時，特別在九 9・11 事件後的阿富汗戰爭，伊拉克
戰爭，更有赤裸裸的暴露。這種強弱懸殊的戰爭，尤其在侵略
與反侵略的戰爭中，被欺凌的弱者往往走上以恐怖手段反擊的
路，造成了跨世紀的悲劇性歷史懸案。更突顯出一種嚴重的文
明危機。

最後，再引用上提法蘭西戰爭研究所的部分報告，來瀏覽
近代三個世紀以來的，也就是，資本主義從潛在到顯在的社會
體制的發展過程中，人類所經歷過的，主要戰爭的一些統計。
用意在於瞭解戰爭在社會中歷史中佔有不可否認的位置和作
用，其依據和參考的一端。

　　自 1740 年的「奧地利皇位繼承戰爭」到 1979 年蘇聯阿富汗戰爭爲止的 239 年中，在世界各地的重大武力衝突發生了 377 件。平均每二年發生 3 件戰爭。其中屬於國家之間的戰爭有 159 件（佔 42%）。由內戰轉化成國際戰爭 47 件（12%），由國際戰爭轉化爲內戰 3 件（約 1%）。這種戰爭的內外互轉現象在第二次大戰後特別增多。內戰和革命的件數是 81 件中的 64 件。國家間的戰爭才 17 件。內戰轉成外戰的半數，是由於大國的干涉。（以上法蘭西戰爭研究所文獻，載於 1994 年版日本弘文社社會學事典。）

　　我們知道統計所包括的時段中，發生過；(1)歐美產業革命的緩慢普及；(2)激烈度不盡相同的政治革命；(3)具體情況不一的社會革命；(4)第三世界的反帝民族、民主人民革命。除了(1)是不流血的技術大革新外，(2)(3)(4)三項都是流血鬥爭。239 年間 377 件大小戰爭，除了極少數屬偶發因素外，都是資本主義在不同發展階段中，特有的階級矛盾所引發的武力衝突。

　　資本主義的經濟剝削，需以政治統治加以維護，而資產階級統治的總體制，需以軍事力量加以保障。如此則戰爭，不論內戰或外戰，皆是一種結構嚴密的，在政府的政策表中必需賦給高度優先的國家制度。尤其是當前世界中唯一的單極超霸美國，其軍事費用已超越次級軍事大國英、法、德、日四國的軍事費的總和的兩倍。而美國獨佔資本集團的資產規模已經巨大化到以其中數家私產足以墊墊整個國家軍事預算的地步。1990 年世界冷戰終結，「勝出」的資本帝國首強美國，掌握了全球化資本運動的大趨勢，開始建構單極霸權的國家行爲學。這裡只論它的價值原則，是所謂強者的自由主義，亦稱爲新自由主義。在其深層心理上，有人類原基型態的攻擊本能的釋放，在

知性作業上，有達爾文的物競天擇論，有尼采的超人哲學。國際上，利用 9・11 事件號召「反恐戰爭」，有效防止後冷戰時期可能發生的美國軍需產業的萎縮，繼續維持美國的戰鬥部隊散開在全球紛爭區域，美國的武器被分送到世界上所有騷動地區的大局面。內政方面，新自由主義迎合一般市民意識中「合理抑制公權力」的傳統心理，針對政府（其實是獨佔資本的保護機關）出於社會安全考量所採的某些經營權的限制措施，或對低收入勤勞大眾的某種平衡政策，或在國際社會中對開發中國家的某種保障條款之類的政策，認為那是對社會優質者的不當干涉。

　　以上我們所強調的是，戰爭是制度所產生，也是制度本身。資本主義時代的戰爭，主要的根源在於資本主義本身。從全球範圍的時空背景來看，從資本主義的萌生到確立，發展到成熟到爛熟，雖然它的剝削方式還是經濟方式，卻以政治強制，甚至軍事支配做為必要條件。其間，就有戰爭，暴力的不可免的介入。21 世紀的資本主義，由經濟、政治、軍事力量現已登峰造極的美國所主控，而廣大的世界人民，則已變成普遍的受害者。美國的武力強大到可以隨心便宜行事，單邊主義可以不在意「意思交通」的初步文明行為。美國醉心於手中所握有的無比競爭力，逐漸變成精神自閉、行動外擴的歷史巨怪。那不是人種問題，而是一種制度在其身上得到快速發展的機會，而那個制度卻含有自毀的因子。關於這一點，我們可以回憶列寧「帝國主義論」的條陳。

　　面對著全球化的戰爭威脅，人民的反戰運動也應該是全球化的。

　　但反戰不能沒有對象，也不能只以眼前發生了的戰爭為對

象。反戰也不能是無差別的，超越是非判別的。只要我們還處在階級時代，只要我們阻擋不了侵略戰爭，也就無法阻止自衛戰爭。在美國的經濟力量、政治力量、軍事力量獨步全球的今天，全球反戰人民應該以經濟上的反剝削，政治上的反壓迫，軍事上的反戰爭，做爲共同反美目標，一齊努力！

國家圖書館出版品預行編目資料

勞動者，團結起來！ / 林書揚著. -- 初版. --
臺北市：人間, 2012. 11
　面：公分. （林書揚文集；4）
　ISBN 978-986-6777-57-8（平裝）

1. 臺灣政治　2. 帝國主義　3. 勞動黨
4. 勞動者

573.07　　　　　　　　　　　　　101021477

林書揚文集㈣

勞動者，團結起來！

著◎林書揚

出版者　人間出版社

發行人　呂正惠

社長　林怡君

主編　藍博洲

責任編輯　許孟祥

封面設計　朱承武

地址　台北市長泰街 59 巷 7 號

電話　02-2337-0566

郵撥帳號　11746473・人間出版社

印刷　承印實業股份有限公司

電話　02-2641-8661

登記證　局版台業字第三六八五號

初版　2012 年 11 月

定價　新台幣 480 元